法学核心课程系列辅助教材

中国法律史

核心知识点精解

主　编　赵晓耕

撰稿人（以撰写章节先后为序）

逯子新　刘晓林　牛锦红

赵晓耕　阮致远

中国人民大学出版社

·北京·

◎ 主编简介

赵晓耕：男，1960 年生，法学博士，中国人民大学法学院教授、博士研究生导师。"马克思主义理论研究和建设工程重点教材"《中国法制史》首席专家；中国人民大学刑事法律科学研究中心刑事法律史研究所所长、中国人民大学法律文化研究中心副主任；中国法律史学会执行会长（第八、九届），中国法律史学会道家法家与法律文化分会会长；中国法学会法治文化研究会副会长。

编写说明

《中国法律史核心知识点精解》的读者对象是讲授和学习中国法律史的高等院校教师和本科生。本书可为授课教师提供教学参考，为学生提供课余辅导，并可作为备考国家统一法律职业资格考试和全国硕士研究生招生考试的复习资料。

本书以朝代划分，共计十九章，各章体例如下：第一部分"知识点速览"，帮助读者快速浏览和记忆知识点；第二部分"核心知识要点解析"，精解核心知识点，内容简明扼要，学科知识点全面，重点突出；第三部分"典型案例与同步练习"，详解法律史知识的重点与难点，精选历年国家统一法律职业资格考试及全国硕士研究生招生考试真题，助力研习者加强记忆。

本书由赵晓耕教授主编，逯子新博士、阮致远博士研究生协助完成了对各章的审定。各章撰写者分工如下（以撰写章节先后为序）：

第一~六章：逯子新（安徽师范大学法学院，讲师）；

第七~十一章：刘晓林（吉林大学法学院，教授）；

第十二~十五章：牛锦红（河南财经政法大学法学院，教授）；

第十六~十九章：赵晓耕（中国人民大学法学院，教授）、阮致远（中国人民大学法学院，博士研究生）。

由于水平有限，本书疏误之处在所难免，敬请广大读者在使用本书过程中，给予我们批评和指正。

编者

2023 年 10 月

目　录

第一章　中国法律的起源与特点

第一部分　本章知识点速览

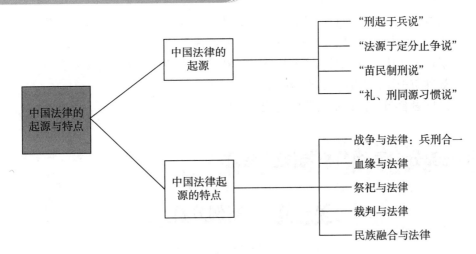

第二部分　本章核心知识要点解析

一、中国法律的起源

【难度与热度】

难度：☆☆☆　热度：☆☆

【内容解析】

关于中国法律的起源，有以下几种说法。

1."刑起于兵说"

"刑起于兵说"，即中国法律最早起源于战争的一种说法。《国语·鲁语》中说："大刑用甲兵，其次用斧钺；中刑用刀锯，其次用钻笮；薄刑用鞭扑，以威民也。故大者陈之原野，小者致之市朝。"它表明是战争与统领军队的需要，催生了刑法制度。

2."定分止争说"

"定分止争说"由春秋战国时期的法家代表人物提出。《管子·七臣七主》中说："法者，所以兴功惧暴也；律者，所以定分止争也。"

3."苗民制刑说"

《尚书·周书·吕刑》中说："苗民弗用灵，制以刑。惟作五虐之刑，曰'法'。"传说苗民首先创造"法"，并且规定了相应的五种刑罚措施。

4."礼、刑同源习惯说"

"礼、刑同源习惯说"，即认为法律为原始习惯逐渐演变最终形成的，也就是由习惯上升为习惯法。

二、中国法律起源的特点

【难度与热度】

难度：☆☆☆　热度：☆☆

【内容解析】

中国法律的起源主要有以下特点。

(1) 战争与法律："兵刑合一"，刑法受到特别重视。

(2) 血缘与法律：法律的起源受到血缘、婚姻因素的影响。

(3) 祭祀与法律：以祭祀为主要内容的"礼"与法律有着密切的关系。

(4) 裁判与法律："由裁判到立法"。

(5) 民族融合与法律：部落联盟的交流与融合。

第三部分　案例分析与同步练习

第一节　案例分析

【案例史料】

十年，帝禹东巡狩，至于会稽而崩。以天下授益。三年之丧毕，益让帝禹之子启，而辟居箕山之阳。禹子启贤，天下属意焉。及禹崩，虽授益，益之佐禹日浅，天下未洽。故诸侯皆去益而朝启，曰"吾君帝禹之子也"。于是启遂即天子之位，是为夏后帝启。夏后帝启，禹之子，其母涂山氏之女也。有扈氏不服，启伐之，大战于甘。将战，作甘誓，乃召六卿申之。启曰："嗟！六事之人，予誓告女：有扈氏威侮五行，怠弃三正，天用剿绝其命。今予维共行天之罚。左不攻于左，右不攻于右，女不共命。御非其马之政，女不共命。用命，赏于祖；不用命，僇于社，予则帑僇女。"遂灭有扈氏。天下咸朝。

——选自《史记·夏本纪》

【案例分析】

这则材料记载了夏启征伐有扈氏一事。禹十年，禹帝到东方视察，在会稽逝世。传位于益。服丧三年完毕，益把帝位让给禹的儿子启，自己到箕山之南居住。禹的儿子启贤德，天下人心都归向于他。禹逝世时，虽然把天子位传给益，但由于益辅佐禹时间不长，天下并不顺服他。所以，诸侯都离开益而去朝拜启，说："这是我们的君主禹帝的儿子啊。"于是启就继承了天子之位，这就是夏后帝启。启的母亲是涂山氏的女儿。启登临帝位后，有扈氏不来归从，启前往征伐，在甘地大战一场。战斗开始之前，启作了一篇誓辞叫做《甘誓》，召集来六军将领进行训诫。启说："嗟！六军将领们，我向你们宣布誓言：有扈氏蔑视五行，背离正道，因此上天要断绝他的性命。如今我恭敬地执行上天对他的惩罚。战车左边的射手不从左边射击敌人，车右的剑手不从右边击杀敌人，就是不服从命令。驭手不能使车马阵列整齐，也是不服从命令。听从命令的，我将在祖先神灵前奖赏他；谁不听从命令，就杀之于社，而且要把他们的家属收为奴婢。"于是，禹消灭了有扈氏，天下都来朝拜。

在众多中国法律的起源的史料记载中，被引用最为广泛的是"刑起于兵"的说法，但"大刑用甲兵"并不能被解释为战争就是一种刑罚，战争与刑罚有根本的区别。在原始社会，氏族之间、部落之间以及部落联盟之间常发生战争，而且随着原始社会即将结束，战争越来越频繁，但这种战争并不是刑罚。"刑起于兵"是指随着战争次数的增加、规模的扩大，为了取得战争的胜利，需要更加强有力的氏族与部落联盟，于是产生了惩罚违反氏族习惯与不遵守部落首领命令行为的刑罚。可以说，战争不仅加强了氏族、部落间的聚合，也加速了法律的形成，"刑起于兵"正是从这个角度上说的。在漫长的没有阶级、没有国家和刑罚的氏族社会，只有氏族习惯是氏族全体成员公认并共同遵守的行为准则和规范，具有普遍的约束力，并由公权力的强制力来保障。传说中的"象刑"即是对氏族成员违反习惯法的一种惩罚，即用不同的服饰来把违反氏族习惯法的人与其他氏族成员区别开来加以羞辱。这是后世耻辱刑的前身。对严重违犯者，其可能会受到"流"这样更为严厉的惩罚，即不认可他是氏族成员，并把他驱逐出氏族。因此从一定意义上讲，法律的起源，也是一个由原始的氏族习惯到奴隶制习惯法的质变过程。同时，随着违反习惯法的惩罚制度的建立，出现了专门职掌审断的官员，即传说中的"皋陶制刑"。中国法律是在对旧的氏族习惯进行渐进变革的基础上形成的，因而保留了相当多的习惯法，很多调整氏族内部关系的习惯法演变成了后来的礼，成为中国法律的一个重要渊源。

第二节　同步练习

一、选择题

（一）单项选择题

1. 中国历史上"罪"的最初含义是（　　）。

　A. 违反法律规定的行为　　　　　　　　B. 为"奸邪"行为构筑的罗网

　C. 罪孽　　　　　　　　　　　　　　　D. 侵犯国王利益的行为

2. 关于"刑起于兵"的含义，下列说法正确的是（　　）。

　A. 法律与原始习惯相关　　　　　　　　B. 法律受到血缘、婚姻因素的影响

　C. 法律与战争密切相关　　　　　　　　D. 法律与祭祀密切相关

3. 《左传·昭公六年》云："夏有乱政，而作（　　）。"

　A. 禹刑　　　　　B. 九刑　　　　　C. 肉刑　　　　　D. 死刑

4. "威侮五行，怠弃三正"是夏启在讨伐有扈氏时发布的（　　）。

　A. 习惯　　　　　B. 战争动员令　　　C. 祭祀　　　　　D. 礼仪

5. 传说中国历史上第一个大法官是（　　）。

　　A. 共工　　　　　　B. 黄帝　　　　　　C. 蚩尤　　　　　　D. 皋陶

6. 礼源于原始社会的（　　）。

　　A. 祭祀　　　　　　B. 战争　　　　　　C. 罚则　　　　　　D. 裁判

7. 夏启夺取政权后将所征服的地域划分为"九州"是为了（　　）。

　　A. 消除以血缘为纽带的氏族势力，建立统一国家

　　B. 确认部落联盟酋长的权威

　　C. 便于部落联盟

　　D. 实现军事民主制

8. 中国古代社会早期，具有军事法律色彩的法律渊源是（　　）。

　　A. 刑　　　　　　　B. 誓　　　　　　　C. 诰　　　　　　　D. 命

9. 禹刑的内容包括（　　）。

　　A. 传袭已久的部落习惯

　　B.《甘誓》等制定法

　　C. 习惯法、制定法在内的所有法律以及刑罚

　　D. 五刑、肉刑等刑罚

10. 关于中国古代早期"礼"的叙述，下列说法正确的是（　　）。

　　A. 礼是从西周才出现的　　　　　　B. 礼渊源于"周公制礼"

　　C. 三代以前没有礼的存在　　　　　D. 礼在起初具有习惯法的性质

（二）多项选择题

1. 中国早期法制的特点有（　　）。

　　A. 成文法　　　　　B. 公开　　　　　　C. 不成文　　　　　D. 不公开

2. 中国法律的起源的特点有（　　）。

　　A. 礼法结合　　　　　　　　　　　　B. 早熟性

　　C. 维护专制王权　　　　　　　　　　D. 刑事法规发达而民事法规相对落后

3. 关于中国法律的起源，下列说法正确的是（　　）。

　　A. "刑起于兵说"　　　　　　　　　　B. "定分止争说"

　　C. "苗民制刑说"　　　　　　　　　　D. "礼刑同源习惯说"

4. 下列属于中国古代"法"字的含义的是（　　）。

　　A. 平之如水　　　　B. 法，刑也　　　　C. 公平　　　　　　D. 保障权利

5. 关于中国古代社会早期的"礼"，下列说法正确的是（　　）。

　　A. "礼，履也。所以事神致福也"　　　B. 礼源于祭祀

　　C. 礼涵盖社会生产、生活的所有领域　　D. 礼受到国家强制力的保护

（三）不定项选择题

1. 先秦时期，关于礼与刑的关系，说法正确的是（　　）。

　　A. "礼之所去，刑之所取"，即礼是刑的重要来源

　　B. "礼之所去，刑之所取"，即礼与刑互不相关，界限明确

　　C. "礼不下庶人，刑不上大夫"，即庶人无礼，大夫无刑

　　D. "礼不下庶人，刑不上大夫"，即礼、刑有等级差别，不同等级之间不能僭越

2. 关于中国古代社会早期的"礼"，下列说法正确的是（　　）。

A. 从礼的精神来看，其核心在于"亲亲"与"尊尊"

B. 从礼的规范或仪式来看，通常有"五礼""六礼""九礼"之说

C. 从礼的起源来看，起源于祭祀活动

D. 从礼的范围来看，其涵盖了社会生活的各个领域

3. 下列关于"五礼"的说法，正确的是（　　）。

A. 凶礼是指祭祀之礼　　　　　　　B. 嘉礼是指祭祀之礼

C. 宾礼是指迎宾之礼　　　　　　　D. 吉礼是指冠、婚之礼

二、简答题

1. 中国古代法律起源的特征。

2. "兵刑合一"的含义。

三、论述题

中国古代"刑""法""律"字的演变及含义。

参考答案及解析

一、选择题

(一) 单项选择题

1. 答案：B

解析：本题考查中国历史上"罪"的最初含义。《说文解字》解释，"罪，捕鱼竹网"，即说罪最早源于"网"，设网的目的在于防止漏鱼。舜禹时期的"制罪"，就是为"奸邪"行为构筑罗网，以便"异是非""明好恶""消伏乱"，这时的罪还不具有阶级社会中"罪"的犯法含义。罪尊是欧洲大陆中世纪罗马教廷关于罪的含义，侵犯国王利益的行为是罗马法关于犯罪的定义。

2. 答案：C

解析："刑起于兵"是指随着战争次数的增加、规模的扩大，为了取得战争的胜，需要更加强有力的氏族、部落与部落联盟，于是产生了惩罚违反氏族习惯与不遵守部落首领命令行为的刑罚。故本题选C项。

3. 答案：A

解析：《左传·昭公六年》云："夏有乱政，而作禹刑"，是指夏朝政局动荡，于是禹制定刑法来维持统治。"禹刑"一般来讲是指夏朝刑事法律规范的总称，为追念其先祖而命名为"禹刑"。故选A项。

4. 答案：B

解析："威侮五刑，怠弃三正"记载于《尚书·甘誓》中，是夏启在攻打反对他的氏族部落首领有扈氏前，发布的一段战争动员令。故选B项。

5. 答案：D

解析：皋陶（公元前2220年—公元前2113年），偃姓（一说为嬴姓），皋氏，名繇，

字庭坚。上古时期华夏部落首领，伟大的政治家、思想家、教育家，"上古四圣"（尧、舜、禹、皋陶）之一，后世尊其为"中国司法始祖"。故选 D 项。

6. 答案：A

解析：《说文解字》所谓，"礼，履也，所以事神致福也"。有学者认为上古五礼之中仅有祭礼，冠礼、婚礼、丧礼全部为祭礼所包括在内。可见，人类社会最初可能仅有祭礼，随着社会的发展，其他的礼才渐次出现。故选 A 项。

7. 答案：A

解析：本题考查的是中国奴隶制社会地域划分的意义。夏代时期已经开始按照地域来划分统治区域，使原来以血缘为纽带的氏族势力趋于消解。夏启夺取政权之后，把被征服的地域划分为"九州"，设立"九牧"作为地方长官来管理，开始形成了新的国家行政区划。故选 A 项。

8. 答案：B

解析：本题考查的是中国古代的军法。在古代社会早期，不成文的习惯法占有很大的比重，国王发出的"誓""诰""命"等也是当时重要的法律渊源，其中"誓"偏重于出兵打仗前的盟誓，大体相当于后世的军法。故选 B 项。

9. 答案：C

解析：本题考查的是夏代时期的法制。"禹刑"，是夏代法律的总称或代称。《左传·昭公六年》记载："夏有乱政，而作禹刑。"从现有史料来看，这里所说的"禹刑"，并不是指一部成文法典，而是泛指夏代的法律和刑罚。对此，应该理解为在夏代建立以后为适应当时需要而制定了法律，适用了刑罚。后人曾说"夏后氏正刑有五，科条三千"，又说夏有"大辟二百，膑辟三百，宫辟五百，劓、墨各千"。这从一个侧面说明夏代法律已有较大的规模，并在长期实践中积累了不少的判案成例。以"禹刑"来统称夏代的法律，一方面是为了表示对祖先大禹的尊崇与怀念，另一方面也是为了借禹在人们心目中的威望，加强法律的威慑力。从整体上看，夏代的法律中除包括大量代代相传的习惯法以外，夏王针对各种具体情况发布的"王命"，也是重要的法律渊源之一。故选 C 项。

10. 答案：D

解析：中国早期的礼没有确切的文字记载可以佐证。后世记录较为详尽的礼，当为周礼，至于殷商王朝的礼，史书大都不明。夏、商、西周的礼具有历史沿袭关系。礼源远流长，应与人类社会同其久远，三代以前的礼，虽很简略，但已初具规模，并且已经具有了习惯法的性质，这为后来礼在内容和精神方面的转化奠定了重要的历史基础。故选 D 项。

（二）多项选择题

1. 答案：CD

解析：本题考查的是中国早期法制的特点。中国早期法制的突出特点，是以习惯法为基本形态，法律是不公开、不成文的。

2. 答案：ABCD

解析：中国法律产生于古代中国的特殊历史环境中，不仅改造和吸收了父权制时代的某些习惯，也改造和吸收了原始社会沿用已久的"礼"传统，从而实现了中国奴隶制最初的礼法结合。同东方早期文明国家一样，夏王朝提前跨入文明社会的门槛形成了最初的国家与法，从而使法律具有了早熟性。夏奴隶制国家自产生以来，就实行"以农为本""重农抑商"的政策，以农业为基础的自给自足的自然经济稳步发展，商品经济发展相对落后，因此，在夏代不可能产生与王权相抗衡的工商业奴隶主阶层以及相对独立的市民阶层，只能产生君主专制制度与维护专制王权的奴隶制法律。自然经济稳固，商品经济不发达，加之过早确立君主专制制度以及礼的规范发展，使中国法律在形成时，就带有刑事法规发达而民事法规相对落后的特点。

3. 答案：ABCD

解析："刑起于兵说"，即中国法律最早起源于战争的一种说法。"定分止争说"，由春秋战国时期的法家代表人物提出。"苗民制刑说"，传说苗民首先创造"法"，并且规定了相应的五种刑罚措施。"礼刑同源习惯说"，即认为法律为原始习惯逐渐演变并最终形成的，也就是习惯上升为习惯法的过程。故本题选 A、B、C、D 项。

4. 答案：ABC

解析：《说文解字》中对"法"字的解释为："刑也，平之如水，从水。廌，所以触不直者去之，从去。"传说廌是尧时的法官皋陶在审案时蹲坐一旁的独角神兽，能辩曲直、断疑案，如果谁有罪，廌就会用角去触他，"廌断狱"的传说也寄托了中国古代对法公平、公正的追求和向往。在夏商周的文献中，"刑"就是法。春秋时期的一些成文法也被称为《刑书》《竹刑》。战国时"法"才有了法律的含义，"律"也同时作为成文法的主要形式出现，如商鞅的"改法为律"，表示法要有稳定性。中国古代的法没有保障权利的含义，故选 A、B、C 项。

5. 答案：ABCD

解析："礼，履也。所以事神致福也"是许慎的解释，充分反映了礼源于祭祀这一历史事实。依赖血缘纽带这一社会关系，华夏先民必将视祖先为英雄，其死后也就成为具有超人力量的神灵，现世子孙通过定期对祖先的祭祀活动，与祖先沟通情感，并祈求祖先对自己的佑护。这种祭祀活动从家庭起步，不断上升、扩展到整个民族、部落、部落联盟。在这一上升、扩展过程中，典礼与仪式不断为部落、部落联盟的公共权力所改写，并日益成为严格的礼仪和程序规则。长期发展下来，礼不仅涵盖了社会生产、生活的所有领域，而且受到国家强制力的保护，成为中国法律文明的重要渊源。故选 A、B、C、D 项。

（三）不定项选择题

1. 答案：AD

解析：在先秦时期，礼的内容不断成为刑的重要组成部分，很多关于各种罪行的规定，主要是依据礼的精神和规范加以制定的。在这个意义上，被并列使用的礼与刑，相辅相成，互为表里，但又有各自的性质与功能。首先，礼是刑的重要来源，"礼之所去，刑之所取""出礼则入刑"，故 A 项的说法正确，B 项的说法错误。其次，礼是积极、主动的事先预防，而刑则是消极、被动的事后制裁，"礼禁未然之前，法施已然之后"。再次，礼的功能重在教化，而法的功能重在惩罚。最后，礼与刑都强调等级与差别，维护不平等的社会关系与秩序，即"礼不下庶人，刑不上大夫"。这并不是说庶人无礼，大夫无刑，而是说礼、刑都有等级差别，不同等级之间不能僭越，故 D 项的说法正确，C 项的说法错误。

2. 答案：ABCD

解析：从礼的精神来看，其核心在于"亲亲"与"尊尊"，强调等级名分与差别。从礼的规范或仪式来看，礼形形色色、纷繁复杂，通常有"五礼""六礼""九礼"之说。譬如"五礼"，包括吉、嘉、宾、军、凶五个方面。其中，吉礼是指祭祀之礼，嘉礼是指冠、婚之礼，宾礼是指迎宾之礼，军礼是指行军作战之礼，凶礼是指丧葬之礼。可以说，礼在先秦时期尤其是西周时期实际上对全社会起着一种法律调节的作用，完全具备了法的性质与要素。从礼的起源来看，《说文解字》谓："礼，履也，所以事神致福也"，即早期的礼，可能起源于祭祀活动。经过长期的发展，礼不仅涵盖了社会生产、生活的所有领域，而且受到国家强制力的保护，成为中国法律文明的重要渊源。故本题答案为A、B、C、D项。

3. 答案：C

解析："五礼"，包括吉、嘉、宾、军、凶五个方面的礼仪。吉礼是指祭祀之礼，嘉礼是指冠、婚之礼，宾礼是指迎宾之礼，军礼是指行军作战之礼，凶礼是指丧葬之礼。故本题只有C选项正确。

二、简答题

1. 参考答案：一是战争与法律："兵刑合一"，刑法受到特别重视。二是血缘与法律：法律的起源受到血缘、婚姻因素的影响。三是祭祀与法律：以祭祀为主要内容的"礼"与法律有着密切的关系。四是裁判与法律："由裁判到立法"的特点。五是民族融合与法律：部落联盟的交流与融合。

2. 参考答案："兵刑合一"是中国法律最早起源于战争的一种说法。《国语·鲁语》中说："大刑用甲兵，其次用斧钺；中刑用刀锯，其次用钻笮；薄刑用鞭扑，以威民也。故大者陈之原野，小者致之市朝。"它表明是战争与统领军队的需要，催生了刑法制度。掠夺战争加强了最高军事首长的权力，这种产生于兵戎之中的权力，就是"法"的温床。

三、论述题

参考答案：(1)"刑"字的演变及含义。

以"刑"而论，上古时有两种写法，即"荆"与"井"。《说文解字》刀部说，"佣，到也"，即单纯的杀戮。《说文解字》解释，"荆，罚罪也"，即带有惩罚犯罪的含意。诸如"到"一类的杀戮，在原始社会后期是司空见惯的现象。《舜典》说虞舜时代有"刑"的出现，是可信的。至于带有"罚罪"性质的"刑"，显然是奴隶制国家为区别原始时代的"刑"而另设的。虽后人将二者通用了，但当初确有质的差别。

(2)"法"字的演变及含义

"法"在古代也有两种写法，即"佥"与"瀍"，前者先于后者出现。《尔雅·释诂》说"法"，首先是"常也"。所谓皋陶"制法"，不过是制定常行的处罚习惯。"瀍"按《说文解字》解释，带有"平之如水"与明断罪与非罪的含意，这显然是奴隶制国家产生后，为适应司法实践的需要而后创的。西周康王时的《大盂鼎铭》就有"瀍保先王"的铭文。

许慎《说文解字》说："瀍，刑也，平之如水，从水；廌（音志）所以触不直者去之，从鹰去""鹰……兽也，似牛一角，古者决讼，令触不直者"。以鹰触不直的神判方式，传说早在皋陶作"士"时就已经被使用过。到夏代奴隶阶级统治时期，"鹰"字继续被用来宣扬以"鹰"兽代天审判行罚的迷信，从中也多少反映了氏族神明裁判在早期奴隶制国家审判活动中的残余影响。夏代统治者在审判活动中，大肆宣传神兽"代天审判"与"代天行罚"的思想，是出于增强奴隶制国家审判的威慑力，以及强化司法镇压、巩固专制统治的实际需要。

《说文解字》又说，"罪，捕鱼竹网"，即说罪最早源于"网"，设网的目的在于防止漏鱼。舜禹时期的"制罪"，就是为"奸邪"行为构筑罗网，以便"异是非""明好恶""消佚乱"，而不具有阶级社会中"罪"的犯法含意。

（3）"律"字的演变及含义。

律，《说文解字》说，"律，均布也"，强调一律，商鞅改法为律后，律成为古代主要的法律渊源之一。又《风俗通》载："《皋陶谟》，虞始造律。"《唐律疏议》载："律者，训诠，训法也。"

四、拓展延伸阅读

（一）著作

1. 武树臣. 中国法的源与流. 北京：人民出版社，2013.

2. 中国社会科学院考古研究所编. 新中国的考古发现和研究. 北京：文物出版社，1984.

（二）论文

1. 王沛. "刑"字古义辨正. 上海师范大学学报（哲学社会科学版），2013（04）.

2. 李力. 追本溯源："刑"、"法"、"律"字的语源学考察. 河北法学，2010（10）.

3. 武树臣. 寻找最初的"刑"：对古"刑"字形成过程的法文化考察. 当代法学，2010（04）.

第二章 夏商法制

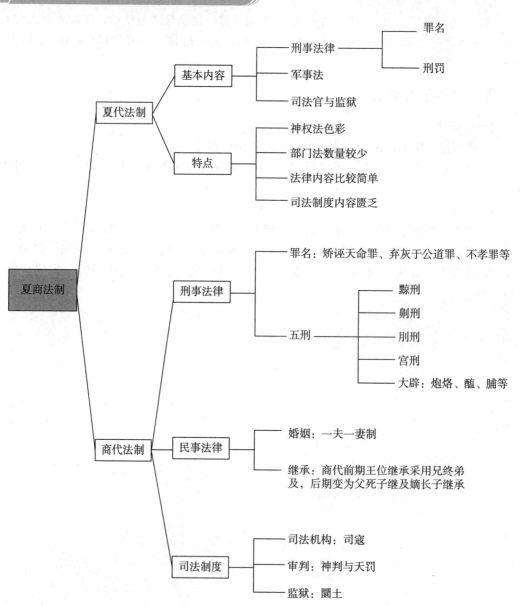

第二部分　本章核心知识要点解析

一、天讨、天罚神权法思想

【难度与热度】

难度：☆☆☆　热度：☆☆☆☆

【内容解析】

"天讨""天罚"是夏代的神权政治法律观：以"天道"观解释行使政权、适用法律的最终依据，声称自己是奉"上天"之意来治理天下；适用法律、实施刑罚也是奉行"天意"。从文献记载来看，夏代的立法指导思想是"恭行天罚"的神权法思想。夏代的统治者利用宗教鬼神进行统治，将其掌握的国家政权及权力说成是神授的；把法律说成是神意的体现，而法律的实施则是"恭行天罚"。"天讨""神判"的神权法思想在商代发展到了高峰，商代统治者以迷信鬼神而著称。《礼记·表记》说："殷人尊神，率民以事神。"商王几乎无事不卜，无日不卜，甚至在定罪量刑时也要诉诸鬼神。正如《礼记·曲礼》所说："敬鬼神，畏法令也。"将实施刑罚说成是上帝的意志，是秉承神的旨意，代天行罚。"敬鬼神"的目的是使人民"畏法令"。与夏代稍有不同的是，商代统治者开始把祖宗崇拜与上天崇拜结合起来，将自己的祖先与自然的神灵、万物的统治者——上帝合二为一，因而进一步丰富和发展了中国古代的神权政治学说。商代统治者把自己的统治说成是"天"的意志，而"天"又是与自己的祖先联系在一起，因此违背王命、反抗现行统治秩序，不仅冒犯天颜，也为列祖列宗所不容。刑罚、法律所代表的既是天意，也是列祖列宗的意志。这使法律、刑罚又多了一重宗族意义上的根据。这种把祖先神与上帝神合二为一的观念，对后世传统社会家天下的政治理论和社会格局影响深远。

二、夏代法制

【难度与热度】

难度：☆☆　热度：☆☆

【内容解析】

关于夏代的法制，需重点掌握罪名和刑罚两部分内容。

夏代的主要罪名有："昏"指强盗罪，"墨"指贪污罪，"贼"指杀人罪。犯者均处以死刑。

夏代的主要刑罚包括五刑和赎刑。五刑由死刑和肉刑组成，包括大辟（死刑）、膑辟（剔去膝盖骨）、宫辟（损害生殖器官）、劓（割去鼻子）、墨（面额刺字）。赎刑是用铜来赎罪的刑罚，五刑均可赎。

三、商代法制

【难度与热度】

难度：☆☆☆　热度：☆☆

【内容解析】

关于商代的法制，需了解商代的主要罪名、刑罚及司法制度。

商代的主要罪名有：矫诬天命罪、颠越不恭罪、不有功于民罪、弃灰于公道罪、不孝罪。

商代的刑罚主要是五刑，包括墨刑（黥刑）、劓刑、刖刑（剕刑，砍足的刑罚）、宫刑（腐刑）、大辟（商代大辟种类增多，有炮烙、醢、脯等）。

商代婚姻制度实行一夫一妻制。王位继承制度，前期采用兄终弟及，后期变为父死子继及嫡长子继承。

商代的司法机构分为中央和地方两级司法机关。中央为商王和司寇，地方包括京城周边（士与蒙士）和其他地方（正与史）。商代司法审判奉行神判和天罚，商代是神权盛行的时代，司法审判也充满神权色彩。神判是一种假借神来进行的裁判，天罚是一种假借天意来进行的处罚。商代的监狱被称为"圜土"。

第三部分　典型案例与同步练习

第一节　　典型案例

商代王位继承案

【案例史料】

帝武丁崩，子帝祖庚立。祖己嘉武丁之以祥雉为德，立其庙为高宗，遂作高宗肜日及训。帝祖庚崩，弟祖甲立，是为帝甲。帝甲淫乱，殷复衰。帝甲崩，子帝廪辛立。帝廪辛崩，弟庚丁立，是为帝庚丁。帝庚丁崩，子帝武乙立。殷复去亳，徙河北。帝武乙无道，为偶人，谓之天神。与之博，令人为行。天神不胜，乃僇辱之。为革囊，盛血，仰而射之，命曰"射天"。武乙猎于河渭之间，暴雷，武乙震死。子帝太丁立。帝太丁崩，子帝乙立。帝乙立，殷益衰。帝乙长子曰微子启，启母贱，不得嗣。少子辛，辛母正后，辛为嗣。帝乙崩，子辛立，是为帝辛，天下谓之纣。

——选自《史记·殷本纪》

纣之同母三人，其长曰微子启，其次曰中衍，其次曰受德。受德乃纣也，甚少矣。纣母之生微子启与中衍也尚为妾，已而为妻而生纣。纣之父、纣之母欲置微子启以为太子，太史据法而争之曰："有妻之子，而不可置妾之子。"纣故为后。

——选自《吕氏春秋·当务》

【案例分析】

上述材料的大意是：帝武丁死，他的儿子祖庚继位。祖庚的弟弟祖己为颂扬帝武丁，以山雉出现在祭祀的鼎耳上鸣叫这件事为契机修明政治、行德化于民、使殷再度复兴，祖己为武丁立庙，尊其为高宗，并作了《高宗肜日》和《高宗之训》两篇文字来记载此事。帝祖庚死后，他的弟弟祖甲继位，这就是帝甲。帝甲荒淫败德，殷再度衰败。帝甲死后,他的儿子禀辛继承了帝位。帝禀辛死后,他的弟弟庚丁继承帝位,这就是帝庚丁。帝庚丁死后,其子武乙立为帝。殷再度由亳迁到黄河以北。帝武乙是个无德无道的君主,他用泥土木石做成人样,说他们是天上的神灵,跟他们玩乐,还要别人也这样做。天神如果在玩乐中没有取得胜利,他就想方设法加以污辱。用皮袋装满血高高挂起,然后仰面向其射箭,说是"射天"。帝武乙在黄河、渭水之间打猎时遇到暴雷,武乙被震死。其子太丁继位。帝太丁死后,其儿子乙继承帝位。帝乙继承帝位后,殷商变得越来越衰败。帝乙的长子叫微子启,微子启的母亲是妾,所以不能继承家长之位。其小儿子辛出生时,辛的母亲已经转正成为正妻,做了王后,因而辛继承了家长的地位。帝乙死后,其子辛继位,这就是帝辛,天下的人都叫他"纣"。

纣同母兄弟有三个,长子叫微子启,老二叫中衍,老三叫受德。受德就是纣,年龄最小。纣的母亲生微子启和中衍的时候还是妾,后来成为正妻而生下纣。纣的父母想要立微子启为太子,太史为此事争辩:"有正妻的儿子在,就不可立妾的儿子做太子。"纣因此成为王位的继承人。

这是两则关于商代王位继承的史料。商代的王位继承实行"大人世及以为礼","世"即传子,"及"即传弟。商代虽然是子继与弟继并承,但在商代的前期却是以传弟为主的,商的开国君主成汤死后,由于其长子太丁早死而未立,帝位被传给了其弟外丙,外丙死后,帝位又传给了其弟仲壬,仲壬死后,帝位转了一圈又传到成汤的长孙太甲。太甲之后,帝位仍然在弟与子之间传继,尤其是在仲丁之后,多次出现废嫡而更立诸弟子的情况,弟与弟以及弟和子之间互相争夺帝位,导致了长达九世的帝位传继的混乱,严重影响了商代的政治与社会稳定,出现了各个诸侯国都不来朝拜的严重后果。基于此,商代中期后,帝位的继承逐渐以子为主,从本则史料中,我们可以看到,自武丁以后就是以父死子继为主了,最后终于确定了嫡长子继承制度。

第二节　　同步练习

一、选择题

(一)单项选择题

1. 我国奴隶制五刑为( )。

A. 笞、杖、徒、流、死 　　　　　　B. 昏、墨、贼、赎、鞭

C. 墨、劓、剕(刖)、宫、大辟 　　　D. 折杖、充军、刺配、迁徙、凌迟

2. 夏代的中央最高司法官叫( )。

A. 司寇 　　　　B. 大理 　　　　C. 廷尉 　　　　D. 蒙士

3. 商代前期实行父死子继和( )的继承制度。

A. 指定继承 　　　　　　　　　　B. 夫死妻继

C. 兄终弟及 　　　　　　　　　　D. 任意继承

4. 商代的法律总称为( )。

A. "禹刑" 　　　B. "汤刑" 　　　C. "吕刑" 　　　D. "九刑"

5. 炮烙之刑出现于（　　）。

A. 夏　　　　　　　B. 商　　　　　　　C. 西周　　　　　　D. 春秋

6. "五刑之疑有赦，五罚之疑有赦"原则发端甚早，可追溯到（　　）。

A. 舜帝时皋陶执法　　　　　　　　B. 夏代中期

C. 商代早期　　　　　　　　　　　D. 商代中期

7. 夏代监狱称为（　　）。

A. 王畿　　　　　　B. 圜土　　　　　　C. 内服　　　　　　D. 钧台

8. 宋代文学家苏轼曾感叹"三风十愆古所戒，不必骊山可亡国"。其中，"三风十愆"指的是官吏中盛行的"巫风"、"淫风"和"乱风"三类恶劣风气以及与之相关的十种不良行为。我国古代已有针对"三风十愆"处墨刑的惩罚性规定，作出该规定的朝代是（　　）。

A. 商王朝　　　　B. 西周　　　　　C. 秦代　　　　　D. 唐代

9. 《左传》载，"昏、墨、贼，杀。皋陶之刑也"。其中"贼"指的是（　　）。

A. 掠人之美　　　B. 杀人无忌　　　C. 贪以败官　　　D. 寇攘奸宄

10. 根据《礼记·王制》的记载，商代对"乱政"和"疑众"均处以"杀"。下列行为中，属于"乱政"的是（　　）。

A. 析言破律　　　　　　　　　　B. 行伪而坚

C. 作淫声异服　　　　　　　　　D. 假于鬼神、时日、卜筮

（二）多项选择题

1. 商代案件的审理奉行的司法原则有（　　）。

A. 对疑难案件的审理由三公听审评议

B. 公认案件有疑点即采取赦免的方针

C. 审理案件必须与同类典型案例相比较

D. 审判依据事实，有犯意无实据不认为是犯罪

2. 夏商时期的法律思想是（　　）。

A. 天讨　　　　　　B. 明德　　　　　C. 神判　　　　　D. 慎刑

3. 《左传》引《夏书》皋陶之刑的"昏、墨、贼"，分别指哪三种犯罪行为？（　　）

A. 自己做坏事而窃取他人美名　　　B. 贪赃

C. 杀人不忌　　　　　　　　　　　D. 佚乱

4. 商代时期的罪名涉及国家治理领域的哪些方面（　　）。

A. 军事　　　　　　　　　　　　　B. 国家统治

C. 社会秩序　　　　　　　　　　　D. 吏治

5. 《尚书·舜典》所载"眚灾肆赦，怙终贼刑"包含了哪几种犯罪主观心态（　　）。

A. 过失　　　　　　　　　　　　　B. 完全无过失的意外事件

C. 紧急避险下的主观心态　　　　　D. 故意

（三）不定项选择题

1. 商代前期实行什么继承制度？（　　）

A. 指定继承制　　　　　　　　　　B. 父死子继制

C. 兄终弟及制　　　　　　　　　　D. 任意继承制

2. 商代对疑案的量刑原则是？（　　）

A. 附从轻　　　　　　　　　　　B. 赦从重

C. 重刑轻罪　　　　　　　　　　D. 刑罚世轻世重

3. 下列哪些是夏代司法官的名称？（　　）

A. 大理　　　　　B. 理　　　　　C. 小司寇　　　　　D. 士

二、简答题

1. 简述奴隶制"五刑"。

2. 简述商代的罪名与刑罚。

三、论述题

试述商代的神权政治法律思想。

参考答案及解析

一、选择题

（一）单项选择题

1. 答案：C

解析：中国的奴隶制五刑体系包括"墨、劓、剕（刖）、宫、大辟"。

2. 答案：B

解析：本题考查的是中国奴隶制时期的司法制度。在夏代，专门的司法官吏被称为"士"和"理"，中央的最高司法官叫"大理"，是国王的司法助手。

3. 答案：C

解析：本题考查的是中国奴隶制时期的继承制度。商代前期实行父死子继与兄终弟及二者并存的继承制度。

4. 答案：B

解析：本题考查的是商代的法制。《左传·昭公六年》载："商有乱政，而作汤刑。"从狭义上讲，"汤刑"是商继夏代制"禹刑"后制定的一部不予公布的刑书；从广义上讲，"汤刑"又是商代奴隶制法的总称。《竹书纪年》载：商代后期祖甲二十四年又"重作汤刑"，对商代成文刑书作了进一步修订。所以，"汤刑"为商代成文刑书，也是商代法律的总称。

5. 答案：B

解析：本题考查的是中国奴隶制时期的刑罚制度。在商代末期的纣王时期，除常见的斩、戮等死刑方法外，还出现了炮烙、醢、脯等酷刑。其中炮烙是在铜柱上涂油，下加炭火烤热，令有罪者行走其上，最终堕入炭火中烧死的一种刑罚。

6. 答案：A

解析：本题考查的是中国奴隶制时期的司法制度。"五刑之疑有赦，五罚之疑有赦"原则，这也是"明德慎罚"主张在定罪量刑问题上的体现。不过，从其历史渊源来说，该项原则发端很早，据《尚书·大禹谟》记载，相传舜帝的刑官皋陶执法时奉行这样一条原则："与其杀不辜，宁失不经。"也即在处理两可的疑难案件时，宁可偏宽不依常法，也不能错杀无辜。

7. 答案：D

解析：本题考查的是夏代的司法制度。据文献记载，夏代的监狱称为"夏台"或"钧台"。《史记·夏本纪》记载，夏桀将商族首领商汤"囚之夏台"，《索隐》云："狱名。夏曰夏台。"该监狱就在今河南省禹县境内。

8. 答案：A

解析：公元前16世纪，商王朝确立，为警诚百官而制定了"官刑"，严禁官吏中盛行的"巫风"、"淫风"和"乱风"三类恶劣风气以及与之相关的十种不良行为，谓之"三风十愆"。

9. 答案：B

解析：《左传》载，"昏、墨、贼，杀。皋陶之刑也"。据春秋后期晋国大夫叔向的解释："己恶而掠美为昏，贪以败官为墨，杀人无忌为贼。"

10. 答案：A

解析：《礼记·王制》载："析言破律，乱名改作，执左道以乱政，杀；作淫声异服，奇技奇器以疑众，杀；行伪而坚，言伪而辨，学非而博，顺非而泽以疑众，杀；假于鬼神、时日、卜筮以疑众，杀。"乱政，指断章取义、曲解法律、扰乱名位、擅改法律，操邪术以扰乱政教。

（二）多项选择题

1. 答案：ABCD

解析：本题考查的是商代的司法制度。《礼记·王制》载："成狱辞，史以狱成告于正，正听之；正以狱成告于大司寇，大司寇听之棘木之下；大司寇以狱之成告于王，王命三公参听之；三公以狱之成告于王，王三又（宥），然后制刑。"商代对疑难案件的审理持慎重的态度，主张广泛征求意见，然后定案。如公认案件有疑点，就采取赦免的方针，但必须和同类典型案例相比较，然后才能作出终审判决。也即《礼记·王制》载，"疑狱，泛与众共之，众疑，赦之，必察大小之比以成之"。此外，商代主张审判依据事实，有犯意无实据不认为是犯罪，即"有旨无简不听"。

2. 答案：AC

解析：本题考查的是夏商时期的法律思想。从文献记载来看，夏代的立法指导思想是"恭行天罚"的神权法思想。夏代的统治者利用宗教鬼神进行统治，将其掌握的国家政权及权力说成是神授的；把法律说成是神意的体现，而法律的实施则是"恭行天罚"。"天讨""神判"的神权法思想在商代发展到了高峰，商代统治者以迷信鬼神而著称。《礼记·表记》说："殷人尊神，率民以事神。"商王几乎无事不卜，无日不卜，甚至在定罪量刑时也要诉诸鬼神。正如《礼记·曲礼》所说："敬鬼神，畏法令也。"将实施刑罚说成是上帝的意志，是秉承神的旨意，代天行罚。"敬鬼神"的目的是使人民"畏法令"。

3. 答案：ABC

解析：本题考查的是中国最早的国家法着重处罚的犯罪行为。原始社会的舜禹统治时期，氏族公社制度已经走到了尽头，出现了最初的国家形态，国家法的雏形也随之产生，《竹书纪年》载"帝舜命皋陶作刑"，即命令皋陶在原有各部落习惯法的基础上制定普遍适用于各个部落的国家法。《左传·昭公十四年》引《夏书》说"昏、墨、贼，杀。皋陶之刑也"，即将贪赃行为（墨）与自己做坏事而窃取他人美名（昏）、杀人行为（贼）并列，一并处罚。这说明其已经意识到约束国家内担任公职的职事人员的重要性，严厉制裁渎职、贪污行为。

4. 答案：ABCD

解析：本题考查的是商代罪名涉及的国家治理领域。商代军事方面的罪名有"矫诬天命"罪，称夏桀是假托"天命"，为非作恶；严格军法，惩治"不从誓言"罪。商代将"不吉不迪""颠越不恭""暂遇奸宄"作为反抗国家统治的重罪，严厉镇压扰乱社会秩序的罪名有"析言破律""乱名改作""作淫声、异服"等。管理吏治的罪名有"巫风"罪，"三风十愆"罪等。故选 A、B、C、D 项。

5. 答案：ABCD

解析：本题考查的是中国最早的国家法关注的犯罪主观心态。《尚书·舜典》载："眚灾肆赦，怙终贼刑"。"眚"，指过失；"灾"，指不可抗御的自然灾害；"肆"，则指因饥饿而捕食杀人，对这些行为，可以实行减免处罚的原则。"怙"指故意，"终"是一贯，对此类杀人行为，则适用严厉处罚的原则。这段文字反映了舜统治前后，氏族习惯法已经总结出的犯罪主观心态，并意识到根据不同的犯罪主观心态给予不同的处罚。故选 A、B、C、D 项。

（三）不定项选择题

1. 答案：BC

解析：本题考查的是商代时期的继承制度。商代前期实行父死子继与兄终弟及二者并存的继承制度，即兄死以后弟继兄位，无弟然后子继，以前者为主。但是，最后一个弟弟死后，王位由谁继承，这时叔伯兄弟间因争王位时常发生火并。《史记·殷本纪》说："自仲丁以来，废嫡而更立诸弟子，弟子或争相代立，比九世，乱，诸侯莫朝。"从而促使"嫡子"继承制逐渐取代了"兄终弟及"制。商自第十一代王武丁时起，确立太子承袭王位，因为嫡子也非一个人，而在王位继承上仍有争夺，后期逐渐实行嫡长子继承制，从而稳定了王朝权位的继承，并使之成为一项固定制度。

2. 答案：AB

解析：本题考查的是商代的量刑原则。商代对疑案的审理持慎重的态度，主张广泛征求意见，然后定案。如公认案件有疑点，就采取赦免的方针。在量刑时，可重可轻者，主张从轻；可宽可严时，主张从宽，即"附从轻""赦从重"。

3. 答案：ABD

解析：本题考查的是夏代时期的司法制度。在夏代，专门的司法官吏被称为"士"和"理"，中央的最高司法官叫"大理"，是国王的司法助手。故选 A、B、D 项。

二、简答题

1. 参考答案："五刑"指长期存在于中国奴隶制时代的墨、劓、剕（刖）、宫、大辟五种常用刑。这五种刑罚由轻至重，构成了中国早期法律中完备的刑罚体系。

墨刑，又称黥刑，是在罪人面上或额头刻刺并涂上墨，作为受刑人的标志。这种墨刑既是刻人肌肤的身体刑，又是使受刑人蒙受区别于常人的一种耻辱刑。墨刑是五刑中最轻的一种刑罚。

劓刑，即割去受刑人的鼻子。鼻子是人的重要器官，而且与人的尊严密切相关，因此劓刑较墨刑为重。在早期古代民族，毁掉人体重要器官是最为经常的一种处罚方法，后来逐渐演变成一种固定的刑罚方法。

剕刑，也作刖刑，指砍去受刑人足的重刑。另外，还有与砍足相类似的去掉膝盖骨的膑刑。砍去受刑人的足也是早期各古代民族中经常使用的处罚方法。在夏代，此类刑罚也成为最主要的常用刑之一。

宫刑，是破坏受刑人生殖器官的残酷刑罚。对男性为去势，对女性是破坏其生殖机能，通常叫作"幽闭"。宫刑是五刑中除死刑以外最为残酷的刑罚，一般适用于较重的犯罪人。

大辟，是死刑的总称。在夏商周之际，死刑方法多种多样，统称为大辟。

2. 参考答案：商代甲骨文以及其他文献资料证明，其时刑法已在夏代的基础上有了进一步发展，所以荀子曾说"刑名从商"。商代的罪名已明显多于夏代，涉及社会生活中的许多方面，除沿用已有的罪名外，还有如"颠越不恭""不吉不迪""巫风"等罪名。对于犯罪的处罚，相应的也更加具体和详细。商代的刑罚，主要还是沿用夏代以来的墨、劓、剕（削）、宫、大辟五刑。在甲骨文中，已有关于墨、劓、剕（削）、宫、大辟等刑罚的记载，说明"五刑"在商代应用更为广泛。五刑中的大辟即死刑的方法多种多样，而且日趋残酷，特别是在商末纣王时期，除常见的斩、戮等死刑方法外，还出现了炮烙、醢、脯等酷刑。

三、论述题

参考答案：从文献记载来看，夏代的立法指导思想是"恭行天罚"的神权法思想。夏代的统治者利用宗教鬼神进行统治，将其掌握的国家政权及权力说成是神授的；把法律说成是神意的体现，而法律的实施则是"恭行天罚"。"天讨""神判"的神权法思想在商代发展到了高峰，商代统治者以迷信鬼神而著称。《礼记·表记》说："殷人尊神，率民以事神。"商王几乎无事不卜，无日不卜，甚至在定罪量刑时也要诉诸鬼神。正如《礼记·曲礼》所说："敬鬼神，畏法令也。"将实施刑罚说成是上帝的意志，是秉承神的旨意，代天行罚。"敬鬼神"的目的是使人民"畏法令"。与夏代稍有不同的是，商代统治者开始把祖宗崇拜与上天崇拜结合起来，将自己的祖先与自然的神灵、万物的统治者——上帝合二为一，因而进一步丰富和发展了中国古代的神权政治学说。商代统治者把自己的统治说成是"天"的意志，而"天"又是与自己的祖先联系在一起，因此违背王命、反抗现行统治秩序，不仅冒犯天颜，也为列祖列宗所不容。刑罚、法律所代表的既是天意，也是列祖列宗的意志。这使法律、刑罚又多了一重宗族意义上的根据。这种把祖先神与上帝神合二为一的观念，对后世传统社会家天下的政治理论和社会格局影响深远。

四、拓展延伸阅读

（一）著作

1. 胡留元，冯卓慧. 夏商西周法制史. 北京：商务印书馆，2006.

2. 李学勤．三代文明研究．北京：商务印书馆，2011.

3. 朱凤瀚．商周家族形态研究（增订版）．天津：天津古籍出版社，2004.

4. 崔永东．金文简帛中的刑法思想．北京：清华大学出版社，2000.

（二）论文

1. 李雪梅．古代中国"铭金纪法"传统初探．天津师范大学学报（社会科学版），2010（01）.

2. 李力．夏商周法制研究评析．中国法学，1994（06）.

3. 李力．寻找商代法律的遗迹：从传世文献到殷墟甲骨文．《兰州大学学报》（社会科学版），2010（04）.

4. 马卫东．夏、商神权法说质疑．史学集刊，2000（03）.

第三章　西周法制

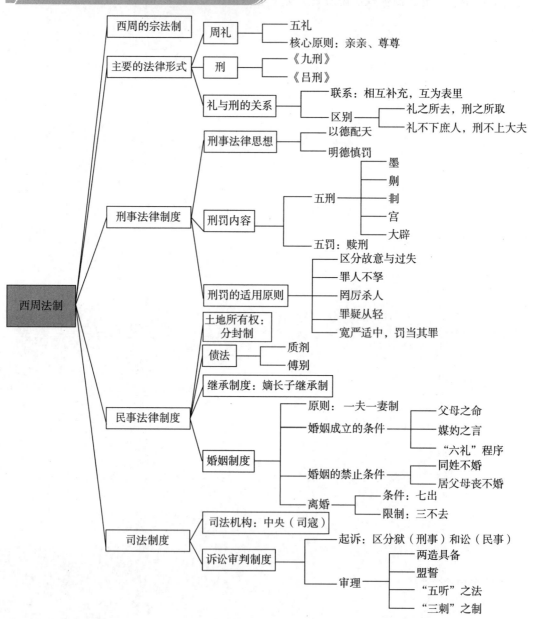

```
西周法制
├─ 西周的宗法制 ── 周礼 ┬─ 五礼
│                      └─ 核心原则：亲亲、尊尊
├─ 主要的法律形式 ┬─ 刑 ┬─《九刑》
│                │      └─《吕刑》
│                └─ 礼与刑的关系 ┬─ 联系：相互补充，互为表里
│                                └─ 区别 ┬─ 礼之所去，刑之所取
│                                        └─ 礼不下庶人，刑不上大夫
├─ 刑事法律制度 ┬─ 刑事法律思想 ┬─ 以德配天
│               │                └─ 明德慎罚
│               ├─ 刑罚内容 ┬─ 五刑 ┬─ 墨
│               │           │        ├─ 劓
│               │           │        ├─ 剕
│               │           │        ├─ 宫
│               │           │        └─ 大辟
│               │           └─ 五罚：赎刑
│               └─ 刑罚的适用原则 ┬─ 区分故意与过失
│                                 ├─ 罪人不孥
│                                 ├─ 罔厉杀人
│                                 ├─ 罪疑从轻
│                                 └─ 宽严适中，罚当其罪
├─ 民事法律制度 ┬─ 土地所有权：分封制
│               ├─ 债法 ┬─ 质剂
│               │       └─ 傅别
│               ├─ 继承制度：嫡长子继承制
│               └─ 婚姻制度 ┬─ 原则：一夫一妻制
│                           ├─ 婚姻成立的条件 ┬─ 父母之命
│                           │                 ├─ 媒妁之言
│                           │                 └─ "六礼"程序
│                           ├─ 婚姻的禁止条件 ┬─ 同姓不婚
│                           │                 └─ 居父母丧不婚
│                           └─ 离婚 ┬─ 条件：七出
│                                   └─ 限制：三不去
└─ 司法制度 ┬─ 司法机构：中央（司寇）
            └─ 诉讼审判制度 ┬─ 起诉：区分狱（刑事）和讼（民事）
                            └─ 审理 ┬─ 两造具备
                                    ├─ 盟誓
                                    ├─ "五听"之法
                                    └─ "三刺"之制
```

第二部分　本章核心知识要点解析

一、宗法制

【难度与热度】

难度：☆☆☆　热度：☆☆

【内容解析】

宗法制是以政治、血缘为标准构建的"家""国"一体的宗法政权体制。整个社会被划分成不同层次的"大宗"和"小宗"。周天子作为姬姓的宗主，是天下的大宗。周天子的同姓兄弟作为小宗被分封到各诸侯国，成为诸侯国的大宗。卿大夫作为诸侯国的小宗受诸侯节制，但在其采邑之内，又作为大宗。周天子、诸侯、卿大夫在血缘和政治上具有双重等级关系。西周社会成为一个严格区分大宗、小宗，对应不同权利、义务的宗法等级社会。

二、西周的主要法律形式：礼与刑

【难度与热度】

难度：☆☆☆☆　热度：☆☆☆☆☆☆

【内容解析】

西周的主要法律形式表现为礼和刑。礼指周礼，刑为刑罚。周礼，即在周公的主持下，在殷礼的基础上，制定的以维护宗法等级制为核心的行为规范以及相应的典章制度、礼节仪式。周礼将礼分为五大类，统称"五礼"，包括吉礼、凶礼、宾礼、军礼、嘉礼。五礼的核心原则为"亲亲""尊尊"，前者为血缘关系中的等级原则，后者为政治关系中的等级原则。

礼与刑的关系。"礼之所去，刑之所取，失礼入刑，相为表里"是对二者关系的概括。二者共同构成西周的社会规范，违礼即违法，要受到刑罚制裁，同时二者也有不同：礼是正向的规范，用于预防犯罪；刑是惩罚性规范，是惩治罪犯的消极手段。二者的适用对象也不同，"礼不下庶人，刑不上大夫"。

三、西周的主要立法成果

【难度与热度】

难度：☆☆　热度：☆☆☆

【内容解析】

《九刑》，西周初年立法成果，一般认为是周成王所作。

《吕刑》，又称《甫刑》，西周中期立法成果，周穆王时期司寇吕侯所作。主要内容有三：第一，刑罚分为五刑、五罚、五过三类；第二，提出审慎用刑原则；第三，提出疑罪从赎。

四、西周的刑事法律制度

【难度与热度】

难度：☆☆☆　热度：☆☆☆☆☆

【内容解析】

关于西周的刑事法律制度，需重点掌握西周的刑事法律思想、刑罚适用原则和主要刑罚。

西周奉行"明德慎罚"的刑事法律思想。西周在夏商的神权法思想基础上，提出了"以德配天""明德慎罚"的刑事法律思想。"以德配天"思想指出，上天和任何人都没有血统关系，只有有德之人才配得到天命，从而确立了西周政权的合法性。"德"的核心在于"敬天"和"保民"。"以德配天"思想体现在法律上便是"明德慎罚"，提倡道德教化与慎用刑罚。

在"明德慎罚"法律思想的指导下，西周确立了以下刑罚适用原则：第一，区分故意与过失、惯犯与偶犯。眚，过失；非眚，故意；惟终，惯犯；非终，偶犯。第二，"罪人不孥"，反对族诛连坐，罪止一身。第三，"罔厉杀人"，不杀无罪之人。第四，罪疑从轻，众疑赦之。第五，宽严适中，罚当其罪。

西周的主要刑罚包括五刑和五罚。五刑包括墨刑、劓刑、荆（膑）刑、宫刑、大辟（死刑）。五罚即赎刑，五刑对应的不同数量的赎金（铜），通常适用于存疑的案件。

五、西周的民事法律制度

【难度与热度】

难度：☆☆☆　　热度：☆☆☆

【内容解析】

西周的民事法律制度包括土地制度、债法、婚姻继承制度等内容，其中需重点理解西周的婚姻制度。

第一，土地制度。"普天之下莫非王土，率土之滨，莫非王臣。"全天下的土地所有权名义上归于周天子一人，天子通过分封将土地使用权和收益权赐予诸侯，即分封。

第二，债法。交易与制契都要经过管理市场的官吏，即"质人"。买卖契约为质剂，买卖奴隶、牛马等贵重活物的契约为"质"，买卖兵器、珍宝等贵重器物的契约为"剂"。借贷契约被称为"傅别"。

第三，继承制度。西周实行嫡长子继承制，继承内容包括：宗祧继承、爵位继承和财产继承。

第四，婚姻制度。西周的婚姻制度实行一夫一妻（多妾）制。婚姻成立的条件有三：一是父母之命；二是媒妁之言；三是六礼仪式。六礼，即周礼所规定的婚姻成立的六道程序，包括纳采、问名、纳吉、纳征、请期、亲迎。纳采，是男家请媒人到女家提亲，获准后备彩礼前去求婚；问名，是男家请媒人问女方的名字、生辰，卜于宗庙，请示吉凶；纳吉，是男家卜得吉兆后通知女家，决定订婚；纳征，又称纳币，是男家送聘礼到女家；请期，是男家择定吉日为婚期，商请女家同意；亲迎，是新郎至女家迎娶。"六礼"完毕，婚姻成立。西周有婚姻的禁止性规定：一是同姓不婚，二是居父母丧不婚。西周的离婚的条件为"七出"，限制离婚的情形，为"三不去"。"七出"，也称"七去"，是西周离婚的条件，包括无子、淫佚、不事姑舅、口舌、盗窃、妒忌、恶疾。"三不去"，是限制离婚的情形，包括有所娶无所归、与更三年丧、前贫贱后富贵。

六、西周的司法制度

【难度与热度】

难度：☆☆☆ 热度：☆☆☆

【内容解析】

关于西周的司法制度，需要掌握两个内容：一是司法机构，二是诉讼审判制度。

西周的中央司法机关为司寇，长官也称司寇。

西周的诉讼审判制度。在起诉方面，西周对民、刑诉讼有所区分，"狱""讼"有别；没有严格的公诉与自诉之分，除谋反叛乱等，一般案件均由当事人亲自告诉。在审理方面，西周规定需"两造具备"，即原、被告双方到庭。西周审判十分重视盟誓，案件审理之前，当事人需对神赌咒发誓，以证明口供的真实性。在审判中，西周有五听制度，即法官辨别当事人证词的五种方式，包括辞听、色听、气听、耳听、目听。对于重大疑难案件的审理，西周实行三刺之法，"一曰讯群臣，二曰讯群吏，三曰讯万民"，即在对重大案件判决死刑之前，向三类人群征询意见，再作最终判决。

第三部分 典型案例与同步练习

第一节 典型案例

一、九年卫鼎铭案

【案例史料】

唯九年正月既死霸庚辰，王在周驹宫，格庙，眉敖者肤为使，见于王。王大致。矩取省车：较、贲鞃、虎幎、韔韔、画韅、鞭、席韄、帛辔乘、金镳镂。舍矩姜帛三两。乃舍裘卫林呰里。叔厥惟颜林，我舍颜陈大马两，舍颜姒虑咬，舍颜有司寿商貉裘、盠幎。矩乃暨逢邻令寿商暨意曰："构。"履付裘卫林呰里。则乃成封，四封，颜小子具惟封，寿商戚。舍盠冒梯羝皮二、豟皮二、业鸟踊皮二、朏白金一钣，厥吴喜皮二。舍逢麂幎、鞞贲，寝鞃，东臣羔裘，颜下皮二。逮受：卫小子宽，逆者其滕。卫臣虩胐。卫用作朕文考宝鼎，卫其万年永宝用。

——选自《长安文物与古代法制》

【案例分析】

"九年卫鼎"是西周共王时期的青铜器。鼎是一种具有烹煮肉食、实牲祭祀和宴享等各种用途的器物，是青铜礼器中的主要食器。在古代社会，它被当作"明尊卑、别上下"的标志。九年卫鼎的器主是裘卫，即西周时期一个管理皮裘的官员。其铭文记载的是周共王九年裘卫用自己的马车及其附属器具交换矩伯的一块私地的立契过程。其铭文分为以下九层意思：（1）交代交换行为产生的原因。共王九年正月，周王在周驹宫，后又到宗庙里。这时，眉敖的使者前来朝见，周王举行盛大的接待仪式。矩伯被任命为接待使者的卿，为了接待仪式的需要，他要用自己的私田向裘卫换取一辆好车。（2）叙述双方的交换物。矩伯要求换取的是裘卫的一辆好车及其附属物品：车旁的钩子、车前横木中有装饰的把手、虎皮罩子、长毛狸皮的车幔、彩画的车套、马鞭、大皮索、四套白色的缰绳、铜制的马嚼口等。裘卫为了交易的顺利进行，送给了矩伯的妻子十二丈帛。裘卫将要得到的是一块林地。（3）裘卫与矩伯的交易中还涉及另外一桩交易。矩伯交易给裘卫的林地的林木收益权已经被矩伯赐给小奴隶主颜氏了。为获得此块土地的完全的所有权，裘卫还必须和颜氏达成另一笔交易以得到林地上林木的收益权。裘卫为此又送给了颜氏两匹大马，给颜氏之妻一件青黑色的衣服，给颜氏的管家寿南一件貉皮袍子和罩巾，作为交换林木收益权的代价。（4）契约达成后，矩伯向裘卫交付林地。裘卫给颜氏的管家交换物后，到现场去勘查林地，正式举行交接仪式，但矩伯和裘卫都没有到现场。接受林地的是裘卫的儿子宽，负责迎接和赠送礼物的是裘卫的家臣觑胹。（5）裘卫铸鼎在鼎上刻下"卫其万年永宝用"，以示自己对这块林地的永久所有权。

这是一个交换契约成立的全过程。要约人为矩伯，受约人为裘卫。但这个契约并非一个主、从契约，裘卫与矩伯的林地交换契约不是主契约，裘卫与颜氏关于林木收益权的交易也不是一个从契约，它并非由裘卫与矩伯的林地交换的主契约所引起，也不以主契约的存在为前提。同时，这个交易所涉及的是矩伯所有的私田，而不是名义上属周王所有的公田，因此其交易的程序和要求与涉及公田的交易有很大的不同。根据有关史料，西周时期的公田交易，一般要经过以下几道法定的程序：（1）立契双方口头议定交易内容；（2）要约人向官方报告，以求得其认可；（3）要约人正式向官方陈述立契事由和交易对象；（4）官方与受约人作口头套语对答，以确定受约人的真实意思表达；（5）官方认可，契约正式生效；（6）受约人宣誓，以示信守；（7）官方出面，勘定四至界限；（8）受约人付田，办理移交手续；（9）要约人举行宴会，请客送礼，以庆祝交易成功；（10）铸鼎，确定永久的所有权和继承权。和上述公田交易相比，私田交易要简单得多，它不需要得到官方的认可，也不需要在官方主持下的宣誓仪式，只要契约双方合意即可。但私田交易也同样要经过现场勘查，明确四至界限，并举行正式的受田仪式。一定的仪式已经成为契约生效的一个要素。

西周是中国早期社会的全盛时期，经过夏、商两代的长期积累与发展，社会的政治、经济、文化各个方面都有了相当的基础。西周宗法制的建立加快了西周社会的发展，促进了社会的繁荣。在此背景下，西周的民事活动也较以往更为活跃，调整这种民事活动的法律规范也相应更为丰富，特别是到西周中后期以后，随着严格意义上的宗法体制的松弛和演化，以私人所有权为中心的民事关系和相应的民事规则也得到了进一步的发展。在西周时期，最为重要的两项社会资源——土地与臣民，理论上都属于周王所有，周王对土地的所有权不仅表现在对土地的买卖上，即土地属于禁止流通物，而且体现在对土地的封赐上。但到了西周中后期，随着地方经济的发展，原有宗法制度和宗法观念逐渐松弛。原来那种由周王"授民以疆土"的分封方式，逐渐被放诸一旁，土地和臣民的实际所有权已经逐渐转移到有实力的诸侯和领主手里，出现了完全由土地所有人控制，可以自由买卖、交换的"私田"，前述案例中交易的标的物即是这样的"私田"。从这个案例可以看出，这种"私田"的交易也不再是偷偷摸摸，而是在周王举行盛典时公开地进行，这说明私田交易在西周中期已经较为普遍。而原先严格禁止交易的"公田"实际上也可以转让流通，只是在买卖的过程中要遵守规定的程序，并得到官方的许可。随着这种土地私有进程的加快，整个社会的私有观念也得到进一步的发展，当时比较普遍的契约形式有"质剂"与"傅别"。"质剂"是买卖关系的契约形式，《周礼》载"听买卖以质剂"。"傅别"是借贷关系的契约形式，《周礼》载"听称责以傅别"。西周青铜器中大量的民事契约关系的记载就是西周中后期民事契约关系迅速发展的实物见证。

二、训匜铭案

【案例史料】

惟三月既死霸，甲申，王才丰上宫。白扬父乃成概曰："牧牛！但乃可湛。女敢以乃师讼。女上挺先誓。今女亦既又御誓，尃、趄、啬、睦、训造。亦兹五夫，亦既御乃誓，汝亦既从辞从誓。初可，我义鞭女千，幭剜女。今我赦女，义鞭汝千，黜剜女。今大赦女鞭女五百，罚女三百寽。"白扬父乃或吏牧牛誓曰："自今余敢扰乃小大史。""乃师或以女告，则到，乃鞭千，幭剜。"牧牛则誓。乃以告吏邦吏智于会。牧牛辞誓成，罚金。训用乍旅盉。

——选自《西周金文选注》

【案例解析】

这是一桩记载于青铜器训匜上的案件。训匜是1975年2月在陕西省岐山县董家村出土的一个周厉王或周宣王时期的青铜器，匜是古代盥洗时用以浇水的用具，形如现在的瓢。训匜的铭文铸于器底及盖内，共计有157个字，其主要内容记述了伯扬父对牧牛和他的上司打官司所作的判决。铭文一开始就明确记录了判决发生的时间、地点以及司法官的名字：时间是三月下旬甲申这一天，地点是丰京的上宫，司法官是伯扬父。伯扬父，据李学勤考证，当为司寇一类掌理刑狱的官。案件的起因是一个负责牧牛的下级官吏违背自己的誓言，为财物与其上司发生诉讼。西周时期，已经开始根据案件的不同特性对诉讼进行分类，即"狱"与"讼"之分，以判定是否有罪为目的而进行的诉讼称之为"狱"，相当于今天的刑事案件，而以争夺财物为目的的诉讼称之为"讼"，相当于今之民事案件。本案件即为"讼"。西周时期的民事与刑事案件都是以当事人或受害人的自诉为主，但诉权受到一定的限制：一是家族内子不得告父，二是各级贵族下级对上级的诉讼也受到一定的限制。本段铭文提及的第一个案件是说牧牛因财物将其上司告上法庭。关于这个案件的过程铭文没有交代，但其结果已经十分明白：作为下级的牧牛不但没有赢得官司，反而因违反下不得告上的规定而被迫发誓不再与其上司发生诉讼。但牧牛并没有放弃，而是继续告他的上级。这样他作为被告人被告到了伯扬父那里，案由就是他违背了自己不再与其上司打官司的誓言。这时官司的性质已经发生了变化，由一件普通的民事官司变成了刑事官司。原来的民事官司反而变得不重要而没有被铭文记录下来，关于牧牛违背自己的誓言的刑事案件的判决却被详细记录了下来。按规定，由于牧牛是一级官吏，所以他应该受到鞭一千下，并处以幭剜刑的惩罚，《尚书·舜典》即有"鞭作官刑"的记载。最后，他被从轻处罚，当场再次起誓，表示不论大小事都再不去找他的上司了，并用铜三百寽赎代鞭五百和墨刑。誓词还被书面记录下来，罚金也立即执行。

本案一定程度上反映了西周时期的诉讼制度。铭文中的"造"为一法律用辞，即"到""至"的意思，《尚书·吕刑》中有载"两造具备"，许多书籍认为"两造具备"即是原、被告都到场，这是不对的。孔传曰："两，谓囚、证；造，至也。两至具备，则众狱官共听其入五刑之辞。"唐孔颖达的《尚书正义》对此作了更明确的解释，"两谓两人，谓囚与证也。凡竟狱，必有两人为敌，各言有辞理，或时两皆须证，则囚与证非徒两人而已。两人谓囚与证。不为两敌至者，将断其罪，必须得证两敌同时在官，不须待至且两人竟理或并皆为囚，各自须证，故以两为囚与证也。"这里将"两造"解释成为囚犯和证人两个方面。本案中作为被告的牧牛和作为证人的其他五个人都到场，即是所谓"两造具备"。《周礼·秋官·大司寇》有"以两造禁民讼"，郑玄注："造，至也；使讼者两至。"但这也并非完全是说原、被告的关系，而应该是指罪犯与证人双方必须到场。除前面提及的人证等外，本段铭文 157 个字，其中"誓"共出现七次，足见"誓"对案件审理及判决的重要作用，违背誓言因而要受到严厉的惩罚。

中国传统的审判诉讼制度到周代已经基本成型：从中央到地方的审判机关已经建立，并有了专门的司法官吏；对民事与刑事诉讼已有基本的区分。告诉一般由受害人的自诉开始，但其诉权受到一定的限制，子不能控告父亲，下级也不得告上级，其他如奴隶告主、妻告夫等也在限制之列。诉讼双方还必须交纳一定数量的诉讼费，以财货相告的民事案件要"入束矢"，即交纳一百支箭，而以罪名相告的刑事案件要"入钧金"，即交纳三十斤铜作诉讼费。如果不交纳"束矢"或"钧金"，则被认为认输。西周的审判由司法官吏主持，罪犯和证人必须到场。但贵族官员享有"命夫命妇不躬坐狱讼"的特权，所以本案中另一重要当事人牧牛的上司并没有到庭。西周在审判时，认为口供是主要证据，同时注重盟誓、人证、书证、物证等证据，形成了比较完整的证据制度，很大程度上摒弃了夏、商两代的神示证据，盟誓开始占据重要位置。

第二节　　同步练习

一、选择题

（一）单项选择题

1. 西周时，通过察言观色判断当事人陈述真伪的审判方式被称为（　　）。

A. 三刺　　　　　　B. 三赦　　　　　　C. 五过　　　　　　D. 五听

2. "观其眸子，视不直则眊然"，即观察当事人的眼睛与视觉，无理则双目失神。这就是"五听"制度中的（　　）。

A. "色听"　　　　B. "目听"　　　　C. "辞听"　　　　D. "气听"

3. 在中国早期原始部落时代，由于生产力水平低下，生存条件又比较恶劣，被人们当作生活中头等重要大事的是（　　）。

A. 结婚　　　　　　B. 生子　　　　　　C. 祭祀　　　　　　D. 治丧

4. 根据《周礼·秋官·司寇》的记载，西周法律规定，定罪量刑时需考虑行为人的主观动机。该规定是（　　）。

A. 三赦之法　　　　　　　　　　B. 三刺之法

C. 三宥之法　　　　　　　　　　D. 五过之疵

5. "观其出言，不直则烦"，即观察当事人的言语表达，理屈者则言语错乱。这就是"五听"制度中的（　　　）。

　　A. "色听"　　　　　B. "目听"　　　　　C. "辞听"　　　　　D. "耳听"

6. "礼不下庶人，刑不上大夫"原文出自（　　　）。

　　A.《周礼》　　　　　B.《吕刑》　　　　　C.《礼记·曲礼》　　D.《仪礼》

7. "三不去"的离婚限制确立于（　　　）。

　　A. 夏　　　　　　　B. 商　　　　　　　C. 西周　　　　　　D. 汉代

8. 西周时女子若犯"七出"之条，不能提出休弃的是（　　　）。

　　A. 丈夫　　　　　　B. 公公　　　　　　C. 婆婆　　　　　　D. 姑嫂

9. 婚期之日男方迎娶女子至家的过程被称为（　　　）。

　　A. "纳吉"　　　　　B. "纳征"　　　　　C. "取亲"　　　　　D. "亲迎"

10. 西周法制的基本特点是在"明德慎罚"的前提下，将下面的哪一项原则制度化、法律化？（　　　）

　　A. "亲亲""尊尊"　　　　　　　　B. "亲亲得相首匿"

　　C. "五复奏"　　　　　　　　　　D. "秋审"

11. 在女方答应议婚后，由男方请媒人问女子名字、生辰等，并卜于宗庙以定吉凶的过程被称为（　　　）。

　　A. "纳吉"　　　　　B. "纳征"　　　　　C. "问名"　　　　　D. "请期"

12. "六礼"作为法定的婚姻成立条件确定于（　　　）。

　　A. 西周　　　　　　B. 商代　　　　　　C. 汉代　　　　　　D. 夏代

13. 西周以来，一直被视为古代法律适用重要原则的是（　　　）。

　　A. 同姓不婚　　　　　　　　　　B. 敬天保民

　　C. 礼不下庶人，刑不上大夫　　　D. 十恶不赦

14. 西周初期统治者总结了历史经验教训，对夏、商的"天罚"思想进行了修正，在此基础上提出的立法思想是（　　　）。

　　A. 天命天罚　　　B. 明刑弼教　　　C. 明德慎罚　　　　D. 德主刑辅

15. "明德慎罚"的具体要求中，作为前提的是（　　　）。

　　A. 以德配天　　　　　　　　　　B. 实施德教

　　C. 用刑宽缓　　　　　　　　　　D. 德主刑辅

16. 西周时，中央的最高司法官称为（　　　）。

　　A. 大司寇　　　　　B. 大理　　　　　　C. 小司寇　　　　　D. 蒙士

17. 西周婚姻实际上实行的是（　　　）。

　　A. 一夫多妻制　　　　　　　　　B. 一夫两妻制

　　C. 一妻多夫制　　　　　　　　　D. 一夫一妻制

18. 西周社会制度、国家制度，包括人们的日常行为都应遵循的准则是（　　　）。

　　A. 礼　　　　　　　B. 刑　　　　　　　C. 君主意志　　　　D. 神意

19. "与其杀不辜，宁失不经"体现的刑罚适用原则是（　　　）。

　　A. 重刑轻罪　　　　　　　　　　B. 罪疑从轻

　　C. 重罚　　　　　　　　　　　　D. 刑罚世轻世重

20.《尚书·康诰》载："人有小罪，非眚，乃惟终……有厥罪小，乃不可不杀。"其中，"非眚"是指：（　　）。

A. 故意　　　　　　B. 过失　　　　　　C. 惯犯　　　　　　D. 偶犯

（二）多项选择题

1. 郑国执政子产于公元前 536 年"铸刑书"，对此，晋国大夫叔向写信斥子产："昔先王议事以制，不为刑辟，惧民之有争心也。"关于"不为刑辟"的含义，下列选项不正确是（　　）。

A. 不制定法律　　　　　　　　　B. 不规定刑罚种类

C. 不需要判例法　　　　　　　　D. 不公布成文法

2. 西周统治者为维系以血缘关系为纽带的政权组织制度，在实践中逐渐形成的原则有（　　）。

A. 嫡长子继承　　　　　　　　　B. 小宗服从大宗

C. 亲贵合一　　　　　　　　　　D. 选官时"任人唯贤"

3. 按照周代礼制，已婚妇女不被夫家休弃的情形包括（　　）。

A. 有恶疾　　　　　　　　　　　B. 有所娶无所归

C. 与更三年丧　　　　　　　　　D. 前贫贱后富贵

4. 西周时期的刑罚适用原则不包括（　　）。

A. 一人犯罪，罪及亲属　　　　　B. 重刑主义

C. 疑案从轻，疑案从赦　　　　　D. 法律面前人人平等

5. 关于西周法制的表述，下列选项不正确是（　　）。

A. 周初统治者提出"德主刑辅，明德慎罚"的政治法律主张

B.《汉书·陈宠传》称西周时期的礼刑关系为"礼之所去，刑之所取，失礼则入刑"

C. 西周借贷契约称为"书约"，法律规定重要的借贷行为都须订立书面契约

D. 西周宗法制度下形成了子女平均继承制

（三）不定项选择题

1. 西周商品经济发展促进了民事契约关系的发展。《周礼》载："听买卖以质剂。"汉代学者郑玄解读西周买卖契约形式："大市谓人民、牛马之属，用长券；小市为兵器、珍异之物，用短券。"对此，下列哪一说法是不正确的？（　　）

A. 长券为"质"，短券为"剂"

B. "质"由买卖双方自制，"剂"由官府制作

C. 契约达成后，交"质人"专门管理

D. 买卖契约也可采用"傅别"形式

2. 西周时期的犯罪涉及（　　）。

A. 违背伦常的犯罪

B. 政治性犯罪

C. 贼盗等刑事犯罪

D. 破坏农业生产、扰乱社会秩序的犯罪

3. 下面关于西周时期"礼"与"刑"关系的表述，正确的有（　　）。

A. "礼"正面、积极地规范人们的言行

B. "刑"是对一切违背"礼"的行为进行处罚

C. 两者在运用上为"出礼入刑"

D. "礼之所去，刑之所取"

二、简答题

1. 简述西周时期的宗法制度。

2. 简述西周时期的法律指导思想。

3. 简述西周时期的"五听"制度。

4. 简述西周时期的"五礼"制度。

三、论述题

1. 从中国传统法律文化的角度评析"礼不下庶人，刑不上大夫"。

2. 试述西周时期的"礼"。

3. 试述西周时期的婚姻制度。

参考答案及解析

一、选择题

（一）单项选择题

1. 答案：D

解析：西周时，通过察言观色判断当事人陈述真伪的审判方式被称为"五听"，即辞听、色听、气听、耳听、目听。"三刺"是西周司法审判要经过的程序。"三赦"之法是指西周对老幼犯罪要减免刑罚。"五过"是西周针对渎职方面的罪名。

2. 答案：B

解析：本题考查的是中国早期的审判制度。"五听"是西周时期审理案件时判断当事人陈述真伪的五种方式。其中"目听"要求"观其眸子，视不直则眊然"，即观察当事人眼睛与视觉，无理则双目失神。

3. 答案：C

解析：本题考查的是古代"礼"的内容。在中国早期社会中，"礼"最早是氏族社会时期人们祭祀鬼神的仪式，所谓"奉神人之事通谓之礼"，由于当时的生产力水平低下，生存条件恶劣，人们把祭祀当作生活中头等重要的大事，这就是古人所说的"国之大事，唯祀与戎"。

4. 答案：C

解析：三宥之法是指"一宥曰不识，再宥曰过失，三宥曰遗忘"。这表明西周在定罪量刑时考虑行为人的主观动机，即后世所谓原心定罪。三赦之法是指"一曰幼弱，二曰老耄，三曰蠢愚"，此三者除犯故意杀人罪外，一般皆赦免其罪，这是西周"明德慎罚"思想的体现。三刺之法是指司法审判中要经过的"三刺"的程序，"一曰讯群臣，二曰讯群吏，三曰讯万民"。五过之疵则是指司法官渎职犯罪。

5. 答案：C

解析：本题考查的是中国奴隶制时期的审判制度。"五听"是西周时期审理案件时判断当事人陈述真伪的五种方式。其中"辞听"要求"观其出言，不直则烦"，即观察当事人的言语表达，理屈者则言语错乱。

6. 答案：C

解析：本题考查的是西周时期的礼制。"礼不下庶人，刑不上大夫"是中国古代法律中一项重要的法律原则，源于《礼记·曲礼》，始于西周。作为一项法律原则，"礼不下庶人，刑不上大夫"所强调的是平民百姓与贵族官僚之间的不平等，强调官僚贵族的法律特权。

7. 答案：C

解析：本题考查的是西周时期的婚姻家庭法律制度。西周时期关于婚姻的解除也有若干制度，被称为"七出"和"三不去"。"三不去"是指"有所取无所归，不去；与更三年丧，不去；前贫贱后富贵，不去"。

8. 答案：D

解析：本题考查的是西周时期的婚姻家庭法律制度。西周时期关于婚姻的解除也有若干制度，被称为"七出"和"三不去"。所谓"七出"，又称"七去"，是指女子若有所列七项情形之一者，丈夫或公婆即可休弃之。

9. 答案：D

解析：本题考查的是周礼的内容。西周时期，婚姻"六礼"也是婚姻成立的必要条件。合礼、合法的婚姻必须通过"六礼"来完成。其中"亲迎"即婚期之日男方迎娶女子至家。至此，婚礼始告完成，婚姻也最终成立。

10. 答案：A

解析：本题考查的是西周时期的礼制内容。西周礼制之中，抽象的精神原则可归纳为"亲亲"与"尊尊"两个大的方面。所谓"亲亲"，即是要求在家族范围内，人人皆要亲其亲，长其长，做到父慈、子孝、兄友、弟恭、夫义、妇听，人人都应按自己的身份行事，不能以下凌上，以疏压亲。因此，西周时期的法制将"亲亲"与"尊尊"予以制度化、法律化。

11. 答案：C

解析：本题考查的是中国奴隶制时期的婚姻家庭法律制度。西周时期，合礼、合法的婚姻必须通过"六礼"来完成。其中"问名"是指在女方答应议婚后，由男方请媒人问女子名字、生辰等，并卜于宗庙以定吉凶。纳吉，是男方问名后，将卜婚的吉兆通知女方，并送礼表示要订婚的礼仪。

12. 答案：A

解析：解析见上题。

13. 答案：C

解析：本题考查的是西周时期的法律适用原则。"礼不下庶人，刑不上大夫"是中国古代法律中一项重要的法律原则，始于西周。

14. 答案：C

解析：西周初期统治者注重从商代败亡的历史经验中汲取前车之鉴，认为天命是会改变的，天命总是归于有德者，天意总是通过民意表达出来的，故从夏商时代的神权法思想，发展到对人的关注，提出"以德配天"的民本思想，并将"德"这一抽象的伦理道德准则落实到现实统治之中，形成了"敬天保民"的政治思想和"明德慎罚"的法律思想。C项正确。A项是夏、商的指导思想，B项是明代的指导思想，D项是汉代的指导思想。

15. 答案：B

解析：本题考查的是中国古代法制的指导思想。"明德慎罚"的具体要求可以被归纳为"实施德教，用刑宽缓"。其中"实施德教"是前提，是第一位的。

16. 答案：A

解析：本题考查的是中国奴隶制时期的司法制度。西周时期，自周天子以下形成了更为系统的司法机构。中央的最高司法官仍称"大司寇"，作为周天子的"六卿"之一，负责实施全国的法律，辅佐周王全面行使司法权，是全国最重要的司法官员。

17. 答案：D

解析：本题考查的是西周时期的婚姻家庭法律制度。西周时期，婚姻的缔结有三大原则，即一夫一妻制、同姓不婚、父母之命。凡婚姻不合此三者即属非礼非法。

18. 答案：A

解析：本题考查的是西周时期的礼制。西周时期，礼作为一种积极的规范，已具备法的性质和作用。当时上至国家根本方针、组织制度，下至社会成员的衣食住行、车马宫室，都与礼密切相关，都受礼的制约。正因为如此，礼被认为是"经国家，定社稷，序民人，利后嗣"的头等大事。

19. 答案：B

解析：本题考查的是西周时期的刑罚适用原则。该句出自《左传·襄公》二十六年。辜，就是有罪。不辜，就是无辜者。经，是指法律规定。"与其杀不辜，宁失不经"的基本含义是，在处理两可的疑难案件时，宁可偏宽不依常法，也不能错杀无辜。西周时期为保证适用法律的谨慎，防止错杀无辜，凡是疑难案件，都采取了从轻处断或赦免的办法。

20. 答案：A

解析：本题考查的是西周时期的刑罚适用原则。西周时已有故意与过失的区分。"眚"指过失，"非眚"指故意。

（二）多项选择题

1. 答案：ABC

解析：公元前536年，郑国子产将郑国的法律条文铸在象征诸侯权位的金属鼎上，向社会公布，史称"铸刑书"。晋国叔向主张礼治国家，反对公布成文法，强调刑罚在治理国家中的作用，主张"刑不可知，则威不可测"。题干中"不为刑辟"指的是"不公布成文法"。

2. 答案：ABC

解析：西周宗法制度中，实行嫡长子继承制，小宗要服从大宗。西周时期家国一体，家族组织与国家制度合二为一，亲贵合一。西周在选官时不是"任人唯贤"，而是考虑血缘关系，"任人为亲"。

3. 答案：BCD

解析：西周关于婚姻的解除，有"三不去"之规定。"三不去"是指：有所娶无所归，不去；与更三年丧，不去；前贫贱后富贵，不去。

4. 答案：ABD

解析：本题考查的是西周时期的刑罚适用原则。西周时期有以下刑罚适用原则：（1）老幼犯罪减免原则。（2）区别故意与过失、惯犯与偶犯原则。西周时有"三宥"之法，即"一曰过失，二曰弗知，三曰遗忘"，对此三者皆可宽宥原谅。史籍中把过失称为"眚"，故意即是"非眚"；惯犯被称为"惟终"，偶犯被称为"非终"。西周时故意犯罪和惯犯要从重处罚，过失犯罪和偶犯则可减轻处罚。（3）罪疑从轻、罪疑从赦原则。凡疑难案件，都采取从轻处断或赦免的办法。（4）宽严适中原则。定罪量刑上要求宽严适中，符合正道。（5）"刑罚世轻世重"的刑事政策。也即应根据时世变化确定用刑的宽与严，轻与重。具体内容是："刑新国用轻典，刑平国用中典，刑乱国用重典。"

5. 答案 ACD

解析：A项考查西周时期的法律思想。西周提出"以德配天，明德慎罚"的政治法律思想。汉代中期以后，"以德配天，明德慎罚"的主张被儒家发挥成"德主刑辅，礼刑并用"，从而为中国传统法制奠定了理论基础。A项错误：混淆了西周的法律思想和汉代的法律思想。B项考查礼刑关系。要点如下：（1）西周时期的礼已具备法的性质。首先，周礼完全具有法的三个基本特性，即规范性、国家意志性和强制性。其次，周礼在当时对社会生活各个方面都有着实际的调整作用。（2）礼刑关系被概括为"出礼入刑"和"礼不下庶人，刑不上大夫"两个方面。正如《汉书·陈宠传》所说的"礼之所去，刑之所取，失礼则入刑"。B项表述正确。C项考查西周契约制度。西周买卖契约称为"质剂"，借贷契约称为"傅别"。C项错误。D项考查西周的继承制度。西周时期已经形成嫡长子继承制，这种继承主要是对政治身份的继承，也包括对土地、财产的继承。D项错误。一般认为，诸子均分制出现于秦汉时期；宋代时有限度承认"女子"财产继承权，但也没有"平均继承"。

（三）不定项选择题

1. 答案：BCD

解析：本题考查的是西周的契约关系。西周的买卖契约称为"质剂"，"质"是用来买卖奴隶、牛马所使用的较长的契券；"剂"是用来买卖兵器、珍异之物所使用的较短的契券。"质""剂"由官府制作，并由"质人"专门管理。西周的借贷契约称为"傅别"，《周礼》载："听称责以傅别。"为了保证债的履行，要求当事人订立契约"傅别"。

2. 答案：ABCD

解析：本题考查的是西周时期的犯罪。西周时期主要有"不孝不友"等违背伦常的犯罪，"犯王命""放弑其君"等政治性犯罪，"杀越人于货"等抢掠财物、劫杀人命的刑事犯罪，"群饮""失农时"等扰乱社会秩序的犯罪，以及"违背盟誓"的背信犯罪。

3. 答案：ABCD

解析：本题考查的是西周时期"礼"与"刑"的关系。西周时期"刑"多指刑法和刑罚。"礼"正面、积极地规范人们的言行，而"刑"则对一切违背礼的行为进行处罚，所谓"出礼入刑""礼之所去，刑之所取"，二者共同构成西周法律的完整体系。

二、简答题

1. 参考答案：宗法制是由氏族社会父系家长制的传统演变而来，周初统治者系统确立，并影响后世各朝代按血缘关系分配国家权力，以便建立世袭统治的一种制度。其特点是宗族组织与国家组织合二为一，宗法等级与政治等级一致。宗族中分为大宗和小宗，周王自称天子，称为天下大宗。天子由嫡长子继承王位，其余庶子分封为诸侯，诸侯对天子而言是小宗，在其封国内是大宗；诸侯也是嫡长子继承王位，其他儿子被分封为卿大夫，卿大夫对诸侯而言是小宗，在其采邑内是大宗。从卿大夫到士也是如此。世袭的嫡长子总是不同等级的大宗（宗子），大宗不仅享有对宗族成员的统治权，而且享有政治上的特权。异姓贵族也通过联姻纳入宗法关系，形成以周王为核心的等级森严的宗法体制。

2. 参考答案：西周统治者继承了夏商以来的神权政治学说，同时为了弥补这一学说的不足，周初统治者又进一步提出了"以德配天，明德慎罚"的政治法律主张。在以"德"配"上天"，做到敬天、敬宗、保民的政治观下，统治者具体提出了"明德慎罚"的法律主张，强调用"德教"治理国家，使人民臣服，适用法律和刑罚应该宽缓谨慎。概括而言，即"实施德教，用刑宽缓"。"以德配天，明德慎罚"法律观的影响极为深远，它不仅对西周各种具体法律制度及宏观法制特色的形成与发展起了决定性的作用，而且深深扎根于中国传统政治理论中，被后世奉为政治法律制度的理想原则与标本。汉中期以后，这一思想被儒家发挥成"德主刑辅，礼刑并用"的基本策略，从而为中国传统法制奠定了理论基础。

3. 参考答案："五听"制度是西周判案时判断当事人陈述真伪的五种方式。具体内容是：辞听、色听、气听、耳听、目听，即通过观察与判断当事人的言语表达、面部表情、呼吸、声音、眼神确定其陈述真假，这说明西周时已注意到司法心理问题并将其运用到实践中。

4. 参考答案："五礼"为西周时期的礼仪，主要有五个方面：即吉礼、凶礼、军礼、宾礼、嘉礼。吉礼是祭祀之礼，古人认为祭祀鬼神、祭祀祖先能给自己带来福祉，故把祭祀之礼称为吉礼；凶礼是丧葬之礼；军礼是行兵打仗之礼；宾礼是迎宾待客之礼；嘉礼是冠婚之礼。

三、论述题

1. 参考答案：（1）"礼不下庶人，刑不上大夫"是中国古代法律中一项重要的法律原则，源于《礼记·曲礼》，始于西周。作为一项法律原则，"礼不下庶人，刑不上大夫"所强调的是平民百姓与贵族官僚之间的不平等，强调官僚贵族的法律特权。所谓"礼不下庶人"，说的是庶人以下"遽于事而不能备物"，即庶人忙于生产劳动，又不具备贵族的身份和礼所要求的物质条件，因而不可能按各级贵族的各种礼仪行事，这些礼也不是为他们设立的。但这绝不意味着庶人可以不受礼的约束，因为礼所强调的是等级差别，天子有天子的礼，诸侯有诸侯的礼，不能僭越，任何越礼的行为都要受到惩罚，对庶人更是如此。

（2）所谓"刑不上大夫"，原指大夫以上贵族犯罪，在一定条件下可以获得某些宽宥，在适用刑罚时享有某些特权，比如，对贵族一般不处以残损肤体的肉刑（肉刑不上大夫）；必须处死者在郊外秘密执行；命夫命妇不躬坐狱讼等等。之所以如此，主要是为了在广大被统治者面前保持贵族作为一个整体的尊严。但这些礼遇绝不等于大夫以上贵族可以不受刑罚制裁。在实际生活中，官僚贵族犯重罪同样要被惩罚，特别是对那些"犯上作乱"的贵族，更是严加惩处。史籍上关于官僚贵族因犯罪被杀、被刑的记载不胜枚举。

2. 参考答案：（1）礼的概念与渊源。礼是中国古代社会长期存在的、维护血缘宗法关系和宗法等级制度的一系列精神原则以及言行规范的总称。礼起源于原始社会祭祀鬼神时所举行的仪式。在奴隶制社会，礼则被赋予阶级意志。商、周两代礼制在前代的基础上，都有所补充和发展，尤其是在周代，礼制的内容和规模都有了空前的发展，调整着社会生活的各个方面。

（2）礼的内容。中国古代的礼有两层含义。一是抽象的精神原则，可归纳为"亲亲"与"尊尊"两个方面。"亲亲"，即要求在家族范围内，人人都要亲其亲，长其长，按自己身份行事，不能以下凌上，以疏压亲。而且"亲亲父为首"，要求全体亲族成员都应以父家长为中心。"尊尊"，即要在社会范围内，尊敬一切应该尊敬的人，君臣、上下、贵贱都应恪守名分。而且"尊尊君为首"，要求一切臣民都应以君主为中心。在"亲亲""尊尊"两大原则下，又形成了"忠""孝""义"等具体精神规范。二是具体的礼仪形式。西周时期其主要有五个方面，通称"五礼"：吉礼（祭祀之礼）、凶礼（丧葬之礼）、军礼（行兵仗之礼）、宾礼（迎宾待客之礼）、嘉礼（冠婚之礼）。

（3）周礼的性质与作用。西周时期的礼已具备法的性质。首先，周礼完全具有法的三个基本特性，即规范性、国家意志性和强制性。其次，周礼在当时对社会生活的各个方面都有着实际的调整作用。

西周时期的"刑"多指刑法和刑罚。"礼"正面、积极地规范人们的言行，而"刑"则对一切违背礼的行为进行处罚，所谓"出礼入刑""礼之所去，刑之所取"，二者共同构成西周法律的完整体系。

"礼不下庶人，刑不上大夫。"这是中国古代法律中的一项重要法律原则，它强调平民百姓与贵族官僚之间的不平等，强调官僚贵族的法律特权。"礼不下庶人"强调礼有等级差别，禁止任何越礼的行为；"刑不上大夫"强调贵族官僚在适用刑罚上的特权。

3. 参考答案：西周时期的婚姻制度由缔结婚姻的三大原则、婚姻成立的条件、解除婚姻的原则等内容构成。

（1）缔结婚姻的三大原则。也即一夫一妻制、同姓不婚、父母之命。凡不合此三者的婚姻则属非礼、非法。一夫一妻制是说法定的妻子只能是一个。实行同姓不婚原则，基于两点考虑：首先，"男女同姓，其生不蕃"，影响民族的发展；其次，禁止同姓为婚，多与异姓通婚，是为了通过联姻加强与异姓贵族的联系，巩固家天下与宗法制度。"父母之命"是指子女的婚姻大事应由父母家长决定。

（2）婚姻"六礼"。"六礼"是婚姻成立的必要条件。合礼、合法的婚姻，必须通过"六礼"程序完成，即纳采、问名、纳吉、纳征、请期、亲迎。"六礼"作为古代礼制的一部分被后世所继承。

（3）"七出""三不去"。它是解除婚姻的原则。"七出"又称"七去"，指女子若有下列七项情形之一的，丈夫或公婆可休弃之，即不顺父母去、无子去、淫去、妒去、有恶疾去、口多言去、盗窃去。同时按周代礼制，女子若有"三不去"的理由，夫家则不能离异休弃。"三不去"即是：有所娶而无所归，不去；与更三年丧，不去；前贫贱后富贵，不去。"七出""三不去"是宗法制度下夫权专制的典型反映。后世几千年传统法律中关于解除婚姻的规定大体上没超出西周"七出""三不去"的范围。

四、拓展延伸阅读

（一）著作

1. 朱凤瀚．商周家族形态研究．天津：天津古籍出版社，2004.

2. 王沛．刑书与道术：大变局下的早期中国法．北京：法律出版社，2018.

3. 李峰．西周的政体：中国早期的官僚制度和国家．北京：生活·读书·新知三联书店，2010.

（二）论文

1. 崔永东．殷周时期的法律观念及制度．中国人民大学学报，2001（03）.

2. 胡留元，冯卓慧．西周誓审：兼与殷代神判之比较．西北政法学院学报，1987（02）.

3. 叶英萍，李春光．论神明裁判及其影响．法学家，2007（03）.

4. 王晶．铭文中的司士与讯讼无关：从曶鼎铭文的补字谈起．考古与文物，2013（06）.

5. 宁全红．先秦"法"义之变迁：厦门大学法律评论，2013（01）.

第四章 春秋战国时期的法制

第一部分 本章知识点速览

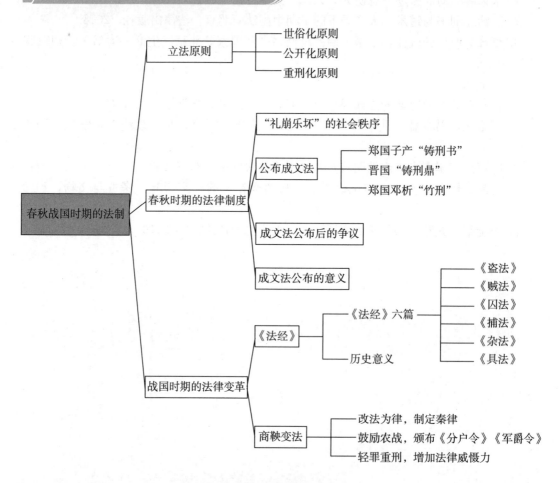

第二部分 本章核心知识要点解析

一、春秋时期成文法的公布

【难度与热度】

难度：☆☆　热度：☆☆☆

【内容解析】

春秋时期，随着生产力水平得到提高，奴隶制生产关系慢慢发生变化，新兴地主阶级崛起并逐渐强大。西周时期所建立起来的由天子、诸侯、卿大夫等组成的等级制度遭到严重的破坏。诸侯、卿大夫逐步替代周天子执行礼乐征伐。同时各诸侯国割据一方，争霸战争频频不断。在此背景之下，各诸侯陆续开展公布成文法的活动。公元前536年，郑国执政子产铸刑书于鼎，被认为是中国历史上第一次公布成文法的活动。公元前513年，晋国执政赵鞅、荀寅将范宣子所著刑书铸于鼎上，被认为是中国历史上第二次公布成文法的活动。其后公元前501年，郑国大夫邓析将自己制作的"刑书"写在竹简上，史称"竹刑"。自春秋时期开始，公布成文法便成了常态。

成文法的公布，也遭到了一部分人的反对。郑国子产公布成文法后，遭到以叔向为代表的守旧贵族的反对：叔向认为公布成文法，民就会产生争利之心，不利于维护统治。孔子也不赞同公布成文法，他认为成文法公布后，不论贵族平民都要遵守，违法后都要受到处罚，贵贱差异和等级制度将受到冲击。

但公布成文法的目的就在于通过公布的法律来否定奴隶制等级特权制度，这顺应了当时的历史潮流，其意义有：首先，成文法的公布提高了法律的地位，使法律在社会中得到贯彻和执行，改变了夏商和西周时期的治国方式（分别为神权和礼治方式），使法律成为治理国家的一种重要手段。其次，成文法代表了新兴地主阶级的利益，加速了奴隶制社会的瓦解，促进了社会的发展和历史的进步。

二、战国时期的法律变革

【难度与热度】

难度：☆☆　热度：☆☆☆

【内容解析】

关于战国时期的法律变革重点掌握两个内容：一是魏国《法经》的制定，二是秦国的商鞅变法。

1. 魏国的《法经》

魏文侯任用李悝为相，主持变法，制定了《法经》，其被认为是中国历史上第一部内容比较系统完整的法典。《法经》由六篇构成，分别为《盗法》、《贼法》、《囚法》、《捕法》、《杂法》和《具法》。其中前四篇是专门打击盗贼犯罪的法律规定：《盗法》是打击侵犯财产犯罪的法律规定；《贼法》是打击侵犯人身权利犯罪的法律规定；《囚法》（也称《网法》）是纠劾、关押罪犯的法律规定；《捕法》是追捕罪犯的法律规定；第五篇《杂法》主要是打击盗贼以外各种犯罪的法律规定；第六篇为《具法》，类似现代刑法的总则部分，主要是关于定罪量刑的一些原则性规定；《法经》六篇的编排体例有着自己的内在逻辑：首先，盗、贼两类犯罪行为是法典的重点打击对象，置于篇首，同时为打击盗、贼两种犯罪，需要一些程序性的规定，《囚法》《捕法》两篇置于其后；其次，对于盗、贼以外的其他需要打击的犯罪行为，统一规定在《杂法》当中；最后，《具法》规定前五篇在适用过程中所依的定罪量刑原则。《法经》作为中国历史上第一部比较系统完整的法典，有着重要的历史意义。《法经》的内容与体例对后世诸法典产生了深远的影响。

2. 秦国商鞅变法

秦孝公任商鞅为相，主持变法，其有以下重要举措：第一，改法为律，制定秦律。商鞅以《法经》为基础，结合秦国的实际情况，制定秦律。第二，鼓励农战，增加国力。商鞅颁布《分户令》，增加赋税收入；颁布《军爵令》，将军功和官爵联系起来，增强军队战斗力。第三，轻罪重罚，增加法律的威慑力。商鞅推崇重刑主义，表现为：轻罪用重刑；增设酷刑；实行连坐；坚持不赦不宥。商鞅变法在历史上意义深远，一方面促进了秦国的社会发展，为秦建立大一统的中央集权王朝奠定了基础，另一方面，商鞅改《法经》为秦律，首创"律"这一法律形式，从此之后律成为中国帝制时期最主要的法律形式，其在中国法律史上影响深远。

第三部分　典型案例与同步练习

第一节　　典型案例

一、李离过听杀人案

【案例史料】

李离者，晋文公之理也。过听杀人，自拘当死。文公曰："官有贵贱，罚有轻重。下吏有过，非子之罪也。"李离曰："臣居官为长，不与吏让位；受禄为多，不与下分利。今过听杀人，傅其罪下吏，非所闻也。"辞不受令。文公曰："子则自以为有罪，寡人亦有罪邪？"李离曰："理有法，失刑则刑，失死则死。公以臣能听微决疑，故使为理。今过听杀人，罪当死。"遂不受令，伏剑而死。

——选自《吕氏春秋·离谓》

【案例分析】

上述史料讲述的是晋文公时期的一个司法官因错判案件，而坚持承担罪责的案件。李离是晋文公的司法官，由于过失而错判了死罪，于是把自己拘禁起来，认为应当受死刑。晋文公认为错判并非李离的责任，错在其下属，想要赦免他。李离却坚持，法律规定了司法官员判刑有了错，就应当受到与错判的刑罚同样的处罚，因此坚决不接受赦令，最终用剑自杀而死。

本案是一起关于司法官吏追责的案件。我国司法机关与司法官吏的历史非常悠久，在某种程度上，它们的历史比法的历史还长。中国历史上一直十分重视对司法官吏的规制，据《尚书·胤征》载，早在夏代就有了"政典"以规范国家机关的运转，用刑罚手段来惩治渎职与失职的官吏。商初也制定了专门规制官吏的《汤之官刑》。西周对司法官员的选拔、任用都作了规定，要求"惟良折狱"，即用善良正直的人审判案件；对司法官吏的职责也作了明确的规定，要求必须兼听双方意见，并创立了"五声听狱讼"，要求司法人员在审判案件时注意观察当事人的言语、脸色，气息、声音、眼神等各个方面；总结审判经验，把心理学运用到了审判中，同时，对司法官吏的责任也作了严格的规定，即"五过之疵"。"五过之疵"是指司法官吏在审判过程中故意加重或减轻刑罚时，将要受到与犯法者同罪的惩罚。

本案中的"过听杀人"是指由于过失而错误地判处死刑，应该说与"五过之疵"的故意犯罪有本质的不同。中国古代在很早的时候就注意到了犯罪的故意与过失问题：《尚书·舜典》即有"眚灾肆赦，怙终贼刑"的说法，即要求对那些由于过失及不可抗力而造成的杀人可以宽免，而对那些故意杀人的要处以重刑，晋文公也是基于这点来赦免李离的。但李离所引法律规定的"理有法，失刑则刑，失死则死"，则没有区分故意与过失。可见，中国古代区分故意和过失仍停留在刑罚的适用阶段，还没有上升到立法的层面。

本案是《史记·循吏列传》中所载事例之一。循吏者，"谓奉法循理之吏也"，就是遵守法令，遵循事理的官吏。春秋战国时期是法制大变革的时代，各国纷纷通过制定法律来推行新政，立法受到了前所未有的重视。与此同时，法律的贯彻执行也得到了重视，司法也提高到了一个前所未有的高度，对司法官吏的责任明显地加重。同时，春秋战国时期提倡司法官正直奉法，要求他们能听微决疑，因而这一时期涌现了许多著名的司法官吏，执法也达到了很高的水平。

二、楚廷理案

【案例史料】

荆庄王有茅门之法，曰："群臣、大夫、诸公子入朝，马蹄践霤者，廷理斩其辀，戮其御。"于是太子入朝，马蹄践霤，廷理斩其辀，戮其御。太子怒，入为王泣曰："为我诛戮廷理。"王曰："法者，所以敬宗庙，尊社稷。故能立法从令、尊敬社稷者，社稷之臣也，焉可诛也？夫犯法废令、不尊敬社稷者，是臣乘君而下尚校也。臣乘君，则主失威；下尚校，则上位危，威失位危，社稷不守，吾将何以遗子孙？"于是，太子乃还走避舍，露宿三日，北面再拜，请死罪。

一曰：楚王急召太子。楚国之法，车不得至于茅门。天雨，廷中有潦，大于遂驱车至于茅门。廷理曰："车不得至茅门。非法也。"太子曰："王召急，不得须无潦。"廷理举殳而击其马，败其驾。太子入为王泣曰："廷中多潦，驱车至茅门，廷理曰：'非法也'，举殳击臣马，败臣驾。王必诛之。"王曰："前有老主而不逾，后有储主而不属，矜矣！是真吾守法之臣也。""乃益爵二级，而开后门出太子。""勿复过。"

——选自《韩非子·外储说右上》

【案例分析】

上述史料的大意是，楚庄王制定有"茅门之法"，规定："各位大臣、贵族和公子进入朝廷时，如果他们的马踩到了屋檐下，负责执行此法的官吏廷理就要砍断他的车辕，杀掉驾车的人。"某次太子在进入朝廷时，他的马就踩到了屋檐下，廷理根据"茅门之法"，砍断了他的车辕，杀掉了为他驾车的人。太子非常生气，便哭着向楚庄王告状："您要为我把廷理杀了，还要戮他的尸体。"楚庄王说："法令，是用来使我们的宗庙和朝廷变得庄严，使我们的土地及谷神得到尊重。因此那些使法令得到执行遵守，使宗庙祭祀及处理政事的地方得到尊重的人，是对我们的江山负责的臣子，怎么可以杀掉呢？而那些违反法律，使法令成为一纸空文的人，那些对祭祀及办公之地都不尊重的人，是骑在君王头上的臣民，是以下犯上。臣子凌驾于君主之上，那么君主就失去了威严，以下犯上，那么位居高位者的地位就危险了。威严没有了，地位也危险了，宗庙祭祀之地守不住，江山都不存在了，我还有什么能传给子孙后代的呢？"这样，太子只好原路跑回，露宿三日，再面向北方跪拜，请求免除其死罪。

还有一种说法是：楚王紧急召见太子。根据楚国的法律规定，车不得到达茆门。天下雨，庭院内有积水，太子就下令把车赶到了茆门。负责管理茆门的廷理说："车不准到茆门，到了茆门就犯法了。"太子说："君王召见得很急，不能等到院内的积水消去。"因此要赶廷理走。廷理举起殳击打太子的马，并打坏了他的车子。太子进宫后就哭着向楚王告状："庭院中有很多积水，我因此把车直接赶到了茆门，哪知廷理举起殳打我的马，还打坏了我的车子，大王一定要替我把他杀了。"楚王说："前面当着年老的君主，他不违背他制定的法令，后面跟着要接替王位的太子，他也不攀附，这是真正能遵守我的法令的大臣啊。"于是楚王再给廷理加爵二级，随后打开宫廷的后门让太子出去。

春秋中晚期，社会政治、经济等各个方面发生了巨大变化，引起了法律制度的重大变革，各诸侯国纷纷立法，以法律保护私有财产并强化诸侯国的国家权力。其中著名的有：楚国楚文王的"仆区之法"、楚庄王的"茅门之法"；晋国晋文公的"被庐之法"、赵宣子的"常法"、范宣子的"刑书"以及赵鞅、荀寅等的"铸刑鼎"；郑国子产的"铸刑书"以及郑驷的"杀邓析而用其竹刑"等。本则案例即是关于楚国"茅门之法"的一则史料。从这则史料中可以看出，春秋时期各国不但重视立法，更强调法律必须得到遵守，强调不论是谁，只要违犯法律都必须受到惩处，"法不阿贵"的精神开始得到肯定，奴隶制的"刑不上大夫"的传统开始被打破。

第二节　　同步练习

一、选择题

（一）单项选择题

1. 在我国古代，第一次公布成文法的人是（　　）。

  A. 子产　　　　　　　B. 邓析　　　　　　　C. 孔子　　　　　　　D. 叔向

2. 成文法的公布，否定了"刑不可知，则威不可测"的（　　）。

  A. 秘密法　　　　　　B. 神判法　　　　　　C. 习惯法　　　　　　D. 贵族法

3. 春秋时期最早公布成文法的诸侯国是（　　）。

  A. 晋国　　　　　　　B. 鲁国　　　　　　　C. 郑国　　　　　　　D. 韩国

4. 春秋时期，私人编修法律的事件是（　　）。

  A. 子产"铸刑书于鼎"　　　　　　　B. 赵鞅"铸刑鼎"

  C. 邓析造"竹刑"　　　　　　　　　D. 屈原制"宪令"

5. 在晋国"铸刑鼎"的是（　　）。

  A. 邓析　　　　　　　B. 子产　　　　　　　C. 商鞅　　　　　　　D. 赵鞅

6. 晋国"铸刑鼎"的内容是（　　）。

A."竹刑" 　　　　　　　　　　　B. 郑国的刑书

C. 范宣子的刑书 　　　　　　　　D.《法经》

7. 公布成文法的活动出现在（　　）。

A. 夏商 　　　　　　B. 西周 　　　　　　C. 春秋 　　　　　　D. 战国

8. 春秋时期，针对以往传统法律体制的不合理性，出现了诸如晋国赵鞅"铸刑鼎"，郑国执政子产"铸刑书"等变革活动。对此，下列哪一说法是正确的？（　　）

A. 晋国赵鞅"铸刑鼎"为中国历史上首次公布成文法

B. 奴隶主贵族对公布法律并不反对，认为利于其统治

C. 打破了"刑不可知，则威不可测"的壁垒

D. 孔子作为春秋时期思想家，肯定赵鞅"铸刑鼎"的举措

9. 下列关于《法经》的表述正确的是（　　）。

A.《法经》的作者是商鞅

B.《法经》将"名例"列为首篇

C.《法经》确立的九篇体例为后世法典所继承和发展

D.《法经》是我国历史上第一部比较系统、完整的成文法典

10. 战国时期《法经》的制定者是（　　）。

A. 李悝 　　　　B. 吴起 　　　　C. 商鞅 　　　　D. 管仲

11.《法经》六篇中相当于近代法典中总则篇的是（　　）。

A.《囚法》 　　　　B.《贼法》 　　　　C.《杂法》 　　　　D.《具法》

12. 支持李悝进行社会改革的是（　　）。

A. 魏孝公 　　　　B. 魏孝侯 　　　　C. 魏文侯 　　　　D. 魏文公

13. 认为"王者之政，莫急于盗贼"的法家代表人物是（　　）。

A. 韩非 　　　　B. 李悝 　　　　C. 商鞅 　　　　D. 吴起

14. 李悝作《法经》之事，战国时期的法家著作中没有提起，现有文献中最早提到《法经》的是（　　）。

A.《汉书·刑法志》 　　　　　　　B.《史记·刑法志》

C.《晋书·刑法志》 　　　　　　　D.《魏书·刑法志》

15.《法经》是中国历史上第一部比较系统的成文法典，该法典中具有诉讼法性质的篇目是（　　）。

A.《网法》和《捕法》 　　　　　　B.《网法》和《杂法》

C.《杂法》和《具法》 　　　　　　D.《捕法》和《具法》

16.《法经》中关于"盗、贼"以外的其他犯罪与刑罚的规定被称为（　　）。

A.《盗法》 　　　　B.《网法》 　　　　C.《捕法》 　　　　D.《杂法》

17.《法经》中规定对博戏行为进行处罚的篇目是（　　）。

A.《杂法》 　　　　B.《网法》 　　　　C.《盗法》 　　　　D.《具法》

18. 关于公元前 359 年商鞅在秦国变法，下列哪一选项是正确的？（　　）

A. 商鞅取消郡县制，实行分封制，剥夺了旧贵族对地方政权的垄断权

B. 商鞅"改法为律"，突出了法律规范的伦理基础

C. 商鞅推行"连坐"制度，鼓励臣民相互告发奸谋

D. 商鞅提出"轻罪重刑"，反对赦免罪犯，认为凡有罪者皆应受罚

19. 春秋时期，晋文公制定的有关选贤任官的法律是（　　）。

A. 竹刑　　　　　B. 茆门法　　　　　C. 被庐之法　　　　　D. 仆区法

20. 关于公元前359年商鞅在秦国的变法，下列哪一选项是正确的？（　　）

A. 商鞅取消郡县制，实行分封制，剥夺了旧贵族对地方政权的垄断权

B. 商鞅"改法为律"，突出了法律规范的伦理基础

C. 商鞅推行"连坐"制度，鼓励臣民相互告发奸谋

D. 商鞅提出"轻罪重刑"，反对赦免罪犯，认为凡有罪者皆应受罚

（二）多项选择题

1. 下列选项中，属于春秋时期公布成文法活动的有（　　）。

A. 子产"铸刑书"　　　　　　　　B. 邓析"竹刑"

C. 赵鞅、荀寅"铸刑鼎"　　　　　D. 商鞅"分户令"

2. 以下属于战国时期的法制思想的有（　　）。

A. "不别亲疏，不殊贵贱，一断于法"　B. "行刑，重其轻者"

C. "明刑弼教"　　　　　　　　　D. "刑过不避大臣，赏善不遗匹夫"

3. 以下哪几项属于商鞅颁布"分户令"的目的？（　　）

A. 鼓励发展小农经济　　　　　　B. "富国强兵"

C. 扩大国家户赋的来源　　　　　D. 维护诸侯之间的势力均衡

4. 以下属于《法经》篇目的是（　　）。

A. 《囚法》　　　　B. 《户法》　　　　C. 《盗法》　　　　D. 《具法》

5. 以下属于春秋战国时期法律内容变化的是（　　）。

A. 法律调整的范围扩大

B. 刑罚从野蛮走向文明，出现了新的刑种

C. 赎刑在春秋末期被广泛适用

D. 春秋末期出现了徒刑

（三）不定项选择题

1. 中国历史上第一部较系统、较完整的法典是（　　）。

A. 《常法》　　　B. "竹刑"　　　C. 《法经》　　　D. 《茆门法》

2. 下列选项中，属于"六禁"内容的是（　　）。

A. 金禁　　　　B. 嬉禁　　　　C. 徒禁　　　　D. 城禁

3. 在中国历史上"改法为律"的是（　　）。

A. 吴起　　　　B. 商鞅　　　　C. 韩非　　　　D. 李悝

二、简答题

1. 简述春秋时期公布成文法的历史意义。

2. 试述商鞅变法的主要内容及意义。

3. 简述战国时期新兴地主阶级的主要法律观点。

三、论述题

试述《法经》制定的时代背景、作者、篇目及历史地位。

参考答案及解析

一、选择题

（一）单项选择题

1. 答案：A

解析：本题考查的是中国古代成文法运动的内容。公元前536年，郑国执政子产将郑国的法律条文铸在金属鼎上，向全社会公布，史称"铸刑书"，这是中国历史上第一次公布成文法的活动。

2. 答案：A

解析：本题考查的是春秋时期成文法运动的意义。成文法的公布，把原来只掌握在统治阶级手中的法律公之于众，变秘密法为公布法，令社会大众所知晓。

3. 答案：C

解析：本题考查的是中国古代成文法运动的内容。公元前536年，郑国执政子产将郑国的法律条文铸在金属鼎上，向全社会公布，史称"铸刑书"，这是中国历史上第一次公布成文法的活动。

4. 答案：C

解析：郑国子产"铸刑书"、赵鞅"铸刑鼎"均属于国家行为，代表国家将法律公之于众。郑国大夫邓析私自修订郑国法律并书之于竹简，是个人行为而非国家行为。

5. 答案：D

解析：本题考查的是中国古代成文法运动的内容。公元前513年，晋国赵鞅把前任执政范宣子所编刑书正式铸于鼎之上，公之于众，这是中国历史上第二次公布成文法活动。

6. 答案：C

解析：解析见上题。

7. 答案：C

解析：本题考查的是中国古代成文法运动的内容。在夏商两代，奴隶制国家主要是依靠习惯法来调整各种社会关系。在传统的宗法体制之下，各种社会关系已有礼制作出明确规范，对各种违法犯罪的处罚，也是由少数上层贵族依据不公开、不成文的各种规则来秘密处断。这种传统的法律体制能保证法律的制定权和适用权都操纵在少数上层贵族手中，有利于巩固与维护传统的宗法制度和社会秩序。但是，进入春秋时期以后，随着社会关系的变迁，这种传统的法律体制越来越暴露出其不合理性。因此，在春秋中期以后，打破旧的法律传统、公布成文法的活动便在一些诸侯国中出现。

8. 答案：C

解析：本题考查的是中国古代成文法运动的内容。公元前536年，郑国执政子产将郑国的法律条文铸在鼎上，公布于众，史称"铸刑书"事件，这是中国古代第一次公布法律。春秋时期成文法的公布，对旧贵族操纵和适用法律的特权是严重的冲击，是新兴地主阶级的重大胜利，否定了"刑不可知，则威不可测"的旧传统，但遭到了孔子的反对。

9. 答案：D

解析：《法经》的编纂者是李悝。《法经》共分为六篇，即《盗法》《贼法》《网法》《捕法》《杂法》《具法》。李悝认为，"王者之政，莫急于盗贼"，所以将《盗法》和《贼法》列在法典之首。《法经》是我国历史上第一部比较系统、完整的成文法典，在中国立法史上具有重要的历史地位。

10. 答案：A

解析：本题考查的是春秋时期的立法。《法经》是战国初期魏国的李悝在总结春秋以来各国公布成文法的经验的基础上制定的。

11. 答案：D

解析：本题考查的是春秋时期的立法。《法经》原文早已失传，对其的认识皆来自《晋书·刑法志》中的记载。从篇目结构上来看，《法经》共分为六篇：一为《盗法》，二为《贼法》，三为《网法》，四为《捕法》，五为《杂法》，六为《具法》。第六篇《具法》是关于定罪量刑从轻从重等法律原则的规定，起着"具其加减"的作用，相当于近代法典中的总则篇。

12. 答案：C

解析：本题考查的是春秋时期的立法。李悝是战国初期著名的政治家和前期法家的主要代表人物之一。其在任魏国相期间，在魏文侯的支持下，进行了一系列的重大社会改革。

13. 答案：B

解析：本题考查的是春秋时期的立法。李悝制定《法经》的《盗法》《贼法》篇是基于对"王者之政，莫急于盗贼"的认识。

14. 答案：C

解析：李悝作《法经》之事，战国时期的法家著作中没有提起，《史记》《汉书》也只字未提。现有文献中，最早提到《法经》的是保存在《晋书·刑法志》中的三国时期曹魏陈群、刘劭等作的《魏律·序》。

15. 答案：A

解析：《法经》六篇中《囚法》《捕法》两篇多属于诉讼法的范围。《囚法》，是关于囚禁和审判罪犯的法律规定。《捕法》是关于追捕盗、贼及其他犯罪者的法律规定。

16. 答案：D

解析：本题考查的是《法经》的内容。《法经》中除《盗法》《贼法》两篇以外还对其他的犯罪与刑罚进行规定的是其第五篇《杂法》。据《晋书·刑法志》记载："其轻狡、越城、博戏、借假不廉、淫侈、逾制，以为《杂律》一篇。"《杂法》主要是规定了六种禁止性的犯罪行为：轻狡是盗窃兵符、玺印或议论国家法令等政治狡诡的行为；越城是翻越城池或偷渡关津的行为；博戏是赌博、欺诈的行为；借假不廉是贪污、贿赂等腐败的行为；淫侈是奢侈、淫靡的行为；逾制是越级享用不该享有的特权或器物服饰的行为。

17. 答案：A

解析：《杂法》是关于"盗、贼"以外的其他犯罪与刑罚的规定，主要规定了"六禁"，即淫禁、狡禁、城禁、嬉禁、徒禁、金禁等。博戏行为属于嬉戏，所以规定在《杂法》内。

18. 答案：D

解析：公元前359年商鞅在秦国变法。商鞅把法家学派的思想主张与秦国"富国强兵"的目标结合起来，以法律、法令作为基本手段，把各项改革措施贯彻到政治、经济、文化等各个社会领域。从法律的角度看，商鞅变法主要包括以下几个方面：一是改法为律，扩充法律内容；而不是"突出了法律规范的伦理基础"。二是运用法律手段推行"富国强兵"的措施。三是用法律手段剥夺旧贵族的特权；实行郡县制，取消分封制，而不是相反。四是全面贯彻法家学派"以法治国""明法重刑"等主张；提出"轻罪重刑"，反对赦免罪犯，认为凡有罪者皆应受罚。这其中又包括：其一，强调"以法治国"。重视法律的制定和宣传，同时要求全体臣民学法、明法。其二，实行"轻罪重刑"。反对赦免罪犯，认为凡有罪者皆应受罚。其三，不赦不宥。为了贯彻重刑原则，保证国家法律的严肃性，反对对各种犯罪者进行赦宥，主张凡有罪者均应受罚。其四，鼓励告奸，实行连坐，但"告奸"不是"连坐"。故选项D正确。

19. 答案：C

解析：《被庐之法》是晋文公在被庐检阅军队时制定的，内容可能是关于选贤任官，建立官僚制度；《仆区法》和《茆门法》为楚国文王和庄王颁行，前者是禁止隐匿逃亡人之法，后者是关于宫门守卫、保障国君安全之法。"竹刑"为郑国大夫邓析所编。

20. 答案：D

解析：公元前359年商鞅在秦国变法。商鞅把法家学派的思想主张与秦国"富国强兵"的目标结合起来，以法律、法令作为基本手段，把各项改革措施贯彻到政治、经济、文化等各个社会领域。从法律的角度看，商鞅变法主要包括以下几个方面：一是改法为律，扩充法律内容；而不是突出法律规范的伦理基础。二是运用法律手段推行"富国强兵"的措施。三是用法律手段剥夺旧贵族的特权；实行郡县制，取消分封制。四是全面贯彻法家学派"以法治国""明法重刑"等主张；提出"轻罪重刑"，反对赦免罪犯，认为凡有罪者皆应受罚。具体为：其一，强调"以法治国"。重视对法律的制定和宣传，同时要求全体臣民学法、明法。其二，实行"轻罪重刑"。反对赦免罪犯，认为凡有罪者皆应受罚。其三，不赦不宥。为了贯彻重刑原则，保证国家法律的严肃性，反对对各种犯罪者进行赦宥，主张凡有罪者均应受罚。其四，鼓励告奸，实行连坐，但"告奸"不是"连坐"。故选D项。

（二）多项选择题

1. 答案：ABC

解析：春秋时期公布成文法的活动包括：郑国子产"铸刑书于鼎"，邓析"造竹刑"，晋国赵鞅、荀寅"铸刑鼎"。商鞅"分户令"属于战国时期的活动，而非春秋时期。

2. 答案：ABD

解析：本题考查的是战国时期的法制指导思想。战国时期，群雄并起，各诸侯国都实行国内改革，意图称霸。在这些国家中，法家的思想成为当时的主流，主要有"不别亲疏，不殊贵贱，一断于法""行刑，重其轻者""刑过不避大臣，赏善不遗匹夫"等。

3．答案：ABC

解析：本题考查的是春秋战国时期的变法运动。商鞅在秦国主持变法，为了鼓励发展小农经济，扩大国家户赋的来源，实现"富国强兵"的目的，颁行了"分户令"。

4．答案：ACD

解析：《法经》原文早已失传，对其的认识皆来自《晋书·刑法志》中的记载。从篇目结构上来看，《法经》共分为六篇：一为《盗法》，二为《贼法》，三为《囚法》，四为《捕法》，五为《杂法》，六为《具法》。

5．答案：ABCD

解析：战国时期法律制度的性质和内容都发生了转变，其中法律制度的性质更是发生了根本性的转变，从奴隶制法律转变为封建制法律。法律内容的变化主要有：一是法律调整的范围扩大，规定的更为具体；二是刑罚从野蛮走向文明，出现了新的刑种。各国在继承奴隶制刑罚、大量使用肉刑和死刑的同时，也开始广泛使用赎刑和徒刑。

（三）不定项选择题

1．答案：C

解析：本题考查的是春秋时期的立法。《法经》是中国历史上第一部比较系统、比较完整的成文法典，是战国初期魏国的李悝在总结春秋以来各国公布成文法经验的基础上制定的政治变革的重要成果，也是战国时期立法的典型代表和全面总结。《法经》的体例和内容，为后世成文法典的进一步完善奠定了重要基础，是中国法制史上一部极为重要的法典。

2．答案：ABCD

解析：本题考查的是《法经》的内容。《法经·杂法》中规定了除盗贼以外的其他六种犯罪行为，这六种犯罪也被称为"六禁"，即淫禁、狡禁、城禁、嬉禁、徒禁和金禁。

3．答案：B

解析：本题考查的是春秋战国时期的变法运动。秦国的商鞅在秦孝公的支持下进行了改革，其内容之一便是"改法为律"。

二、简答题

1．参考答案：春秋时期公布成文法是中国法律史上第一次划时代的变革。

第一，它是对传统的法律观念、法律制度以及传统社会秩序的一种否定。成文法的公布，说明法律制度已不再是少数人的私产，而应成为全社会的一种公开的调节器，传统的社会结构也随之发生重大变化。

第二，它在客观上为社会发展提供了条件。在旧有的法律体制之下，各种社会关系都被限制在狭小的宗法体制范围之中。成文法的公布，有利于新兴的地主阶级把改革的成果用法律形式表现出来、固定下来，为各种新型的社会关系的产生与发展提供了可靠的保证。

第三，它标志着法律观念和法律技术的发展与进步。它将零散不系统的法律规范变成相对系统、严密的法律条文，对中国古代法律制度和文化的发展有着重要意义。

第四，它为战国时期及战国以后古代法律的发展与完善积累了经验。

2．参考答案：公元前359年秦孝公时，法家著名代表人物商鞅携《法经》入秦，在秦国实施了变法改革，这是战国时期法制发展过程中的又一次意义重大的法制改革。此次变法以其更为广泛的内容和更为重大的历史影响而在中国法律发展史上写上了重要的一笔，史称"商鞅变法"。

第一次变法开始于公元前359年（一说公元前356年），主要内容包括：

以《法经》为蓝本，结合秦国的具体情况加以修订、扩充，制定了秦律，并制定了"连坐法"，即《史记·商君列传》中载"令民为什伍而相牧司连坐，不告奸者腰斩，告奸者与斩敌首同赏"，颁行秦国，厉行法治。从此以后，中国古代法典都以"律"为名。

奖励军功，禁止私斗，取消世卿世禄制和一切特权。《史记·商君列传》中载"宗室非有军功论不得为属籍"；《韩非子·定法》载"斩一首者爵一级，欲为官者为五十石之官""官爵之迁与斩首之功相称也"；《史记·商君列传》中载"为私斗者各以轻重被刑"，使人民"勇于公战，怯于私斗"。太子犯法，"刑其傅公子虔，黥其师公孙贾"。

奖励耕织，重农抑商。《史记·商君列传》中载："耕织致粟帛多者复其身，事末利及怠而贫者，举以为收孥。"

第二次变法开始于公元前350年，主要内容是：

废除井田制，"开阡陌封疆"，确立土地私有制。《汉书·食货志》载："改帝王之制，除井田，民得买卖。"

普遍推行县制。《史记·商君列传》中载："而集小（都）乡邑聚为县，置令、丞，凡三十一县（一说四十一县或三十县）。"县令、县丞等地方官由国君直接任免，集权中央，并统一度量衡制度。

按户口征收军赋。《通典·食货·赋税上》说"舍地而税人"，以利开垦荒地和增加赋税收入，明令"民有二男以上，不分异者，倍其赋"，并禁止父子无别、同室而居的旧俗。

商鞅变法是一次极为深刻的社会变革，在深度和广度上都超过了这一时期其他诸侯国的改革。这次变法不仅给秦国守旧势力以沉重打击，而且为秦国政治、经济的发展提供了强有力的法律保障，秦国的法制也在变法过程中得到迅速发展与完善。秦国在商鞅变法之后迅速强盛起来，最终一举吞并其余六国，建立了中国历史上第一个中央集权的王朝。商鞅变法对中国法制建设所作的贡献是不可磨灭的。

3. 参考答案：战国时期新兴地主阶级的主要法律观点有：

其一，在治理国家的方针策略上，主张用法律作为基本的手段。"以法治国"是法家的基本理论，也是新兴地主阶级主张的基本法制原则。

其二，在法律的适用上，反对宗法时代的"礼有差等"，主张"刑无等级"，在法律适用上强调平等、公正，使全社会都在法律、法令的约束下生活，即所谓"刑过不避大臣，赏善不遗匹夫"。

其三，在法律的内容上，主张"行刑重轻"，即用严刑重罚的手段来达到以法治国的目的；要求"轻罪重判"，提高量刑幅度，最终达到"以刑去刑"的目的。

其四，与"以法治国"等原则的要求相适应，主张"法布于众"，即向全社会公布国家的法律法令，使全社会更好地知法、守法，在法律范围内活动。

三、论述题

参考答案：《法经》是中国历史上第一部比较系统的成文法典。它是战国初期魏国李悝在总结春秋以来各国公布的成文法的经验的基础上制定的，在中国古代立法史上具有重要的历史地位。

《法经》的主要内容从篇目结构上来看，共有六篇：一为《盗法》，二为《贼法》，三为《囚法》，四为《捕法》，五为《杂法》，六为《具法》。其中《盗法》《贼法》是关于惩罚危害国家安全、危害他人人身及侵犯财产的法律规定。《囚法》也称《网法》，是关于囚禁和审判罪犯的法律规定，《捕法》是关于追捕盗、贼及其他犯罪者的法律规定，《囚法》《捕法》两篇多属于诉讼法的范围。第五篇《杂法》是关于"盗贼"以外的其他犯罪与刑罚的规定，主要规定了"六禁"，即淫禁、狡禁、城禁、嬉禁、徒禁、金禁等。第六篇《具法》是关于定罪量刑中从轻、从重等法律原则的规定，起着"具其加减"的作用，相当于近代法典中的总则部分。

《法经》作为中国历史上第一部比较系统、比较完整的成文法典，在中国立法史上具有重要的历史地位。首先，《法经》是战国时期政治变革的重要成果，也是战国时期立法的典型代表。《法经》作为李悝变法的重要内容之一，也是对这一时期社会变革的一种肯定。其次，《法经》的体例和内容，为后世成文法典的进一步完善奠定了重要基础。从体例上看，《法经》六篇为秦、汉所直接继承，成为秦律、汉律的主要篇目，魏、晋以后在此基础上进一步发展，最终形成了以名例为统率，以各篇为分则的法典体例。在内容上，《法经》中"盗""贼""囚""捕""杂""具"各篇的主要内容大都为后世法典所继承与发展。因此，无论是从其历史作用还是从其对后世的影响来看，《法经》都是中国法律史上一部极为重要的法典。

四、拓展延伸阅读

（一）著作

1. 梁启超. 先秦政治思想史. 北京：中国书籍出版社，2015.

2. 尤锐. 展望永恒帝国：战国时代的中国政治思想. 孙英刚，译. 上海：上海古籍出版社，2014.

（二）论文

1. 徐祥民. 略论春秋刑罚的特点. 法学研究，2000（03）.

2. 马作武. 墨子的法律观评析. 法学评论，2004（02）.

3. 刘广安. 法家法治思想的再评说. 华东政法学院学报，2006（02）.

4. 赵晓耕. 再说《韩非子》. 河南省政法管理干部学院学报，2001（02）.

第五章 秦代法制

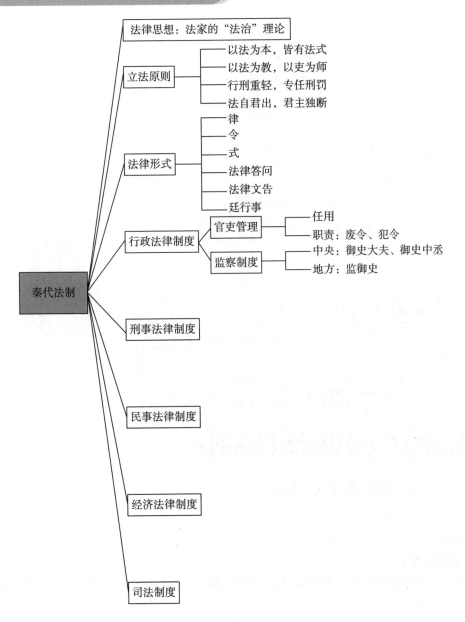

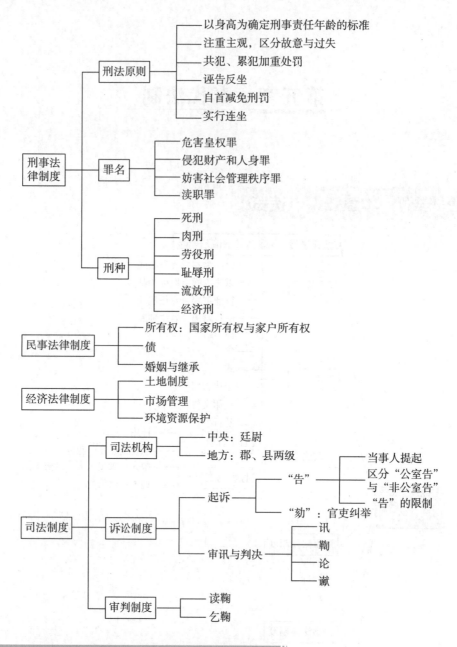

第二部分　本章核心知识要点解析

一、秦代法律思想与立法原则

【难度与热度】

难度：☆☆☆　热度：☆☆

【内容解析】

秦代法制是春秋战国时期诸家法律相互影响、演变后的产物，其中法家的影响尤为深远。法家重视法律在国家治理中的作用，形成了一套"法治"理论。首先，法家提倡尊君，强有力的君权是推行"法治"的前提，由此构建了"势"论。其次，法家主张官僚体系是君主贯彻"法治"的媒介，因此治官是君主的重要任务，由此构建了"术"论，包括官僚任免和考课手段以及阴谋权术等。最后，法家强调"刑无等级"，强调法律应当公开、明确。以这三个方面的结合为基础，法家试图用法律调整社会生活的方方面面，并借此试图构建一个"法治"国家。法家的理论为秦国统治者所推崇，有效地推动了秦国统一大业的实现，但也正是由于其极端严苛地推行"法治"，导致了秦二世而亡的结局。

在法家思想的指导下，秦在立法原则方面奉行"以法为本"，凡事"皆有法式"；"以法为教，以吏为师"，重视法律教化和宣扬；"行刑重轻"，轻罪重刑，重罪适用更重的刑罚；"专任刑罚"，过度依赖刑罚，法治逐渐沦为刑治；"法自君出，君主独断"，集立法、行政、司法大权于皇帝一身，推行中央集权的郡县制。

二、秦代的法律形式

【难度与热度】

难度：☆☆☆　　热度：☆☆☆☆☆

【内容解析】

有关秦的法制状况，以前由于史料缺乏，学界一直无从探知详情。直到1975年，湖北云梦县睡虎地秦墓葬的发现，第十一号墓出土了1 155支竹简及80片残简。十一号墓主人是秦的一个小吏，生前曾任与司法有关的职务。随葬的竹简所载内容大部分为法律，其既有秦律的条文，也有对律文的解释及涉及治狱的文书程式。这批竹简对研究秦国和秦代的法律制度具有极高的学术价值。此外，2002年湘西龙山县里耶镇出土的竹简，是秦迁陵县的公文档案，对了解秦代基层社会结构及其运作，意义重大。湖南大学岳麓书院所收藏的秦简，也有一部分与法律相关，其中的《秦令杂抄》，填补了学界了解秦令的空白。结合上述三种秦简及相关传世文献，可以看到秦代的主要法律形式如下：

（1）律，是朝廷就某一专门事类正式颁布的法律。自商鞅改"法"为"律"之后，"律"便成为秦的主要法律形式。至秦统一六国后，秦律的数量更加繁多，仅睡虎地秦简所载就有《田律》《仓律》《金布律》《除吏律》《戍律》等二十九种，它们构成了秦代法制的主体。

（2）令，是君主或皇帝针对一时之事而以命令形式发布的法律文件，也是秦时经常使用的一种法律形式，其效力高于律。嬴政统一全国后，改"命"为"制"，"令"为"诏"，"制"与"诏"成为皇帝命令的专称，具有最高法律效力。

（3）式，"式"是朝廷统一颁布的规定审理案件的准则及书写审讯笔录、现场勘查笔录、查封笔录等法律文书程式的法律文化。"式"在文字上指准则、标准、范例、模式或格式。睡虎地秦简中所载属于"式"一类的法律文献为《封诊式》。

（4）法律答问，是朝廷和地方主管法律的官员对律令所作的权威性解释，具有普遍的约束力。睡虎地秦简《法律答问》共有一百八十七条，多采用问答形式，对秦律的某些条文、术语以及律文的意图作出了明确解释，是对秦代律令条文的重要补充。

（5）法律文告，是秦代各级官吏在其职权范围内发布的具有法律效力的文告，但其效力通常仅限于发布者职权所辖的范围之内。睡虎地秦简所载《语书》即属此种法律形式。

（6）廷行事，即判案成例。睡虎地秦简《法律答问》中有十余条直接以"廷行事"作为法律依据。

三、秦代的行政法律制度

【难度与热度】

难度：☆☆☆　　热度：☆☆

【内容解析】

关于秦代的行政法律制度，重点需要掌握两点：一是官吏管理，二是秦代的监察制度。

（1）官吏管理。在官吏任用方面：秦对官吏的任用规定了要求，在考察其德、才后才可被任用为官吏。秦简《置吏律》《除吏律》还对任用官吏的时间、原则，特别是违法任用官吏的责任作了规定。在官吏职责方面：秦律要求各级官吏严格执行职务，秦的各类经济法规和行政法规都有关于各专职官吏职责的规定。秦代还要求官吏必须通晓法律，并严格执行法律，官吏"废令"或"犯令"的，都要追究其法律责任。

（2）监察制度。秦代在中央和地方都设置有监察官吏：在中央设置御史大夫，下设御史中丞，负责对中央百官的监察；在地方设置监御史，负责对郡县职官的监察。

四、秦代的刑事法律制度

【难度与热度】

难度：☆☆☆☆　　热度：☆☆☆☆☆

【内容解析】

关于秦代的刑事法律制度，需重点理解三个部分的内容，包括秦代的刑法原则、秦代的主要罪名和秦代的刑种。

秦代的刑法原则有：（1）以身高为确定刑事责任年龄的标准。未成年人犯罪，不负或减轻刑事责任。判断是否成年，以身高为标准，男子以六尺五寸、女子以六尺二寸为成年，须负完全刑事责任，不足六尺者为未成年人，不负刑事责任。（2）注重主观意识状态，区分故意和过失。在某些罪名中，秦律将有无犯罪意识作为判定被告人是否构成犯罪的重要依据。在定罪量刑方面，在某些罪名中，故意和过失所构成的罪名及在量刑上也都有所区分。（3）共犯、累犯加重处罚。教唆同罪，教唆未成年犯罪加重处罚。（4）诬告反坐。对诬告他人者，当以所告之罪罪之。（5）自首减免刑罚，消除犯罪后果减免刑罚。（6）实行连坐。秦的连坐范围非常广，有亲属连坐、什伍连坐、职务连坐。

秦代的主要罪名包括：（1）危害皇权罪。如谋反、操国事不道、偶语诗书、以古非今、诽谤、妖言、诅咒、妄言、非所宜言、投书及投寄匿名信、不行君令等。对这类犯罪，秦律处刑严厉。（2）侵犯财产和人身罪。这主要指盗和贼。"盗"是侵犯财产方面的罪名，"贼"是侵犯人身方面的罪名。（3）妨害社会管理秩序罪。按照现有秦简的记载，其主要包括违令卖酒罪、逃避徭役罪、逃避赋税罪。（4）渎职罪。官吏渎职的犯罪包括"不直"（指罪应重而故意轻判或应轻而故意重判）、"纵囚"（指应当论罪而故意不论罪及设法减轻案情以使犯罪人的行为达不到定罪标准，从而判其无罪）、"失刑"（指因过失而量刑不当）等。

秦代的刑种有：（1）死刑。秦代的死刑执行方法很多，主要有：弃市、戮、磔、腰斩、车裂、阬、定杀、枭首、族刑、具五刑。此外，秦代还实行过凿颠、抽肋、镬烹、囊扑等死刑执行方法。（2）肉刑。也即黥（或墨）、劓、刖（或斩趾）、宫等四种残害肢体的刑罚。从秦简的记载来看，秦的肉刑大多与城旦舂等较重的劳役刑结合使用。（3）劳役刑。秦代主要包括以下几种：城旦舂，男犯筑城，女犯舂米；鬼薪白粲，男犯为祠祀鬼神伐薪，女犯为祠祀择米；隶臣妾，即将罪犯及其家属罚为官奴婢，男为隶臣，女为隶妾，其刑轻于鬼薪、白粲；司寇，即伺寇，意为伺察寇盗，其刑轻于隶臣妾；候，即发往边地充当斥候，是秦代劳役刑的最轻等级。一般认为，秦代的劳役刑没有刑期。（4）耻辱刑。其指"髡""耐""完"。秦时经常使用耻辱刑作为劳役刑的附加刑。"髡"是指剃光犯人的头发、胡须和鬓毛，"耐"与"完"指保留犯人的头发，仅剃去胡须和鬓毛。（5）笞刑。笞刑是以竹、木板责打犯人背部的轻刑，是秦代经常使用的一种刑罚方法。秦简中有"笞十""笞五十""笞一百"等多种等级，大多适用于轻微犯罪。（6）流放刑。其包括迁刑和谪刑，都是将犯人迁往边远地区的刑罚，谪刑的适用主体是犯罪的官吏。（7）经济刑。主要是"赀"，包括三种：一是属纯粹罚金性质的"赀甲""赀盾"；二是"赀戍"，即发往边地作戍卒；三是"赀徭"，即罚服劳役。此外，赎刑也可被归入经济刑，即允许犯人用缴纳一定金钱或服一定劳役的方式来赎免刑罚。秦简记载秦代的赎刑包括"赎耐""赎黥""赎迁""赎宫""赎死"等。

五、秦代的民事法律制度

【难度与热度】

难度：☆☆☆　　热度：☆☆

【内容解析】

关于秦代的民事法律制度，需重点把握所有权、债和婚姻与继承三个方面。

（1）所有权。秦代存在两种所有权，即国家所有权与家户所有权。

（2）债。从现有史料看，秦律关于基于债的发生而划分的债的种类大致有五种：因契约所生之债、因非法侵害所生之债、因不当得利所生之债、因损失公物所生之债（主要针对官吏的失职行为）、因行政措施所生之债。

（3）婚姻与继承。有关婚姻的成立和解除，秦律规定婚姻只有到官府登记才有效，未经登记的婚姻不受法律保护。丈夫休妻也同样必须报官登记。有关夫妻间的权利义务关系，因受儒家文化影响较小，秦律对夫权有所限制，对妻子人身权利的保护也超过汉以后的历代王朝。在继承方面，秦代的继承包括财产继承、爵位继承、宗祧继承、官职继承及其他身份继承，对继承人的确认方式有法定继承和指定继承两种。

六、秦代的经济法律制度

【难度与热度】

难度：☆☆☆　　热度：☆☆

【内容解析】

秦代的经济法律制度包括土地制度、市场管理和环境资源保护三个方面。

（1）土地制度。秦代土地分为公田与民田。公田归国家所有，收益归官府。据秦简记载，县设有田官，负责管理公田，公田中的劳作者以刑徒为主。民田即"黔首田"，实行"行田"制，国家将土地划分成若干份，分发给黔首耕种，黔首对土地没有所有权。

（2）市场管理。据秦简，秦代已有专门调整商业市场的法律规范，主要有《关市律》和《金布律》。

（3）有关环境资源保护的法律规范。秦代已经开始用法律的形式来保护农田水利、山林、河鱼等自然资源。

七、秦代的司法制度

【难度与热度】

难度：☆☆☆☆　热度：☆☆☆

【内容解析】

秦代的司法制度包括秦的司法机构、诉讼制度和审判制度。

秦代的司法机构分为中央司法机构和地方司法机构。秦代的中央最高审判机构和最高司法官是廷尉，属九卿之一，专理司法；其职责是审理皇帝交办的案件和地方不能审理的重大案件，以及平决各郡的疑难案件。秦代的地方司法机构分郡、县两级。秦代行政兼理司法，郡守与县令（长）也同时掌管郡、县的司法审判。县另设县丞，除负责文书、仓库事务外，还负责协助县令（长）办理狱讼案件。在基层秦代则设有乡官，由有秩或啬夫负责有关乡的诉讼和赋税事务。对于狱讼案件，若乡里不能决，则报县，由县令（长）、县丞审理；若县不能决，则报郡，由郡守审理；若郡不能决，则上报中央廷尉。

秦代有关诉讼制度的规定更加详细。秦代诉讼区分为"告"与"劾"。"告"即告发，指当事人为维护自己的利益而向司法机构提出诉讼。"劾"即官吏纠举，是指官吏按其职责要求对犯罪人向司法机构提起的诉讼。秦代对"告"有明确的限制：首先，秦律限制自告父母以及奴隶告主人。秦代将"告"区分为"公室告"与"非公室告"。"公室告"是指对他人的杀伤和盗窃行为的控告，"非公室告"是指父母控告子女盗窃自己的财产，以及子女控告父母、奴妾控告主人肆意对自己施加私刑的行为。只有对"公室告"才予以受理，对"非公室告"，官府不予受理，而且若当事人坚持告发，则告者有罪。其次，秦律还禁止诬告和轻罪重告，诬告实行反坐原则。秦代的审讯与判决包括"讯、鞫、论、谳"。"讯"指最初的一般的讯问，包括"诘（针对供词矛盾处的反复诘问）、诊（实地调查）、问（以文书询问）"，其中"诊"即验，指验视、检验，秦代法律已有对现场勘验、司法检验的详细规定。"鞫"为有权作出判决的县令、丞等官员对讯供掌握的事实及其性质进行认定。"论"指论处，即判决。"谳"指在遇有重大或疑难案件时，申送上级，由上级对案件进行复核。

关于秦代的审判制度。秦代审判中重视口供的取得，刑讯是获得口供的重要手段。秦代有读鞫与乞鞫程序。读鞫，是向当事人宣读"鞫"的结果。在程序上，秦律规定在"鞫"之后进行"论"，即判决一定的刑罚。若当事人不服判决时，可以请求再审，即"乞鞫"。

第三部分　典型案例与同步练习

第一节　　典型案例

一、有关责任年龄的案例

【案例史料】

（1）甲盗牛，盗牛时高一尺，系一岁，复丈，高六尺七寸，问甲当（何）论？当完城。

（2）甲小未及六尺，有马一匹自牧之，今马为人败，食人稼一石，问当论不当？不当论及赏（偿）稼。

（3）甲谋遣乙盗窃杀人，受分十钱，问乙高未盈六尺，甲可（何）论？当磔。

（4）女子甲为人妻，去亡，得及自由，小未盈六尺，当论不当？已官，当论；未官，不当论。

——选自《法律答问》

【案例分析】

上述材料的大意是：（1）甲因偷牛犯罪，他偷牛时身高六尺，在被关押一年后（对甲定罪量刑时）再量甲的身高，甲长到了六尺七寸，对甲应判处完城旦。（2）甲年龄尚小，身高不及六尺，他有一匹马并用于自己放牧，该马被他人惊吓而吃了他人的禾稼，判处甲不必赔偿禾稼。（3）甲教唆乙盗窃杀人，甲得到赃款十钱，乙身高不到六尺（乙未成年），甲被判处磔刑。（4）女子甲为人妻，她逃离夫家，甲年龄尚小，身高不到六尺。如果甲的婚姻是官方认可的，则甲应受处罚；如果甲的婚姻未经官方认可，则甲可免于处罚。

秦律中，责任年龄是定罪量刑的依据之一，秦律关于责任年龄的规定是以身高而不是以具体的年龄为标准。就目前掌握的史料而言，这种规定是通过具体案件而非刑律的明确规定反映出来的。关于责任年龄的身高标准，有身长六尺五寸与身长六尺两种说法。引发争论的是秦简《法律答问》中的一个案例，即上述材料中的案例（1），甲因偷牛犯罪，他偷牛时身高六尺，在被关押一年后（对甲定罪量刑时）再量甲的身高，甲长到了六尺七寸，对甲应判处完城旦。定罪量刑的依据是犯罪发生时的实际情况，甲被判完城旦应该依据的是其被抓获时的身高（六尺）。类似的例子还有案例（2），甲年龄尚小，身高不及六尺，他有一匹马并自己放牧，该马受他人惊吓而吃了他人的禾稼，判处甲不必赔偿禾稼。将这两个案例相比较，前者（盗牛者）因身高六尺被罚，后者因未及六尺而被免罚，可见六尺为定罪量刑的依据，是刑事责任年龄的判断标准。案例（3）中，甲教唆身高未及六尺的未成年人乙杀人，又接受赃款，所以甲被重罚，被处以车裂之刑。案例（4）中，女子甲为人妻，她逃离夫家，甲年龄尚小，身高不到六尺。如果甲的婚姻是官方认可的，甲应受处罚；如果甲的婚姻未经官方认可，则甲可免于处罚。古籍整理小组解释，案中的"官"为"婚姻经官方认可"，因为古代有"因婚姻而成年化"的规定，但在秦代，须是经官方认可的婚姻。从本案也可看出，六尺是判断成年与否的标志。

按《周礼》贾公彦疏："七尺谓年二十，六尺谓年十五。"秦代以六尺作为成年人与未成年人的界限，这与《周礼》相合。以身高作为判断年龄的标准，这是与当时的实际情况相符合的。由于古代没有严格的户口登记普查制度，查明当事人的实际年龄很困难，因此只能依赖其他的标准。需要说明的是，身高六尺只是判断当事人是否成年的综合标准之一，其他如"官"（经官方认可的婚姻）等也使当事人被认定为成年人。另外，秦简所规定的刑事责任年龄是指本人应负刑事责任的年龄，而对受连坐的家属，则不受年龄限制，秦简中还有"子小未可别，令从母为收"的记载，即虽然子未成年，因为连坐的关系，仍然与其母一并被没入官府为奴。

二、有关审判程序的案例

【案例史料】

士五（伍）甲盗，以得时直（值）臧（赃），臧（赃）直（值）过六百六十，吏弗直（值），其狱鞫乃直（值）臧（赃），臧（赃）直（值）百一十，以论耐，问甲及吏可（何）论？甲当黥为城旦；吏为失刑罪，或端为，为不直。

——选自《法律答问》

【案例分析】

上述案例大意为：甲盗窃的赃物价值超过六百六十钱，司法官在审判中低估了赃值，认定赃值为一百一十钱，判处甲耐刑。（复审查明后）判处甲黥为城旦，该司法官也被认定为"失刑"罪，如果该司法官是故意低估赃值，则应被判"不直"罪。

本案是由于司法官未及时清点赃物和估价赃值而发生的错判。本案中司法官低估了赃值，本应判处黥为城旦，但却轻判为耐刑。经过调查审理，纠正了原判并惩处了司法官。司法官如果因为疏忽而低估了赃值，则应被判"失刑"罪；如果该司法官是故意低估赃值，则应判"不直"罪。

从《封诊式》的规定来看，秦的司法机关对当事人的审讯方式和步骤大致如下：（1）审问与刑讯。首先，要听取当事人的口供，"必先尽听其言而书之"，即先听完口供并加以记录。听取口供后，再根据其口供的矛盾之处和不清楚的地方反复进行诘问。对多次改变口供，不老实认罪者，施加刑讯。秦法是不主张使用刑讯的，其把审讯效果分为"上""下""败"三等，能根据口供查清犯罪事实为"上"，审讯时动用刑具才弄清案情的为"下"，采取恐吓的手段屈打成招则为"败"。（2）调查与勘验。秦时判决除依据口供外，也非常重视收集人证和物证，要对犯罪现场进行调查与勘验，还要作出调查、勘验笔录，即"爱书"，秦简《法律答问》中就有不少法医鉴定和犯罪现场勘验的笔录。（3）读鞫与乞鞫。案件审讯后，作出判决，并"读鞫"。"鞫"是审讯的意思，"读鞫"就是宣读判决。判决宣读后，当事人如果服罪，则依照判决执行；如果当事人不服的，可以要求重审，即"乞鞫"。乞鞫可由当事人提出，也可由第三人提出（秦律所谓"为人乞鞫"）。对重大复杂的案件，也可由中央的御史大夫命令重审。（4）复审与改判。复审时，由乞鞫人和原案的所有当事人、原审官吏、证人分别陈述案情，最后由复审官员判决。秦简中记载了一些纠正错判的案例。如果原审判决有误，原审官员要承担"失刑"

或"不直"的罪责。

第二节　同步练习

一、选择题

(一) 单项选择题

1. 下列选项中，不属于秦代法制的指导思想的是（　　）。

　A. 缘法而治　　　B. 法令由一统　　　C. 严刑重罚　　　D. 明刑弼教

2. 依秦律，下列案件中，属于官府应当受理的"公室告"的是（　　）。

　A. 甲告邻人窃其财产　　　　　　B. 乙告父殴伤自己

　C. 丙告子窃其财物　　　　　　　D. 丁告主擅用私刑

3. 秦代中央最高司法官是（　　）。

　A. 太尉　　　　　B. 廷尉　　　　　C. 御史大夫　　　　D. 大理卿

4. 秦代郡的专职司法官是（　　）。

　A. 郡守　　　　　B. 郡守副　　　　C. 决曹掾　　　　D. 啬夫

5.《法律答问》中有这样两段记载："甲盗，赃值千钱，乙知其盗，受分赃不盈一钱，问乙何论？同论。""甲盗钱以买丝寄乙，乙受，弗知盗，乙论何也？毋论。"这两段区分的是（　　）。

　A. 故意和过失　　B. 有无犯意　　　C. 自首和告发　　D. 主犯和从犯

6. 秦律中规定的徒刑是指（　　）。

　A. 剥夺犯罪人人身自由，强制其服劳役的刑罚

　B. 将犯罪人迁往边远地区的刑罚

　C. 以竹、木板责打犯罪人背部的刑罚

　D. 剃光犯罪人的头发和胡须、鬓毛的刑罚

7. 秦简《法律答问》记载："甲小未盈六尺，有马一匹自牧之，今马为人败，食人稼一石，问当论不当？不当论及偿稼。"依照该记载，秦律判断是否承担刑事责任的标准是（　　）。

　A. 智识　　　　　B. 身高　　　　　C. 年龄　　　　　D. 财产

8. 秦简《法律答问》记载的"五人盗，赃一钱以上，斩左趾，又黥以为城旦；不盈五人，盗过六百六十钱，黥劓以为城旦"，这规制的是下列哪种犯罪行为？（　　）

　A. 教唆行为　　　　　　　　　　B. 包庇行为

　C. 共同犯罪行为　　　　　　　　D. 累犯行为

9. 秦律规定："盗封啬夫可（何）论？廷行事以伪写印。"这里的"廷行事"是指（　　）。

　A. 制定法　　　　B. 司法成例　　　C. 立法解释　　　D. 司法解释

10.《法律答问》是一部（　　）。

　A. 法律条款　　　B. 私家法律　　　C. 官方法律解释　　D. 判例

11. 秦代的法律形式中，对法律条文、术语作出的具有法律效力解释的是（　　）。

A. 令　　　　　B. 法律答问　　　　C. 廷行事　　　　D. 封诊式

12. 秦代法律中责令犯罪人交纳一定金钱的"赀甲""赀盾"的刑罚，是一种（　　）。

A. 财产刑　　　B. 身体刑　　　　C. 资格刑　　　　D. 自由刑

13. 下列选项中，属于耻辱刑的刑罚是（　　）。

A. 髡刑　　　　B. 隶臣妾　　　　C. 赀刑　　　　　D. 城旦舂

14. 秦律在定罪量刑时有区分故意与过失的规定，故意犯罪称为（　　）。

A. 眚　　　　　B. 不眚　　　　　C. 端　　　　　　D. 不端

15. 发端于秦代的监察御史是一种（　　）。

A. 从中央到地方的规范管理制度　　　B. 制定律令的制度

C. 从中央到地方颁行律令的制度　　　D. 从中央到地方的监督制度

16. 秦代的法律形式中没有（　　）。

A. 律　　　　　B. 诏令　　　　　C. 格　　　　　　D. 式

17. 秦代法律中有关审判原则以及对案件进行调查、勘验、审讯、查封、治狱程式等方面的规定和文书程式是（　　）。

A.《秦律杂抄》　　B.《封诊式》　　C.《法律答问》　　D.《秦律十八种》

18. "甲谋遣乙盗，一日，乙且往盗，未到，得，皆赎黥"规定的是（　　）。

A. 包庇行为　　B. 教唆行为　　　C. 帮助行为　　　D. 自首行为

19. 秦代把杀伤、盗窃等危害封建统治的犯罪归为（　　）。

A. 家罪　　　　B. 公罪　　　　　C. 公室告　　　　D. 非公室告

20. 秦简《法律答问》载："把其假以亡，得及自出，当为盗不当？自出，以亡论。"这规定的是（　　）。

A. 包庇行为　　B. 教唆行为　　　C. 帮助行为　　　D. 自首行为

21. 秦始皇时期，某地甲、乙两家相邻而居，积怨甚深。有一天，该地发生抢劫杀人案件，乙遂向官府告发系甲所为。甲遭逮捕并被定为死罪。不久案犯被捕获，始知甲无辜系被乙诬告。依据秦律，诬告者乙应获得的刑罚是（　　）。

A. 死刑　　　　B. 迁刑　　　　　C. 城旦舂　　　　D. 笞一百

22. 秦代司法审判的成例被称为（　　）。

A. 法律答问　　B. 令　　　　　　C. 廷行事　　　　D. 律

23. 秦律明确规定了法官的责任，凡故意加重或减轻判刑，称为（　　）。

A. 不直　　　　B. 不正　　　　　C. 不公　　　　　D. 纵囚

24. 秦简《法律答问》载，"甲小未盈六尺，有马一匹自牧之，今马为人败，食人稼一石，问当论不当？不当论及偿稼""甲盗牛，盗牛时高六尺，系一岁，复丈，高六尺七寸，问甲何论？当完城旦"。这规定的是（　　）。

A. 确定刑事责任能力的标准　　　　B. 确定罪过等犯罪主观要素的标准

C. 确定犯罪侵害客体的标准　　　　D. 确定犯罪事实的标准

25. 秦统一天下后，继续推行法家思想。对秦始皇政权和法制活动影响极大并成为其指导思想的是（　　）。

A. 孔子的思想　　B. 墨子的思想　　C. 韩非子的思想　　D. 老子的思想

（二）多项选择题

1. 据史书载，以下均为秦代刑事罪名。下列选项具有秦代法律文化专制特色的是（　　）。

A. "偶语诗书"　　　B. "以古非今"　　　C. "非所宜言"　　　D. "失刑"

2. 下列关于秦代立法指导思想的表述，不正确的是（　　）。

A. 秦代的立法强调"兼爱""非攻"

B. 秦代的立法主张"缘法而治"和"法令由一统"

C. 秦代的立法体现"无为而治"的老庄核心思想

D. 秦代的立法提倡"德治"、"礼治"与"人治"

3. 秦代行政法规的内容涉及（　　）。

A. 行政机构设置　　　　　　　B. 官吏任用

C. 官吏职责　　　　　　　　　D. 官吏奖惩

4. 秦代的刑法适用原则包括（　　）。

A. 区分故意与过失　　　　　　B. 累犯加重

C. 自首从轻　　　　　　　　　D. 规定刑罚时效

5. 秦代的立法指导思想中包括（　　）。

A. 法令由一统　　　B. 重刑主义　　　C. "专任刑罚"　　　D. 德主刑辅

6. 为了维护尊卑、主奴关系，秦律将诉讼分为（　　）。

A. 非公室告　　　B. 自告　　　C. 公室告　　　D. 官告

7. 云梦秦简的法律文书包括（　　）。

A.《秦律十八种》　B.《秦律杂抄》　　C.《法律答问》　　D.《封诊式》

8. 秦代案件的审理，包括下列哪些程序？（　　）

A. 原、被告双方到庭　　　　　B. 讯问

C. 调查　　　　　　　　　　　D. 作审讯记录

9. 在 1975 年 12 月出土的湖北云梦睡虎地秦墓竹简中，有大量关于律的内容。下列选项中，属于秦律篇名的有（　　）。

A.《金布律》　　　B.《关市律》　　　C.《户婚律》　　　D.《均工律》

10. 在秦代，对司法审判过程结束后宣读判决书的活动，下列说法不正确的是（　　）。

A. 读鞠　　　B. 爰书　　　C. 乞鞠　　　D. 封守

（三）不定项选择题

1. 秦汉时期的刑罚主要包括笞刑、徒刑、流放刑、肉刑、死刑、羞辱刑等，下列选项属于徒刑的是（　　）。

A. 候　　　B. 隶臣妾　　　C. 弃市　　　D. 鬼薪白粲

2. 秦律明确规定了司法官渎职犯罪的内容。关于秦代司法官渎职的说法，下列哪一选项是不正确的？（　　）

A. 故意使罪犯未受到惩罚，属于"纵囚"

B. 对已经发生的犯罪，由于过失未能揭发、检举，属于"见知不举"

C. 对犯罪行为由于过失而轻判者，属于"失刑"

D. 对犯罪行为故意重判者，属于"不直"

3. 秦代的诉讼原则有（　　　）。

A. 有罪推定原则　　　　　　　　B. 依法律和事实判决的原则

C. 有条件的刑讯原则　　　　　　D. 证据原则

4. 在秦代，"子盗父母""父母擅刑"等属于（　　　）。

A. 公罪　　　　B. 私罪　　　　C. 公室告　　　　D. 非公室告

5. 秦律对官吏应遵循的为官准则和具体要求规定在（　　　）。

A.《法律答问》　　B.《尉杂律》　　C.《除吏律》　　D.《为吏之道》

二、简答题

1. 简述秦代的主要法律形式。

2. 简述秦代的劳役刑。

3. 简述秦代的审判制度。

三、论述题

试对秦代法制进行历史评价。

参考答案及解析

一、选择题

（一）单项选择题

1. 答案：D

解析：秦代的立法指导思想包括：缘法而治、法令由一统、严刑重罚。明刑弼教是明代的立法指导思想。

2. 答案：A

解析：公室告，是指控告主体对其家庭以外的人所犯的杀伤人、偷窃财物之类的行为所提出的控告；非公室告，是指控告主体对其家庭内部成员的犯罪行为向官府提出的控告，如果官府不予受理坚持告发的，要受到处罚。A项属于偷盗，属于公室告。B、C、D项属于家庭内部成员之间发生案件，属于非公室告。

3. 答案：B

解析：在秦代中央，廷尉是皇帝之下的最高司法官，为中央九卿之一，负责全国法律、法令及司法事务，直接向皇帝负责。

4. 答案：C

解析：在秦代，廷尉是皇帝之下的中央最高司法官；在地方郡守为一郡行政长官，下设决曹掾，协助郡守审理具体案件。

5. 答案：B

解析：区分有无犯罪意识是秦律的刑法原则之一，"甲盗，赃值千钱，乙知其盗，受分赃不盈一钱，问乙何论？同论"。"甲盗钱以买丝寄乙，乙受，弗知盗，乙论何也？毋论。"从中我们可以看出，知赃而分赃、用赃，即被认为有犯罪意识，从而构成了犯罪，其犯罪性质与盗窃一样；但若不了解盗窃之事，则不应论罪。

6. 答案：A

解析：秦律中的徒刑是指剥夺犯罪人人身自由，强制其服劳役的刑罚。将犯罪人迁往边远地区的刑罚是迁刑和谪刑；以竹、木板责打犯罪人背部的刑罚是笞刑；剃光犯罪人的头发和胡须、鬓毛的刑罚是髡刑。

7. 答案：B

解析：秦律规定，未成年者犯罪，不负刑事责任或减轻刑事处罚。秦代确立了以身高判断是否承担刑事责任的标准，即男六尺五寸、女六尺二寸以上才需要负刑事责任，"未盈六尺"表明该人身高不足六尺，按照规定不负刑事责任。

8. 答案：C

解析：共同犯罪与集团犯罪加重处罚是秦代的刑罚适用原则之一。秦简《法律答问》记载"五人盗，赃一钱以上，斩左趾，又黥以为城旦；不盈五人，盗过六百六十钱，黥劓以为城旦"，这规定的正是共同犯罪行为。

9. 答案：B

解析：廷行事，是司法机关判案的成例（判例），在律文无相关规定时，可作为同类案件判决的依据。

10. 答案：C

解析：《法律答问》是秦代的主要法律形式之一，是朝廷和地方主管法律的官员对律令所作的权威性解释，是一种官方解释。它们与法律条文一样具有普遍约束力。

11. 答案：B

解析：《法律答问》是对法律条文、术语、律义作出的具有法律效力的解释，因采取答问的形式，故被称为《法律答问》。

12. 答案：A

解析：秦代法律中强制犯人缴纳一定财物的赀刑，是指对轻微犯罪者，实行赀甲、赀盾，即罚一甲或一盾的金钱的刑罚，属于财产刑的一种。自由刑是剥夺人身自由的刑罚，身体刑是对人身肉体造成伤害的刑罚，资格刑是剥夺人的某种身份的刑罚，因此均不符合赀刑的特征。

13. 答案：A

解析：秦汉时期的耻辱刑包括三类：髡刑、耐刑和完刑，其中，剃去犯人头发为髡，剃去犯人胡须为耐，不加肉刑、髡剃（免肉刑、髡剃并保留发肤）为完。

14. 答案：C

解析：秦律重视故意犯罪与过失犯罪的区别。《法律答问》说："甲告乙盗牛贼伤人，今乙不盗牛，不伤人，问甲可（何）论？端（故意）为，为诬人；不端，为告不审。"这段解释意在区分主观上有无故意：故意诬告者，实行反坐；主观上没有故意的，按告不审从轻处理。

15. 答案：D

解析：监察制度是中国传统政治体制中的一个重要环节。御史源于周时的史官，是为天子掌管文书档案的官员。从渊源关系上讲，秦代可说是古代监察制度的发端。统一六国后，秦代在中央设立御史府，以御史大夫为该府长官，掌监察，其位略次于丞相。

其有权监视百官，并随时向皇帝禀奏、进谏，参与机要。随着中央集权政治体制在全国的建立，为加强中央对地方的全面控制，秦对全国实行自上而下的监督考察，并向地方派出监御史，对地方实行监督。到汉代，该制度发展成古代中国特有的监督制度。

16. 答案：C

解析：在秦代，诏令是皇帝临时发布的命令，具有最高的法律效力。律是国家大法，带有普遍性、经常与刑事性的特点。式作为一种法律形式始于秦，秦代时期已有《封诊式》。而格是在北魏"以格代科"后，成为一种独立的法律形式。

17. 答案：B

解析：《封诊式》是关于审判原则以及调查和勘验案情、审讯、查封等方面的规定和一些案例。其中，以《治狱》《讯狱》两节最重要。

18. 答案：B

解析：秦律规定了教唆同罪，"甲谋遣乙盗，一日，乙且往盗，未到，得，皆赎黥"，意思是甲教唆乙去盗窃，乙去盗窃，甲未去，但分得赃物，对甲、乙皆处赎黥的刑罚。

19. 答案：C

解析：秦律把杀伤人、偷盗等危害统治的犯罪，列为严惩对象，这类犯罪为公室告，官府对此必须受理。

20. 答案：D

解析：秦律规定了自首减免刑罚，秦简《法律答问》载："把其假以亡，得及自出，当为盗不当？自出，以亡论。"此意即携带所借官家物品逃亡，如自首，只以逃亡罪论处，免其盗窃罪。

21. 答案：A

解析：秦律重视故意犯罪与过失犯罪的区别。按《秦律》规定，故意捏造事实与罪名，诬告他人，即构成诬告罪。诬告罪实行反坐原则，即以被诬告人所应受到的处罚，反过来制裁诬告者。《法律答问》说："甲告乙盗牛贼伤人，今乙不盗牛，不伤人，问甲可（何）论？端（故意）为，为诬人。"这段解释意在区分原告在主观上有无故意，故意诬告者，实行反坐，故选项A正确。

22. 答案：C

解析：廷行事是司法机关判案的成例，可以作为同类案件判决的依据。这种法律形式在当时被广泛采用，用以弥补法律条文的疏漏与不足，有利于进一步完善秦王朝的严密法网，加强对社会的控制。

23. 答案：A

解析：秦简云："罪当重而端轻之，当轻而端重之，是谓'不直'。"不直的意思就是故意重罪轻判或轻罪重判。所以凡故意加重或减轻判刑，要承担"不直"的责任。

24. 答案：A

解析：秦律规定了确定刑事责任能力的标准，未达到该标准的，不负刑事责任或减轻刑事处罚。《法律答问》说："甲小未盈六尺，有马一匹自牧之，今马为人败，食人稼一石，问当论不当？不当论及偿稼。"另一条解释说："甲盗牛，盗牛时高六尺，系一岁，复丈，高六尺七寸，问甲何论？当完城旦。"可见，秦律以身高作为确定刑事责任能力的标准，大约六尺五寸以上的负刑事责任能力，低于六尺五寸的，则不负刑事责任或对其减轻刑事处罚。

25. 答案：C

解析：法家的重刑主义理论是秦代的立法指导思想，A、B、C、D四个选项中只有C选项是法家代表人物。对秦始皇政权和法制活动影响极大并成为其指导思想的是韩非子的思想。

(二) 多项选择题

1. 答案：ABC

解析：秦代的罪名主要有：（1）危害皇权罪，包括"谋反；泄露机密；偶语诗书、以古非今；诽谤、妖言；诅咒、妄言；非所宜言；投书；不行君令"等。A项"偶语诗书"、B项"以古非今"、C项"非所宜言"均体现秦律文化的专制特色。（2）侵犯财产和人身罪。（3）渎职罪，主要有："见知不举"罪、"不直"罪和"纵囚"罪、"失刑"罪（指因过失而量刑不当，若系故意，则构成"不直"罪）。可见，"失刑"罪属于渎职罪的一种，与专制文化没有直接关系。

2. 答案：ACD

解析：秦代的立法指导思想主要包括：其一，"缘法而治"，即强调法律作为判断是非曲直、决定赏罚的唯一标准，主张依法治国，反对礼治。其二，"法令由一统"，即全国实行统一的法令。其三，"严刑重罚"，通过轻罪重罚等手段，使民不敢犯。A、C、D项并非秦代的立法指导思想。

3. 答案：ABCD

解析：秦代的行政法规内容全面，类型完整，结构严密，确定性程度高，为各个行政机关提供了具体的行为准则。其规定了中央机构、地方机构和基层组织的机构设置；《为吏之道》《置吏律》《除吏律》规定了官吏任用资格、任用时间、任用原则及违法任用官吏的责任等；秦的各类经济法规和行政法规都是以确定各专职官吏之职责的形式出现的；秦代依据法家重赏重罚、罚重于赏的思想，非常重视对官吏的考核和奖惩。

4. 答案：ABCD

解析：秦代的刑罚适用原则包括：有关刑事责任年龄的原则、区分故意与过失的原则、刑罚时效的原则、共同犯罪与集团犯罪加重处罚的原则、累犯加重的原则、教唆犯罪加重处罚的原则、自首减轻处罚的原则和诬告反坐原则等。

5. 答案：ABC

解析：法家的重刑主义理论是秦代的立法指导思想。商鞅的重刑主义理论无论是对统一前的秦国还是统一后的秦代，都有深刻的影响，所谓秦统治者"专任刑罚""乐以刑杀为威"，正是对此问题的说明。秦始皇称帝后，采取了在全国统一法律的措施，取消六国法律，改行秦国法律。秦代法制并没有体现儒家德主刑辅的特点。

6. 答案：AC

解析：秦律把杀伤人、偷盗等危害封建统治的犯罪，列为严惩对象，这类犯罪被称为"公室告"，官府对此必须受理。但是，秦律把"子盗父母，父母擅刑、髡子及奴妾"等引起的诉讼，称为"非公室告"，对"非公室告"，官府不予受理。子女强行告诉的，还要给予处罚。与此同时，提倡官吏主动纠举罪犯，同时鼓励罪犯投案自首，用以减少官府侦缉与追捕的困难。

7. 答案：ABCD

解析：云梦秦简中的法律条文，尽管不全是秦统一后适用的法律条文，却是秦律的重要渊源，包括《秦律十八种》《效律》《法律答问》《封诊式》《秦律杂抄》《为吏之道》等丰富的内容。其中，《秦律十八种》和《秦律杂抄》均是对秦律条文的摘抄。

8. 答案：ABCD

解析：在秦代，当司法机关决定受理案件时，对案件的审理就已经开始了，从秦简看这一阶段主要包括：原、被告双方到庭，讯问，调查，做审讯记录等主要内容。

9. 答案：ABD

解析：睡虎地秦简所载有《田律》《仓律》《金布律》《除吏律》《关市律》《均工律》等二十九种，它们构成了秦代法制的主体。C 项的《户婚律》并非秦律，汉代制定《九章律》后才开始出现专门的《户律》，直至北周，均沿用此名。北齐时加入婚姻方面内容，更名为婚户律。隋《开皇律》以户在婚前，改称《户婚律》。

10. 答案：BCD

解析：在秦代，司法审判过程结束后，宣读判决书称为读鞫，若被告对判决不服，请求复审，则称为乞鞫。故选 B、C、D 项。

（三）不定项选择题

1. 答案：ABD

解析：秦代徒刑具体有：（1）城旦舂；（2）鬼薪白粲；（3）隶臣妾；（4）司寇；（5）候。秦代死刑具体有：（1）戮，后改用斩刑；（2）磔，即碎尸刑；（3）腰斩；（4）车裂，即五马分尸；（5）枭首；（6）弃市；（7）夷三族；（8）具五刑。本题正确答案为 A、B、D 项。C 项"弃市"属于秦代死刑，C 项错误。

2. 答案：B

解析：秦代关于司法官渎职犯罪的种类，主要包括：纵囚罪，即应当论罪而故意不论罪，以及设法减轻案情，故意使案犯达不到定罪标准，从而判其无罪。见知不举罪，即明知有犯罪，但不揭发、检举。失刑罪，指因过失而量刑不当，若系故意，则构成不直罪，包括罪重而故意轻判，罪轻而故意重判两种情形。

3. 答案：ABCD

解析：从秦简《法律答问》《封诊式》所记载的诉讼资料看，秦代贯彻的基本诉讼原则包括：有罪推定原则、依法律和事实判决的原则、有条件的刑讯原则和证据原则。

4. 答案：D

解析：秦律把"子盗父母，父母擅刑、髡子及奴妾"等引起的诉讼，称为非公室告。对非公室告，官府不予受理；子女强行告诉的，还要给予处罚。

5. 答案：D

解析：1975 年，在对湖北省云梦县睡虎地秦墓的发掘中，出土了大量的秦代竹简，包括《秦律杂抄》《封诊式》《法律答问》《秦律十八种》《为吏之道》《尉杂律》《除吏律》等丰富的法律内容。其中《为吏之道》是对官吏应遵循的为官准则和具体要求所作的专门规定。

二、简答题

1. 参考答案：（1）律。它是国家大法，带有普遍性、经常与刑事性的特点。

（2）诏令。它是皇帝临时发布的命令，具有最高的法律效力。

（3）"廷行事"。秦中央政府汇编典型案例，形成固定判例，用以比附解决同类的案件，称为"廷行事"。

（4）法律答问。睡虎地秦墓竹简中的《法律答问》，是秦代中央政府对国家法律作出的、带有法律效力的司法解释。其因采用答问形式，故被称《法律答问》。它既可对现行法律作出补充，同时也可被援引作为判案依据。

（5）式。《封诊式》是关于审判原则以及调查和勘验案情、审讯、查封等方面的规定和一些案例。

2. 参考答案：秦代出现了不少限制犯罪人人身自由并强制劳役的徒刑制度，主要有：

（1）城旦舂。男者为城旦，罚役修筑长城或戍边；女者为舂刑，罚为舂米。

（2）鬼薪白粲。一般男为鬼薪，罚给神庙砍柴；女为白粲，罚给宗庙择米。

（3）罚作、复作。男犯为罚作，女犯为复作。罚作是强制男犯去边境地区戍守，复作则去官府服劳役。

（4）司寇。男者罚为守备，伺察寇贼，从事这种工作往往去边疆，边服劳役，边防外寇。作如司寇是指根据女犯的生理特点，不宜让其到边疆服役，允许其在内地从事相当于司寇的劳役。

3. 参考答案：在秦朝，讯问被告称为"讯狱"，庭审案件称为"治狱"，以此强调犯人口供对定案的重要性，为取得口供，允许司法官动用刑讯手段。但是也强调根据证据核查口供，使犯人供出真情。秦律明确规定了法官的责任。凡故意加重或减轻判刑的，承担"不直"的责任；凡故意有罪不判，或通过篡改案情，使罪犯达不到判刑标准的，承担"纵囚"的责任。

三、论述题

参考答案：如何对秦代法制进行正确的定位以及评价，一直是中国法律史界须认真思考的问题之一。

（1）秦代法制在中国法律史上占有重要地位。

其一，它是中国古代法制史上的一个重要里程碑。秦代是中国历史上第一个创立全国统一的、君主专制的中央集权法律制度的王朝，制定并执行了全国统一的法律、法令、规章、制度。

其二，它对全国统一局面的形成和巩固、社会秩序的建立与稳定、经济基础的巩固与发展、生产的发展与社会的进步，都起到了积极的作用。它承前启后，对以后法制的发展影响深远。

（2）秦代法制集中反映了新兴地主阶级专政和初建时期法制的特点。

秦王朝专任刑法，把专制的政治、经济、文化统治推向了极端。《汉书·食货志》载：秦代各种赋税超过古代二十倍，人民负担的力役超过古代三十倍。秦代统治者"繁法酷刑"，造成"劓鼻盈累，断足盈车""赭衣塞路，囹圄成市"，使商鞅变法以来所形成的法律秩序遭到严重破坏，从而激化了矛盾，加速了秦王朝的崩溃，造成二世而亡的结局。

（3）秦代法制盛衰成败的历史具有研究思考、批判借鉴的价值。

对有秦一代的法制特点或可归纳为如下几点：一是秦律以法家思想理论为指导，但并不是和礼格格不入的；二是秦律条文繁杂，不系统，有些界限不清、重复甚至彼此矛盾；三是秦律要求各级官吏严格执法，如果说周代的"临事议制"，造就了一批善于思考和立法的司法官，秦的"事断于法""皆有法式"则培养了一批博闻强记、长于操作的执法工匠；四是秦律中的刑罚以残酷、繁苛而著称。

四、拓展延伸阅读

（一）著作

1. 闫晓君. 秦汉法律研究. 北京：法律出版社，2012.

2. ［日］大庭脩. 秦汉法制史研究. 徐世虹，等译. 上海：中西书局，2017.

（二）论文

1. 徐世虹. 百年回顾：出土法律文献与秦汉令研究. 上海师范大学学报（哲学社会科学版），2011（05）.

2. 屈永华. 法家治国方略与秦朝速亡关系的再考察. 法学研究，2007（05）.

3. 张忠炜. 秦汉律令关系试探. 文史哲，2011（06）.

4. 王安宇. 秦汉时期的异地诉讼. 中国史研究，2019（03）.

第六章 汉代法制

第一部分 本章知识点速览

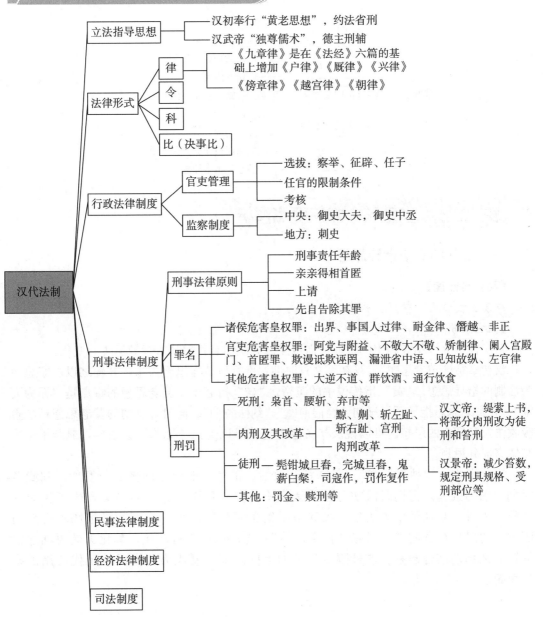

立法指导思想
— 汉初奉行"黄老思想"，约法省刑
— 汉武帝"独尊儒术"，德主刑辅

法律形式
— 律 — 《九章律》是在《法经》六篇的基础上增加《户律》《厩律》《兴律》
— 《傍章律》《越宫律》《朝律》
— 令
— 科
— 比（决事比）

行政法律制度
— 官吏管理
  — 选拔：察举、征辟、任子
  — 任官的限制条件
  — 考核
— 监察制度
  — 中央：御史大夫，御史中丞
  — 地方：刺史

刑事法律原则
— 刑事责任年龄
— 亲亲得相首匿
— 上请
— 先自告除其罪

刑事法律制度
— 罪名
  — 诸侯危害皇权罪：出界、事国人过律、耐金律、僭越、非正
  — 官吏危害皇权罪：阿党与附益、不敬大不敬、矫制律、阑入宫殿门、首匿罪、欺谩诋欺诬罔、漏泄省中语、见知故纵、左官律
  — 其他危害皇权罪：大逆不道、群饮酒、通行饮食
— 刑罚
  — 死刑：枭首、腰斩、弃市等
  — 肉刑及其改革 — 黥、劓、斩左趾、斩右趾、宫刑
    — 肉刑改革
      — 汉文帝：缇萦上书，将部分肉刑改为徒刑和笞刑
      — 汉景帝：减少笞数，规定刑具规格、受刑部位等
  — 徒刑 — 髡钳城旦舂，完城旦舂，鬼薪白粲，司寇作，罚作复作
  — 其他：罚金、赎刑等

民事法律制度

经济法律制度

司法制度

汉代法制

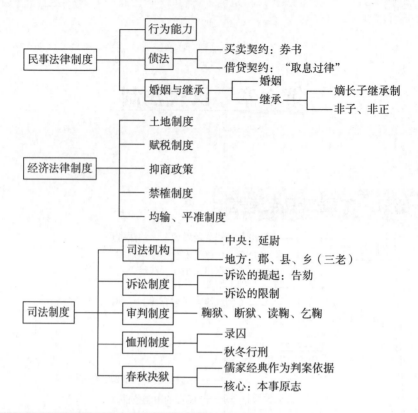

第二部分　本章核心知识要点解析

一、汉代的立法指导思想

【难度与热度】

难度：☆☆☆　热度：☆☆☆

【内容解析】

对汉代的立法指导思想的把握，需重点区分汉初至其后立法指导思想的变化。

汉初奉行"黄老思想"。汉初至文景时期，奉行以黄老思想为主，并辅之以法家思想为法制的指导思想。"黄"指传说中的黄帝，"老"指老子。黄老思想的特点是"无为而治"。在黄老思想指导下，汉初"轻徭薄赋""约法省刑"。同时，汉初的黄老思想还注重吸收法家和儒家的思想。可以说汉初黄老思想就是以道家"无为"为主导，混杂了法家与儒家部分思想。

汉武帝之后"独尊儒术"。汉初社会政治经济经过七十年的恢复与发展，到武帝时期，国力强盛，但同时汉初分封的诸侯王势力也逐渐强大，同中央发生了尖锐的矛盾。为进一步加强中央集权，汉武帝采纳了董仲舒的思想。董仲舒把儒家思想与阴阳家的思想结合起来，主张"德主刑辅"，先用德礼进行教化，教化无效再辅之以刑罚，把德刑结合起来。这种刚柔相济的治国之道，便成为武帝以后汉代法制的指导思想。

二、汉代的法律形式

【难度与热度】

难度：☆☆☆☆　热度：☆☆☆☆

【内容解析】

汉代的法律形式在秦代的基础上稍有变化，主要包括律、令、科、比。

律是汉代的基本法律形式。刘邦初入咸阳，与关中父老"约法三章"。其后，汉高祖面临统治全国的新形势，感到"三章之法，不足以御奸"，于是命萧何参照秦律制定汉律。萧何在《法经》六篇的基础上增加了《户律》（主要规定户籍、赋税和婚姻之事）、《兴律》（主要规定征发徭役、城防守备之事）、《厩律》（主要规定牛马畜牧和驿传之事）三章，成《九章律》。之后叔孙通定朝仪，制定《傍章》十八篇。汉武帝时期，为了加强中央集权的统治，命张汤制定《越宫律》二十七篇，赵禹作《朝律》六篇。连同上述的《九章律》和《傍章》，统称为"汉律六十篇"，被认为是汉代最重要、比较稳定的律。除此之外，还有一些律，如文帝时的《酎金律》，武帝时的《左官律》等。

令，即皇帝的命令，也叫"诏"或"诏令"，经过整理纳入"令"系统的诏命，其效力一般高于律。

科，又称科条、事条，是对律令条文的解释和细化。汉代的"科"由秦的"课"发展而来，数量很多。

比，又称决事比，指在律令科条无明确规定的情况下，根据以往的案例进行司法裁判，其渊源于秦代的廷行事。

三、汉代的行政法律制度

【难度与热度】

难度：☆☆☆　热度：☆☆

【内容解析】

关于汉代的行政法律制度，需重点掌握官吏管理制度和监察制度。

1. 官吏管理制度

官吏管理制度主要分为官吏的选拔方式、任用的限制条件和考核方式三部分内容。汉代选官主要有三种方式：察举、征辟、任子。察举是由郡国每年向中央推举一定数量的人才选用为官，包括孝廉（孝顺、廉洁之人）、秀才（有文化、有才干之人）、贤良方正（品行贤良、方正之人）、孝悌力田（有孝悌、德行之人和努力耕田之人）、明经、明法、文学等。征辟指征召与辟举，征召是由皇帝直接特诏聘用的人才。辟举也叫辟除，是高级主管官吏或地方郡以上的官吏在其辖境内对有名望而又具有统治才能的人，向中央推荐或自选属吏的制度。任子，指高级官吏可以保任其子弟为官。

汉代对官吏的任用有一系列的限制性条件，包括：必须身家清白，商贾之家、赃官子孙等不得为官；征辟入官者，家庭财产必须达到一定数额；学士方面，一般官吏都需通经明法；地方官吏任职需回避本籍。

官吏考核在汉代又称为考课，大体包括三种考核：朝廷对地方最高行政长官的考课，每年为常考，三年一次大考，由丞相和御史主持；地方上级对下级的考课；各级官府长官对本府属官和吏进行的考课。

2. 监察制度

汉代的监察制度相较于前朝更加的完善，汉代在中央、郡国和地方都设有专门的监察机构和人员。

（1）中央：对于中央百官，设有三个监察机构，分别是专门监察机构，即御史大夫，为全国最高监察长官，下设御史丞与御史中丞；行政监察机构，设丞相司直，监察中央百官行政事务；特殊监察机构，设司隶校尉，居九卿之上，可监察三公、外戚、宦官等。

（2）郡国：监察由专门监察机构负责，设监察御史，专门对郡守与国相进行监察。

（3）地方：刺史监察郡守、国相，郡以下诸县官吏由郡守派督邮监察，隶属于丞相司直的行政监察系统。

四、汉代的刑事法律制度

【难度与热度】

难度：☆☆☆☆☆　热度：☆☆☆☆☆

【内容解析】

汉代的刑事法律制度需重点掌握刑事法律原则、罪名和刑罚三个内容。

1. 汉代的刑事法律原则

（1）依年龄确定刑事责任的原则。汉律直接按年龄确定刑事责任，两汉时期可减免刑事处罚的年龄大体上存在以下几种情况：八岁以下八十岁以上，七岁以下七十岁以上，七岁以下八十岁以上，十岁以下八十岁以上。在此年龄之内者，根据犯罪情节，确定科刑轻重，但一般都被处以轻刑或者免刑，体现"矜老""怜幼"之意。（2）"亲亲得相首匿"原则。其指在直系三代血亲（父母、子、祖孙）之间和夫妻之间，除犯谋反、大逆外，均可互相隐匿犯罪行为，此原则为汉宣帝时所定。最早提出这一思想的是孔子，主张"父为子隐，子为父隐"。（3）贵族官员有罪先请原则。其又称"上请"，指贵族官僚犯罪，司法机构不得擅自判决，必须上报请示皇帝裁决的制度。两汉时期，公侯及其嗣子和官吏三百石以上者在法律上皆享受有罪"先请"的特权，凡经上请，一般都可减刑或免刑。（4）先自告除其罪原则。汉律中的自首叫"自告"或"自出"，犯罪者在其罪行未被发觉以前，自己到官府报告其犯罪事实，可以免除其罪，故叫"先自告除其罪"。

2. 汉代的罪名

汉代的罪名，史料中有诸多记载，可分为如下几类。

诸侯危害皇权罪。（1）出界，汉律禁止诸侯王擅自越出其封国国界，防止诸侯王彼此串通，危害朝廷。（2）事国人过律，依汉律规定，诸侯王每年役使吏民的数量有一定限额，超限者免为庶人。（3）酎金律，是惩罚诸侯在酎祭时所献贡金质量不合标准的法律。（4）僭越，汉代对诸侯百官的器用、服饰、乘舆各有规制，如有"逾制"，即构成僭越。（5）非正，依汉律，非嫡系正宗而继承爵位者，依律免为庶人。

官吏危害皇权罪。（1）阿党与附益：所谓"阿党"，指"诸侯有罪傅相不举奏"。所谓"附益"，指中央朝臣外附诸侯。阿党附益诸侯王，就是与诸侯王结党，这是对中央集权制最大的威胁，犯此罪者皆处重法。（2）不敬、大不敬，即对皇帝轻蔑、失礼。（3）矫制罪，即官吏诈称皇帝诏命。（4）阑入宫殿门，即无凭证擅自闯入皇帝居住和处理政务的地方。（5）首匿罪，指隐藏"谋反""谋大逆"等危害国家统治的罪犯。（6）欺谩、诋欺、诬罔："欺谩"是对皇帝不忠、欺骗、轻慢的行为；"诋欺"是对皇帝的毁辱行为；"诬罔"是对皇帝有诬蔑、欺罔的行为。（7）漏泄省中语，即泄露朝廷机密事宜。（8）见知故纵，依汉律，无论是民众与官吏，见知有人犯法，特别是"盗贼"，必须举告，否则就是"故纵"，依律与犯法者同罪。（9）左官律，惩处的是舍弃朝廷的官职而侍奉诸侯的行为。

其他危害皇权的犯罪。（1）大逆不道，汉统治者将反抗统治的农民认定为"盗贼""群盗"，以大逆无道罪加以严厉镇压。（2）群饮酒罪，为防止农民聚众造反，汉律规定："三人以上无故群饮酒，罚金四两。"（3）通行饮食，为起义农民通情报、当向导、供给饮食品。

3. 汉代的刑罚

汉代的刑罚需重点掌握的是文景帝时期的肉刑改革。汉代初年的肉刑主要有黥刑、劓刑、斩左趾、斩右趾、宫刑。汉文帝十三年（公元前167年），汉文帝下诏废除肉刑，着手改革刑制。改革的起因为：缇萦上书救父，文帝"怜悲其意"下诏改革肉刑。改革方案为：凡当完者，完为城旦舂；当黥者，髡钳为城旦舂；当劓者，笞三百；当斩左趾者，笞五百；当斩右趾者，弃市。至此，我国奴隶社会以来的墨、劓、荆刑开始发生了变化，从而也改变了原来的"五刑"制度。但是这又出现了新问题：第一，斩右趾改为弃市，扩大了死刑范围；第二，以笞代替劓刑、斩左趾，结果受刑者"率多死"。所以，当时有人评价"外有轻刑之名，内实杀人"。因此，景帝即位元年（公元前156年）至中元六年（公元前15年）曾两次下诏减少笞数：第一次是笞五百减为三百，笞三百减为二百；第二次是笞三百减为二百，笞二百减为一百，而且还规定了刑具规格、受刑部位以及施行时中途不得换人。改革之后，原有的五刑体系，还留有死刑、笞刑，宫刑不再成为常刑。

五、汉代的民事法律制度

【难度与热度】

难度：☆☆☆　热度：☆☆

【内容解析】

关于汉代的民事法律制度，需重点了解行为能力、债法和婚姻继承的相关内容。

行为能力。两汉具有民事权利的主体是自由民，但由于政治与经济身份等级的不同，其民事权利和义务也有很大差别。贵族、官僚、地主、自耕农都享有比较完全的民事权利。奴婢等同于财产，是民事法律关系的客体，无民事权利。在重农抑商政策下，商人不得参与土地交易。

债法。汉代的契约区分了买卖契约和借贷契约，并均有详细的法律规定。汉代的买卖契约叫"券书"。《周礼·秋官·士师》东汉郑玄注云："今时市买，为券书以别之，各得其一，讼则按券以正之。"可见，买卖关系的建立，要订立契约，一式两份，买卖双方各执其一，日后发生纠纷以契约为证。买卖契约的内容一般包括买卖日期、标的、价钱、双方姓名、见证人等。汉代关于借贷方面的法律，其主要目的是保护债权人的利益不受损失，规定债务人如违期不还，需承担法律责任。汉代放债，往往是高利盘剥，朝廷为了缓和这种矛盾，曾明令限制利率，超过法定利率的行为叫作"取息过律"，行为人要受到惩罚。

婚姻继承。汉代的婚姻与继承大体仍遵循前代。汉代仍然施行一夫一妻制度，但允许多妾，婚姻的成立条件是父母之命媒妁之言，禁止同姓为婚，婚姻的订立需要经过"六礼"程序，婚姻的解除需遵守"七出"和"三不去"。汉代的爵位继承仍实行嫡长子继承制。汉律有关于"非子""非正"的规定。所谓"非子"，是指非亲生子，"非正"是指非嫡妻之子。从史书记载看，汉律不承认"非子""非正"的爵位继承权。汉代的财产继承，主要是土地和其他财物。据史书记载，汉代已出现了诸子均分财产的做法。

六、汉代的经济法律制度

【难度与热度】

难度：☆☆☆　热度：☆☆

【内容解析】

汉代的经济法律制度主要包括有土地制度、赋税制度及相关经济制度，需重点掌握汉代的抑商政策、禁榷制度以及均输、平准制度。

土地制度。汉代土地分为官田和私田。官田为国有，私田以外的土地均为国有，官田禁止交易。私田允许买卖，以至于西汉后期土地兼并情势严重。

赋税制度。汉代的主要赋税包括土地税、人口税、财产税、徭役和关税。（1）土地税，又称田租、田赋。汉代吸取秦灭亡教训，轻减田赋，被后世誉为"轻税"。汉代田赋的征收依据土地肥瘠，区分三等加征。（2）人口税，又称人头税，是以人口为征收对象的税目，包括口钱、算赋、更赋。口钱，又称口赋，是对三岁至十四岁的未成年男女征收的人头税。算赋，是对成年男子傅籍（登记为服徭役的对象）后征收的徭役的代役税。更赋也是一种代役税，汉律规定成年男子傅籍后每年需戍边三日，更赋便是此种徭役的代役税。（3）财产税是汉代新出现的税目，包括算缗与算訾。算缗是向商人征收的财产税。算訾是向一般居民征收的除现金以外的财产税，包括土地、房屋等不动产和奴婢、车马等动产。（4）汉代的徭役制度沿袭秦代的更戍制。"更"指为政府服各种力役者定期轮流更换。"戍"指到边远地区戍守或屯戍，也是定期轮换，这种徭役主要是服兵役。关税是汉政府对出入关口时携带的财物征收的税。

抑商政策。重农抑商是战国以来一直奉行的政策，汉代继续执行这一政策，具体措施有：（1）对商人重收租税，向商人征收财产税、关津税等；（2）对商人进行身份的贬低和权利的限制，如不准商人衣丝乘马、不准入仕为官、不许名田（占有土地）等。

禁榷制度。汉代的禁榷制度主要包括对盐、铁、酒的专卖。汉初湖海、矿产资源属于国家，而对盐的煮制、铁的开采冶炼采取放任政策，百姓可以自由经营，国家仅收商业税。武帝时期，为增加中央财政收入，抑制商人资本和地方侯国势力，开始施行盐铁官营的政策。

均输、平准制度。均输与平准是汉武帝时期，为控制市场供求关系，平抑物价而实施的两项措施。均输，就是在地方郡国设均输官，由中央大司农领导，对于当地向国家交的贡物，不必远道运到京师，而是由均输官直接转运到所需的地方发卖，以平衡各地的物资短缺现象，并将贡物转换为货币以增加财政收入。平准，就是调节市场的物资供求，稳定物价。中央政府在京师设平准官，负责收购各地运来的货物和大司农所属各官掌管的全国各地的货物，其要根据市场的需求情况，贵则卖，贱则买，以调剂市场有无来平衡物价。

七、汉代的司法制度

【难度与热度】

难度：☆☆☆☆　热度：☆☆☆☆☆

【内容解析】

汉代的司法制度包括司法机构、诉讼制度、审判制度、"春秋决狱"几个部分，其中需重点掌握的是"春秋决狱"、录囚与秋冬行刑制度。

司法机构。汉代的司法机构分为中央司法机构和地方司法机构。（1）中央司法机构是廷尉，其长官也叫廷尉，掌全国刑狱，主要职责是审理皇帝交办的案件，同时审理地方上报的疑难案件。御史大夫和御史中丞，是中央监察机关的长官，可参与重大案件的审判，御史中丞有权与廷尉等承诏治狱。（2）地方司法机关基本上分为郡、县两级。汉初由于郡县与封国并存，封国享有相对独立的审判权，但不具有独立的司法管辖机关。汉代县以下设乡，乡设三老：有秩、啬夫和游徼。选年老有修行，能率众为善者担任，掌平诉讼、收赋税，以他们在民间的威望，调解处理轻微的刑事案件和民事纠纷。

诉讼制度。汉代的诉讼制度大体承继前朝。汉代的起诉叫"告劾"，一方面是指当事人自己直接到官府告诉，另一方面指官府的官吏，主要是监察官吏御史和司隶校尉"察举非法""举劾犯罪"。汉代对告诉有了进一步的限制：第一，亲亲得相首匿，子不得告父母，妻不得告夫。第二，禁止不实告诉，诬告者反坐。第三，除谋反、大逆等罪及冤狱外，控告必须逐级，不得越级告诉。

审判制度。汉代的审判制度有"鞫狱"和"断狱"，即对被告人进行审讯和判决，经过审讯，得到口供，三日后再行复审。复审后便进行判决，向被告人审读判决，称为"读鞫"。假如被告人称冤，允许本人或其亲属请求复审，即所谓"乞鞫"。

"春秋决狱"是汉代司法制度的重点内容。"春秋决狱"是指在审判案件时，如果法律无明文规定，则以儒家的经义作为定罪量刑的依据。其首倡者为董仲舒。"春秋决狱"要旨是"本事原志"，强调必须根据案情事实，追究行为人的动机，动机邪恶者即使犯罪未遂也不免刑责，对首恶者从重惩治，对主观上无恶念者从轻处理。"春秋决狱"反映了汉代儒家思想开始向法律渗透，这直接影响了魏晋以后的法律儒家化的进程。

录囚与秋冬行刑也是汉代首创的司法制度。录囚，后世也称"虑囚"，指对在押囚犯进行审讯核实，及时平反冤狱的制度。皇帝、刺史及郡守等均可以进行录囚，这是汉代的重要恤刑制度。汉代对死刑的执行实行"秋冬行刑"。汉统治者根据"天人感应"理论，规定除谋反大逆等"决不待时"者外，一般死刑犯须在秋天霜降以后、冬至以前执行。

第三部分　典型案例与同步练习

第一节　典型案例

一、"春秋决狱"案例

【案例史料】

汉景帝时，廷尉上囚防年继母陈论杀防年父，防年因杀陈，依律，杀母以大逆论。帝疑之。武帝时年十二，为太子，在旁，帝遂问之。太子答曰："夫'继母如母'，明不及母，缘父之故，比之于母。今继母无状，手杀其父，则下手之日，母恩绝矣。宜与杀人者同，不宜与大逆论。"从之。

——选自《通典》

甲父乙与丙争言相斗，丙以佩刀刺乙，甲即以杖击丙，误伤乙，甲当何论？或曰：殴父也，当枭首。（董仲舒）论曰：臣愚一谓父子至亲也，闻其斗，莫不有怵惕之心，扶杖而救之，非所以欲诟父也。春秋之义，许止父病，进药与父而卒，君子原心，赦而不诛。甲非律所谓殴父，不当坐。

——选自《太平御览》

【案例分析】

第一起案件是汉景帝年间发生的百姓防年为报杀父之仇杀死杀害自己继母一案，当时的汉律规定：杀母以大逆论罪，廷尉据此判处防年大逆之罪，并上奏景帝。景帝颇感疑难，便问及身旁年仅 12 岁的太子刘彻（也就是汉武帝）。刘彻认为：所谓继母，毕竟不同于亲生母亲，只是因为父亲的缘故，才比之于母。如今继母亲手杀死防年之父，其下手之时，母恩已绝，所以防年杀其罪与杀旁人同，不应判处大逆罪。最终，景帝采纳了刘彻的意见。本案中，法律只规定了杀母的情形，但防年杀继母与法律规定的杀母的情形并不一致，武帝主张不能以大逆对防年论罪，体现了对当事人的主观意图和案件的具体情理的充分考量。

第二起案件的大意是：乙与丙争吵打架，丙用佩刀刺乙，乙的儿子甲见此情况用棍子打丙，却误伤其父。对甲应如何处理？有人说对甲应该以殴父论罪。董仲舒认为：父子是至亲，儿子看见别人与父亲打架十分担心，情急之下拿着棍子去帮忙，他并非有意要伤到父亲。《春秋》大义中也有许止进药的故事：许止的父亲病了，许止给父亲喂药，父亲却死了。审案的官员根据原心定罪，赦免了许止的死罪。本案中，甲并非故意殴父，不应处罚他。本案是"春秋决狱"的典型案例之一。

所谓春秋决狱，也称春秋折狱、春秋决事、春秋断狱，是依据春秋经义与事例来辅助、补充制定法，解决疑难的刑事案件。董仲舒是春秋决狱的倡导者，他以当时的司法实践为素材，作《春秋决狱》二百三十二事。统治者对经学的推崇与董仲舒等人对司法实践的实际参与，使春秋决狱产生了很大的影响，成为流行于世的审判方式。君臣父子之义是《春秋》的最高纲领，春秋决狱的根本，就是用君臣父子之义去评判是非、决断善恶。春秋决狱是汉儒"通经致用"的表现，在司法实践中，往往以缜密而又符合人情的理念析理辨义，推本溯源，努力展现人们的动机、心理。历来研究春秋决狱大都强调其原心定罪、儒家教义入律的一面，上述案例也强调其注重人情、化重为轻的一面，其原心定罪常常是原情定罪、以求宽免。所以，我们可以把春秋决狱视为一种司法的技术，它可能在实践中只是手段而非目的，法律儒家化并非其必然的结果。所以儒者徇吏能本着宽厚之心，一以防君主之暴，二以制文法吏之酷，原心依情地推行仁政；而酷吏也能攀附经义，使一事进退于"二律"与"二经"之间，使春秋决狱成为打击异己、徇私枉法的工具。对春秋决狱本身我们不必过于苛责，黄源盛先生有言，"今人站在近代法实证的立场批判春秋折狱之漫无目标，这种说法对于'不通经'之陋儒酷吏的曲经附会而言则可；如系对于'通经'之贤者徇吏'以经辅律'或'以经补律'而言，似嫌过苛"。通过春秋决狱的方式，儒者徇吏融情入法，推行儒家"仁政"的理想，这一传统对后世影响至深。

春秋决狱为一时之盛，史籍多有记载，可实际案例残留无几，散见于《通典》《太平御览》等古籍中。春秋决狱不仅风行于两汉，到魏晋时遗风犹在，至唐，以"一准乎礼"的唐律之产生为标志，儒家经义全面完成了对成文法的改造，春秋决狱遂因失去其原有的意义而消亡。

二、缑玉为父报仇案

【案例史料】

同郡缑氏女玉为父报仇，杀夫氏之党，吏执玉以告外黄令梁配，配欲论杀玉。蟠时年十五，为诸生，进谏曰："玉之节义，足以感无耻之孙，激忍辱之子。不遭明时，尚当表旌庐墓，况在清听，而不加哀矜！"梁配善其言，乃为谳得减死论。乡人称美之。

【案例分析】

上述案件的大意是：约在东汉顺帝永建四年（公元131年），陈留郡黄县缑氏女子缑玉为父报仇，杀死夫家族人，被捕至县衙。县令梁配打算依法判处缑玉死刑。当时年仅十五岁的儒生申屠蟠进谏说："缑玉的事迹足以感动那些不肖子孙，激动子女为父报仇。在如今清明之时，不但不应处罚她，还应表彰她。"梁配听从了申屠蟠的意见，通过奏谳免除了缑玉死刑。

本案为一起血亲复仇案件，血亲复仇本与法律相悖，但在以"父为子纲"为中心的孝道伦常观念的影响下，复仇不但是子女的权利，而且也是其道德义务。不少君主都自称"以孝道治天下"，与规定"杀人偿命"的法律条文相比，"父为子纲"是更高级别的上位法。本案中缑玉为报父仇杀死夫家族人，不但得免死罪，缑玉、县令梁配、进谏儒生申屠蟠，都得到了当时百姓的称赞，并青史留名。可见，在"血亲复仇"观念与"杀人偿命"的法律规定之间，无论是司法实践还是人们的认知，都更认同前者。复仇的伦理观念与法律责任之间存有矛盾，在儒家纲常名教的熏染下，人们维护伦常的意识远甚于遵循法律，当法律与儒家的经义发生冲突时，法律便常处于下风。儒者引经入法，为复仇者开脱，往往也能得到标榜以仁孝治天下的皇帝的支持。不过，复仇之风盛行的责任也不能全被推到儒家身上，复仇可以说是人类社会进化过程中表露人性的一种"自然行为"。日本学者穗积陈重有言："复仇现象，地不分东西，时不论古今，于人类之共同生活之某一段时期，非得一度经过不可。"

第二节　同步练习

一、选择题

（一）单项选择题

1. 西汉末年，某地一男子偷盗他人一头牛并贩卖到外乡，回家后其将此事告诉了妻子。其妻隐瞒未向官府举报。案发后，该男子受到惩处。依照汉代法律，对其妻的行为应如何处理？（　　）

　　A. 完全不负刑事责任　　　　　　　　B. 按包庇罪论处

　　C. 与其丈夫同罪　　　　　　　　　　D. 按其丈夫之罪减一等处罚

2. 汉成帝时，甲杀人，告之其养子乙，乙藏匿甲。问乙何论（　　）。

　　A. 坐杀人共犯　　　B. 坐窝藏　　　C. 上请　　　D. 不当坐

3. 汉代曾发生这样一件事情：齐太仓令获罪当处刑，其女缇萦上书请求将自己没为官奴，替父赎罪。这一事件导致了下列哪一项法律制度改革？（　　）

　　A. 汉高祖规定"上请"制度　　　　　　B. 汉文帝废除肉刑

　　C. 汉文帝确立"官当"制度　　　　　　D. 汉景帝规定"八议"制度

4. 西汉文帝刑制改革中，取代斩左趾的刑罚是（　　）。

　　A. 劓　　　　　B. 弃市　　　　　C. 城旦舂　　　　　D. 笞五百

5. 亲属相隐原则是在哪朝法律上确立下来的？（　　）

　　A. 春秋时期　　　B. 汉代　　　C. 唐代　　　D. 明代

6. 汉景帝时规定："年八十以上，八岁以下，及孕者未乳、师、侏儒，当鞠系者，颂系之。"这是什么原则的体现？（　　）

　　A. 恤刑原则　　　B. 特权原则　　　C. 自首原则　　　D. 比附原则

7. 《通典·礼二十九》："时有疑狱曰：甲无子，拾道旁弃儿乙，养之以为子。及乙长，有罪杀人，以状语甲，甲藏匿乙。甲当何论？仲舒断曰：'甲无子，振活养乙，虽非所生，谁与易之。《诗经·小雅·小宛》云：螟蛉有子，蜾蠃负之。春秋之义，父为子隐，甲宜匿乙。'诏：不当坐。"这一记载体现的法律适用原则是（　　）。

　　A. 上请　　　B. 亲亲得相首匿　　　C. 春秋决狱　　　D. 录囚

8. 汉代时为了适应武帝以后法律儒家化的需要，在审判制度中首创了"春秋决狱"的是（　　）。

　　A. 董仲舒　　　B. 桑弘羊　　　C. 萧何　　　D. 赵禹

9. 汉代以典型案例作为判案依据的法律形式是（　　）。

　　A. 故事　　　B. 科条　　　C. 廷行事　　　D. 决事比

10. 汉文帝四年，"（嗣）侯信坐不偿人责（债）过六月，夺侯，国除"，这规定的是（　　）。

　　A. 国家对借贷契约的规制　　　　　　B. 国家对买卖契约的规制

　　C. 国家对私人垄断的规制　　　　　　D. 国家对租佃契约的规制

11. 从汉高祖至汉景帝时期，西汉的法制指导思想主要是（　　　）。

A. 黄老思想　　　　B. 儒家思想　　　　C. 墨家思想　　　　D. 法家思想

12. 录囚制度，始于（　　　）。

A. 汉代　　　　　　B. 南北朝　　　　　C. 西晋　　　　　　D. 隋代

13. 汉代的"鞫狱"是指（　　　）。

A. 宣读判决　　　　B. 审讯案件　　　　C. 要求复审　　　　D. 监督审判

14. 汉代法律规定，被告人及其亲属不服官府判决的，可申请重审。这一诉讼程序被称为（　　　）。

A. 录囚　　　　　　B. 乞鞫　　　　　　C. 举劾　　　　　　D. 读鞫

15. 《晋书·刑法志》引魏《新律序略》云：汉代"囚律有告核、传覆……有系囚、鞫（审讯）狱、断狱之法"，此外还有《狱令》《箠令》，这些均是有关（　　　）的法令。

A. 行政执法　　　　B. 监察监督　　　　C. 诉讼与审判　　　D. 经济管理

16. 汉律"年未满八岁，八十以上，非手杀人，他皆不坐"，规定的是（　　　）。

A. 确定刑事责任能力的标准　　　　　　B. 确定罪过等犯罪主观要素的标准

C. 确定犯罪侵害客体的标准　　　　　　D. 确定犯罪事实的标准

17. 汉律规定了"先自告除其罪"，其中，"自告"是一种（　　　）。

A. 立功　　　　　　B. 累犯　　　　　　C. 共同犯罪　　　　D. 自首

18. 汉代从中央到地方建立的一套完备的监察制度是为了（　　　）。

A. 监督百姓言论　　　　　　　　　　　B. 监督诸侯国行为

C. 监督官吏执法　　　　　　　　　　　D. 镇压百姓谋反行为

19. 在身份继承方面，汉代实行（　　　）。

A. 嫡长子继承制　　　　　　　　　　　B. 遗嘱继承制

C. 诸子继承制　　　　　　　　　　　　D. 幼子继承制

20. 《周礼·秋官·士师》东汉郑玄注云："今时（指汉代）市买，为券书以别之，各得其一，讼则案券以正之。"其中的券书是（　　　）。

A. 买卖契约　　　　B. 借贷契约　　　　C. 租佃契约　　　　D. 担保契约

（二）多项选择题

1. 汉代的诉讼程序包括（　　　）。

A. 告劾　　　　　　B. 逮捕　　　　　　C. 鞫狱　　　　　　D. 覆案或执行

2. 属于汉代法律形式的有（　　　）。

A. 法律答问　　　　B. 律　　　　　　　C. 决事比　　　　　D. 廷行事

3. 汉代定罪量刑的原则是（　　　）。

A. 亲亲得相首匿原则　　　　　　　　　B. 贵族官僚有罪先请原则

C. 尊老怜幼原则　　　　　　　　　　　D. 恤刑原则

4. 下列选项中，属于汉代选拔和任用官吏的方法的有（　　　）。

A. 征召　　　　　　B. 察举　　　　　　C. 辟举　　　　　　D. 科举

5. 下列关于春秋决狱的表述，正确的有（　　　）。

A. 春秋决狱是贾谊倡导的

B. 春秋决狱的实质是原心定罪

C. 春秋决狱盛行于秦汉，直到隋唐时期才退出历史舞台

D. 春秋决狱是将儒家经典的原则适用于案件审理的特殊审判方式

6. 下列法律中属于汉律六十篇的是（　　）。

A.《九章律》　　　　B.《傍章律》　　　　C.《金布律》　　　　D.《朝律》

7. 汉宣帝地节四年下诏："自今子首匿父母、妻匿夫、孙匿大父母，皆勿坐。其父母匿子、夫匿妻、大父母匿孙，罪殊死，皆上请廷尉以闻"，"亲亲得相首匿"成为中国传统法律原则和制度。对此，下列选项正确的是（　　）。

A. 近亲属之间相互首谋隐匿一般犯罪行为，不负刑事责任

B. 近亲属之间相互首谋隐匿所有犯罪行为，不负刑事责任

C. "亲亲得相首匿"的本意在于尊崇伦理亲情

D. "亲亲得相首匿"的法旨在于宽宥源自亲情发生的隐匿犯罪亲属的行为

8. 与《法经》相比，《九章律》增加的篇目有（　　）。

A.《户律》　　　　B.《兴律》　　　　C.《厩律》　　　　D.《具律》

9. 汉代在律无正条时，可以援引典型判例作为裁断案件的依据，由此形成的法律形式，不包括（　　）。

A. 律　　　　B. 令　　　　C. 科　　　　D. 比

10. 下列关于察举制度的表述，正确的是（　　）。

A. 察举制度首创于魏晋时期

B. 察举是中国古代的一种官员选拔制度

C. 察举在科举制度产生以后，退居次要地位

D. 察举的科目包括贤良方正、孝廉、明经、明法等

（三）不定项选择题

1. 汉律中体现儒家指导思想的制度和原则主要有（　　）。

A. 亲亲得相首匿　　　B. 上请　　　　C. 秋冬行刑　　　　D. 春秋决狱

2. 汉武帝时，有甲、乙二人争言相斗，乙以佩刀刺甲，甲之子丙慌忙以杖击乙，却误伤甲。有人认为丙"殴父也，当枭首"。董仲舒引用《春秋》事例，主张"论心定罪"，认为丙"非律所谓殴父，不当坐"。关于此案，下列评论正确的是（　　）。

A. "论心定罪"是儒家思想在刑事司法领域的运用

B. 以《春秋》经义决狱的主张旨在建立一种司法原则

C. "论心定罪"仅为一家之言，历史上不曾被采用

D. "论心定罪"有可能导致官吏审判案件的随意性

3. 汉代律无正条时，可以援引典型判例作为裁断案件的依据，由此形成的法律形式称为（　　）。

A. 律　　　　B. 令　　　　C. 科　　　　D. 比

4. 下列关于察举制度的表述，正确的是（　　）。

A. 察举制度首创于魏晋时期

B. 察举是中国古代的一种官吏选拔制度

C. 察举在科举制度产生以后，退居次要地位

D. 察举的科目包括贤良方正、孝廉、明经、明法等

5. 以下属于汉代首创的司法制度的有（　　　）。

A. 录囚　　　　　B. 秋冬行刑　　　　　C. 会审　　　　　D. 圆审

二、简答题

1. 简述汉代立法指导思想的变化。
2. 简述亲亲得相首匿原则。
3. 简述汉代上请原则。

三、论述题

试述文景时期刑罚改革的内容和历史意义。

参考答案及解析

一、选择题

（一）单项选择题

1. 答案：A

解析：亲亲得相首匿原则，是汉宣帝时期确立的，它主张亲属间首谋藏匿罪犯可以不负刑事责任。它源于儒家"父为子隐，子为父隐，直在其中"的理论。宣帝地节四年（公元前 66 年）诏令说："父子之亲，夫妇之道，天性也……自今子首匿父母，妻匿夫，孙匿大父母，皆勿坐。其父母匿子，夫匿妻，大父母匿孙，罪殊死，皆上请廷尉以闻。"也即是说，对卑幼亲属首匿尊长亲属（其中包括妻匿夫）的犯罪行为，不再追究刑事责任。如尊长亲属首匿卑幼亲属，罪应处死者，也可以通过上请皇帝求得宽贷。自此，亲亲得相首匿原则被确立下来。它反映了汉代法律的儒家化，并且一直影响着后世各王朝立法。

2. 答案：D

解析：汉代亲亲得相首匿，是指亲属之间可以相互首谋隐匿犯罪行为，不予告发和作证。汉宣帝时明确规定：子女隐匿父母，妻子隐匿丈夫，孙子隐匿祖父母的罪行，皆不追究刑事责任；父母隐匿子女，丈夫隐匿妻子，祖父母隐匿孙子的罪行，如果所隐匿罪为死罪，则上请廷尉，由其决定是否追究首匿者的罪责。

3. 答案：B

解析：文帝十三年（公元前 167 年），齐太仓令淳于公获罪当施刑，其小女缇萦上书文帝，请求将自己没为官奴，替父赎罪，并指出了肉刑制度断绝犯人自新之路的严重问题。汉文帝为之所动，下令废除肉刑。这就是历史上有名的"缇萦上书"。

4. 答案：D

解析：汉文帝时期进行刑罚改革，将斩左趾改为笞五百。

5. 答案：B

解析：汉代儒家思想定为一尊后，亲属相隐便成为汉律中定罪量刑的一项原则。根据这一原则，卑幼首匿尊长，不负刑事责任；尊亲长首匿卑幼，除死罪上请减免外，其他也不负刑事责任。这一原则为此后传统法典所继承。

6. 答案：A

解析：汉代统治者以"为政以仁"相标榜，强调贯彻儒家矜老恤幼的恤刑思想。景帝后元三年（公元前 141 年）著令：对年 80 岁以上的老人、8 岁以下的幼童，以及怀孕未产的妇女、老师、侏儒等，在有罪监禁期间，给予不戴刑具的优待。

7. 答案：B

解析：亲亲得相首匿原则，是汉宣帝时期确立的，它主张亲属间首谋藏匿罪犯可以不负刑事责任。它源于儒家"父为子隐，子为父隐，直在其中"的理论。

8. 答案：A

解析：所谓"春秋决狱"制度，是指以《春秋》的"微言大义"作为司法审判的依据，特别是作为决断疑难案件的重要依据。它为汉代统治者所提倡，是汉武帝确立"罢黜百家，独尊儒术"后法律儒家化的必然产物，为董仲舒在审判实践中首创。

9. 答案：D

解析：两汉时期，以律、令、科、比为基本的法律形式。其中比又称决事比，是指在律无正文规定时，比照最接近的律令条文或同类典型案例进行处断。

10. 答案：A

解析：随着商品经济的发展，汉代借贷关系活跃，特别是一些官僚贵族巨商富贾参与其间。汉代关于借贷方面的法律，主要是保护债权人的利益不受损失，对债务人违期不还规定了相应的法律责任。汉文帝四年，"（嗣）侯信坐不偿人责（债）过六月，夺侯，国除"，即功臣列侯负债违期不还，处以夺侯除国的惩罚，这体现了汉律对借贷契约的规制。

11. 答案：A

解析：汉初统治者在当时的政治、经济条件下，在思想上接受了黄老思想，在客观上采取"与民休息"的政策，如减轻徭役租赋、兴修水利、减缓刑罚等，相对减轻了农民的负担，以便尽快修复战争创伤。这种"无为而治"的主张自高祖至文帝，直到景帝时，一直是上层统治者的指导性思想。

12. 答案：A

解析：所谓录囚，是指上级司法机关对在押囚犯进行复核审录，以检查下级司法机关对案件的审理是否有失公正，并纠正冤假错案。汉代录囚有皇帝录囚、刺史录囚及郡守录囚。录囚制度始于汉。

13. 答案：B

解析：汉代审讯被告，被称为"鞫狱"。而经过审判的各项程序，事无可疑，法官即可依据律令条文规定作出判决，并向被告及其亲属宣读，称为"读鞫"。宣读判决后，如被告及亲属表示不服判，则可以申请上诉复审，称为"乞鞫"。

14. 答案：B

解析：汉代把对被告人进行审讯称为"鞫狱"，宣读判决称为"读鞫"，如果被告及其亲属不服，允许其申请重审，称为"乞鞫"。

15. 答案：C

解析：《晋书·刑法志》引魏《新律序略》云：汉代"囚律有告劾、传覆……有系囚、鞫（审讯）狱、断狱之法"，此外还有《狱令》《箠令》等有关诉讼的法令，具体包括：有关起诉的告劾；对犯罪人的逮捕和羁押；"鞫狱"和"断狱"，即对被告人进行的审讯和判决；当事人对原司法机构判决不服向上级司法机关请求复审的"有故乞鞫"；案件的执行程序等。

16. 答案：A

解析：汉律按年龄确定刑事责任能力的有无，并有最低年龄和最高年龄的区别。这一方法为后世传统法典所沿袭。汉律"年未满八岁，八十以上，非手杀人，他皆不坐"规定的正是刑事责任年龄的问题。两汉时期，刑事处罚年龄大体有几种说法：八岁以下八十岁以上，七岁以下七十岁以上；或者七岁以下八十岁以上，十岁以下八十岁以上。在此年龄之内，根据犯罪情节，确定科刑轻重，但一般都处以轻刑或者免刑。

17. 答案：D

解析：汉律中的"先自告除其罪"，是指犯罪者在罪行未被发觉以前，自己到官府报告其犯罪事实，可以免除其罪的制度。所以，"自告"即自首的意思，也称为"自出"。数罪并发，即一人犯两个以上罪的情况下，只免除其自首之罪，对其未自首之罪，仍予追究。而对犯罪集团中的出谋划策者，自首也不免除其罪。

18. 答案：C

解析：汉代沿袭秦"明主治吏不治民"的思想，从中央到地方建立了完备的监察制度。在中央设御史大夫掌管监察百官纠举非法，在地方设司隶校尉负责"督大奸猾""掌察举百官以下，及京师近郡犯法者"。各地由丞相府派遣"丞相史"监察郡县，汉武帝时废丞相史，将全国分为十三州部，除京师所在州的州长官称司隶校尉外，余十二州，每个州部设部刺史一人，"掌奉诏条察州"，省察治状。汉武帝还亲自手订"六条"，确定州部刺史的监察范围与职责。《汉书·百官公卿表》载，官员依武帝手订"六条问事"行使职权。其中"一条"规定监察强宗豪右，"五条"规定监察郡国守相。

19. 答案：A

解析：汉代受儒家"三纲"思想的影响，在继承制度上，对王位、爵位等身份实行嫡长子继承制，所谓"父子相传，汉之约也"。汉律有关于"非子"和"非正"的规定，所谓"非子"是指非亲生子，所谓"非正"是指非嫡妻之子。史书上记载，汉律规定不能承认非亲生子、非嫡妻之子有对爵位的继承权。这一规定旨在保障贵族的权位传给真正的后代，不致紊乱"纪纲"。

20. 答案：A

解析：汉代的买卖契约叫"券书"。《周礼·秋官·士师》东汉郑玄注云："今时（指汉代）市买，为券书以别之，各得其一，讼则案券以正之。"这说明买卖关系的建立，要订立契约，一式两份，买卖双方各执其一，日后发生纠纷，则以契约为证。"券书"在当时对买卖关系起着重要的法律调解作用。

（二）多项选择题

1. 答案：ABCD

解析：汉代的诉讼程序包括：（1）告劾即起诉，它包括两种情况：其一，当事人直接到官府起诉，称为"告"，相当于今天的"自诉"；其二，有关官员（主要是监察御史和司隶校尉等）代表国家纠举犯罪启动诉讼，称为"劾"，相当于今天的"公诉"。（2）逮捕，司法机关在受理告劾之后，就必须立即依法逮捕嫌疑人。（3）鞫狱即审讯和判决。(4) 覆案又称"覆治""覆考"，或单称"覆"，指对案件的复审。覆案是秦制而为汉代所承袭。秦汉推行此制度之目的在于纠正已判决的冤假错案，防止徇私枉法、司法专横等腐败现象的出现。关于判决的执行，值得注意的是汉代死刑的执行情况。对死刑的执行，除谋反大逆等"决不待时"的案件之外，一般案件实行"秋冬行刑"制度。

2. 答案：BC

解析：两汉时期，以律、令、科、比为基本的法律形式。其中比又称决事比，与近代类推相似，即当发生法律无明文规定的案件时，或比照最接近的律令条文，或比照同类典型判例处理。而廷行事和法律答问是秦代的法律形式。

3. 答案：ABCD

解析：汉代定罪量刑的原则有：亲亲得相首匿原则、贵族官僚有罪先请原则、尊老怜幼和恤刑原则。

4. 答案：ABC

解析：汉代选拔和任用官吏以荐举和考试为主要方法，包括察举、征召、辟举、任子、太学补官。

5. 答案：BD

解析：春秋决狱是董仲舒倡导的，而不是贾谊。春秋决狱始于西汉中期，秦代没有春秋决狱，其实质是原心定罪。

6. 答案：ABD

解析：西汉立法活动频繁，除《九章律》外，还有《傍章律》《越宫律》《朝律》等，共计 60 篇，构成汉代法律的主体部分。

7. 答案：ACD

解析："亲亲得相首匿"原则主张亲属间首谋隐匿犯罪可以不负刑事责任，但对谋反、谋叛等重罪，却要负刑事责任。另外，对卑幼亲属首匿尊长亲属的犯罪行为，更加宽宥，一般不追究刑事责任；而对尊长亲属首匿卑幼亲属的犯罪行为，如果该尊长亲属罪应处死，也可上请皇帝宽贷。可见，亲属间首匿犯罪的，一般情况下不负刑事责任，但在特定情况下需要承担刑事责任。故 A 项说法正确，B 项错误。

"亲亲得相首匿"是法律儒家化的具体体现，其目的是支持礼的"亲亲"，尊崇伦理。对有亲属关系的隐匿犯罪亲属的行为，可以宽宥。故 C、D 项正确。

8. 答案：ABC

解析：《九章律》是汉高祖刘邦命萧何在《法经》和秦律的基础上制定而成的，因有九篇而得名，是汉代最主要的法典。《九章律》共有九篇，依次是：盗、贼、网、捕、杂、具、户、兴、厩，与《法经》相比，增加的三篇及其主要内容是：《户律》，主要规定有关户籍、赋税和婚姻之事；《兴律》，主要规定有关征发徭役、城防守备之事；《厩律》，主要规定有关牛马畜牧和驿传之事。

9. 答案：ABC

解析：汉代的法律形式主要包括律、令、科、比。律是汉代的基本法律形式；令是皇帝随时发布的诏令或由臣下提出经皇帝批准的立法建议；科是律以外规定犯罪与刑罚以及行政管理方面的单行法规；比又称决事比，是指在律无正条时比照援引典型判例作为裁判案件的依据。故选 A、B、C 项。

10. 答案：BCD

解析：察举制是中国古代选拔官吏的一种制度，它始于西汉，而盛于东汉。察举制不同于以前先秦时期的世袭制和在隋唐时建立的科举制，它的主要特征是由地方长官在辖区内随时考察、选取人才并推荐给上级或中央，人才经过试用考核再被任命官职。故选 B、C、D 项。

（三）不定项选择题

1. 答案：ABCD

解析：选项 A、B 是法律儒家化在刑罚适用原则上的体现，选项 C、D 是法律儒家化在司法制度上的体现。

2. 答案：ABD

解析：所谓"春秋决狱"制度，是指以《春秋》的"微言大义"作为司法审判的依据，特别是作为决断疑难案件的重要依据。它为汉代统治者所提倡，是汉武帝确立"罢黜百家，独尊儒术"后法律儒家化的必然产物，为董仲舒在审判实践中首创。

《春秋》经义决狱，是指在审判案件时，如果法律无明文规定，则以儒家经义作为定罪量刑的依据，根据案情事实，追究行为人的动机；动机邪恶者即使犯罪未遂也不免刑责；首恶者从重惩治；主观上无恶念者从轻处理。在法律烦琐而又不完备的当时及此后相当长的时间里，以《春秋》经义决狱不失为对司法原则的发展和审判上的一种积极的补充。但是，如果以主观动机的"心""志"的善恶，判断有罪无罪或罪轻罪重，也往往成为司法官吏主观臆断和陷害无辜的口实，所谓"论心定罪，志善而违于法者免，志恶而合于法者诛"。可见，春秋决狱在运作中容易产生流弊，在某种程序上为"擅断论"提供了不实的依据，故选项 C 不正确。

3. 答案：D

解析：汉代的法律形式主要包括律、令、科、比。律是汉代的基本法律形式；令是皇帝随时发布的诏令或由臣下提出经皇帝批准的立法建议；科是律以外规定犯罪与刑罚以及有关行政管理方面的单行法规；比又称决事比，是指在律无正条时比照援引典型判例作为裁判案件的依据。

4. 答案：BCD

解析：察举制是中国古代选拔官吏的一种制度，它始于西汉，而盛于东汉。察举制不同于以前先秦时期的世袭制和在隋唐时建立的科举制，它的主要特征是：由地方长官在辖区内随时考察、选取人才并推荐给上级或中央，人才经过试用考核再被任命官职。

5. 答案：AB

解析：录囚，后世也称"虑囚"，指对在押囚犯进行审讯核实，及时平反冤狱的制度。皇帝、刺史及郡守等均可以进行录囚，这是汉代的重要恤刑制度。汉代对死刑的执行实行"秋冬行刑"。汉统治者根据"天人感应"理论，规定除谋反大逆等"决不待时"者外，一般死刑犯的刑罚须在秋天霜降以后、冬至以前执行。会审、圆审都是汉代以后出现。故选 A、B 项。

二、简答题

1. 参考答案：（1）"与民休息""宽省刑罚"的指导思想。

秦二世而亡的历史教训，使汉初统治者开始改变统治方针，以求长治久安。自刘邦起，直至文帝、景帝，一直奉行"清静无为"的道家黄老学派的主张，确立"与民休息""宽省刑罚"的政策思想。高祖刘邦规定田赋十五而税一，汉景帝时改为三十而税一。武后宣布废除夷三族之法，文帝时下令废除"诽谤罪"。汉初经过连续七十余年的休养生息，取得了显著的成效，稳定了汉王朝的统治地位。

（2）"礼刑并用""德主刑辅"的指导思想。

西汉武帝时期，朝廷的物质基础日渐雄厚。儒学大师董仲舒适应统治需要，提出"罢黜百家，独尊儒术"的主张，系统阐述了"礼刑并用""德主刑辅"的治国指导思想。这种思想得到了统治者的肯定，遂上升为占据统治地位的指导思想。这一思想承袭了孟子、荀子的思想，吸收了法家与阴阳等家学说，从而丰富了儒家的思想体系，对两汉统治发挥了重要作用。

2. 参考答案：亲亲得相首匿原则，是汉宣帝时期确立的，它主张亲属间首谋藏匿罪犯可以不负刑事责任。它源于儒家"父为子隐，子为父隐，直在其中"的理论。宣帝地节四年（公元前66年）诏令说："父子之亲，夫妇之道，天性也……自今子首匿父母，妻匿夫，孙匿大父母，皆勿坐。其父母匿子，夫匿妻，大父母匿孙，罪殊死，皆上请廷尉以闻。"也即是说，对卑幼亲属首匿尊长亲属的犯罪行为，不再追究刑事责任。如尊长亲属首匿卑幼亲属，罪应处死者，也可以通过上请皇帝求得宽贷。自此，亲亲得相首匿原则确立下来。它反映汉代法律的儒家化，并且一直影响着后世立法。

3. 参考答案：随着汉代儒家思想的影响的加大和传统特权意识的发展，汉代规定了上请制度。所谓上请，即当官贵犯罪后，可以通过请示皇帝给有罪者某些优待。高祖刘邦时期规定："郎中有罪耐以上，请之。"汉宣帝、平帝时期规定：凡六百石以上官吏、公侯及子孙犯罪，均可以享受"上请"的特权。东汉时期规定：凡六百石以上官吏、公侯及子孙犯罪，均可以享受"上请"的特权。东汉时期上请的范围继续扩大，以至于不满六百石的官吏都可以享受这种特权。

汉代官贵享有的这项特权，从徒刑二年到死刑都可以适用，这就为官贵犯罪后逃避法律惩处提供了法律上的保障。

三、论述题

参考答案：（1）文帝时期的刑制改革。

西汉建立后，非常重视总结秦灭亡的教训。鉴于当时继续沿用秦代黥、劓、斩左右趾等肉刑，不利于政权的稳固，汉文帝开始考虑改革肉刑问题。当时经济发展，社会稳定，出现了前所未有的盛世，也为改革刑制提供了良好的社会条件。文帝开始刑罚改革的直接起因是文帝十三年（公元前167年），齐太仓令淳于公获罪当刑，其小女缇萦上书文帝，请求将自己没为官奴，替父赎罪，并指出了肉刑制度断绝犯人自新之路的严重问题。汉文帝为之所动，下令废除肉刑，把黥刑（墨刑）改为髡钳城旦舂（去发后颈部系铁圈服苦役五年）；劓刑改为笞三百；斩左趾（砍左脚）改为笞五百；斩右趾改为弃市死刑。汉文帝的改革，从法律上宣布了废除传统伤残人肢体的肉刑，具有重要意义，但改革中也有由轻改重的现象，如斩右趾改为弃市死刑。虽然劓刑改为笞三百，斩左趾改为笞五百，不再用肉刑处罚，但因笞刑数太多，受刑之人难保活命，因而班固称其为"外有轻刑之名，内实杀人"。显然改革还存在不少缺陷，有待完善。

（2）景帝时期的刑制改革。

汉景帝继位后，在文帝基础上对刑罚制度作了进一步改革。景帝元年（公元前156年）下诏说："加笞与重罪无异。幸而不死，不可为人。"为此，他主持重定律令，将文帝时劓刑的笞三百，改为笞二百；斩左趾的笞五百，改为笞三百。景帝中元六年（公元前144年），其又降诏："减笞三百为二百，笞二百为一百。"同年，景帝又颁布《箠令》，规定笞杖长五尺，面宽一寸，末端厚半寸，以竹板制成，削平竹节，以及行刑不得换人等。这使刑制改革向前迈进了一大步。

（3）文帝、景帝时期的刑制改革，顺应了历史发展，为结束上古时期遗留的伤残人肢体的肉刑制度，建立新型刑罚制度奠定了重要基础。尽管这次改革还有缺陷，但同周秦时期广泛使用肉刑相比，无疑是具有历史性的进步。它在中国古代法制发展史上具有重要的意义。

西汉中期的刑罚改革的局限性在于，其并没有完全彻底地废除残酷的肉刑，如作为肉刑重要刑种之一的宫刑在此次改革中并未被明确废除或取代。同时，此次改革以后不久，斩右趾又复施行。但是，尽管此次刑罚改革有局限性，其在中国刑罚发展史上所作的贡献依然是巨大的。自此次刑罚改革以后，早期刑罚体系中的肉刑已不复作为刑罚，残酷的肉刑方法在观念上也已不为人所接受。经过此次刑罚改革，刑罚体系中的徒刑、笞杖刑已成为刑罚的主体，并不断走向完善，不断被系统化。毫无疑问，在中国古代刑罚发展史上，西汉文帝、景帝时期所进行的刑罚改革是一个极为重要的转折过渡。这次刑罚改革的完成，标志着早期刑罚体系向新的刑罚体系的重要转变。该体系经过魏晋南北朝时期的发展与完善，为隋唐之际新五刑的最终确立奠定了重要的基础。

四、拓展延伸阅读

（一）著作

1. 沈家本．汉律摭遗：第22卷//沈家本．历代刑法考：第3册．邓经元，等点校．北京：中华书局，1985.

2. 彭浩，陈伟，［日］工藤元男．二年律令与奏谳书：张家山二四七号汉墓出土法律文献释读．上海：上海古籍出版社，2007.

3. ［日］冨谷至．文书行政的汉帝国．刘恒武，等译．南京：江苏人民出版社，2013.

（二）论文

1. 徐世虹．百年回顾：出土法律文献与秦汉令研究．上海师范大学学报（哲学社会科学版），2011（5）.

2. 张建国．论西汉初期的赎．政法论坛，2002（5）.

3. ［日］宫宅潔：秦汉时期的审判制度：张家山汉简《奏谳书》所见//杨一凡，寺田浩明．日本学者中国法制史论著选：先秦秦汉卷．北京：中华书局，2016.

4. 闫晓君．汉代继承问题刍议．法律科学，2012（2）.

5. 崔永东．张家山汉简中的法律思想．法学研究，2003（5）.

6. 王沛．"明者为法，微道是行"解诂：兼论黄老法律观．法商研究，2007（6）.

第七章　魏晋南北朝时期的法制

第一部分　本章知识点速览

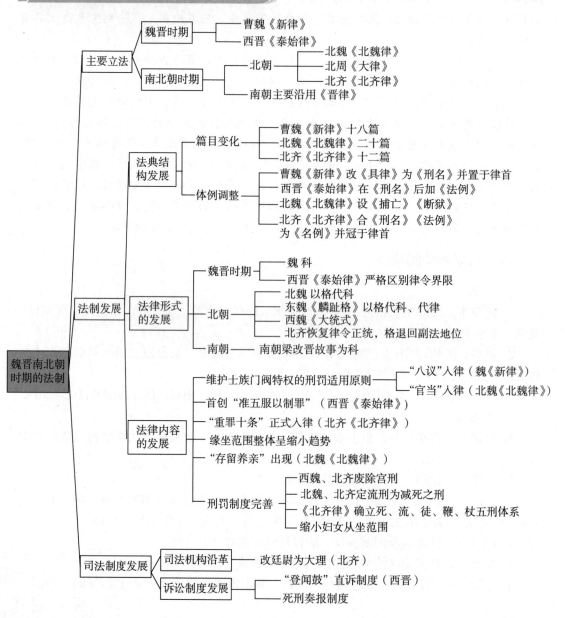

第二部分　本章核心知识要点解析

一、魏晋南北朝时期的法典篇目变化与体例调整

【难度与热度】

难度：☆☆　　热度：☆☆☆☆☆

【内容解析】

（1）曹魏《新律》：《新律》是魏明帝时制定的重要法典。在篇目上，它在汉《九章律》基础上增加九篇，共十八篇。在体例上，它将《法经》中的《具律》改为《刑名》并置于律首，统领诸篇。

（2）西晋《泰始律》：《泰始律》又称《晋律》，是西晋武帝时期制定的重要法典，是魏晋南北朝时期唯一颁行全国的法典，也是这一时期影响最大的法典之一，该律又经张斐、杜预作注释，为晋武帝首肯"诏颁天下"，与律文同具法律效力。在篇目上，它在曹魏《新律》的基础上调整为二十篇。在体例上，它将曹魏《新律》中的《刑名》分为《刑名》《法例》两篇。此后，法典的篇目增减、体例变更，多是在《晋律》的基础上进行完善的。

（3）北魏《北魏律》：《北魏律》自北魏太祖时期开始制定，于北魏孝文帝时期始告修订完成。在篇目上，《北魏律》共二十篇。在体例上，它将《晋律》中的《捕律》与《毁亡律》合并为《捕亡律》。

（4）北齐《北齐律》：《北齐律》是北齐武成帝时期制定的重要法典，在篇目上，它以《北魏律》为蓝本，进一步改革为十二篇。在体例上，它将《刑名》与《法例》合为《名例》，冠于律首，改《宫卫》为《禁卫律》，增设《违制律》，其他篇目也多有损益。

表 7-1　魏晋南北朝时期重要法典篇目和体例一览表

法典	篇目
曹魏《新律》（18篇）	《刑名》《盗律》《劫略》《贼律》《诈伪》《毁亡》《告劾》《捕律》《系讯》《断狱》《请赇》《杂律》《户律》《兴擅》《乏留》《惊事》《偿赃》《免坐》
西晋《泰始律》（20篇）	《刑名》《法例》《盗律》《贼律》《诈伪》《请赇》《告劾》《系讯》《捕律》《断狱》《杂律》《户律》《擅兴》《毁亡》《卫宫》《水火》《厩律》《关市》《违制》《诸侯》
北魏《北魏律》（20篇）	《刑名》《法例》《卫宫》《违制》《户律》《厩牧》《擅兴》《贼律》《盗律》《斗律》《系讯》《诈伪》《杂律》《捕亡》《断狱》……（现可考仅15篇）
北齐《北齐律》（12篇）	《名例》《禁卫》《婚户》《擅兴》《违制》《诈伪》《斗讼》《贼盗》《捕断》《毁损》《厩牧》《杂律》

二、魏晋南北朝时期法律形式的发展

【难度与热度】

难度：☆☆　　热度：☆☆☆

【内容解析】

（1）西晋《泰始律》严格区别律令界限：《律序》有云："律以正罪名，令以存事制。"律为固定之规范（主要是刑事法律），令是一时之制度（主要规定国家制度），违令有罪者，依律定罪处刑。

（2）北朝以格代科、以格代律，后又恢复以律为主：北魏初，科作为副法仍在行用，后世以格代科，推测其主要原因或为北朝统治者未像南朝一样直接承袭汉制，格便是其在对汉文化的接受、融合过程中的产物。东魏制定《麟趾格》，格已由补律令的副法上升为代律令行事的主法。北齐中后期，政局稳定，以格代律局面衰止，格复退回副法地位，在律无正条的情况下暂作定刑依据。隋唐以后虽律令格式并行，但格的地位已经远不能与律令相比了。

（3）式的出现：式最早见于秦，如《封诊式》，多属行政法规。汉初有品式章程，西魏文帝时期编订《大统式》，成为隋唐以后律令格式四种基本法律形式之一"式"的先声。

三、维护士族门阀特权的刑罚适用原则

【难度与热度】

难度：☆☆　热度：☆☆☆☆☆

【内容解析】

（1）"八议"于曹魏入律："八议"是指八类权贵人物在犯罪以后，在刑罚适用上对其予以特殊照顾，官府不得专断。这八类人分别为："亲""故""贤""能""功""贵""勤""宾"。"八议"之说源于《周礼·八辟》，周有"刑不上大夫"，汉有"先请"之制，曹魏总结前代经验，将贵族官僚特权体系化，形成"八议"原则，并列为法典重要内容之一，这是传统社会等级身份价值观的直接体现。从此直至明清，"八议"成为后世历代法典中的一项重要制度，相沿一千六百余年未被改。

（2）"官当"于北魏入律："官当"是在"八议"对应的八类人以外的基础上，进一步扩大主体的适用范围，因犯罪者身份不同，而在刑罚适用上予以减免的制度，其特点是因犯罪者（及其一定亲等关系的亲属）的官爵职位而依法减免刑罚。西晋规定"除名比三岁刑""免比三岁刑"等，可被视为"官当"雏形。北魏时期，"官当"正式入律，《北魏律·法例》规定："公、侯、伯、子、男五等爵，每等抵三年徒刑。官品从第五品起一阶当刑二年；免官者，三年后照原官阶降一级叙用。"此后隋、唐、宋法典均予以沿用，明清虽未在法典中明确规定"官当"之制，却代以罚俸、革职等一系列制度，继续维护官僚贵族的等级特权。

四、"准五服以制罪"

【难度与热度】

难度：☆☆☆　热度：☆☆☆☆

【内容解析】

"准五服以制罪"是西晋确立的一种定罪量刑原则，《晋律》首次将其纳入法典之中，作为判断是否构成犯罪及衡量罪行轻重的标准。亲属间犯罪，依五等丧服所规定的亲等来定罪量刑。以尊犯卑者，处罚轻于常人，服制愈近则定罪愈轻；以卑犯尊者，处罚重

于常人，服制愈近则定罪愈重。"准五服以制罪"不仅适用于亲属相犯的情形，在民事方面，如财产转让时，也同样适用，但服制愈近，处罚愈轻。

"准五服以制罪"实质上是"同罪异罚"原则在家族范围内的体现。"准五服以制罪"原则的确立，使得儒家的礼仪制度与法律的适用完全结合在一起，是自汉代开"礼律融合"之先河以来法律儒家化的又一重大发展。它不仅体现了《晋律》"礼律并重"的特点，也是中国传统法律伦理法特征的集中体现。自西晋定律直至明清，"准五服以制罪"一直是传统法律的重要组成部分，并在实践中不断得到充实、完善，明代更将丧服图列于律首。

五、"重罪十条"

【难度与热度】

难度：☆☆☆ 热度：☆☆☆☆

【内容解析】

"重罪十条"是《北齐律》中规定的对十种最严重的危害皇权和违反伦理纲常的犯罪予以严厉制裁的制度。"重罪十条"主要包括两类罪行：一是严重危害皇帝的人身安全、个人尊严及威胁统治秩序的犯罪；二是严重违背社会伦理道德和社会秩序的犯罪。在此之前，这十种犯罪行为就已相继出现在秦汉的律令当中。北齐统治者在总结历代立法经验的基础上，将统治阶级认为危害国家根本利益和统治秩序的最严重的犯罪集中概括为十种，称为"重罪十条"，置于法典的首篇《名例律》中，作为法律重点打击的对象，虽属"八议"，亦不减免。"重罪十条"的具体内容为："一曰反逆，二曰大逆，三曰叛，四曰降，五曰恶逆，六曰不道，七曰不敬，八曰不孝，九曰不义，十曰内乱。其犯此十者不在八议论赎之限。"

"重罪十条"反映了儒家的礼义道德与法律的结合日益紧密，也表明统治阶级的立法水平的不断提高。"重罪十条"自北齐确立以后，对后世立法的影响极其深远，隋唐律在此基础上发展"十恶"定制，并为宋、元、明、清历代所承袭，其在中国历史上存在了一千三百余年，相沿直至清末。

六、刑罚制度改革

【难度与热度】

难度：☆☆ 热度：☆☆

【内容解析】

魏晋南北朝时期在中国刑罚制度发展史上是一个重要的过渡阶段，它上承秦汉，下启隋唐，整个发展过程呈刑罚逐步减轻、体系日益规范的趋势，至南北朝后期，终于完成了由奴隶制五刑到传统五刑的演变，典型的传统刑罚体系基本形成。

（1）徒刑、流刑进一步完善：北周时，徒刑年限自五年至一年的制度正式被固定下来；北周还首创流刑五等之制，将流刑作为法定刑，填补了西汉废除肉刑以来徒刑和死刑之间的空白。

（2）废除宫刑：西魏及北齐时，皇帝相继颁布诏令，凡判处宫刑者，皆由官府没收为奴婢，不再处刑。

（3）缩小妇女从坐范围：北魏和南朝梁时均规定，犯谋反、谋大逆等重罪者，除本人处死外，其母妻姊妹应从坐弃市者，由国家没收为官奴婢，免除死刑。

七、魏晋南北朝时期的司法机构

【难度与热度】

难度：☆☆　　热度：☆☆

【内容解析】

曹魏时期多承汉制，东汉后三省制形成，为司法机构变革带来了深刻的影响。北齐改廷尉为大理，并扩建其机构为大理寺。北齐设立的殿中尚书、都官尚书作为中央机构兼领司法事务，被视为刑部前身，为隋唐司法机构和中央三省制的确立提供了雏形。

八、魏晋南北朝时期的诉讼制度

【难度与热度】

难度：☆☆　　热度：☆☆☆

【内容解析】

（1）"登闻鼓"直诉制度："登闻鼓"是西晋武帝时仿行古制设立的直诉制度，即在官府朝堂门外设置"登闻鼓"，臣民有冤可以击鼓鸣冤，官府闻声录状，奏报皇帝，冤枉者不服判决，可以不受诉讼审级的限制，直接诉冤于皇帝或钦差大臣。这种制度弥补了绝对禁止越诉的不足，加强了自上而下的司法监督，客观上有利于百姓冤情上达。这一制度自建立后，为后世历代王朝相承。

（2）死刑奏报制度：死刑奏报制度是中国古代为了限制死刑适用、加强中央对死刑的控制权而建立起的一种适用死刑前需逐级反复上报中央批准的制度。秦汉时期，对死刑奏报制度尚无明确法律规定，一般情况下，郡主即有权决定判处死刑而无须奏请皇帝事先批准。至魏晋时期，为了减少错杀无辜，开始将死刑判决与执行权收归中央。魏明帝曾规定，除谋反、杀人罪外，其余死刑案件必须上奏皇帝。南朝自宋开始，死刑奏报皇帝批准已经渐成惯例。北魏法律对此也有明确规定。从此，地方的死刑决定大权被控制在以皇帝为首的中央，死刑奏报制度正式确立，它规定：凡属死刑必须奏报中央批准；违反者，以杀人罪论处。这一制度为后世各王朝所继承，隋确立了死刑须经"三覆奏"方准执行之制；唐承隋制，且对京师判决的死刑案件要求更严，需经过"五覆奏"。

》 第三部分　典型案例与同步练习

第一节　　典型案例

出嫁女缘坐案：魏晋南北朝时期的女性缘坐制度

【案例史料】

及景帝辅政，是时魏法，犯大逆者诛及已出之女。毌丘俭之诛，其子甸妻荀氏应坐死，其族兄顗与景帝姻，通表魏帝，以匄其命。诏听离婚。荀氏所生女芝，为颍川太守刘子元妻，亦坐死，以怀妊系狱。荀氏辞诣司隶校尉何曾乞恩，求没为官婢，以赎芝命。曾哀之，使主簿程咸上议曰："夫司寇作典，建三等之制；甫侯修刑，通轻重之法。叔世多变，秦立重辟，汉又修之。大魏承秦汉之弊，未及革制，所以追戮已出之女，诚欲殄丑类之族也。然则法贵得中，刑慎过制。臣以为女人有三从之义，无自专之道，出适他族，还丧父母，降其服纪，所以明外成之节，异在室之恩。而父母有罪，追刑已出之女；夫党见诛，又有随姓之戮。一人之身，内外受辟。今女既嫁，则为异姓之妻；如或产育，则为他族之母，此为元恶之所忽。戮无辜之所重，于防则不足惩奸乱之源，于情则伤孝子之心。男不得罪于他族，而女独婴戮于二门，非所以哀矜女弱，蠲明法制之本分也。臣以为在室之女，从父母之诛；既醮之妇，从夫家之罚。宜改旧科，以为永制。"于是有诏改定律令。

——选自《晋书·刑法志》

【案例分析】

1. 妇女缘坐制度沿革及案例简介

以上案件史料涉及妇女缘坐范围的变化。缘坐是基于中国古代基于家族本位的社会结构而建立起来的一人犯罪而株连亲属，使之连带受刑的制度，又称"从坐""随坐"制度。秦汉以来，凡犯谋反、大逆等危害国家社稷重罪，一般均实行缘坐。魏晋时期，缘坐制度从秦汉时期的户籍制转向以丧服制为基础的父系家族体系，缘坐范围中的男性基本限于期亲及以上亲属，女性的情况则较为复杂，父系宗族体系中的女性既包括同宗女性，也包括同宗男性之配偶，一名已婚女性要负夫家与父家的双重缘坐责任。正如上述案件史料中程咸上议所言："父母有罪，追刑已出之女；夫党见诛，又有随姓之戮。一人之身，内外受辟。"这一对女性双重连带的缘坐制度在历史上也曾在适用之时引起诸多讨论，曹魏时曾缩小了妇女缘坐范围，上述史料展现的就是魏晋时期推动缘坐不及出嫁女之规定的典型案件。曹魏后期，司马师辅佐国政，意图废魏少帝曹芳，毌丘俭起兵反抗，但政变失败，毌丘俭以谋反罪被诛，其儿媳荀氏本应缘坐处死，但因其族兄与司马师有姻亲关系，因此魏帝下诏准其离婚。毌丘俭之孙女、荀氏之女亦本应缘坐处死，但因怀孕而入狱，荀氏上书司隶校尉何曾请求皇帝恩典，自请没为官奴婢以赎其女。最终何曾使主簿程咸上议，请求废除缘坐及于出嫁女之科，最终皇帝下诏改定律令，规定："在室之女，从父母之诛；既醮之妇，从夫家之罚"，开缘坐不及出嫁女之先例，后世多循此制。

2. "三从"对服制及女性缘坐制度的影响

毌丘俭谋反案体现出：女性"三从"之义是女性缘坐制度的主导原则。在本案中，毌丘俭的儿媳荀氏被纳入缘坐范围，但若以服制作为"夷三族"的标准，荀氏则不该被纳入期亲及以上亲属的缘坐范围。但在本案中，荀氏受到牵连，且魏晋时期存在众多诸如荀氏此类并非犯罪者期亲以上亲属而被纳入缘坐范围的女性。在中国传统法律中，女性被视作只具有从属意志的人，中国古代对于女性从属地位的最确切表述为"三从"：在家从父、出嫁从夫、夫死从子。而"三从"之义绝不仅仅要求女性在道德上恭顺，也包括了对女性身份及法律责任的认定原则。所谓"出嫁从夫"，即夫宗的某一亲属犯下须缘坐的重罪，而其夫又在缘坐范围内，那么这名女性无论与正犯的服制轻重都要从夫缘坐，从而形成了"二次缘坐"。

此外，"三从"之义的重要性还体现在其对丧服制变革的影响上。在《仪礼》中，公婆仅为儿媳服大功或小功，较儿子的服制低二等，儿媳在丈夫为其父母服三年之丧时只服齐衰期。唐代对礼制的修改基本都集中在基于婚姻所形成的亲属关系的服制的加重上：公婆须为嫡子妇服齐衰，为众子妇服大功，比儿子的服制低一等。到宋代，儿媳须为公公服斩衰三年、为婆婆服齐衰三年，与儿子为父母所服的丧服完全一致。这说明"出嫁从夫"的原则在不断被渗透到丧服中，出嫁女性与丈夫亲属的服制在向丈夫与其亲属的服制靠近。

3. 深度思考

缘坐制与传统中国的家庭形制息息相关。魏晋南北朝时期的缘坐范围在从户籍制向以丧服制为基础的父系家族体系的转变过程中，宗族谱系的重建、丧服学的再兴、女性从属地位的认定都发挥了重要作用，它们彼此交织、相互影响，共同推动了缘坐制度在这一时段的重构。透过缘坐制度，我们可以发现：所谓"家族主义"并非一个简单而扁平的概念，其中蕴含了多种体制及理念的交互作用和拉锯；也可以借之从法律制定、法律运作等具体环节看出与家族有关的诸多原理对法制的浸润，从而深化对于中国家族法的认识。

第二节　　同步练习

一、选择题

(一) 单项选择题

1. "重罪十条"首次规定于（　　　）。（考研）

A.《晋律》　　　　　B.《开皇律》　　　　　C.《唐律》　　　　　D.《北齐律》

2. "八议"首次规定于（　　　）。（考研）

A.《晋律》　　　　　B.《曹魏律》　　　　　C.《北齐律》　　　　　D.《唐律》

3. "八议"是中国古代优遇官僚贵族的法律制度，指八种人犯罪可经议罪减免刑罚。"八议"中"议宾"的对象是指（　　　）。（2015 年考研）

A. 皇亲国戚　　　　B. 贤人能臣　　　　C. 前朝皇室宗亲　　　D. 三品以上职事官

4. 中国古代最早将法典的篇数简化为十二篇的是（　　　）。（2016 年考研）

A.《魏律》　　　　　　　　　　　　　B.《晋律》隋唐"十恶"

C.《大业律》　　　　　　　　　　　　D.《北齐律》

5.《名例律》首次规定于（　　　）。（考研）

A.《晋律》　　　　　B.《北魏律》　　　　C.《北齐律》　　　　D.《唐律》

6. 据现有史料考证，将廷尉改成大理寺，以大理寺卿为官名的朝代是（　　　）。（2017 年考研）

A. 西晋　　　　　　B. 北齐　　　　　　C. 隋代　　　　　　D. 唐代

7. 中国刑律中最早规定"准五服以制罪"，使法律成为"峻礼教之防"的法典是（　　　）。（2015 年考研）

A.《北齐律》　　　　B.《开皇律》　　　　C.《贞观律》　　　　D.《泰始律》

8. 南梁创立了一种名为"测罚"的刑讯方式。下列关于该刑讯方式的描述，正确的是（　　）。（2014 年考研）

　　A. 墨面文身，挑筋去指

　　B. 以利刃零割碎剐肌肤，残损肢体

　　C. 对拒不招供者断绝饮食，三日后才许进食少量粥

　　D. 对受审者先鞭笞，再令其负枷械刑具站立于顶部尖圆且仅容两足的一尺土垛上

9. 下列不属于"重罪十条"的是（　　）。

　　A. 不孝　　　　　　B. 不睦　　　　　　C. 不义　　　　　　D. 不道

10. 下列不属于"八议"对象的是（　　）。

　　A. "亲"　　　　　　B. "故"　　　　　　C. "贤"　　　　　　D. "尊"

11. 程树德在《九朝律考》中指出："自晋氏失驭，海内分裂，江左以清谈相尚，不崇名法，故其时中原律学，衰于南而盛于北。"这一时期中原律学的发展推动了北朝立法的创新。下列选项中，代表了北朝立法最高成就的法典是（　　）。（2023 年考研）

　　A.《北魏律》　　　B.《麟趾格》　　　C.《北齐律》　　　D.《大统式》

12. 首创《名例律》并形成十二篇体例的古代法典是（　　）。（2020 年考研）

　　A.《开皇律》　　　B.《贞观律》　　　C.《北齐律》　　　D.《永徽律》

13. 《晋书·刑法志》记载，律学家张斐对二十个法律概念作了精确解释。其中，他将"戏"解释为（　　）。（2020 年考研）

　　A. "两讼相趣"　　B. "两和相害"　　C. "不意误犯"　　D. "知而犯之"

14. 正式规定"官当"制度的律典有（　　）。

　　A.《九章律》　　　B.《新律》　　　C.《北魏律》　　　D.《北齐律》

15. "八议"中保护前朝皇室宗亲的制度是（　　）。

　　A. 议亲　　　　　　B. 议宾　　　　　　C. 议贵　　　　　　D. 议故

16. 大理寺卿为官名的朝代是（　　）。（2017 年考研）

　　A. 西晋　　　　　　B. 北齐　　　　　　C. 隋朝　　　　　　D. 唐朝

17. 三国两晋南北朝时期的刑讯野蛮残酷。南陈创立了一种名为"测立"之法的刑讯方式。下列对于该刑讯方式的描述，正确的是（　　）。（2016 年考研）

　　A. 用车辐粗杖夹压受审者的脚踝

　　B. 将铁犁烧红，令受审者立其上

　　C. 对受审者断绝饮食，三日后才许进食少量粥，循环使用

　　D. 对受审者先鞭笞，再令其负枷械刑具站立于顶部尖圆且仅容两足的一尺土垛上

18. 南梁创立了一种名为"测罚"的刑讯方式。下列关于该刑讯方式的描述，正确的是（　　）。（2014 年考研）

　　A. 墨面文身，挑筋去指

　　B. 以利刃零割碎剐肌肤，残损肢体

　　C. 对拒不招供者断绝饮食，三日后才许进食少量粥，循环使用

　　D. 对受审者先鞭笞，再令其负枷械刑具站立于顶部尖圆且仅容两足的一尺土垛上

19. 关于魏明帝时期制定的《魏律》的显著特点，不包括（　　）。

　　A. 将《刑名》篇列于篇首　　　　　　B. 八议入律

C. 首创"重罪十条"   D. 调整法典的结构与内容

20. 首创缘坐妇女免死之制的法律是（   ）。

A.《梁律》   B.《陈律》   B.《新律》   D.《北齐律》

（二）多项选择题

1.《名例律》作为中国古代律典的"总则"篇，经历了发展、变化的过程。下列表述中正确的是（   ）。（2013 年司考）

A.《法经》六篇中有《具法》篇，被置于末尾，为关于定罪量刑中从轻从重法律原则的规定

B.《晋律》共 20 篇，在《刑名》律后增加了《法例》律，丰富了刑法总则的内容

C.《北齐律》共 12 篇，将《刑名》律与《法例》律合并为《名例》律一篇，充实了刑法总则，并对其进行了逐条逐句的疏议

D. 魏明帝制定《甲子科》等单行法，下令"依律（汉律）论者听得科半"

2. 关于中国古代社会几部法典的结构体例，下列选项中正确的是（   ）。（2019 年法考）

A.《法经》中相当于近代刑法典总则部分的《具法》被置于六篇中最后一篇

B.《魏律》对秦汉旧律有较大改革，如将《具律》改为《刑名》，并将其置于律首

C.《晋律》改《魏律》的刑名为《刑名》《法例》，并将法典篇章数定为二十篇

D. 北周仿《尚书·大诰》定有《大律》25 篇，因刻意仿古，以至于"今古杂糅，礼律凌乱"

3. 下列哪几位律学家为《晋律》作注，经晋武帝批准，"诏颁天下"，与《晋律》具有同等效力？（   ）（考研）

A. 张斐   B. 王植   C. 杜预   D. 董仲舒

4. 正式规定"官当"的律典有（   ）。（2017 年考研）

A.《九章律》   B.《新律》   C.《北魏律》   D.《陈律》

5. 服制是中国古代社会以丧服为标志，区分亲属的范围和等级的制度。《晋律》首创"准五服以制罪"制度，将服制用于确定亲属间相犯时刑罚适用的轻重，是传统法律儒家化的重要标志之一。下列属于丧服服制的是（   ）。

A."齐衰"   B."祖免"   C."大功"   D."小功"

6. 魏晋南北朝时期，司法制度的变化包括（   ）。

A. 北齐时正式设置大理寺   B."登闻鼓"直诉制度确立

C. 死刑覆奏制度确立   D. 法律上禁止刑讯逼供

7. 下列法典中，没有确立"准五服以制罪"制度的是（   ）。

A.《开元律》   B.《北魏律》   C.《晋律》   D.《贞观律》

8. 关于三国两晋南北朝时期的法律，下列表述不正确的是（   ）。

A.《曹魏律》将《刑名》篇置于律首，突出了律典总则的地位

B.《北魏律》经律学家张斐、杜预作注，故又称"张杜律"

C.《北齐律》首立"十恶重罪"，促进了礼法的结合

D.《梁律》正式创立官当制度，允许官员以官爵抵罪

9. 西晋《泰始律》确立了"准五服以制罪"原则。根据该原则，下列行为中应予从轻处罚的有（　　）。（2021年考研）

　　A. 子盗父母　　　　B. 兄殴伤弟　　　　C. 子骂詈父母　　　D. 叔殴杀侄

10.《晋律》确立了"准五服以制罪"的原则。下列选项中属于"五服"之亲的有（　　）。（考研）

　　A. 斩衰　　　　　　B. 大功　　　　　　C. 小功　　　　　　D. 缌麻

（三）不定项选择题

1. 下列关于《北齐律》的表述，不正确的有（　　）。

A. 形成十二篇的法典篇目体例

B. 首创《名例律》的法典篇目

C. 创设"重罪十条"

D. 第一次确定笞、杖、徒、流、死五刑制度

2. 中国历史上最早以"式"为法律形式的法典是（　　）。

　　A.《武德式》　　　B.《贞观式》　　　C.《大统式》　　　D.《永徽式》

3. 关于魏晋南北朝的"经义决狱"思想和实践，正确的有（　　）。

A."经义决狱"影响了情理司法传统

B."经义决狱"匡助了礼法体系构建

C."经义决狱"仅适用于司法，对立法毫无影响

D. 直接祖鉴于先秦儒家思想以及秦汉制度

4. 三国两晋南北朝时期，为了体现恤刑思想及加强皇帝对司法审判的控制，确立了（　　）。

　　A."皇帝亲自断狱"制度　　　　　B."登闻鼓"直诉制度

　　C. 死刑奏报制度　　　　　　　　D. 律博士

5. 关于北魏孝文帝拓跋宏以改革为本的法律思想，下面正确的有（　　）。

　　A. 加重对不孝罪的处罚　　　　　B. 创建存留养亲制度

　　C. 开始修订《北魏律》　　　　　D. 法律以鲜卑族习惯法为主

二、史料分析题

请说明下面这句话的基本含义，并从中国传统法律文化的角度加以评析。

"南北朝诸律，北优于南，而北朝尤以齐律为最。"

　　　　　　　　　　　　　　　——选自程树德《九朝律考·北齐律考序》

三、简答题

1. 简述《北齐律》的特点。

2. 简述"八议"入律与"官当"制度。

3. 简述北魏"存留养亲"制度。

四、论述题

1. 论述魏晋南北朝时期法律儒家化的主要途径及影响。（中国人民大学2004年硕士

研究生入学考试试题)

2. 论述礼法之士的玄学思想促进了晋律体例的完善。

参考答案及解析

一、选择题

(一) 单项选择题

1. 答案: D

解析: 北齐在《北齐律》中首次规定"重罪十条"并置于律首,严厉打击危害统治阶级的十种重罪,维护国家的根本利益。故 D 项正确。

2. 答案: B

解析: 曹魏时期,魏明帝以《周礼》"八辟"为依据,正式将"八议"载入律典,维护贵族官僚地主阶级的利益。故 B 项正确。

3. 答案: C

解析: "议宾"的对象是指前朝皇室宗亲。故 C 项正确。皇亲国戚为"议亲"的对象。故 A 项错误。贤人能臣为"议贤"和"议能"的对象。故 B 项错误。三品以上职事官为"议贵"的对象。故 D 项错误。

4. 答案: D

解析: 《魏律》共十八篇,《晋律》共二十篇,《大业律》共十八篇,《北齐律》共十二篇。故 A、B、C 错误,D 项正确。

5. 答案: C

解析: 《北齐律》首次将《刑名》与《法例》合为《名例》。故 C 项正确。

6. 答案: B

解析: 北齐时将廷尉改为大理寺,以大理寺卿和少卿为正、副长官。故 B 项正确。

7. 答案: D

解析: 《晋律》又名《泰始律》,首创"准五服以制罪"。故 D 项正确。

8. 答案: C

解析: 南梁有"测罚"之法,对不招供者强行断食三日,以饥饿来逼迫囚犯招供,之后才许进食少量粥,直至十日。故 C 项正确。

9. 答案: B

解析: 本题考查北齐"重罪十条"与隋唐"十恶"之间的区别,根据表 7-1 可知 B 项正确。

表 7-1　北齐"重罪十条"与隋唐"十恶"的区别

北齐"重罪十条"	一曰反逆,二曰大逆,三曰叛,四曰降,五曰恶逆,六曰不道,七曰不敬,八曰不孝,九曰不义,十曰内乱
隋唐"十恶"	一曰谋反,二曰谋大逆,三曰谋叛,四曰恶逆,五曰不道,六曰大不敬,七曰不孝,八曰不睦,九曰不义,十曰内乱

10. 答案: D

解析: "八议"是指在八类权贵人物犯罪以后,在刑罚适用上对其予以特殊照顾,官府不得专断。这八类人分别为："亲""故""贤""能""功""贵""勤""宾"。故 D 项正确。

　　11. 答案：C

　　解析：《北齐律》集魏晋及北朝立法经验之大成，并在此基础上推陈出新。在法典篇目方面，《北齐律》共十二篇，在前朝基础上进一步删繁就简，被隋唐法典直接继承。在法典体例方面，《北齐律》将《刑名》《法例》合为《名例律》并置于律首，进一步完善了刑法总则的规定，同样被后代法典直接继承并相沿不改；在法律内容方面，《北齐律》首立"重罪十条"，在法典中集中规定十种危害官僚贵族地主阶级统治和纲常名教的重罪，这是隋唐"十恶"制度的渊源；在刑罚体系方面，《北齐律》确立了死、流、徒、杖、鞭的五刑体系，为隋唐以来的笞、杖、徒、流、死的传统五刑体系打下了基础。总之，在中国法典编纂史上，《北齐律》以"法令明审、科条简要"著称，起到了承前启后的重要作用。故本题选 C 项。

　　12. 答案：C

　　解析：《北齐律》于武成帝河清三年（公元 564 年）完成，其特点为：形成十二篇的法典篇目体例；首创《名例律》的法典篇目；确立"重罪十条"，为后世之"十恶"所本；确立死、流、徒、杖、鞭五刑，为隋唐新五刑体系的最终建立奠定了基础。《北齐律》以"法令明审，科条简要"著称，在古代法典发展史上起着承前启后的重要作用，对隋唐立法尤具影响。故 C 选项当选。A 选项《开皇律》以《北齐律》为基础，B 选项《贞观律》以《开皇律》和《武德律》为基础，D 选项《永徽律》以《武德律》和《贞观律》为基础，A、B、D 三选项的律典虽也是以《名例律》为总则，法典篇目数为十二篇，但并非首创，故不当选。

　　综上，本题正确答案为 C 项。

　　13. 答案：B

　　解析：张斐对二十个法律概念及其含义作了精要的表述。这些对与罪名相关的法律概念的界定，基本符合各项罪名的主要构成要件。具体内容包括：故指"知而犯之"；失指"意以为然"；过失指"不意误犯"；谋指"二人对议"；造意指"倡首先言"；谲指"违忠欺上"；诈指"背信藏巧"；不敬指"亏礼废节"；斗指"两讼相趣"；戏指"两和相害"；贼指"无变斩击"；不道指"逆节绝理"；恶逆指"陵上僭贵"；戕指"将害未发"；率指"制众建计"；强指"不和"；略指"攻恶"；群指"三人"；盗指"取非其物"；赃指"货财之利"。综上，本题正确答案为 B 项。

　　14. 答案：C

　　解析："官当"是指官员犯罪后，允许其以官爵抵罪的制度。西晋时虽无官当之名，但已存在以官职抵罪之规定，如"除名比三岁刑""免比三岁刑"，即以削除官籍或免除官职折抵三年劳役刑。官当被正式规定在《北魏律》与《陈律》中。故 C 项当选。

　　综上，本题正确答案为 C 项。

　　15. 答案：B

　　解析："八议"是指贵族官僚中位高权重的八种人犯罪后，普通司法机构无权审理，须在大臣"议其所犯"后，由皇帝对其所犯罪行决定减免刑罚的制度。"八议"制度源于西周的"八辟之议"，曹魏时期正式入律。自曹魏以后，"八议"遂成为古代法律的重要原则。具体内容为：议亲，指皇亲国戚；议故，指皇帝旧故；议贤，指有大德行与影响的人；议功，指有大功勋的人；议贵，指贵族官僚；议勤，指为国家勤劳服务的人；议宾，指前朝皇室宗亲。故 B 项当选。

综上，本题正确答案为 B 项。

16. 答案：B

解析：北齐时将廷尉改为大理寺，以大理寺卿和少卿为正、副长官，扩大了机构的编制。故 B 项当选。

综上，本题正确答案为 B 项。

17. 答案：D

解析：南陈设"测立"之法，对受审者先鞭打二十，笞捶三十，再迫其负枷械刑具，站立于顶部尖圆、仅容两足的一尺高之土垛上，折磨逼供。故 D 项当选。

综上，本题正确答案为 D 项。

18. 答案：C

解析：南梁创立"测罚"，对不招供者断绝饮食，三日后才许进食少量的粥，循环使用。故 C 项当选。

综上，本题正确答案为 C 项。

19. 答案：B

解析：首创"重罪十条"的是《北齐律》。《魏律》的发展并不仅限于篇章数目方面，在结构方面也较之汉《九章律》更加清晰。最主要的进步就是将秦汉律中规定刑法总则内容的《具律》改为《刑名》，首次冠于律首，使法典体例更为科学合理。故 A、D 项正确。《唐六典》载，"是八议入律，始于魏也"，依据史学界通说，"八议"在曹魏入律，故 B 项正确。首创"重罪十条"的是《北齐律》。故本题答案选 B 项。

20. 答案：A

解析：缘坐即一人犯法，罪及亲属的制度，体现了中国封建法的家族本位特点。《梁律》首创缘坐妇女免死之制，规定对谋反等大罪，虽罪及女眷，但"母妻姊妹及应从坐弃市者，妻子女妾同补奚官为奴婢"。从此以后，对缘坐妇女不处死刑。

（二）多项选择题

1. 答案：AB

解析：《法经》六篇分别为《盗法》《贼法》《囚法》《捕法》《杂法》《具法》，末篇为《具法》，是《法经》的总则，是后世法典中"名例"篇的前身。故 A 正确。《晋律》共二十篇，将曹魏《新律》中的《刑名》分为《刑名》《法例》两篇，丰富了刑法总则的内容。故 B 项正确。《北齐律》共十二篇，将《刑名》《法例》合为《名例》，但并未对该律进行逐条逐句的疏议。故 C 项错误。魏《甲子科》这一独立性的临时法律形式制定于魏初，但并非由魏明帝主持制定，魏明帝时始制新律。故 D 项错误。

2. 答案：ABCD

解析：《法经》共分为六篇，分别为《盗法》《贼法》《囚法》《捕法》《杂法》《具法》，其中《具法》被置于末尾，相当于刑法总则。故 A 项正确。《魏律》改秦汉《具律》为《刑名》，并将其置于律首，令法典结构更加合理。故 B 项正确。《晋律》将《魏律》《刑名》改为《刑名》《法例》，充实了刑法总则，并将法典篇数定为二十篇。故 C 项正确。北周《大律》仿《尚书》《周礼》，使"今古杂糅，礼律凌乱"，不合时宜。故 D 项正确。

3. 答案：AC

解析：《晋律》又称《泰始律》，是泰始三年（公元 267 年）晋武帝下诏颁行的一部法典。在《晋律》颁布的同时，律学家张斐、杜预为律作注，总结历代刑法理论与行使立法经验，并经晋武帝批准诏颁天下，与《晋律》具有同等法律效力。经张斐、杜预作注后的《晋律》又称"张杜律"。故 A、C 项正确。

4. 答案：CD

解析："官当"是指官员犯罪后，允许以官爵抵罪的制度，被正式规定在《北魏律》和《陈律》之中。故 C、D 项正确。

5. 答案：ACD

解析：五等丧服服制分别为："齐衰""斩衰""大功""小功""缌麻"，"袒免"是指五服以外的远亲。故 A、C、D 项正确，B 项错误。

6. 答案：ABC

解析：北齐时设置大理寺，以大理寺卿和少卿为正副长官。大理寺的建立增强了中央司法机关的审判职能，也为后世王朝健全这一机构奠定了重要基础。故 A 项正确。西晋晋武帝在位时期设登闻鼓，悬于朝堂外或度城内，百姓可击鼓鸣冤，有司闻声录状上奏。故 B 项正确。死刑覆奏制度确立于魏晋南北朝时期，死刑判决权收归中央，体现了慎刑的思想。故 C 项正确。南梁创立名为"测立"的刑讯方法，魏晋南北朝时法律上并未禁止刑讯逼供。故 D 项错误。

7. 答案：ABD

解析：《晋律》首立"准五服以制罪"制度，是指亲属间的犯罪，据五等丧服所规定的亲等来定罪量刑。"五服"本是中国古代以丧服为标志确定亲属之间亲疏远近的制度。古代服制把亲属分为五等：斩衰、齐衰、大功、小功、缌麻。服制不仅确定婚姻、继承与赡养等关系，而且也是亲属相犯时决定施用刑罚轻重的原则。注意此题为选非题，答案选 A、B、D 项。

综上，本题正确答案为 A、B、D 项。

8. 答案：BCD

解析：《曹魏律》以《刑名》律置于律首，突出了法典总则的性质和地位。故 A 项不当选。《晋律》颁行之后经律学大家张斐、杜预作注，释文与律文具有同等的法律效力，史称"张杜律"，而非《北魏律》，故 B 项当选。《北齐律》确立"重罪十条"，而非"十恶"。"十恶"为隋朝《开皇律》确立。故 C 项当选。"官当"是指官员犯罪后，允许以官爵抵罪的制度，正式被规定在《北魏律》与《陈律》中。故 D 项错误，当选。

综上，本题正确答案为 B、C、D 项。

9. 答案：ABD

解析：《晋律》首立"准五服以制罪"制度，是指亲属间的犯罪，据五等丧服所规定的亲等来定罪量刑。

对于家庭（族）内的财产侵犯，则服制愈近，处罚愈轻；服制愈远，处罚愈重。故 A 项"子盗父母"应予从轻处罚，正确，当选。

对于人身侵害案件，凡以尊犯卑，服制愈近，处罚愈轻；服制愈远，处罚愈重。故B项"兄殴伤弟"和D项"叔殴杀侄"应予从轻处罚，正确，当选。

而凡以卑犯尊，服制愈近，处罚愈重；服制愈远，处罚愈轻。故C项"子骂詈父母"应予从重处罚，不当选。

综上，本题正确答案为A、B、D项。

10. 答案：ABCD

解析：《晋律》首立"准五服以制罪"制度，是指亲属间的犯罪，据五等丧服所规定的亲等来定罪量刑。"五服"本是中国古代以丧服为标志确定亲属之间亲疏远近的制度。古代服制把亲属分为五等：斩衰、齐衰、大功、小功、缌麻。服制不仅确定婚姻、继承与赡养等关系，而且也是亲属相犯时决定施用刑罚轻重的原则。故A、B、C、D四项都当选。

综上，本题正确答案为A、B、C、D项。

(三) 不定项选择题

1. 答案：D

解析：《北齐律》于武成帝河清三年（公元564年）完成，其特点为：第一，形成十二篇的法典篇目体例，故A项表述正确，不当选；第二，首创《名例律》的法典篇目，故B项表述正确，不当选；第三，确立"重罪十条"，为后世之"十恶"所源，故C项表述正确，不当选；第四，确立死、流、徒、杖、鞭五刑，为隋唐新五刑体系的最终建立奠定了基础，故D项表述错误，当选。至北周时五刑体系的排列才改为由轻递重，为杖、鞭、徒、流、死。

综上，本题正确答案为D项。

2. 答案：C

解析："式"源于秦，秦简中有《封诊式》。西魏编定的《大统式》是历史上最早以"式"为法律形式的法典。故C项当选。

综上，本题正确答案为C项。

3. 答案：ABD

解析：自汉以降，"经义决狱"从一种突兀的典型现象逐渐内化成古代司法的传统，其生命力并不在于成例的传世，而在于对司法传统的延续。"引经入律""纳礼入律"在魏晋南北朝走向高潮。魏晋南北朝时期，《周礼》等儒家典籍被纳入整个法律体系当中，许多儒家要求的、在之前仅被作为伦理规范的理论，在"礼律融合"的过程中，逐渐成为具体的法律条文。本题选A、B、C、D项。

4. 答案：C

解析：三国两晋南北朝时期，为了慎重对待和处理死刑重罪，也为了使皇帝直接控制大案要案，开始逐步完善死刑奏报制度。魏明帝青龙四年（公元236年）曾下诏："诸有死罪具狱以定，非谋反及手杀人逐，亟语其亲治，有乞恩者，使与奏。"南朝自宋开始，死刑奏报皇帝批准渐形成惯例。至北魏时，法律明确规定了死刑奏报制度。从此，地方的死刑决定权收归中央，死刑奏报制度正式确立。故本题选C项。

5. 答案：AB

解析："五刑之属三千，罪莫大于不孝"，基于农耕社会需要，不孝罪历来是儒家所主张的重罪。故 A 项正确。随着三国两晋南北朝法律儒家化进一步深入，存留养亲这一制度正式在北魏孝文帝十二年诏令中出现："诸犯死刑者，父母、祖父母年老，更无成人子孙，旁无期亲者，具状以闻。"故 B 项正确。太祖拓跋珪开始定律令而不是拓跋宏。故 C 项错误。北魏立国之初，法律以鲜卑族习惯法为主，在儒家思想的指导下，进行一系列法制改革。故 D 项错误。

二、史料分析题

参考答案：这句话是对魏晋南北朝时期南朝和北朝的立法情况以及北齐所制定并颁布的《北齐律》的评价。

（1）"南北朝诸律，北优于南"是指在魏晋南北朝时期，北朝各朝法典多在吸收前朝法典优点的基础上推陈出新，而南朝各朝法典则少有建树，基本沿用西晋《泰始律》。北朝优秀法典如《北魏律》《北齐律》，在法律内容上，确立了这一时期法律儒家化最重要的成果，如"重罪十条""存留养亲"等；在法律形式上，北朝也进行大胆探索，以格、式为主要法律形式，为隋唐以后律、令、格、式的法律形式体系奠定了基础。

（2）"北朝尤以齐律为最"是对《北齐律》的评价，《北齐律》是北齐制定的一部法典，集魏晋及北朝立法经验之大成，并在此基础上推陈出新。在法典篇目方面，《北齐律》共十二篇，在前朝基础上进一步删繁就简，被隋唐法典直接继承；在法典体例方面，《北齐律》将《刑名》《法例》合为《名例》并置于律首，进一步完善了刑法总则的规定，同样被后代法典直接继承并相沿不改；在法律内容方面，《北齐律》首立"重罪十条"，在法典中集中规定十种危害官僚贵族地主阶级统治和纲常名教的重罪，成为中华法系的典型制度，是隋唐"十恶"制度的渊源；在刑罚体系方面，《北齐律》确立了死、流、徒、杖、鞭的五刑体系，为隋唐以来的笞、杖、徒、流、死的传统五刑体系打下基础。总之，在中国法典编纂史上，《北齐律》以"法令明审、科条简要"著称，起到了承前启后的重要作用。

三、简答题

1. 参考答案：《北齐律》于公元 564 年，即武成帝时期完成，其特点为"法令明审，科条简要"：其已经形成十二篇的法典篇目体例；首创《名例律》的法典篇目；确立"重罪十条"，为后世之"十恶"之发轫；确立死、流、徒、杖、鞭五刑，为隋唐新五刑体系的最终建立奠定了基础。在古代法典发展史上起着承前启后的重要作用。

2. 参考答案：八议源于《周礼》的八辟，八议是对"亲故贤能功贵勤宾"八种具有特殊身份和资格的人进行一定程度上刑罚减免的特殊司法程序。八议在曹魏入律的法史学界通说源头是《唐六典》——"是八议入律，始于魏也"。《晋律》首次规定了以官职抵罪的"官当"制度，即"除名比三岁刑""免官比三岁刑；其无真官而应免者，正刑召还也"。这意味着某些官僚犯罪后，可除官籍或除官职以折抵三年徒刑，若无官职则要依法执行"正刑"。这一制度也被因袭晋制的北魏继承和发展并命名为"官当"。

3. 参考答案：北魏时出现了"存留养亲"制度，"存留养亲"即"留养"，指在犯人直系尊亲属年老或疾病而没有生活来源、无法独立生活，家中没有其他成年男丁侍养的情况下，允许罪犯申请暂缓刑罚执行，若犯死罪可以上请，流刑可免发遣，徒刑可缓期，使犯人可以照顾老人，待老人去世后再执行刑罚。"存留养亲"是中国古代法律儒家化与"礼律融合"的具体表现，北魏太和十二年（公元 488 年）曾下诏将"存留养亲"明确规定于法律当中："犯死罪，若父母、祖父母年老，更无成人子孙，又无期亲者，仰案后列奏以待报，著之令格。""著之令格"不但明确了"存留养亲"的内容，还将其以法律规范的形式予以固定。

四、论述题

1. 参考答案：法律儒家化始于汉代"春秋决狱"，但因汉初沿袭秦代以法家思想为立法精神的律典并将其作为祖宗成法沿用整个汉代，因此汉代的法律儒家化只是在司法实践方面的法律儒家化。立法意义上的法律儒家化则始于魏晋南北朝时期的曹魏，魏明帝下诏组织编纂的《新律》是第一部以儒家思想为立法指导精神的法典，此后魏晋南北朝时期历朝法典皆在前朝的基础上逐渐完善，法律儒家化的进程逐步推进，直至隋唐得以完成。因此，魏晋南北朝时期是中国法律儒家化的重要时期，中国传统儒家法典的诸多核心制度与原则都在这一时期被正式载入律典并基本定型。

（1）"八议"入律。

"八议"是指对八类权贵人物犯罪后在审判上基于特殊照顾，官府不得专断的制度。这八类人分别是"亲""故""贤""能""功""贵""勤""宾"。"八议"源于《周礼》中的"八辟"，汉代曾有"上请"制度，但并未形成体系也并未被规定于律典之中。曹魏总结前代经验，在制定《新律》时将"八议"正式载入律典，保护贵族官僚地主阶级特权，此后这一制度一直被各朝沿用，直至清末。

（2）首创"准五服以制罪"。

服制本来是中国古代以丧服为标志规定亲属间亲疏远近关系等级的制度，共分为五等，分别为斩衰、齐衰、大功、小功和缌麻。《晋律》为"峻礼教之防"，首创"准五服以制罪"，从此，服制不仅是确定亲属间亲疏远近关系的制度，也是确定亲属间继承与赡养的权利与义务、亲属间相犯的刑罚轻重的原则。凡尊长杀伤卑幼，服制愈重，处罚愈轻；卑幼杀伤尊长，服制愈重，处罚愈重。而在涉及财产方面的犯罪，则是服制愈重，处罚愈轻。"准五服以制罪"的确立是法律儒家化的重要标志，此后历代法典沿用直至清末。

（3）"存留养亲"入律。

"存留养亲"是指犯人直系亲属年老应侍而家无成丁时，如所犯罪行非属"十恶"，则允许上请，一般可得到流刑免于发遣、徒刑可缓期的减轻处罚，使罪犯能继续照顾家中老人，待老人去世后再实际执行刑罚。《北魏律》首次将"存留养亲"制度纳入律典，并规定于律首的"名例篇"之中，体现了中国古代法律家族化、伦常化的特征，是法律儒家化的又一重要体现。

（4）"重罪十条"入律。

"重罪十条"是《北齐律》中规定的对十种最严重的危害皇权和违反伦理纲常的犯罪予以严厉制裁的制度。在此之前，这十种犯罪行为就已相继出现在秦汉的律令当中。北齐统治者在总结历代立法经验的基础上，将统治阶级认为危害国家根本利益和统治秩序的最严重的犯罪集中概括为十种，称为"重罪十条"，置于法典的首篇《名例律》中，作为法律重点打击的对象，虽属"八议"，亦不减免。"重罪十条"所规定的十种犯罪行为分别为："一曰反逆，二曰大逆，三曰叛，四曰降，五曰恶逆，六曰不道，七曰不敬，八曰不孝，九曰不义，十曰内乱。"

"重罪十条"反映了儒家的礼义道德与法律的结合日益紧密，表明统治阶级立法水平的不断提高，也反映出法律儒家化的进一步推进。"重罪十条"自北齐确立以后，对后世立法的影响极其深远，隋唐律在此基础上发展"十恶"定制，并为之后历代所承袭，相沿直至清末。

2. 参考答案：西汉的"春秋决狱"和东汉流行的"引经注律"乃是儒家进驻法律领域的标志，但这两种方式造成了汉代法律的繁杂，且没有通过成功删减律条来解决律令繁杂的问题。受到玄学影响的礼法之士，为了"蠲其苛秽，存其清约"，只能以前代法律为基础，以玄学"辨名析理"的思维，重新起草布置篇章条文的结构，使之更具系统性、普适性和稳定性。玄学"辨名析理"的方法论早在曹魏制定《新律》时便已为制律者吸收。曹魏以汉《九章律》为基础将《具律》改为《刑名律》并置于律首，玄学"辨名析理"的方法论早在曹魏制定《新律》时便已为制律者吸收。曹魏以汉《九章律》为基础将《具律》改为《刑名律》并置于律首。这与当时的学术风气有关，汉儒治学琐碎繁杂，尤其是好微言大义的今文经学，常仅就一部儒家经典进行研究，缺少整体看待事物的眼光，即便有所意识，本身的学养也无法支撑他们概括出类似《刑名律》那样的抽象性总则。正始时期以后玄学兴盛之时，在士人之中掀起一股追求宇宙万物原理的宏观思维，才产生了较为抽象概括的思维和相应的造物。而仅就法律的体例而言，实际上《晋律》很大程度上是继承了《曹魏律》的体例，但《晋律》在简约化律文方面对曹魏《新律》亦有很大发展。因此，《晋律》进一步在《刑名》基础上增加了《法例》，并将《晋律》扩充到了二十篇，这是礼法之士受玄学影响后高度抽象思维的产物。但西晋礼法之士化"繁"为"简"的主要贡献在于对律文字数的删减。

五、拓展延伸阅读

（一）著作

1. 韩树峰. 汉魏法律与社会：以简牍、文书为中心的考察. 北京：社会科学文献出版社，2011.

2. 杨一凡，寺田浩明. 日本学者中国法制史论著选：魏晋隋唐卷. 北京：中华书局，2016.

3. 周东平.《晋书·刑法志》译注. 北京：人民出版社，2018.

（二）论文

1. 韩树峰. 汉晋法律由"繁杂"到"清约"的变革之路. 中国人民大学学报，2014（05）.

2. 吕志兴. 北周五刑制度研究. 西南政法大学学报，2020（03）.

3. 李勤通. 论中国古代刑法篇目编纂的理念与标准：兼谈秦汉后法典"以罪统刑"说的片面. 中南大学学报（社会科学版），2021（02）.

第八章 隋唐时期的法制

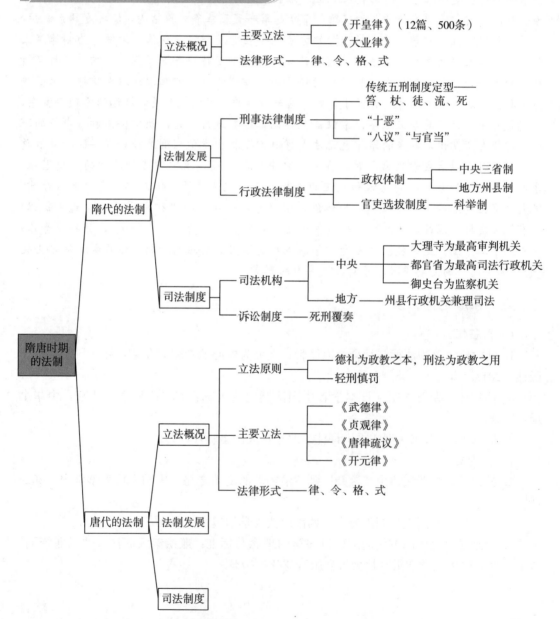

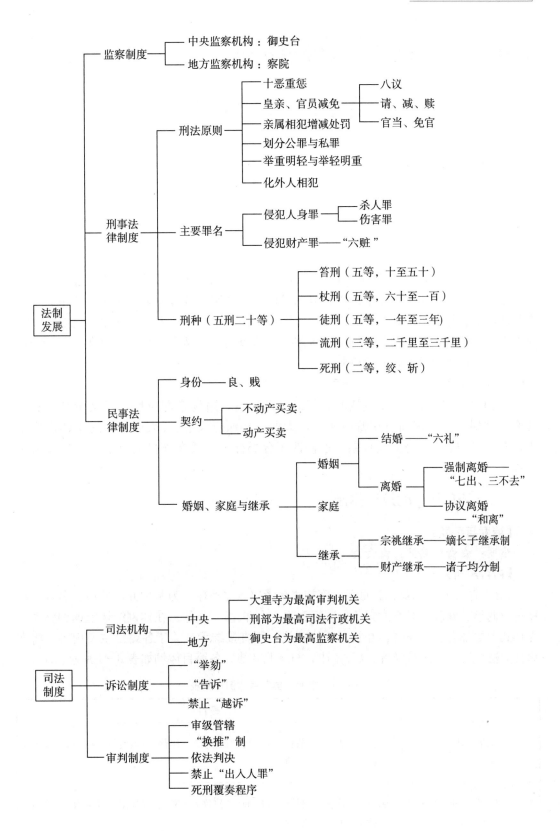

第二部分　本章核心知识要点解析

第一节　隋代的法制

一、隋代立法概况

【难度与热度】

难度：☆☆　热度：☆☆

【内容解析】

1.《开皇律》

《开皇律》是隋开皇年间隋文帝在位时期制定的一部法典，在中国法典编纂史上占有重要地位，在法典体例、篇章结构、概念术语、具体制度等方面取得了重大进展，并为唐代法典编纂打下了良好基础。它以《北齐律》为蓝本，继承了《北齐律》"法令明审、科条简要"的特点，并在其基础上去重就轻、删繁为简，共十二篇、五百条，成为中国历史上一部重要的承上启下的法典。

2.《大业律》

《大业律》为隋炀帝在位期间颁行的一部法典。隋炀帝即位后，以文帝晚年法网繁密、刑罚严苛，因而下诏修改律令，大业三年颁行天下。《大业律》的主体内容基本仿自《开皇律》，仍为五百条，但修改了分类标准，并在篇目上由十二篇增加为十八篇。

二、《开皇律》的篇目体例

【难度与热度】

难度：☆☆　热度：☆☆☆

【内容解析】

《开皇律》共十二篇、五百条。隋初立法者以《北齐律》为基础并对原篇目名称、顺序进行调整、修改，对原律文条目进行删改、合并。《开皇律》在体例结构上的调整使其在形式上更加合理、完善，并被《唐律疏议》所直接继承。关于各篇目主要内容，将在唐代立法概况一节进行详解。《开皇律》与《北齐律》各篇目体例如表8-1所示。

表8-1　隋唐法典篇目体例一览表

法典	篇目
《北齐律》（十二篇）	《名例》《禁卫》《婚户》《擅兴》《违制》《诈伪》《斗讼》《贼盗》《捕断》《毁损》《厩牧》《杂律》
《开皇律》和《唐律疏议》（十二篇）	《名例》《卫禁》《职制》《户婚》《厩库》《擅兴》《贼盗》《斗讼》《诈伪》《杂律》《捕亡》《断狱》

三、贵族官僚特权体系化

【难度与热度】

难度：☆☆　　热度：☆☆☆

【内容解析】

1. "八议"

《开皇律》继承《魏律》，保留"八议"制作为一项对于贵族、官僚犯罪减免处罚的法定特权。《开皇律》规定：具有"八议"所确定的身份者犯罪，以及官品第七以上者犯罪，皆例减一等处罚。

2. "官当"

官员犯罪，还可以适用"官当"制，以官抵罪，减免处罚。据《开皇律》的规定，对于犯罪之官员，可根据所犯之罪的性质、应处刑罚的种类、官吏本人的品级等，分别适用不同的抵罪方法，以实现减免处罚的目的。

四、传统五刑体系

【难度与热度】

难度：☆☆　　热度：☆☆☆☆

【内容解析】

隋代立法者以魏晋南北朝时期五刑制为基础，在刑名、刑等方面稍作调整，使其进一步趋于合理。《开皇律》所定五刑为：死刑（斩、绞。二等）、流刑（一千里、一千五百里、两千里，共三等）、徒刑（一年至三年，共五等）、杖刑（六十下至一百下，共五等）、笞刑（十下至五十下，共五等）。

五、"十恶"重惩

【难度与热度】

难度：☆☆☆　　热度：☆☆☆☆

【内容解析】

《开皇律》在北齐"重罪十条"基础上将其修改为"十恶"条款："一曰谋反，二曰谋大逆，三曰谋叛，四曰恶逆，五曰不道，六曰大不敬，七曰不孝，八曰不睦，九曰不义，十曰内乱。"这十种犯罪严重危害国家政权和社会秩序，破坏国家赖以存在的伦理纲常关系，因而在法律上被单独列出，在量刑方面，犯"十恶"罪者，将受到严重处罚。《开皇律》所确定的"十恶"重惩原则为唐律所采纳；"十恶"条目的具体规定为唐律所引用，关于其具体内涵将在唐代刑事法律一节进行详解。北齐"重罪十条"与隋唐"十恶"的差异如表8-2所示。

表8-2　北齐"重罪十条"与"十恶"的差异对比表

北齐"重罪十条"	一曰反逆，二曰大逆，三曰叛，四曰降，五曰恶逆，六曰不道，七曰不敬，八曰不孝，九曰不义，十曰内乱
隋唐"十恶"	一曰谋反，二曰谋大逆，三曰谋叛，四曰恶逆，五曰不道，六曰大不敬，七曰不孝，八曰不睦，九曰不义，十曰内乱

六、隋代行政法律制度

【难度与热度】

难度：☆☆　热度：☆☆

【内容解析】

1. 中央三省制与地方州县制

在行政法律方面，隋代致力于建立统一的中央集权政府，完善维护皇权、维护中央集权的行政管理体制。其首先确立了较为完善的政权体制，即在中央设尚书省、门下省和内史省，建立中央三省制；在地方减少行政层级，改州、郡、县三级地方行政体制为州、县二级体制，建立地方州县制，全面强化中央集权。

2. 科举制

在官吏选拔制度方面，隋代废除九品中正制，确立科举制，使官吏选拔任用权直接被控制在皇帝和中央政府手中，进一步巩固中央集权，强化皇权。

七、隋代司法制度

【难度与热度】

难度：☆☆☆　热度：☆☆☆

【内容解析】

1. 司法机构

在中央，大理寺为最高审判机关，御史台主监察，都官省为最高司法行政机关。在地方，仍由州、县行政机关兼掌司法权；同时设立一些司法佐吏，如户曹参军、法曹参军等。

2. 诉讼制度

（1）诉讼的提起方式。

诉讼的提起方式有两类：其一，官府代表国家提起诉讼。其二，当事人可直接向官府提起诉讼。

（2）死刑复核制度。

死刑案件经审理、判决后，判决结果须经大理寺复核，并由皇帝批准后方可执行。开皇十五年（公元595年）又规定：对于死刑犯案件，必须上报皇帝三次，批准后方可执行。

第二节　唐代的法制

一、唐代立法原则

【难度与热度】

难度：☆☆☆　热度：☆☆☆☆☆

【内容解析】

"德礼为政教之本，刑罚为政教之用"是唐初立法所遵循的重要原则。其包含三层含义。

（1）德礼、刑罚缺一不可。"德礼"和"刑罚"是治理国家必不可少的两种手段，就像一天中有早有晚，一年中有春有秋，两者缺一不可。

（2）以德为主，以刑为辅。虽然德礼和刑罚均为国家治理所必需，但二者性质及发挥作用的顺序并不等同。德礼重在通过教育感化的方式，劝民以礼，导民向善，不仅能够使万民安分和谐，而且有利于社稷政权的长期稳定。因此德礼是国家治理的核心和优先手段。刑罚重在禁顽止奸，打击危害政权、侵害社会的犯罪行为。虽然刑罚是国家治理所必需，但其违反人的天性，只能实现目标于一时，不能保持政权的长期稳定。因此德礼和刑罚是"本"与"用"的关系，"德礼"起主导性、根本性的作用，"刑罚"起辅助性的作用。

（3）轻刑慎罚。刑罚只能作为国家治理的辅助工具，作为维护社会秩序不得已而用之的手段。一方面，在立法上，减少死罪、减轻刑罚，体现了德主刑辅的基本方针；另一方面，严格死刑案件的审核程序，达到了轻刑慎罚的目的。

"德礼为政教之本，刑罚为政教之用"这一唐代立法重要原则影响了唐代以后历代王朝的政治法律制度，并构成了中华民族独具特色的治国理政方式的核心内涵。

二、唐代法律形式

【难度与热度】

难度：☆☆ 热度：☆☆☆☆

【内容解析】

唐代法律形式主要包括四种：律、令、格、式。《唐六典》载："律以正刑定罪，令以设范立制，格以禁违正邪，式以轨物程式。"

（1）律：自战国商鞅变法而确定名称，为定罪量刑之依据，内容大致相当于刑事法律规范。从《唐律疏议》的内容来看，皆是对具体犯罪行为与相应处罚的列举及相关刑罚适用原则的规定。

（2）令：最初是由皇帝发布的诏令。从《唐六典》中所记载《开皇令》、唐令篇目来看，令主要是关于国家组织制度方面的一些规定。

（3）格：格是皇帝临时、临事而颁布的行政命令。由于格随时、随事而发，针对性强，属于"特别法"，故针对具体事项而言，格的法律效力高于律、令、式。

（4）式：内容主要是尚书省二十四司及其他部门在执行律、令、格的过程汇总的各自订立的办事细则和公文程式。

关于律、令、格、式的关系。律、令、格、式之间既有明确的分工，又相互协调。令、格、式三者主要的内容近似于行政法，规定的是如何组织与行为；律规定了违反这些内容的处罚条款。律、令、格、式共同形成了隋唐时期完备的法律体系。

三、唐代主要立法沿革

【难度与热度】

难度：☆☆☆ 热度：☆☆☆☆☆

【内容解析】

唐代最主要的立法方式是集中修纂法典。其先后修纂并颁布了《武德律》《贞观律》《永徽律》《开元律》。关于唐律的形成，可总结为："武德开其端；贞观定其型；永徽疏其议；开元刊其定。"

（1）《武德律》为唐高祖于武德元年（公元618年）下诏编纂，并于武德七年（公元624年）编纂完成、诏颁天下的一部法典。其以《开皇律》为基础，篇章结构"一准隋开皇之律"，条文内容变化很少。《武德律》的意义在于：废除了隋《大业律》，将魏晋南北朝法典发展的集大成者《开皇律》作为基础，为唐代律典沿革发展确定了开端与方向。

（2）《贞观律》为唐太宗于贞观元年（公元627年）下诏更定的一部法典。《贞观律》在确定篇章结构及基本原则后，对《武德律》进行了较多删改，删繁就简，变重为轻。贞观定律后，唐代法制的基本面貌已经确立，之后唐律的内容再无实质性变化。

（3）《永徽律》及其《律疏》。《永徽律》是唐高宗于永徽元年（公元650年）下诏修订的一部法典。《律疏》是于永徽三年（公元652年）下诏组织修撰，并于永徽四年（公元653年）正式颁行的对《永徽律》的官方解释。《律疏》在后代又被称为《永徽律疏》或《唐律疏议》，它是中国历史上最早的注释法典，在中国法律史与法学史上具有极其重要的地位。

（4）《开元律》是唐玄宗于开元六年（公元718年）下诏"删定"的一部法典。传世文献未见关于内容有所变化的记载。

其中最为重要的是《唐律疏议》，《唐律疏议》共502条，分为12篇，共计30卷。各篇的基本内容及性质如表8-3所示。

表8-3 《唐律疏议》各篇主要内容及性质

篇名	主要内容	性质
《名例》	相当于刑法总则	总则
《卫禁》	宫廷警卫与关口、边境等相关制度及违反之罚则	事律
《职制》	官吏职责与相关法律规定及违反之罚则	
《户婚》	户口、土地、赋役、继承、婚姻、家族管理方面的相关法律规定及违反之罚则	
《厩库》	饲养、使用公私牲畜与仓库管理方面的相关制度及违反之罚则	
《擅兴》	军事、徭役、兴造相关法律规定及违反之罚则	
《贼盗》	"贼"包括对叛乱、煽惑、蛊巫、杀人等的处罚规定；"盗"包括对盗贼、抢劫、勒索、掠卖、窝藏、共盗、累盗等的处罚规定	罪律
《斗讼》	斗殴、告讼	
《诈伪》	对伪造、假冒、欺诈、伪证等四类行为的处罚	
《杂律》	对其他各篇无法包含的各类犯罪行为之处罚	
《捕亡》	抓捕逃亡罪犯、士兵、丁役及对抓捕过程中违法行为的处罚	
《断狱》	司法审判相关制度及违反之罚则	专则

四、唐代监察制度

【难度与热度】

难度：☆☆☆ 热度：☆☆☆

【内容解析】

为强化对行政体制运作状况的监督，强化对各级职官的督察，唐代确立了较为完备的监察制度，并使监察活动法律化。

1. 中央监察机构

中央设御史台专司监察，以御史大夫和御史中丞为正副长官。御史台有权弹劾百官，参与重要案件的审理，监督府库的收支。御史台内设台院、殿院、察院。台院承担御史台在朝中的主要职责，包括纠弹百官、参加大理寺审判及处理皇帝交办的案件。殿院主要负责对朝仪的监察。察院的主要任务是承担对尚书省所属六部的监察、纠弹任务。

2. 地方监察机构

对地方州县职官监察的任务，主要由察院承担。贞观时将全国划分为十"道"作为相对独立的监察区，察院派监察御史到各"道"，行使对各道所属州县职官的监察权，同时参与对各州县重要的案件的审理。此外，各道还有常设性质的按察使，负责对地方官的经常性监察。

五、唐代的十恶重惩原则

【难度与热度】

难度：☆☆☆☆ 热度：☆☆☆☆☆

【内容解析】

唐律沿用隋代制度，保留"十恶"罪名，确立了对十恶之罪加重处罚的原则。十恶重罪侵害法律所重点保护的各种特定社会关系。因此，法律对其加以专门规定：一方面，确定了比一般犯罪加重的处罚；另一方面，确立了更为严格的适用减免条款的条件与程序。从《唐律疏议·名例》"十恶"条中可以看到以下具体内容如表 8 - 4 所示。

表 8 - 4 《唐律疏议·名例》"十恶"条的具体内容及分类

罪名	具体内容	分类
谋反	谓谋危社稷	危及皇帝与皇权类
谋大逆	谓谋毁宗庙、山陵及宫阙	
谋叛	谓谋背国从伪	
恶逆	谓殴及谋杀祖父母、父母，杀伯叔父母、姑、兄姊、外祖父母、夫、夫之祖父母、父母	侵犯尊长与有服亲属类
不道	谓杀一家非死罪三人，肢解人，造畜蛊毒、厌魅	惨无人性类
大不敬	谓盗大祀神御之物、乘舆服御物；盗及伪造御宝；合和御药，误不如本方及封题误；若造御膳，误犯食禁；御幸舟船，误不牢固；指斥乘舆，情理切害及对捍制使，而无人臣之礼	危及皇帝与皇权类

续表

罪名	具体内容	分类
不孝	谓告言、诅詈祖父母父母,及祖父母父母在,别籍、异财,若供养有阙;居父母丧,身自嫁娶,若作乐,释服从吉;闻祖父母父母丧,匿不举哀,诈称祖父母父母死	侵犯尊长与有服亲属类
不睦	谓谋杀及卖缌麻以上亲,殴告夫及大功以上尊长、小功尊属	侵犯尊长与有服亲属类
不义	谓杀本属府主、刺史、县令、见受业师,吏、卒杀本部五品以上官长;及闻夫丧匿不举哀,若作乐,释服从吉及改嫁	侵犯官长尊师类
内乱	谓奸小功以上亲、父祖妾及与和者	侵犯尊长与有服亲属类

六、皇亲、官员减免原则

【难度与热度】

难度:☆☆☆☆　热度:☆☆☆☆☆

【内容解析】

为保护皇亲、官员的特殊地位,唐律确立了对于犯罪的皇亲、官员给予特别减免或适用特殊审理程序的制度,具体包括:八议、请减赎、官当、免官等。这些制度的确立有效保障了皇帝的最高司法权,尤其有利于皇帝对各级官吏生杀大权进行把握。

1. 八议

《周礼》有"八辟"之制,曹魏时,八议入律,隋《开皇律》保留八议之制。《唐律疏议》中的"八议"条直接继承于隋《开皇律》,对于有特殊身份的八类人在法律上给予特别对待。这八类人分别是:"亲""故""贤""能""功""贵""勤""宾",从《唐律疏议·名例》"八议"条可知,其具体对象如表8-5所示。

表8-5　《唐律疏议·名例》"八议"条的具体对象

亲	谓皇帝袒免以上亲及太皇太后、皇太后缌麻以上亲,皇后小功以上亲
故	谓故旧
贤	谓有大德行
能	谓有大才艺
功	谓有大功勋
贵	谓职事官三品以上,散官二品以上及爵一品者
勤	谓有大勤劳
宾	谓承先代之后为国宾者

八议之人犯罪,法律区别情况,给予不同处理。若其所犯为流以下罪,由司法机关据常律减一等处罚。若其所犯为死罪,则适用特别程序:由司法机关将犯人所犯罪行及符合八议范围的身份上报朝廷,由刑部提出处理意见,再报请皇帝批准。

2. 请、减、赎

对于享受"八议"特权的法定范围之外的官员、贵族,唐律又规定了"请""减"

"赎"制度，使构成犯罪又不享受八议特权的官员、贵族因其身份而能够获得宽免刑罚的处理。

3. 官当、免官

官当即以官抵罪，以官品或爵位折抵所犯罪行。官当之制始于南陈。唐律规定，官员犯罪，可以按其官阶品级，区别公罪、私罪，分别给以抵罪，从而达到减免处罚的目的。

免官即撤免官职以抵罪，分为免官、免所居官两种。免官为撤免官职，可抵徒罪二年；免所居官为撤免现任官职，可抵徒罪一年。

七、亲属相犯增减处罚

【难度与热度】

难度：☆☆　热度：☆☆☆☆

【内容解析】

唐律"一准乎礼"，注重维护亲属间伦理关系，特别规定了亲属间相犯的不同加重、减轻处罚的原则。唐律规定：涉及人身伤害案件，尊长伤害卑幼，较常人相犯减轻处罚，且服制越近，处罚越轻；卑幼伤害尊长，较常人相犯加重处罚，且服制越近，处罚越重。在侵犯财产案件中，若存在亲属关系，一般较常人之间财产案件减等处罚，且服制越近，处罚越轻。

八、区分公罪与私罪

【难度与热度】

难度：☆☆　热度：☆☆☆

【内容解析】

唐律对公罪与私罪进行界定：第一，公罪与私罪的犯罪主体均为官吏；第二，官吏在执行职务过程中，由于对法律的理解错误，或因行为上的过失，导致触犯刑律而构成的犯罪，即为公罪；第三，官吏非因职务而犯罪，或虽因职务，但事关私利、私情而构成的犯罪，则为私罪。唐律对公罪的处罚程度较轻，官员依法以官抵罪时，若所犯为公罪，则其官职能折抵较重的罪；相反，若所犯为私罪，则只能折抵较轻的罪。

九、举重明轻与举轻明重

【难度与热度】

难度：☆☆☆☆　热度：☆☆☆☆☆

【内容解析】

《唐律疏议·名例》"断罪无正条"条曰："诸断罪而无正条，其应出罪者，则举重以明轻；其应入罪者，则举轻以明重。"这一规定是指：当案件审理无严格相对应的法律条款可援引时，如果对该案处理应减轻，可引用相关联的重罪条款，以比照确定轻刑；如果对该案处理应加重，则引用相关联的轻罪条款，以比照确定重刑。这一原则的确立，体现了唐律立法技术的高超。

十、外国人犯罪

【难度与热度】

难度：☆☆☆　热度：☆☆☆☆☆

【内容解析】

《唐律疏议·名例》"化外人相犯"条曰："诸化外人，同类自相犯者，各依本俗法。异类相犯者，以法律论。"这一规定是指：对外国人在中国境内犯罪的审理，区分不同情形，适用不同法律。第一，同一国籍的外国人在中国境内犯罪，适用该国法律。第二，不同国籍的外国人在中国境内犯罪，包括外国人在中国境内对中国人实施的犯罪，均适用中国法律。

以现代法律观念观之，唐律此条是为处理涉外案件而规定的，其中包含了"属人"与"属地"两方面的法律适用标准："同类自相犯"适用"属人主义"；"异类相犯"适用"属地主义"。此外应注意"化外人"的含义，本条《律疏》解释为："谓蕃夷之国，别立君长者，各有风俗，制法不同。"而化外人相犯，本条《律疏》所举的事例为"若高丽之与百济相犯之类"，高丽、百济与大唐之间的关系实质上和现代国家之间的关系并不相同，因此，唐律此条之含义与现代国际法所表达的内容还是存在本质上的差别的。

十一、老幼病残者刑罚减免的原则

【难度与热度】

难度：☆☆　热度：☆☆☆

【内容解析】

唐律对于老小病残等特殊人群在刑罚执行方面给予了特殊优遇，《唐律疏议·名例》"老小及疾有犯"条载："诸年七十以上、十五以下及废疾，犯流罪以下，收赎。八十以上、十岁以下及笃疾，犯反、逆、杀人应死者，上请；盗及伤人者，亦收赎。余皆勿论。九十以上，七岁以下，虽有死罪，不加刑；即有人教令，坐其教令者。若有赃应备，受赃者备之。"本条规定是指：老小病残之人按照年龄以及健康状况可分别享有三档法定优遇。第一档包括三类人：年龄在七十周岁以上（不满八十周岁）、十五周岁以下（十一周岁及以上）或者废疾者。此三类人犯当处流刑之下之犯罪，可缴纳赎铜以折抵刑罚。但有例外情形，若犯加役流、反逆缘坐流、会赦犹流者，不得收赎。第二档包括三类人：年龄在八十周岁以上（不满九十周岁）、十周岁以下（八周岁及以上）或者笃疾者。此三类人犯罪，原则上不予处罚，但有例外情形，若为犯反、逆、杀人等罪本应处死者，司法官员不得裁断，奏请皇帝听裁；若为犯盗及伤人等罪者，可缴纳赎铜以折抵刑罚。第三档包括两类人：年龄在九十周岁以上或者七周岁及以下。对此两类人一般不予处罚，但仍有例外，若因父祖反逆缘坐等罪而须配没，则执行配没。

另外，唐律还对老小病残等人享有法定优遇时特殊情况的认定作了具体规定，《唐律疏议·名例》"犯时未老疾"条载："诸犯罪时虽未老、疾，而事发时老、疾者，依老、疾论。若在徒年限内老、疾，亦如之。犯罪时幼小，事发时长大，依幼小论。"犯罪人犯罪时属于完全责任能力人，但刑罚执行时已达年老标准或患有身体疾病的，则仍享有法定优遇；在刑罚执行过程中达到年老标准或者患有身体疾病的，仍享有法定优遇；犯罪时年龄在十五周岁以下，事后案发，审判以及刑罚执行之时其虽然达到完全责任能力年龄，但仍按照行为时的年龄享有法定优遇。

十二、侵犯人身罪

【难度与热度】

难度：☆☆☆　热度：☆☆☆

【内容解析】

1. 杀人罪

依据杀人者实施杀人行为时的主观状况等因素，唐律将杀人罪分作六种。（1）故杀：故意杀人。（2）谋杀：分两种情况，其一为二人以上谋划杀人；其二为独自一人，谋划杀人，并已进入实施阶段。（3）斗杀：本无杀人意图，在相互斗殴过程中杀死对方。（4）戏杀：二人友好无仇，戏要而杀。（5）误杀：有杀人意图，但杀错对象。（6）过失杀：因过失而致人死亡。

2. 伤害罪

伤害罪分为：故意伤害、过失伤害、共同伤害、两相伤害、持械伤害等。

在对实施伤害行为者的定罪量刑方面，唐律规定了"保辜"制度。伤害行为发生后，由于被害人的伤势未定，是否会因伤势而致死亡，尚难以确定。过早地对该行为者定罪量刑，有可能造成罪刑判定不准确的结果。因此，唐律规定：伤害行为发生后，确定一定的时间限度，以时限结束时被害人的死伤状况作为对行为者定罪量刑的依据。在规定的期限内，行为者可采取积极措施，挽救被害人的生命，以减轻自己的罪刑。保辜的期限，以伤害的方式及伤害的程度而定，在期限内被害人因伤死亡，对行为者以杀人罪论处；在期限内被害人未死亡，或者在期限外死亡，以及虽在期限内，但不因所伤而死亡者，对行为者以伤害罪论处。

十三、侵犯财产罪（"六赃"）

【难度与热度】

难度：☆☆☆　热度：☆☆☆

【内容解析】

唐律保护公有财产和私人财产，并确立了以打击盗取财产行为为核心的罪名体系。唐律关于财产犯罪，集中体现在"六赃"罪之中，即六种涉及财产的犯罪。"六赃"包括：强盗、窃盗、受财枉法、受财不枉法、受所监临、坐赃。

唐律注重打击贪官污吏，"六赃"罪中，"受财枉法""受财不枉法""受所监临""坐赃"均直接针对官员贪污贿赂与利用职务之便获取财产利益等行为："受财枉法"，官员接受当事人的财物，因而对相关案件曲法处断；"受财不枉法"，官员虽接受当事人的财物，但并未曲法处断；"受所监临"，官员在主管范围之内，接受所辖地区百姓或下属的财物，即使他人无任何请托要求；"坐赃"，非监临主司，因事接受他人财物。

十四、唐代的刑种

【难度与热度】

难度：☆☆　热度：☆☆☆☆☆

【内容解析】

隋初《开皇律》在《北齐律》"死、流、徒、杖、鞭"五刑体系的基础上确立了"死、流、徒、杖、笞"的新五刑体系，《唐律疏议》又在《开皇律》的基础上，对其五刑体系进行调整，最终形成了"笞、杖、徒、流、死"五刑，共二十等的传统五刑体系（见表8-6、8-7）。

《唐律疏议·名例》载："笞刑五：笞一十。（赎铜一斤。）笞二十。（赎铜二斤。）笞三十。（赎铜三斤。）笞四十。（赎铜四斤。）笞五十。（赎铜五斤。）杖刑五：杖六十。（赎铜六斤。）杖七十。（赎铜七斤。）杖八十。（赎铜八斤。）杖九十。（赎铜九斤。）杖一百。（赎铜十斤。）徒刑五：一年。（赎铜二十斤。）一年半。（赎铜三十斤。）二年。（赎铜四十斤。）二年半。（赎铜五十斤。）三年。（赎铜六十斤。）流刑三：二千里。（赎铜八十斤。）二千五百里。（赎铜九十斤。）三千里。（赎铜一百斤。）死刑二：绞。斩。（赎铜一百二十斤。）"

表8-6　唐律五刑体系

刑名（由轻到重）	数量	等数	等差
笞	10～50 下	5	10 下
杖	60～100 下	5	10 下
徒	1～3 年	5	半年
流	2 000～3 000 里	3	500 里
死	（绞、斩）	2	

表8-7　隋唐五刑体系之差别对比

	《开皇律》	《唐律疏议》
五刑的排列顺序	由重至轻	由轻至重
流刑的距离	1000 里、1500 里、2000 里	2000 里、2500 里、3000 里
赎铜数额	赎铜数额不同	

十五、唐代民事法律制度

【难度与热度】

难度：☆☆　热度：☆☆

【内容解析】

1. 身份

唐律注重保护身份性等级秩序。与民事法律关系直接相关的身份性区别首先是人的

"良""贱"之分。"良"指普通百姓。在单纯的民事法律关系中，良人之间具有相互平等的民事主体关系。良人在职业上，大体分为四类：士、农、工、商。其从事不同的职业者，具有不同的社会地位，也享有不同的政治权利以及在某些方面不同的法律特权。但在单纯的以财产交换为内容的民事法律关系中，一般情况下，他们仍处于同等地位。

"贱"指贱民。相对于良人，贱民不具备独立的民事法律主体身份。贱民中的部分人，甚至不具备独立的人格，而只作为一种特殊的财产。

2. 契约

唐代经济活动的发展，使得契约文书在社会上普遍存在。不动产所有权的转让、重要动产的买卖、财物借贷、田产租赁、劳役雇佣等，多以缔结契约的方式确定当事人之间的权利与义务。

契约订立的前提是当事人双方"两情和同"，即在双方自愿的条件下，订立契约。唐代契约在种类上，主要包括买卖契约、借贷契约、租赁契约等。

3. 婚姻、家庭与继承

唐律在婚姻、家庭与继承制度中，集中体现了区别对待尊卑、长幼、亲疏、嫡庶的宗法等级原则。

（1）婚姻制度。

唐代法律从婚姻关系的建立、夫妻相互间的法律地位、婚姻关系的解除等方面，确立了较为完备的婚姻制度。

①婚姻关系的确立。

建立婚姻关系，需订立"婚书"。因尊长享有对于子女的主婚权，故婚书由婚姻当事人双方的尊长合意订立。婚书订立，男女双方的婚姻关系即初步确立，受到法律保护。依据礼的规定，男女双方正式建立婚姻关系，须通过特定的婚姻程序，即"六礼"：纳采、问名、纳吉、纳征、请期、亲迎。履行了六礼程序，婚姻关系即正式形成，男女双方的夫妻法律地位亦即正式确立。

②婚姻关系中夫妻双方的法律地位。

婚姻关系中的夫妻双方各具不同的法律地位：夫的地位优于妻，妻从于夫。夫妻之间若发生相互骂詈、殴打、伤害、杀害等人身侵害时，法律对于夫的处罚总是实行减免原则，而对于妻的处罚则相反，实行加重处罚的原则。唐代实行一夫一妻制，夫在有妻的情况下，可以另外娶妾。妻与妾在身份上有着明显的差别。若以妻为妾，则构成犯罪。同样，婢属贱民身份，良人不得娶其为妻，违者亦构成犯罪。

③婚姻关系的解除。

唐代离婚方式分为强制离婚与协议离婚两种。A. 强制离婚包括法定强制离婚与丈夫强制离婚。a. 法定强制离婚。一种情况是婚姻违反法律规定，即当事人在身份上属于法律所禁止为婚的范围，构成"违律为婚"。违律为婚者，所缔结的婚姻关系属于无效婚姻，不受法律保护，并须强制离异。主婚者还将受到刑事处罚。另外一种情况是，所缔结的婚姻关系本身合法有效，但由于夫妻一方对于对方的亲属实施侵害行为，或者夫妻双方亲属之间发生侵害行为，符合法定"义绝"条件者，必须离异。b. 丈夫强制离婚。在离婚方面，唐律有"七出""三不去"制度。由于妻的行为而影响夫家的伦常关系及一般生活秩序的，丈夫有权解除婚姻关系。据唐《户令》，"七出"分别为："一无子，二淫佚，三不事舅姑，四口舌，五盗窃，六妒忌，七恶疾。"可见，七出是礼与法要求妻所承担的单项性义务，集中体现了婚姻关系中夫妻地位的不平等。考虑夫妻关系的特殊性，礼又为妻设置了"七出"的免除性条款——"三不去"，即妻只要符合三种情况，夫即不得引用"七出"之条，解除婚姻关系。唐《户令》规定"三不去"为："一经持舅姑之丧，二娶时贱后贵，三有所受无所归。"妻无权解除婚姻关系。如果妻擅自离夫而出走，即构成犯罪。B. 协议离婚即"和离"：两和相离。唐律解释"和离"为"夫妻不相安谐，谓彼此情不相得，两愿离者"。法律允许夫妻因"情不相得"而双方自愿解除婚姻关系。

（2）家庭制度。

家庭制度的核心是对家长权的维护。法律从教令权、财产处分权、主婚权等方面，保护家长在家庭中的特权地位。唐律规定：子孙必须遵从祖父母、父母的教令，否则构成"违犯教令"罪；祖父母、父母在，子孙不得别立户籍，不得分异财产，违者构成"别籍异财"罪；子孙缔结婚姻关系，由祖父母、父母主婚，子孙不得自专；家庭财产由家长支配，其他成员未经许可，不得占有、使用家庭财产，否则构成犯罪。

（3）继承制度。

继承包括宗祧继承与财产继承。

宗祧继承：采取单人继承的方式，一家之中，只能由一人继承宗祧。唐代继续实行嫡长子继承宗祧制度，并确定了宗祧继承人的法定顺序。如果在法定顺序之内没有合适的宗祧继承人，可收养同宗之人，以其继承宗祧。

财产继承：在财产继承方面，唐代仍实行诸子均分制。

十六、唐代司法机构

【难度与热度】

难度：☆☆　热度：☆☆☆☆☆

【内容解析】

1. 中央司法机构

中央司法权由大理寺、刑部、御史台三个机构共同行使。在职能上，三机构各有分工。大理寺是最高审判机关，负责审理朝廷文武百官犯罪以及京城徒刑以上案件。对于徒、流刑案件的判决，必须经由刑部复核后，方能生效；对于死刑罪的判决，尚须奏请皇帝批准。刑部是最高司法行政机关，参加重大案件的审判活动。御史台为最高监察机关，职责为纠弹百官，并负责监督大理寺、刑部的司法审判活动；另外，其还参与对重要案件的审理。

唐代还形成了三司会审制度。遇有特别重大案件，由大理寺、刑部、御史台三机构的长官大理寺卿、刑部尚书、御史中丞共同审理，即"三司推事"。

2. 地方司法机构

地方司法权由行政机关行使。由于诉讼事务的增加，地方行政机构内已增设一些专门的司法佐吏。在州一级行政机构内，设司法参军事、司户参军事之职；府、都督府、都护府设户曹参军事及法曹参军事之职。司户参军事、户曹参军事负责对涉及户婚田土等案件的处理；司法参军事、法曹参军事负责对定罪量刑等案件的处理。

十七、唐代诉讼制度

【难度与热度】

难度：☆☆☆　热度：☆☆

【内容解析】

对于诉讼的提起方式，根据当事人诉讼地位的不同，可分为两种："举劾"和"告诉"。

1."举劾"

由监察机关或各级官吏代表国家纠举犯罪，提起诉讼，唐律称为"举劾"。举劾犯罪，是相关人员的法定义务。

2."告诉"

由当事人就所受伤害或所涉纠纷，向官府提起诉讼，唐律称为"告诉"。告诉案件，当事人可直接诉至官府，也可以由其亲属代为提起。

3.禁止"越诉"

无论是举劾案件，还是告诉案件，都必须向当事人直接受管的府衙或主管部门提起。违反这一规定，即构成"越诉"罪。同样，按照法律规定官府应受理案件而不受理者，也构成犯罪，主管官要受到刑事处罚。

十八、唐代审判制度

【难度与热度】

难度：☆☆　热度：☆☆☆

【内容解析】

1.审级管辖

在审级管辖上，唐代采取基层初审、节级判决制度。所有的刑、民事案件，不论其重要程度，均首先由基层司法机构立案、审理。基层司法机构审理后，对于一般民事案件直接作出生效判决；对于刑事案件，则根据罪、刑轻重，分别由不同级别的司法机构作出生效判决。对于笞、杖刑犯罪案件，县审理后，即作出生效判决。对于徒刑以上的犯罪案件，则县审理后，作出初步判决，并报州复审。经州复审，徒罪案件的判决即正式生效。而有关流罪以上的判决，以及符合除名、免官、免所居官条件的案件，经州复审后，仍得上报刑部。而死刑案件，则必须奏请皇帝裁定。

2."换推"制

为保证审判活动的公正性，唐代确定了审判回避制，唐律称其为"换推"制，凡主审官与当事人之间具有一定的利害关系，均属换推范围。

3.依法判决

《唐律疏议·断狱》载："诸断罪皆须具引律、令、格、式正文，违者笞三十。若数事共条，止引所犯罪者，听。"审判官对各类案件的判决必须以法律条款正文为依据，否则应承担刑事责任。

4. 禁止"出入人罪"

唐律要求审判官应正确理解法律条文，切实掌握案情事实，以作出公正、合法的判决。如果因审判官的错误，导致对人犯定罪、量刑的不准确，无论是因故意，还是因过失，均由审判官承担相应的刑事责任。唐律将定罪量刑不准确的情况分作两大类："出罪"与"入罪"。"出罪"为将重罪判作轻罪，或将有罪判作无罪；"入罪"则相反，即将轻罪判作重罪，或将无罪判作有罪。

5. 死刑覆奏程序

对于死刑的执行，唐律规定必须履行特别的覆奏程序，并报皇帝批准。对于京城地区的死刑案件，须经"五覆奏"，即先后五次向皇帝奏告，由皇帝批准；对于地方州、县的死刑案件，须经"三覆奏"，即向皇帝奏告三次。

▶ 第三部分　典型案例与同步练习

第一节　　典型案例

死刑"五覆奏"之制

【案例史料】

贞观五年，张蕴古为大理丞。相州人李好德，素有风疾，言涉妖妄，诏令鞫其狱。蕴古言："好德癫病有征，法不当坐。"太宗许将宽宥。蕴古密报其旨，仍引与博戏。治书侍御史权万纪劾奏之。太宗大怒，令斩于东市。既而悔之，谓房玄龄曰："公等食人之禄，须忧人之忧，事无巨细，咸当留意。今不问则不言，见事都不谏诤，何所辅弼？如蕴古身为法官，与囚博戏，漏泄朕言，此亦罪状甚重。若据常律，未至极刑。朕当时盛怒，即令处置。公等竟无一言，所司又不覆奏，遂即决之，岂是道理。"因诏曰："凡有死刑，虽令即决，皆须五覆奏。"五覆奏，自蕴古始也。又曰："守文定罪，或恐有冤。自今以后，门下省覆，有据法令合死而情可矜者，宜录奏闻。

——选自（唐）吴兢：《贞观政要》卷八，《论刑法》

【案例分析】

1. 死刑覆奏制度沿革及案例简介

以上案件史料涉及唐代死刑覆奏制度的变化。死刑覆奏制入律的源头可追溯至北魏，北魏世祖太武帝拓跋焘即位后主张轻刑并重视刑狱，规定死刑案件审理完结之后、刑罚执行之前，必须经过皇帝亲自问讯，确保囚犯"无异辞怨言"。地方死刑案件亦实行"谳报"，即覆奏和奏报皇帝，经皇帝同意方可行决。这应当对隋、唐时期的死刑覆奏制度产生了极大的影响。隋文帝曾下诏规定：全国范围内的死刑案件，在执行之前一律经三次奏闻，从而确立了后世死刑"三覆奏"制度。唐代承袭了隋代的死刑案件"三覆奏"的规定，但在太宗时将"三覆奏"增加为"五覆奏"。上述史料记述的唐太宗追悔诛杀大理寺丞张蕴古与交州都督卢祖尚一事就是这一制度改革的缘由。

贞观五年（公元 631 年），张蕴古任大理寺丞。相州有个名叫李好德的人，一向有疯癫病，讲了些荒谬狂妄的话，唐太宗诏令治其罪。张蕴古说："李好德患疯癫病证据确凿，按照法律不应判罪。"太宗答应对他予以从宽处理。张蕴古私下将太宗旨意告知李好德并与他博戏。治书侍御史权万纪弹劾张蕴古，太宗怒而下令将张蕴古在东市处以斩刑。不久，唐太宗就对自己的做法感到非常后悔，对房玄龄说："你们食君之禄，就应替君分忧，事无大小，都得留心。如今我不询问，你们就不说自己的看法，看到事情都不劝谏诤言，这怎么能称作辅弼呢？比如，张蕴古身为法官，和狱囚一起博戏，还泄露我的话，虽说罪状严重，但如果按正常的法律量处，还不至于判处死刑。我当时盛怒，立即下令处死，你们竟然不说一句话，主管部门又不覆奏，就把他处决，这难道合乎道理吗？"于是下诏："凡有死刑，虽下令立即处决，都还得五次覆奏。"唐代"五覆奏"的规定即从张蕴古案开始。太宗诏令中又言："遵照律文定罪，也可能有冤情。从今以后，由门下省复审，有按照法令应当处死而情有可原的，应将案情抄录奏报。"

2. 唐代死刑覆奏制度的具体程序

唐代从制度上对死刑的执行作出了非常严格的限制规定，按唐制，死刑案件已经由中书门下奏请皇帝裁决，但在正式行决前，仍要再次奏请皇帝核准。

死刑覆奏按行决地点与死罪性质不同，分为三类：第一类是"五覆奏"，在京城行决死刑案件，决前要由负责行决官司连续覆奏五次，其中两次是在行决的前一天，三次是在行决的当天。第二类是"三覆奏"，在京外行决死刑案件，决前要由刑部连续覆奏三次，其中一次是在行决前日，两次是在行决当日。第三类是"一覆奏"，行决犯恶逆以上及部曲、奴婢杀主之死刑案件，行决前要由行决官司（京城）或刑部（京外）进行一次覆奏。即使皇帝临时敕令不得覆奏，亦照奏不误。

同时，死刑案件经皇帝最终核准后，由尚书省签发"决符"。行决官司接到"决符"，仍须停候三日才能执行死刑。若行决之司违反死刑覆奏规定，则依律予以严惩。《唐律疏议·断狱》"死囚覆奏报决"条载："诸死罪囚，不待覆奏报下而决者，流二千里。即奏报应决者，听三日乃行刑，若限未满而行刑者，徒一年；即过限，违一日杖一百，二日加一等。"

若行决官司未得皇帝之最终核准，擅自执行死刑，也将受到严厉的处罚。《唐律疏议》曰："'死罪囚'，谓奏画已讫，应行刑者。皆三覆奏讫，然始下决。若不待覆奏报下而辄行决者，流二千里。'即奏报应决者'，谓奏讫报下，应行决者。'听三日乃行刑'，称'日'者，以百刻，须以符到三日乃行刑。若限未满三日而行刑者，徒一年。即过限，违一日杖一百，二日加一等。在外既无漏刻，但取日周晬时为限。"

3. 深度思考

中国古代社会自汉代起，以儒家思想治国。死刑覆奏制度正是对儒家思想在司法方面的成功实践。这一制度符合儒家思想对于统治者"仁政"的要求，也体现了儒家"恤刑"思想。同时，君主凭借此制度，最大限度地将死刑的终审权收归自己所有，有效地维护了君主专制统治。此制度的实施亦起到了良好的限制死刑的效果，因此，中国古代虽长期以来并未废除死刑，但死刑覆奏制度的实施，同样实现了慎杀的目的。中国古代的死刑覆奏制度在慎刑、慎死方面卓有成效的制度设计在当今的法治社会依然具有借鉴意义。

<h2 style="text-align:center">第二节　同步练习</h2>

一、选择题

（一）单项选择题

1. 关于唐律中的五刑，下列哪一选项是正确的？（　　）（2007年司考）

A. 笞刑、羞辱刑、流放刑、经济刑、死刑

B. 笞刑、徒刑、流放刑、株连刑、死刑

C. 笞刑、杖刑、徒刑、流刑、死刑

D. 杖刑、徒刑、流刑、肉刑、死刑

2. 唐代中央最高审判机关是（　　）。（考研）

A. 刑部　　　　　　B. 御史台　　　　　　C. 大理寺　　　　　　D. 中书省

3. 下列有关唐代御史台的表述，正确的是（　　）。（2014年考研）

A. 御史台下设台院、殿院、察院

B. 御史台是三省的重要组成部分

C. 御史台的职能仅限于监察中央官吏

D. 御史台负责传承皇帝的命令，草拟诏书

4.《大中刑律统类》编纂于（　　）。（考研）

A. 宋代　　　　　　B. 唐代　　　　　　C. 五代　　　　　　D. 元代

5. 唐律中有关赋税征收和徭役摊派的内容规定在（　　）。（考研）

A.《职制》　　　　B.《徭役》　　　　C.《户婚》　　　　D.《职田》

6. 下列关于"十恶"的表述，正确的是（　　）。（2014年考研）

A. "十恶"制度首立于唐代

B. "十恶"是由重罪十条发展而来的

C. 官僚贵族犯"十恶"者可以官品抵折刑罚

D. "十恶"中的"谋大逆"是指图谋反对皇帝，推翻君主政权

7. 依照唐律的规定，殴打或者谋杀祖父母的行为属于"十恶"罪中的（　　）。（2014年考研）

A. 恶逆　　　　　　B. 不孝　　　　　　C. 大不敬　　　　　　D. 谋大逆

8. 下列选项中，依唐律可以适用自首减免刑罚原则的犯罪行为是（　　）。（2016年考研）

A. 私习天文　　　　B. 偷渡关卡　　　　C. 侵害人身　　　　D. 脱漏户籍

9. 京兆府民人张三与邻人李四因琐事发生口角，进而发展成为殴斗，张三被李四打伤，当夜，张三持利刃潜入李四家，将李四及其家人共五口全部杀死。三天后，张三被官府缉捕归案。若此案发生于唐玄宗天宝年间，依照唐律关于"十恶"的规定，张三的

行为构成的罪名是（　　）。（2016 年考研）

    A. 恶逆　　　　　　B. 不道　　　　　　C. 不义　　　　　　D. 谋大逆

10. 根据《唐律疏议·杂律》的规定，监临主司外的其他官员"因事受财"构成的犯罪是（　　）。（2017 年考研）

    A. 坐赃　　　　　　　　　　　　　　B. 受财枉法

    C. 受财不枉法　　　　　　　　　　　D. 受所监临财物

11. 唐高宗永徽年间，某地有婢女不堪主人欺凌，将主人毒杀，后该婢女被官府缉捕归案，判处斩刑。根据唐律关于死刑覆奏制度的规定，该案应覆奏的次数是（　　）。（2015 年考研）

    A. 无须覆奏　　　B. "一覆奏"　　　C. "三覆奏"　　　D. "五覆奏"

12.《唐律疏议·名例》规定："诸断罪而无正条，其应出罪者，则举重以明轻；其应入罪者，则举轻以明重。"关于唐代类推原则，下列哪一说法是正确的？（　　）（2014 年司考）

    A. 类推是适用法律的一般形式，有明文规定也可"比附援引"

    B. 被类推定罪的行为，处罚应重于同类案件

    C. 被类推定罪的行为，处罚应轻于同类案件

    D. 唐代类推原则反映了当时立法技术的发达

13. 唐开元年间，旅居长按的突某（来自甲国）将和某（来自乙国）殴打致死。根据唐律关于"化外人"犯罪适用法律的规定，下列哪一项是正确的？（　　）（司考）

    A. 适用当时甲国的法律

    B. 适用当时乙国的法律

    C. 当时甲国或乙国的法律任选其一

    D. 适用唐代的法律

14. 杜甫有诗云："朝回日日典春衣，每日江头尽醉归。酒债寻常行处有，人生七十古来稀。"对诗歌涉及的典当制度，下列哪一选项可以成立？（　　）（司考）

    A. 唐代的典当形成了明确的债权债务关系

    B. 唐代的典当契约称为"质剂"

    C. 唐代的典当称为"活卖"

    D. 唐代法律规定开典当行者构成"坐赃"

15. 元代人在《唐律疏议·序》中说"乘之（指唐律）则过，除之则不及，过与不及，其失均矣"表达了对唐律的敬畏之心。下列关于唐律的表述，哪一项是错误的？（　　）（2016 年司考）

    A. 促使法律统治"一准乎礼"，实现了礼律统一

    B. 科条简要、宽减适中，立法技术高超，结构严谨

    C. 是我国传统法典的楷模与中华法系形成的标志

    D. 对古代亚洲及欧洲诸国产生了重大影响，成为其立法渊源

16. 唐高祖时期，有人诬陷李靖谋反，唐高祖安排御史台查案，御史认为是诬告，便告知诬告者重写证词。御史向高祖上奏，高祖遂释放李靖，治了诬告者诬告之罪。关于本案，下列说法正确的是（　　）。（2020 年法考）

A. 如果控告属实，则李靖之罪可通过"八议"减免

B. 御史可引用《永徽律疏》判案

C. 唐代御史台主审判

D. 唐代仍然实行诬告反坐

17. 唐代诉讼制度不断完善，并具有承前启后的特点。下列哪一选项体现了唐律据证定罪的原则？（　　）（2017年司考）

A. 唐律规定，审判时"必先以情，审察辞理，反覆参验；犹未能决，事须讯问者，立案同判，然后拷讯。违者杖六十"

B. 《唐律疏议·断狱》说："若赃状露验，理不可疑，虽不承引，即据状断之"

C. 唐律规定，对应议、请、减和老幼残疾之人"不合拷讯"

D. 《唐律疏议·断狱》说："（断狱）皆须具引律、令、格、式正文，违者答三十"

18. 出土于敦煌的唐代《放妻书》写道："既以二心不同，难归一意，快会及诸亲，各还本道……解怨释结，更莫相憎；一别两宽，各生欢喜。"该《放妻书》所反映的唐代离婚制度是（　　）。（2023年考研）

A. 义绝　　　　　　B. 和离　　　　　　C. 七出　　　　　　D. 三不去

19. 唐中朝某部尚书受所监临财物，赃值抵八匹，依律应判徒刑一年。但由于其为正三品职事官，享有"八议"资格，据律可减一等处罚，则对其的量刑为（　　）。（2023年考研）

A. 答五十　　　　　B. 杖九十　　　　　C. 杖一百　　　　　D. 徒半年

20. 唐天宝年间，有民某甲盗布二十匹，后畏罪自首，供述并交出赃物十五匹，匿赃五匹。根据唐律规定，某甲应承担的法律责任是（　　）（2022年考研）

A. 因自首不论罪　　　　　　　　　B. 以盗五匹论罪

C. 以盗十五匹论罪　　　　　　　　D. 以盗二十匹论罪

（二）多项选择题

1. 《唐律疏议》又称《永徽律疏》，是唐高宗于永徽年间完成的一部极为重要的法典，下列关于《唐律疏议》的表述哪些是正确的？（　　）（司考）

A. 《唐律疏议》是由张斐、杜预完成的法律注释

B. 《唐律疏议》引用儒家经典作为律文的理论依据

C. 《唐律疏议》奠定了中华法系的传统

D. 《唐律疏议》对唐代的《武德律》等法典有很深的影响

2. 关于唐律中的刑罚适用原则，下列表述正确的是（　　）。（考研）

A. "十恶"犯罪为"常赦所不原"　　　B. 老年人和残疾人犯罪可减免刑罚

C. 禁止以类推方法定罪量刑　　　　　D. 外国人犯罪一律依照唐律处罚

3. 永徽四年（公元653年），唐高宗李治的妹夫房遗爱谋反，案犯"十恶"罪。依《永徽律疏》的规定，对房遗爱应作何处置？（　　）（司考）

A. 可适用"八议"免于死刑　　　　　B. 应被判处死刑

C. 可以赦免　　　　　　　　　　　　D. 不适用自首

4. 除谋反、谋叛等重罪外，唐代法律对其他犯罪的告诉有很多限制。下列情形中，为唐律所禁止的告诉行为有（　　）。（2015年考研）

A. 卑幼告尊长   B. 在押犯告狱官虐待

C. 八十岁以上者告子孙不孝   D. 奴婢、部曲告主人

5.《唐律疏议·贼盗》载，"祖父母为人杀私和"，"若杀祖父母、父母应偿死者，虽会赦，仍移乡避仇。以其与子孙为仇，故令移配"。下列理解正确的是（   ）。（2013年司考）

A. 杀害同乡人的祖父母、父母依律应处死刑者，若遇赦虽能免罪，但须移居外乡

B. 该条文规定的移乡避仇制体现了情法并列、相互避让的精神

C. 该条文将法律与社会生活相结合统一考虑，表现出唐律较为高超的立法技术

D. 该条文侧面反映了唐律"礼律合一"的特点，为法律确立了解决亲情与法律相冲突的特殊模式

6. 关于《永徽律疏》，下列选项错误的是（   ）。（司考）

A.《永徽律疏》又称《唐律疏议》，是唐太宗在位时制定的

B.《永徽律疏》首次确立了"十恶"，即"重罪十条"制度

C.《永徽律疏》对主要的法律原则和制度作了精确的解释，而且尽可能以儒家经典为根据

D.《永徽律疏》是对《贞观律》的解释，在中国立法史上的地位不如《贞观律》

7. 义绝是指夫妻情义已绝，是唐代强制离婚的条件。下列选项中，构成义绝的有（   ）。（2016 年考研）

A. 夫妻不相安谐   B. 夫殴妻之祖父母、父母

C. 妻殴夫之祖父母、父母   D. 夫妻祖父母、父母自相杀

8. 下列关于《开皇律》的表述，正确的有（   ）。

A. 完善了"官当"制度

B. 正式确立了"十恶"罪名

C. 设加役流为死刑减等后的刑罚

D. 刑罚定型为死、流、徒、杖、笞五刑

9.《唐律疏议·名例》规定："'盗缌麻以上财物，节级减凡盗之罪。'若犯诈欺及坐赃之类，在律虽无减文，盗罪尚得减科，余犯明从减法。"其中所反映出的刑法原则有（   ）。（2022 年考研）

A. 合并论罪从重   B. 轻重相举

C. 依服制定罪   D. 老幼恤刑

10. 唐初创建了市舶制度，制定了中国历史上第一项外贸征税法令。对外国商船至中国的部分货物，政府抽取十分之一的实物税。下列属于应抽取实物税的货物有（   ）。（2017 年考研）

A. 丝绸   B. 瓷器   C. 龙香   D. 沉香

（三）不定项选择题

1. 按照唐律的规定，"十恶"重罪包括下列哪些严重犯罪？（   ）（考研）

A. 谋反   B. 谋大逆   C. 通行饮食   D. 大不敬

2. 唐律规定的保护官僚贵族特权的制度包括（   ）。（考研）

A. 请   B. 赎   C. 官当   D. 自首减罪

3. 下列属于《唐律疏议》十二篇篇名的是（　　　）。

A.《刑名》　　　　　B.《法例》　　　　　C.《禁卫》　　　　　D.《斗讼》

4. 下列关于唐代法律形式的说法，正确的是（　　　）。

A. 律是唐代重要的法律形式，其内容大致相当于刑事法律规范

B. 令的内容主要是尚书省二十四司及其他部门在执行其他法律形式的过程中各自汇总订立的办事细则和公文程式

C. 格是皇帝临时、临事而颁布的行政命令。针对具体事项而言，格的法律效力高于律、令、式

D. 在唐代违反令、格、式，司法，官员可以直接根据令、格、式中相应的条文断罪

二、史料分析题

1. **材料一**：诸年七十以上、十五以下及废疾，犯流罪以下，收赎。八十以上、十岁以下及笃疾，犯反、逆、杀人应死者，上请；盗及伤人者，亦收赎。余皆勿论。九十以上，七岁以下，虽有死罪，不加刑；即有人教令，坐其教令者。若有赃应备，受赃者备之。诸犯罪时虽未老、疾，而事发时老、疾者，依老、疾论。若在徒年限内老、疾，亦如之。犯罪时幼小，事发时长大，依幼小论。

——选自《唐律疏议·名例》

材料二：德礼为政教之本，刑罚为政教之用，犹昏晓阳秋相须而成者也。

——选自《唐律疏议·名例》

（1）请运用中国法律史的知识和理论，分析上述材料并回答下列问题：

①材料一体现了唐律的何种刑罚原则？该原则适用的对象有哪些？

②材料一中允许"收赎"的情况有哪些？

（2）结合材料一，阐述材料二的内涵。（2015 年考研）

2. **材料一**：诸负债违契不偿，一匹以上，违二十日笞二十，二十日加一等，罪止杖六十；三十匹，加二等；百匹，又加三等。各令备偿。

——选自《唐律疏议·杂律》

材料二：诸公私以财物出举者，任依私契，官不为理。每月取利不得过六分。积日虽多，不得过一倍……又不得回利为本。

诸以粟麦出举，还为粟麦者，任依私契，官不为理。仍以一年为断，不得因旧本更令生利，又不得回利为本。

——选自《唐杂令》

请运用中国法律史的知识和理论，分析上述材料并回答下列问题：

（1）根据材料一，违契不偿者应承担哪些法律责任？

（2）根据材料二，为保护借贷契约中债务人的权利，唐代法律确立了哪些规则？

（3）唐代法律如何维护和规范借贷关系？（2015 年考研）

三、简答题

1. 唐律规定了保辜制度。所谓保辜，是指在斗殴案件中，加害行为发生后依法确定

一定期限，根据期满之日的加害结果确定加害人的罪名和刑事责任。请简述唐代保辜制度的功能。（2023 考研）

2. 请简述《唐律疏议》中"六赃"的内容。

3. 请简述唐律中的"八议"制度。

四、论述题

1.《唐律疏议》的主要特点和历史地位。（中南财经政法大学 1997、1999 年硕士研究生入学考试）

2. 请论述《唐律疏议》的立法原则。

参考答案及解析

一、选择题

（一）单项选择题

1. 答案：C

解析：《唐律疏议·名例》载：笞刑五：笞一十。（赎铜一斤。）笞二十。（赎铜二斤。）笞三十。（赎铜三斤。）笞四十。（赎铜四斤。）笞五十。（赎铜五斤。）杖刑五：杖六十。（赎铜六斤。）杖七十。（赎铜七斤。）杖八十。（赎铜八斤。）杖九十。（赎铜九斤。）杖一百。（赎铜十斤。）徒刑五：一年。（赎铜二十斤。）一年半。（赎铜三十斤。）二年。（赎铜四十斤。）二年半。（赎铜五十斤。）三年。（赎铜六十斤。）流刑三：二千里。（赎铜八十斤。）二千五百里。（赎铜九十斤。）三千里。（赎铜一百斤。）死刑二：绞。斩。（赎铜一百二十斤。）故选项 C 正确。

2. 答案：C

解析：唐代中央设有三个主要司法机关，分别为大理寺、刑部和御史台，合称"三法司"，其中大理寺为最高审判机关，负责审理中央百官犯罪及京师地区徒刑以上的犯罪，其判决中徒、流案送刑部复核，死刑案奏报皇帝核准。此外，大理寺对刑部移送的地方死刑案件有重审权。故 C 项正确。

3. 答案：A

解析：唐代御史台下设台院、殿院、察院。故 A 项正确。唐代三省指中书省、门下省和尚书省，不包括御史台。故 B 项错误。御史台下设察院监察御史，主要职责是监察地方官吏，御史台职能不限于监察中央官吏。故 C 项错误。传承皇帝命令、草拟诏书并非御史台的职责，而由中书省负责。故 D 项错误。

4. 答案：B

解析：《大中刑律统类》制定于唐末宣宗时期，是一种法律汇编形式，其将律按门分类，每门下附内容相关的格、敕、令、式，实用性强，对五代及两宋立法影响深远。故 B 项正确。

5. 答案：C

解析：唐律中《户婚》是有关户籍、土地、赋税、徭役及婚姻家庭等方面的法律。故 C 项正确。唐律共分十二篇，分别为《名例》《卫禁》《职制》《户婚》《厩库》《擅兴》

《贼盗》《斗讼》《诈伪》《杂律》《捕亡》《断狱》，并无《徭役》。故 B 项错误。

6. 答案：B

解析："十恶"制度是隋《开皇律》在《北齐律》"重罪十条"的基础之上首次确立的。故 A 项错误，B 项正确。唐律规定"官当"，即官员犯罪可以官品或爵位折抵刑罚，但"犯十恶者，不用此律"。故 C 项错误。"十恶"中的"谋大逆"指图谋毁坏皇帝宗庙、陵寝及宫阙，而"谋反"指图谋反对皇帝，推翻君主政权。故 D 项错误。

7. 答案：A

解析：依照唐律的规定，"十恶"中的"恶逆"是指殴打或者谋杀尊亲属的犯罪行为，殴打或者谋杀祖父母的行为属于此列。故 A 项正确。"不孝"是指子孙控告父母祖父母、别籍异财、供养有缺、丧不举哀、服丧违礼。故 B 项错误。"大不敬"是指盗窃皇帝用品、过失危害皇帝安全和侵犯皇帝尊严。故 C 项错误。"谋大逆"是指谋毁宗庙、山陵及宫阙。故 D 项错误。

8. 答案：D

解析：唐律中有关于自首减免刑罚的规定，但并非对所有犯罪行为都可适用，如"于人损伤，于物不可备偿""越渡关及奸，并私习天文者"，都不在自首减免刑罚的范围内。故 A、B、C 项错误，D 项正确。

9. 答案：B

解析：唐律"十恶"中的"恶逆"是指殴打或者谋杀尊亲属的犯罪行为，"不道"是指杀死一家非死罪三人和肢解人、造畜蛊毒以及以邪术诅咒人等犯罪行为，"不义"是指杀本属官吏、授业老师及侵犯夫权等犯罪行为，"谋大逆"是指图谋毁坏皇帝宗庙、陵寝和宫殿等犯罪行为。本题张三将李四及其家人共五口杀死，属于"不道"。故 B 项正确，A、C、D 项错误。

10. 答案：A

解析：唐律保护公有财产和私有财产，并确立了以打击盗取财产行为为核心的罪名体系。唐律关于财产犯罪的规定，集中体现在"六赃"即六种财产犯罪行为之中，本题选项即为其中四种。"坐赃"是指监临主司以外的其他官员"因事受财"构成的犯罪。故 A 项正确。"受财枉法"是指官员接受当事人的财物，因而对相关案件曲法处断。故 B 项错误。"受财不枉法"是指官员虽接受当事人的财物，但并未曲法处断。故 C 项错误。"受所监临财物"是指官员在主管范围之内，接受他人财物，即使他人无任何请托要求。故 D 项错误。此外，"六赃"还包括"强盗""窃盗"两种犯罪。

11. 答案：B

解析：在唐代司法制度中，死刑执行必须经过"三覆奏"程序，但是"若犯恶逆以上及部曲、奴婢杀主者，唯一覆奏"。本题中，婢女毒杀主人，因此仅需"一覆奏"。故 B 项正确。

12. 答案：D

解析：《唐律疏议·名例》载："诸断罪而无正条，其应出罪者，则举重以明轻；其应入罪者，则举轻以明重。"由此可见，唐律中类推的适用前提是"诸断罪无正条"，即法律没有明文规定。故 A 项错误。适用类推定罪，处罚既可能重于同类案件，也可能轻于同类案件。故 B、C 项错误。唐代类推原则反映了当时立法技术的发达。故 D 项正确。

13. 答案：D

解析：《唐律疏议·名例》载："诸化外人相犯者，各依本俗法；异类相犯者，以法律论。"唐代时，若同一国家的外国人在唐代统治者统治范围内犯罪，则根据罪犯本国的法律判决；若不同国家的外国人相犯，则根据唐律判决。本案中两名行为人分别来自不同国家，依据唐律的规定，应该适用唐代法律。故 D 项正确，A、B、C 项错误。

14. 答案：A

解析：唐代典当行业发达，已经形成了明确的债权债务关系。故 A 项正确。"质剂"为西周时期对买卖契约的称谓，《周礼》载："质剂有别。"故 B 项错误。"活卖"为宋代对典当的称谓。故 C 项错误。唐律"六赃"中的"坐赃"是指官吏或常人非因职权之便非法收受财物，本题中典当制度与"坐赃"无关。故 D 项错误。

15. 答案：D

解析：《唐律疏议》作为封建法典最高成就的典型代表，在立法原则上纳礼入律，"一准乎礼"，在法典层面实现了"礼律合一"。故 A 项正确。《唐律疏议》以科条简要、宽减适中为特点，立法技术高超，结构严谨，因此成为中国传统法典的楷模，同样也是中华法系形成的标志。故 B、C 项正确。《唐律疏议》具有广泛的世界影响，对亚洲诸国产生了重大影响，但其属中华法系，区别于欧洲以罗马法为渊源的大陆法系。故 D 项错误。

16. 答案：D

解析：谋反属于"十恶"之罪，为常赦所不原，如果对李靖的控告属实，则李靖的谋反之罪不能适用"八议"减免。故 A 项错误。《永徽律疏》制定于唐高宗时期，唐高祖时期应适用《武德律》进行判案。故 B 项错误。唐代"三法司"是指大理寺、刑部、御史台，大理寺主审判，刑部主复核，御史台主监察。故 C 项错误。诬告反坐是指对诬告者以诬告罪进行处置，出现于秦代，并为后世所继承。故 D 项正确。

17. 答案：B

解析：A 选项体现了唐律的拷讯原则。B 选项体现了唐律据证定罪的原则。C 选项体现了矜老恤幼的原则。D 选择体现了唐律依法断狱的原则。故 B 项正确。

18. 答案：B

解析：根据本题题干中所说的"一别两宽，各生欢喜"可知，《放妻书》反映的是唐代"和离"制度。"和离"即协议离婚，唐律解释"和离"为"夫妻不相安谐，谓彼此情不相得，两愿离者"。法律允许夫妻因"情不相得"而双方自愿解除婚姻关系。故本题选 B 项。"义绝""七出""三不去"均是唐代强制离婚方式，与题干不符，故不选。

19. 答案：C

解析：本题考查唐代的五刑体系。唐律规定了五刑二十等体系，详细可见本章单选题第 1 题解析。本题题干中明确指出该尚书"据律可减一等处罚"，律文称加、减若干等，指从某一刑等起，上、下推算。本题原本应判徒刑一年，依律可减一等处罚，即减为杖刑一百。故本题选 C 项。

20. 答案：B

解析：唐律完善了自首制度的规定，犯罪人在犯罪行为没有被发现时自首的，原则上可以免除处罚。但《唐律疏议·名例》"犯罪未发自首"条还另外规定："即自首不实及不尽者，以不实不尽之罪罪之，至死者，听减一等。"本题中某甲并未将盗窃二十四布的行为全部如实交代，属于自首"不尽"，对其供述的部分不作处罚，但是对余下的部分以盗五匹论罪。

（二）多项选择题

1. 答案：BC

解析：《唐律疏议》由长孙无忌等人负责主持并进行注律，张斐、杜预为晋代律学家，其所注《晋律》对《唐律疏议》具有很深的影响。故 A 项错误。《唐律疏议》在立法原则上"一准乎礼""纳礼入律"，引用儒家经典作为律文的理论依据，以儒家的纲常礼教作为立法的指导思想。故 B 项正确。《唐律疏议》作为中国古代法典最高成就的典型代表，奠定了中华法系的传统，也是中华法系形成的标志。故 C 项正确。《唐律疏议》即《永徽律疏》，编纂于《武德律》之后。故 D 项错误。

2. 答案：AB

解析："十恶"规定于《唐律疏议》首篇《名例》之中，是《唐律疏议》中所规定的直接危害统治阶级的根本利益、威胁统治秩序的、性质最为严重的犯罪，犯"十恶"者为"常赦所不原"。故 A 项正确。唐律立法注重哀矜老幼妇孺，《唐律疏议·名例》"老小及犯有疾"条载："诸年七十以上、十五以下及废疾，犯流罪以下，收赎。八十以上、十岁以下及笃疾，犯反、逆、杀人应死者，上请；盗及伤人者，亦收赎。余皆勿论。九十以上，七岁以下，虽有死罪，不加刑；即有人教令，坐其教令者。若有赃应备，受赃者备之。"故 B 项正确。《唐律疏议·名例》"断罪无正条"条载："诸断罪而无正条，其应出罪者，则举重以明轻；其应入罪者，则举轻以明重。"可见《唐律疏议》规定在"断罪而无正条"的前提下，可以适用类推原则。故 C 项错误。《唐律疏议·名例》"化外人相犯"条载："诸化外人相犯者，各依本俗法；异类相犯者，以法律论。"可见《唐律疏议》规定在犯罪人为相同国籍之外国人时，应按照其本国法律进行处罚。故 D 项错误。

3. 答案：BD

解析：《唐律疏议·名例》"八议者（议章）"条规定："其犯十恶者，不用此律。"本案为谋反案，属"十恶"重罪，应被判处死刑，且不可适用"八议"免除。故 A、C 项错误，B 项正确。"十恶"为"为常赦所不原"，同样不可适用自首减免刑罚。故 D 项正确。

4. 答案：AD

解析：唐律关于告诉的限制很多，但同样遵循纲常礼教的原则，如卑幼不得告尊长，卑贱不得告尊贵，在押犯只准告狱官虐待事，八十岁以上、十岁以下及笃疾者只准告子孙不孝或同居之内受人侵害事等。故 A、D 项正确，B、C 项错误。

5. 答案：ABCD

解析：本条律疏规定的是为避免后世复仇，杀害同乡人尊亲之人虽然会赦免死，仍要移居外乡，这种解决情与法相冲突的特殊处理方式体现了唐律情法相结合的特点，表现出唐律高超的立法技术，反映了唐律"礼律合一"的特点。故 A、B、C、D 项正确。

6. 答案：ABD

解析：《永徽律疏》是唐永徽年间，即唐高宗在位时制定的，元代以后称作为唐代法典代表的《永徽律疏》为《唐律疏议》。故 A 项错误。"十恶"并非为《永徽律疏》首次确立，而是承袭自隋《开皇律》，而《开皇律》中的"十恶"制度又是在《北齐律》"重罪十条"的基础上加以改编、继承而来的。故 B 项错误。《永徽律疏》在立法原则上"一准乎礼"，在对《永徽律》的解释上以儒家经典为根据，全面体现了中国古代法律制度的水平、风格和基本特征，是唐代乃至中国古代法典的最高峰，在中国古代立法史上占有最为重要的地位。故 C 项正确，D 项错误。

7. 答案：BCD

解析：《唐律疏议·户婚》"妻无七出而出之"条曰："义绝，谓'殴妻之祖父母、父母及杀妻外祖父母、伯叔父母、兄弟、姑、姊妹，若夫妻祖父母、父母、外祖父母、伯叔父母、兄弟、姑、姊妹自相杀及妻殴詈夫之祖父母、父母，杀伤夫外祖父母、伯叔父母、兄弟、姑、姊妹及与夫之缌麻以上亲，若妻通奸及欲害夫者，虽会赦，皆为义绝。'"故 B、C、D 项正确。

8. 答案：ABD

解析：《开皇律》完善了"八议"和"官当"制度，A 项正确。《开皇律》在北齐"重罪十条"的基础上正式确立了"十恶"罪名，B 项正确。《开皇律》删除了前代酷刑，将刑罚定型为死、流、徒、杖、笞五刑，D 项正确。唐律创设了加役流，作为减死之刑，但非《开皇律》的内容，故 C 项不当选。

9. 答案：BC

解析：合并论罪从重，是指一人犯两种或两种以上罪者，从重者论，但不累加处刑，即重罪吸收轻罪，A 选项错误。轻重相举类似于现代刑法中的类推原则，该条规定表明：此类情况下，盗窃罪既然能减轻处罚，比盗窃危害更小的诈骗和坐赃犯罪就更可以减轻处罚，此即"举重以明轻"，B 选项正确。依服制定罪，是指亲属间的犯罪，据斩衰、齐衰、大功、小功、缌麻五等丧服所规定的亲等来定罪量刑。对于家庭（族）内的财产侵犯，服制愈近，处罚愈轻；服制愈远，处罚愈重。盗窃缌麻以上亲等的财物，按服制等级减轻处罚，符合依服制定罪的原则，C 选项正确。老幼恤刑，指唐律对老幼废疾者分不同情形实行减免刑罚。题目中的规定没有体现此原则，D 选项错误。故本题选择 B、C 项。

10. 答案：CD

解析：唐朝对外贸易发展迅速，相应的法律制度逐渐成熟。唐朝海路贸易颇为开放，允许外商来华自由贸易。唐朝创建了市舶制度，对外国商船贩至中国的龙香、沉香、丁香、白豆蔻四种货物，政府抽取十分之一的实物税，这是中国历史上第一项外贸征税法令。故 C、D 项正确。

（三）不定项选择题

1. 答案：ABD

解析：《唐律疏议·名例》中规定，"十恶"重罪："一曰谋反，二曰谋大逆，三曰谋叛，四曰恶逆，五曰不道，六曰大不敬，七曰不孝，八曰不睦，九曰不义，十曰内乱。"故 A、B、D 项正确。

2. 答案：ABC

解析：唐律中保护官僚贵族特权的制度包括议、请、减、赎、当、免等，而自首减罪原则作为刑罚适用原则，对常人都适用，并非专属于官僚贵族的特权。故 A、B、C 项正确，D 项错误。

3. 答案：D

解析：《唐律疏议》共计十二篇，分别为《名例》《卫禁》《职制》《户婚》《厩库》《擅兴》《贼盗》《斗讼》《诈伪》《杂律》《捕亡》《断狱》。《刑名》和《法例》出现在西晋《泰始律》和北魏《北魏律》中，到《唐律疏议》二者合为《名例》篇，故 A、B 项错误。《禁卫》是《北齐律》中的一篇，C 项错误。

4. 答案：AC

解析：唐代法律形式主要包括四种：律、令、格、式。律的内容大致相当于刑事法律规范，故 A 项正确。唐令的内容主要涉及国家行政体制，其他部门在执行其他法律形式的过程汇总各自订立的办事细则和公文程式是式的内容，故 B 项错误。格是皇帝临时、临事而颁布的行政命令，格随时、随事而发，针对性强，属于"特别法"，其对具体事项的法律效力更强，故 C 项正确。令、格、式三者主要的内容近似于行政法，规定的是如何组织与行为，律规定了违反这些内容的处罚条款。《新唐书·刑法志》记载"其有所违及人之为恶而入于罪戾者，一断以律"，说明即使违反了令、格、式，都是以律来处罚，故 D 项错误。

二、史料分析题

1. 参考答案：（1）1）材料一体现了唐律的老幼废疾犯罪减免刑罚的原则。该原则的适用对象主要分为三类：第一，七十岁以上、十五岁以下及废疾者；第二，八十岁以上、十岁以下以及笃疾者；第三，九十岁以上、七岁以下者。

2）材料一中允许"收赎"的情况主要有五种：第一，七十岁以上、十五岁以下及废疾，犯流罪以下者；第二，八十岁以上、十岁以下及笃疾，犯盗及伤人罪者；第三，犯罪时虽未老、疾，而事发时老、疾者，依上述老、疾收赎的规定处理；第四，罪犯在服徒刑期限内老、疾者，依上述老、疾收赎的规定处理；第五，犯罪时年幼，事发时长大者，依上述幼小收赎的规定处理。

（2）"德礼为政教之本，刑罚为政教之用"包含三层含义：首先，"德礼"和"刑罚"是治理国家必不可少的两种手段，就像一天中有早有晚，一年中有春有秋，两者缺一不可；其次，"德礼"与"刑罚"又是"以德为主，以刑为辅"的，二者地位并不等同，是"本"与"用"的关系，"德礼"起主导性、根本性的作用，"刑罚"起辅助性的作用；最后，"德礼"与"刑罚"都是手段，而非目的，二者统一于维护君主统治，君主要注重对民众的道德教化，只有不得已时才可适用刑法。"德礼为政教之本，刑罚为政教之用"作为唐代立法的指导思想，集中体现了唐代法律"礼律合一"的特征。

材料一中唐律规定老幼废疾减免刑罚的这一刑罚适用原则体现了统治者注重教化、慎用刑罚的宽仁思想，是"礼本刑用"这一立法指导思想在具体立法中的体现。

2. 参考答案：（1）借贷契约中债务人违约，其既要承担刑事责任，又要承担民事责任。刑事责任：依照债务人违约的时间长短和违约债务数额的多少加减刑罚；对刑罚有最高刑限制，总体处罚较轻。民事责任是违约的债务人必须偿还债务。

（2）唐代法律为保护借贷契约中债务人的权利，确立的规则如下：限制利率；一本一利；不得回利为本。

（3）对于借贷契约关系，原则上依照当事人的约定，官方不与干预。唐代法律既保护债权人的合法权益，追究契约不偿者的法律责任，又保护债务人的合法权益，如限制高利率，规定一本一利和不得回利为本等。

三、简答题

1. 参考答案：保辜制度的功能：（1）保辜制度力求准确区分伤害罪和伤害致死的杀人罪，明确因斗殴而导致的法律责任，使之罪刑相应。（2）保辜制度要求行为人在法定的期限内积极对被害人施救，以减轻自身的法律责任，这对减轻犯罪后果，缓和社会矛盾起到了良好作用，有利于稳定封建统治秩序。

2. 参考答案："六赃"是六种涉及财产的犯罪，包括强盗、窃盗、受财枉法、受财不枉法、受所监临、坐赃。"强盗"与"窃盗"类似于现代刑法中的抢劫与盗窃，"受财枉法""受财不枉法""受所监临""坐赃"均直接针对官员贪污贿赂与利用职务之便获取财产利益。"受财枉法"指官员接受当事人的财物，因而对相关案件曲法处断；"受财不枉法"指虽接受当事人的财物，但并未曲法处断；"受所监临"指官员在主管范围之内，接受所辖地区百姓或下属的财物，即使他人无任何请托要求；"坐赃"指非监临主司，因事接受他人财物。

3. 参考答案：《唐律疏议》中的"八议"条直接继承于隋《开皇律》，指对"亲""故""贤""能""功""贵""勤""宾"等有特殊身份的八种人在法律上给予特别对待。八议之人犯罪，法律区别情况，给予不同处理。若所犯为流以下罪，则由司法机关据常律减一等处罚。若所犯为死罪，一般官吏无权处断，司法机关须将犯人所犯罪行及符合八议范围的身份上报朝廷，由刑部提出处理意见，再报请皇帝批准。

四、论述题

1. 参考答案：《唐律疏议》的主要特点有以下几个方面。

（1）在法典的体系结构方面，以刑为主、诸法合体，总则在前、分则在后，实体在前、程序在后，律疏合编。

中国传统社会的成文法典自《法经》开始，从整体性质来看，一直是以刑为主、诸法合体的综合性法典。唐代立法者继承了这一传统，在《唐律疏议》中仍将各类刑事犯罪作为主要规制内容，同时对民事、经济、行政、军事、诉讼等其他内容进行规范。

《唐律疏议》共五百条，分为十二篇。作为总则的《名例》位于律首，其中集中规定了唐律的立法宗旨和五刑、十恶、八议等各项最为重要的制度和法律原则。其余各篇作为分则，分类规定各种具体法律内容，最后对程序性法律进行规定。

《唐律疏议》采取律疏合编的体例。为提高全社会对唐律内容的理解，唐高宗下令对《永徽律》逐条进行法律解释，附于律文之下，律疏与律文具有同等法律效力。这种体例既保证了法律的稳定性，也能够适应社会变化，体现了唐律高超的立法技术。

（2）在立法精神方面，"一准乎礼"。

唐初统治者继承汉代以来"德主刑辅""礼本刑用"的儒家法治思想，"德礼为政教之本，刑罚为政教之用"包含三层含义：首先，"德礼"和"刑罚"是治理国家的必不可少的两种手段；其次，"德礼"与"刑罚"又是"以德为主，以刑为辅"的，二者地位并不等同；最后，"德礼"与"刑罚"都是手段，而非目的，二者统一于维护君主统治，君主要注重对民众的道德教化，只有不得已时才可适用刑法。这一特点也是唐律发展到成熟、完备阶段的典型标志，在唐律中，立法精神的"一准乎礼"主要体现在三个方面：一是所有条文都以三纲五常为出发点和落脚点，维护皇权、父权和夫权；二是诸多法律直接来源于礼的规范，如八议、准五服以制罪、同居相隐等制度，将礼的精神融入立法，定罪量刑"一准乎礼"；三是在疏议中引用儒家经典为唐律条文进行解释，以阐明纲常礼教的微言大义和统治者的立法意图。

（3）在法典内容方面，科条简要、宽减适中。

唐代立法以科条简要、宽减适中为特点。中国传统法典的编纂和修订经历了从繁杂到简要的发展过程，秦代法律"繁于秋荼"，西汉武帝以后，一事立一法，导致律令科条大为扩充。经过魏晋南北朝时期的反复修订，至《北齐律》定为十二篇、九百四十九条。《唐律疏议》沿袭隋制，继承北齐"法令明审、科条简要"的传统，定律十二篇、五百条，在律文之下附有注疏，可以被称为中国古代立法史上最为简要、精炼的一部法典，成为后世历代王朝法典编纂的楷模。

中国刑罚制度也经历了一个从残酷、繁杂到轻缓、规范的过程。西汉文景时期废肉刑，基本废除了奴隶制五刑，使中国古代刑罚制度发生了历史性变革，此后经过魏晋南北朝时期对刑罚制度的不断变革，隋代正式形成了传统五刑体系，《唐律疏议》沿袭隋制，其规定的五刑制度在刑罚种类、死刑方式、刑期限制、量刑幅度及行刑方式等方面都以轻缓适中为原则。

《唐律疏议》的历史地位如下：

《唐律疏议》为我国现存最早、保存最完整的法典与法律学著作，其集先代立法之大成、开后代立法之先河，对东亚各国法制的建立和完善也产生过广泛、深远的影响，是东亚文化圈形成与发展的重要基础。唐律是自秦汉以来法典发展的成熟形态，其撰成后对后世法典影响极大，且本身亦对后世在很大程度上发挥着制定法的效力。同时，其在立法技术、法律原理方面的成就也远远超过了同时代的西方各国。日本、朝鲜、越南等周边国家在法典编纂的过程中对唐律基本上是全面模仿的。总而言之，《唐律疏议》可谓是代表中古时期法治文明最高水平的世界性法典。

2. 参考答案：唐代在礼法并用治国的思想的指导下形成了"德礼为政教之本，刑罚为政教之用"的立法原则，其包含如下含义：

首先，"德礼"与"刑罚"是治理国家必不可少的两种手段，"犹如昏晓阳秋相须而成者也"，就像一天中有早有晚，一年中有春有秋。两者功能不同、作用互补、相辅相成、缺一不可。

其次，"德礼"与"刑罚"的地位并不是同等的，而是"本"与"用"的关系，"德礼"起到的是主导的、根本的作用，"刑罚"起到的是辅助的、表面的作用。"德礼"重在通过教育感化的方式，劝民以礼，导民向善，不仅能够使万民安分和谐，而且有利于社稷政权的长期稳定。因此，弘德倡礼是国家治理的核心，也是国家治理的优先手段。刑罚重在禁顽止奸，打击危害政权、侵害社会的犯罪行为。虽然刑罚为国家治理所必需，但其以剥夺生命、残害肢体、限制自由等手段来实现目标，违反人的本性，只是一时之策，不能保持政权的长期稳定。因此，治理国家的有效方式是以德为主，辅之以刑。

最后，唐代立法强调轻刑慎罚，刑罚是社会治理治理不得已的手段，因此要进行限制。一方面减少死罪条文，减轻刑罚；另一方面严格限制死刑案件的复核程序，达到轻刑慎罚的目的。

"德礼为政教之本，刑罚为政教之用"是唐朝制定法律的重要原则，体现了西汉以来儒法合流、道德法律共同治理的基本模式。这一原则的有效实施，推进了"贞观之治""开元之治"的形成，影响了唐以后历代王朝的政治法律制度，并构成了中华民族独具特色的治国理政方式的核心内涵。

五、拓展延伸阅读

（一）著作

1. 陈寅恪 . 隋唐制度渊源略论稿 . 上海：上海古籍出版社，2020.

2. 高明士 . 中国中古礼律综论 . 北京：商务印书馆，2017.

3. 钱大群 . 唐律与唐代法制考辨 . 北京：社会科学文献出版社，2013.

4. 刘晓林 . 唐律"七杀"研究 . 北京：商务印书馆，2012.

（二）论文

1. 刘晓林 . 唐律中的"杀"与"死" . 政法论坛，2020（03）.

2. 郑显文 . 审判中心主义视域下的唐代司法 . 华东政法大学学报，2018（04）.

3. 甘怀真 . 《唐律》"罪"的观念//中南财经政法大学法律文化研究院 . 中西法律传统：第 6 卷 . 北京：北京大学出版社，2008：79 - 94.

4. 王立民 . 论唐律规定的官吏言论犯罪 . 当代法学，2021（03）.

5. 陈俊强 . 非流之流：关于唐代配隶、安置、罚镇、效力等诸问题//周东平，朱腾 . 法律史译评：第 6 卷 . 上海：中西书局，2018：138 - 152.

第九章　宋代法制

第一部分　本章知识点速览

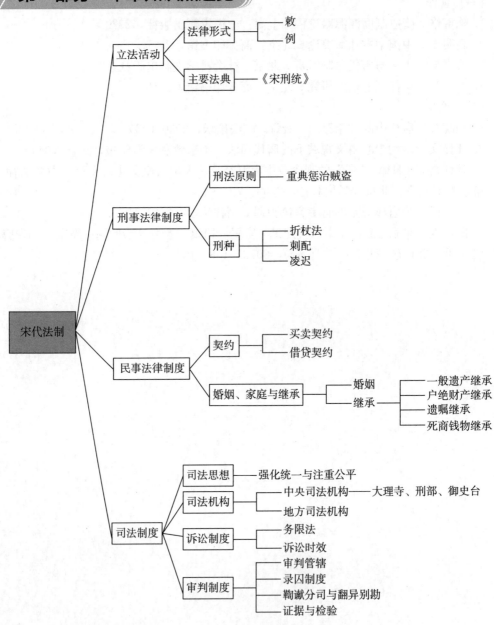

第二部分　本章核心知识要点解析

一、宋代的法律形式

【难度与热度】

难度：☆☆　热度：☆☆☆☆

【内容解析】

宋代的法律体系主要由律、令、格、式、敕等法律形式组成。敕作为皇帝发布的诏令，主要针对特定的人和事项，并非具有普遍性与稳定性的法律规范。为应对社会发展的需要，皇帝颁布的敕的数量不断增加，"编敕"成为宋代经常性的主要立法活动。所谓"编敕"，就是将皇帝历年的分散颁布的敕进行整理、删定，使其成为具有普遍适用效力的法律形式。故《宋史·刑法志》载："宋法制因唐律、令、格、式，而随时损益则有编敕。"宋真宗之前宋代并无固定立法机构，立法主要由大理寺承担，宋真宗时期设立了专门的立法机构"详定编敕所"。宋代编敕的适用范围存在差异，既有通行全国的"海行编敕"，也有适用于地方的"一州一县编敕"，还存在适用于朝廷各部、寺、监的"一司一务编敕"。关于宋代的律、敕关系，根据《宋史·刑法志》记载，神宗时朝廷宣布"凡律所不载者，一断以敕"，学界传统上多持"以敕代律"的看法。有学者指出，宋代大量修纂编敕对律进行补充修改，敕、律并行不悖，就法律形式而言，律从未被敕所取代，敕仅优于律而优先适用而已。所谓"以敕代律"，不是敕完全取代律，而是律所不载者方用敕，实务运作层面同样反映出《宋刑统》在有宋一代，也始终保持应有的法律效力，在审断案件时被加以援引。

除敕之外，例在两宋法律体系中同样发挥了重要作用。宋代的例主要有三种形式："条例"即皇帝发布的特旨；"断例"即审判案件的成例；"指挥"即中央官署对下级官署下达的命令。宋代例的广泛适用，也带来了其地位的提高，"编例"同样成为重要的立法活动，它始于北宋中期，盛于南宋，甚至出现了"引例破法"的情况。

鉴于先前对敕、令、格、式的编纂大多依据发布时间和法律性质分类，未能突出"事类"，不便于检索与适用，南宋淳熙时期改为按照法律的内容、性质为依据进行编排，分门别类，每项事类下收入相关的敕、令、格、式，编成《淳熙条法事类》。这在法典编纂体例上是一项创造。目前存世的条法事类为《庆元条法事类》残本。

二、《宋刑统》

【难度与热度】

难度：☆☆　热度：☆☆☆

【内容解析】

建隆三年（公元962年），在臣僚提请下太祖赵匡胤命窦仪更定刑统，次年纂成《宋建隆重详定刑统》，简称《宋刑统》。随即太祖下诏模印颁行，《宋刑统》成为中国第一部镂版印刷的成文法典，也是宋代的基本法典。《宋刑统》共30卷，分为12篇213门502条。《宋刑统》与《唐律疏议》相比，差异主要体现在以下几个方面。

一是法典命名。自秦商鞅改法为律后，基本上法典均以"律"命名，宋代沿袭后周

《显德刑统》，改称为"刑统"，意思是以类统编本朝刑事法律法规。二是编纂体例。首先《宋刑统》的编纂体例可追溯至唐宣宗时期的《大中刑律统类》，它在唐律法典 12 篇的基础上，按照法律条文的性质进行了归类，分为 213 门。每一门内，律文、律疏后附有敕、令、格、式，并以"准"字开头，条例清晰，便于检索。其次，《宋刑统》将唐律"余条准此"条此类具有通则性质的条文 44 条，汇总为一门，集中附于《名例律》之后。三是新增起请条。所谓起请条，是窦仪等修律者对敕、令、格、式等条文提出的修改建议，附于敕、令、格、式之后，每条冠以"臣等参详"字样，共计 32 条。

《宋刑统》开创了中国古代刑律编纂的新体例，后世法典将律文与条例等合编的体例，皆源于《宋刑统》。

三、重法地法

【难度与热度】

难度：☆☆　热度：☆☆☆☆

【内容解析】

宋仁宗时期以来，为强化中央集权，维护社会秩序，宋代颁布了系列严惩盗贼的法令。具体而言，针对重要地区的盗贼犯罪采取加重处罚的办法，这些重要地区即"重法地"。宋代重法地最初主要集中于开封及所属诸县，其后重法地的范围不断扩大，宋哲宗时重法地已占全国二十四路中的十七路。在这些地区，《盗贼重法》等相关重法地法作为刑事特别法取代了《宋刑统》。其后甚至发生在非重法地的犯罪也以重法论处。

四、折杖法

【难度与热度】

难度：☆☆　热度：☆☆

【内容解析】

宋承唐制，在法定刑方面延续了唐代笞、杖、徒、流、死五级二十等的"五刑"体系。但除死刑外，宋代创设了以"决杖"代替笞、杖、徒、流刑的方法，即所谓"折杖法"。折杖法颁行于建隆四年（公元 963 年），其后被纳入《宋刑统》之"五刑门"，成为宋代法定刑罚制度。通过将此四类刑罚折抵为脊杖或臀杖等方式，宋代立法达到了"流罪得免远徙，徒罪得免役年，笞杖得减决数"的目的。

五、刺配与凌迟

【难度与热度】

难度：☆☆　热度：☆☆☆

【内容解析】

刺配，是集合杖刑、刺字与流配于一体的严酷刑罚，原本作为免死人犯的代用刑罚，后成为宋代广泛适用的常刑。

凌迟，是以利刃零割碎剐肌肤至死的残酷刑罚，俗称"千刀万剐"。宋代自天圣年间因荆湖地方杀人祭鬼，首用此刑。至南宋《庆元条法事类》中，将凌迟与绞、斩并列为法定死刑。

六、契约制度

【难度与热度】

难度：☆☆☆　　热度：☆☆☆☆

【内容解析】

伴随商品经济的发展，两宋时期买卖、借贷、租赁等各种形式的契约均有发展。宋代对于契约的订立尤为强调"合意"，双方当事人应当在自愿基础上，达成一致，严禁采用强迫或者欺诈等手段订立契约，否则不仅契约本身无效，当事人还可能会受到法律的制裁。

买卖契约。买卖契约是宋代重要的契约形式，主要包括三种类型：绝卖、活卖、赊卖。所谓绝卖，是指买卖成立后，所有权随即转移，卖方无权要求回赎。所谓活卖，又称典卖，是一种附买回条件的买卖。在买卖过程中，出卖方保留了标的物的所有权与赎回权，而典价也是低于卖价的。所谓赊卖，是先以信用取得标的物，之后再支付的买卖。赊卖须以财产作抵押，而且需要提供人保。关于不动产买卖契约的成立，需要经过先问亲邻、输钱印契、过割赋税、原主离业等步骤。换言之，土地、田宅等所有权的转移，必须经过官府的承认，签约时向官府登记并缴纳税费后，官府会在当事人已纳税的契约上加盖公章，此类契约即为"红契"，它是土地、田宅纠纷在被审断时的法定依据。反之，则为"白契"，此种当事人为规避契税订立的契约，则不会受到官府的保护。

借贷契约。宋代将借贷按照是否支付利息进行了划分，其中不付利钱的借贷被称为"负债"，支付利钱的借贷被称为"出举"，又称"出息"。对于"出举"契约的成立，一般采取"任依私契，官不为理"的基本原则，但宋代对于借贷利息法律有明确的规定，"每月取利不得过六分，积日虽多，不得过一倍"，否则会受到法律的惩罚。对于"负债"契约，如果过期不偿，则可以请求官府强制赔偿，即"官为理索"，但法律不允许债权人"强牵财物"，否则"过本契者，坐赃论"。

除买卖契约、借贷契约外，宋代还存在租赁契约、合伙契约、行纪契约等契约形式。

七、继承制度

【难度与热度】

难度：☆☆☆☆　　热度：☆☆☆☆

【内容解析】

关于宗祧继承。宋代法律以正妻所生之嫡子为第一继承人，否则以妾所生之庶子为继承人。私生子若能够证明与其父的血缘关系的，法律承认其合法地位，并享有财产继承权。遗腹子作为父亲死后出生之子，与已出生之子享有同等继承权。关于户绝之家，即无男性子嗣之户，可以通过立继与命继的方式，继承宗祧。立继子即夫亡妻存，妻在丈夫同宗晚辈中收养之子，地位与亲子相同。命继子即夫妻双亡，近亲尊长议立之子，以承香火。

关于财产继承。宋代沿袭了唐代的基本规定，采取"兄弟均分""子承父分"的原则，但在女子继承财产方面增加了唐律未有之规定。在室女，即未出嫁的女儿，如有兄弟则无财产继承权，但可以获得相当于儿子聘财数额一半的嫁资；如无兄弟出现户绝的情况，则在室女享有全部份额的财产继承权；倘若存在继子，则在室女享有四分之三份额的财产继承权，继子享有四分之一份额的财产继承权。出嫁女，即已出嫁的女儿，在出现户绝的情况下，倘若未有在室女的，出嫁女享有三分之一份额的财产继承权，其余三分之二入官；倘若存在继子，则出嫁女、继子、官府各享有三分之一份额。至于户绝者无女儿的，则遗产归近亲，无近亲则归官府。除此之外，户绝遗产的继承还承认遗嘱继承，遗嘱继承不受法定继承顺序及份额的限制，但遗嘱的成立有严格的条件。比如，书面遗嘱需要满足"亲书遗嘱，经官给据"的条件，未经官印押的遗嘱，官府是不予承认的。此外，遗嘱继承还存在诉讼时效的限制，"遗嘱满十年而诉者，不得受理"。

关于死商钱物继承。宋代海外贸易发达，若有商人客死他乡，其财产处理成为急需解决的现实问题。《宋刑统》新增"死商钱物"门对相关财产处理进行了规定。基本原则是由其随行亲属继承收管财物，如无此范围亲属随行，只能由其父母、妻儿等持官府公文前来收认，如无人相伴，则由官府代为保管，并于其原籍追访亲属，相关继承人可前来认领继承。

八、务限法

【难度与热度】

难度：☆☆　热度：☆☆

【内容解析】

务限法是宋代关于官府受理民事诉讼时间的制度规定，它的出发点在于避免因民事诉讼耽误农业耕作。每年二月初一到九月三十日，这段时间即为"务限"期，在此期间，州、县官会停止审理田宅婚姻等民事诉讼。《宋刑统》规定："取十月一日以后，许官司受理，至正月三十日住接词状，三月三十日以前断遣须毕，如未毕，具停滞刑狱事由闻奏。"

九、鞫谳分司与翻异别勘

【难度与热度】

难度：☆☆　热度：☆☆☆☆

【内容解析】

宋代自州至大理寺都采取审与判分离的司法制度。州设司理院，由司理参军作为"鞫司"，掌"狱讼勘鞫"，即负责审讯事务；由司法参军作为"谳司"，掌"议法判刑"，即负责定罪量刑。两司各有其职，独立活动，均无权过问干涉对方事务。大理寺则分别设有"断司"与"议司"，分别负责审讯犯人和检法断刑。此种制度即为"鞫谳分司"制，负责审讯的官员与检法断刑的官员之间相互牵制，起到了平衡司法，避免流弊的作用。

翻异别勘，即犯人不服判决，推翻原口供的，则改换审判官重新审理的制度。其中，由原审机关的另一官司复审，称为"移司别推"；由上级司法机关派差与原审机关不相干的其他机关复审，称为"差官别推"。犯人翻异三次后再翻异的，则不再进行复审，南宋时可翻异次数增加到五次。

第三部分 典型案例与同步练习

第一节 典型案例

宋卢公达继承案

【案例史料】

卢公达为侍郎之孙，不幸无子，遂养同姓人卢君用之子应申为子。又不幸不肖，挟侍郎之荫，生事乡邻，背所养，从所生，犯赃犯盗，蒙本州将应申决脊杖，编管抚州，此尚可以继侍郎之后，而奉其香火乎？既不可为侍郎后，则尚得名为卢公达之子乎？父之所以生子者，为其生能养己，死能葬己也。今问卢应申，则称与乃父公达各居异食，是生不能养之矣。公达死后，义子陈日宣经县投词，称应申不出钱营葬。生既不能养，死又不肯葬，父子之道固如是乎？人伦天理，至此灭矣！今据卢应申、陈日宣各执出公达生前遗嘱，乃应申未犯罪之前，今年六月、七月遗嘱及状互相反复，皆是公达临终乱命，不可凭信。今但以大义裁之，则应申既同所生父君用受刑，则决不可玷辱衣冠，况生不养公达，死不葬公达，委难为子，引勒卢应申仍旧归宗，为君用之子。公达产簿，当厅给付房长卢景愈等，从公择本宗昭穆相当人，立为公达之后，仍监检索侍郎诰勅，与之主掌。应申手内卖过田业，用过钱物，并免根问。陈日宣自系外姓人，随母嫁于公达，所有公达户下物业，日宣不得干预惹词。申州、提举司照会。

——选自《名公书判清明集·户婚门》

【案例分析】

卢公达作为侍郎的孙子，因为没有儿子，就收养了与他同姓的名叫卢君用的儿子卢应申为子。但是卢应申本身不孝且惹是生非，以致犯罪被判决脊杖，编管抚州，既然如此又如何作为侍郎的后代侍奉其香火？如果不能侍奉香火，又怎么称之为卢公达的儿子呢？父亲生养儿子，为的是生有所养，死有所葬。现在卢应申称与卢公达分居各处，不能实现生有所养。卢公达去世后，他的义子陈日宣称，卢应申不出钱埋葬。活着的时候不能养，去世后又不肯葬，父子之道难道应该是这样的吗？人伦天理何存！现在根据卢应申、陈日宣各自提供的卢公达生前遗嘱，它们都是在卢应申犯罪之前卢公达所写的，但今年六、七月的遗嘱和诉状内容相互矛盾，都是卢公达临终胡乱所写，不能凭信。现在根据大义裁判，卢应申既然和他的生父一同受刑，则坚决不能玷污了卢公达的名声，况且生无所养，死无所葬，实在难以作为其子，遂判决其回到原来的宗族，仍为卢君用的儿子。卢公达的产业，交给房长卢景愈等，从本宗中挑选合适人选立为卢公达的后人，将册封侍郎的诰敕交给他掌管。卢应申变卖过的田产、用过的钱物不再追究。陈日宣作为外姓之人，跟随母亲而来，所有卢公达名下产业，他都不得干预或提起诉讼。申州、提举司照会。

该案是关于宋代继承制度的案例，其中有如下内容需要注意。

（1）宋代继承制度可划分为宗祧继承与财产继承两个方面，但相对而言，宗祧继承更为重要。倘若家庭中没有儿子作为继承人,那么会面临无人侍奉香火的局面,因此宋代允许通过抱养等方式加以弥补,《宋刑统》载:"无子者,听养同宗于昭穆相当者。"本案中,卢公达就是收养了同宗的卢应申作为嗣子,因此卢应申是具备继承资格的。而与之相对的是,"再嫁之妻将带前夫之子就育后夫家者"在法律上被称为"义子"。义子并不跟随义父之姓,倘若义父去世,就回归本宗,也不享有对义父财产的继承权。因此陈日宣作为卢公达的义子,从法律的一般规定来说,并无继承权。

(2) 宋代的继承方式除法定继承外,还承认遗嘱继承的方式。《宋刑统》载:"若亡人在日,自有遗嘱处分,证验分明者,不用此令。"遗嘱继承可以打破法定继承关于身份、份额的限制性条件,这也是本案中原本不具备继承资格的陈日宣得以参与继承的主要原因。但是遗嘱本身发生效力,也必须具备严格的条件限制:首先,书面遗嘱必须是被继承人亲自所立的遗嘱,是被继承人的真实意思表示,而不存在伪造假冒的情形;其次,书面遗嘱必须经官印押,也就是得到官方的认可;最后,有关遗嘱还存在十年的诉讼时效限制。本案中,承审官之所以认定卢应申与陈日宣提供的书面遗嘱无效,在于"临终乱命""互相反复",也就是说,书面遗嘱是在被继承人缺乏意思表示能力的情况下完成的,并且存在互相矛盾之处,这也就意味着书面遗嘱的内容并非被继承人卢公达的真实意思表示,因此书面遗嘱的法律效力未得到承审官的认可。

(3) 宋代在户绝继承方面,主要通过立继子与命继子的方式加以解决。所谓立继子,就是夫亡妻在,妻子在丈夫的同宗晚辈中领养之子,其地位与亲子相同。而命继子,就是夫妻双亡,近亲尊长所立之子。由于立继子与命继子在成立收养关系时间方面存在差异,这也就意味着二者对父母生前所尽赡养义务存在差异,并导致二者在财产继承方面存在差异。这反映了宋代对继承人赡养父母义务的强调和重视。本案中卢应申作为卢公达的嗣子,未尽到赡养送葬等义务,并导致最终被剥夺继承权。这也在事实上造成卢公达处于户绝的状态。从承审官要求"房长卢景愈等,从公择本宗昭穆相当人,立为公达之后"来看,其最终通过"命继"的方式,实现了为卢公达延续香火的目的。

第二节 同步练习

一、选择题

(一) 单项选择题

1.《宋刑统》共十二篇,其首篇的篇名是( )。
A.《具律》 B.《刑名》 C.《名律》 D.《法例》

2. 中国古代对一种刑罚有如下描述:"既杖其脊,又配其人,而且刺其面,是一人之身,一事之犯,而兼受三刑也。"该材料所描述的刑罚是( )。
A. 刺配 B. 折杖 C. 廷杖 D. 发遣

3. 南宋时,霍某病故,留下遗产值银 9 000 两。霍某妻子早亡,夫妻二人无子,只有一女霍甲,已嫁他乡。为了延续霍某姓氏,霍某之叔霍乙立本族霍丙为霍某继子。下列关于霍某的遗产分配,下列哪一说法是正确的?( )

A. 霍甲 9 000 两

B. 霍甲 6 000 两，霍丙 3 000 两

C. 霍甲、霍乙、霍丙各 3 000 两

D. 霍甲、霍丙各 3 000 两，余 3 000 两收归官府

4. 宋承唐律，仍实行唐制"七出""三不去"的离婚制度，但在离婚或改嫁方面也有变通。下列选项不属于变通规定的是（　　）。

A. "夫外出三年不归，六年不通问"的，准妻改嫁或离婚

B. "妻擅走者徒三年，因而改嫁者流三千里，妾各减一等"

C. "夫亡，妻若改适（嫁），其见在部曲、奴婢、田宅不得费用"

D. 凡"夫亡而妻在，立继从妻"

5. 典卖契约是一种附有回赎条件的特殊类型的买卖契约。宋代法律规定，以原价赎回标的物的最长期限是（　　）。

A. 10 年　　　　　B. 20 年　　　　　C. 30 年　　　　　D. 40 年

6. 南宋庆元年间，某地发生一桩"杀妻案"。死者丈夫甲被当地州府逮捕，受尽拷掠，只得招认"杀妻事实"。但在该案提交本路（路为宋代设置的地位高于州县的地方行政区域）提刑司审核时，甲推翻原口供，断然否认杀妻指控。提刑司对本案可能作出的下列处置中，哪一种做法符合当时"翻异别勘"制度的规定？（　　）

A. 发回原审州府重审

B. 指定本路管辖的另一州级官府重审

C. 直接上报中央刑部审理

D. 直接上报中央御史台审理

7. 据某著名武侠小说：北宋年间，有人向官府告发称，丐帮帮主乔某杀害其师傅。经官府审理，控告属实。又查明乔某系辽国人，其师傅系北宋人。根据宋代法律，对乔某的行为应适用的法律是（　　）。

A. 《宋刑统》　　　　　　　　B. 辽国法律

C. 《宋刑统》或辽国法律　　　　D. 被告人可选择的第三国法律

8. 下列关于宋代"翻异别勘"制度说法正确的是（　　）。

A. 实行"审"与"判"相分离

B. 农务繁忙季节停止民事诉讼审判

C. 皇帝特设大理寺、刑部、御史台的长官会同审理

D. 犯人翻供且"实碍重罪"时，须交由另外司法官或司法机构重新审理

9. 《历代名臣奏议》中记载，宋高宗时"狱司推鞫，法司检断，各有司存，所以防奸也"。该材料反映的司法制度是（　　）。

A. 翻异别勘　　　　　　　　B. 鞫谳分司

C. 三司会审　　　　　　　　D. 死刑奏报

10. 关于宋代法律，下列选项错误的是（　　）。

A. 《宋刑统》为我国历史上第一部刊印颁行的法典

B. 宋代法律因袭唐制，对借与贷作了区分

C. 宋仁宗时敕、例地位提高，"凡律所不载者，一断于敕、例"

D. 宋建隆四年（公元963年）颁行"折杖法"

11. 《水浒传》中宋江、林冲、武松等人，都曾受过一种酷刑，被骂称"贼配军"。这种酷刑将三种刑罚施于一人，这三种刑罚是（　　）。（2023年考研）

　　A. 鞭刑、枷号、配役　　　　　　　　B. 笞刑、刺面、流刑

　　C. 枷号、徒刑、充军　　　　　　　　D. 杖刑、刺面、流配役

12. 关于宋代的典卖制度，不正确的是（　　）。（2023年考研）

　　A. 一物可以两典

　　B. 业主在回赎期内可以以原价赎回标的物

　　C. 钱主对标的物享有优先购买权

　　D. 典权可以转让

13. 下列关于宋朝折杖法的表述，说法正确的是（　　）。（2021年考研）

　　A. 徒刑折为臀杖　　　　　　　　　　B. 流刑折杖后释放

　　C. 折杖法不适用于死刑重罪　　　　　D. 折杖法可适用于反逆犯罪

14. 南宋时期辑录的一部著名的判词汇编是（　　）。（2020年考研）

　　A. 《折狱龟鉴》　　　　　　　　　　B. 《龙筋凤髓判》

　　C. 《庆元条法事类》　　　　　　　　D. 《名公书判清明集》

15. 下列哪一项属于《宋刑统》所规定的内容（　　）。

　　A. 折杖法　　　　B. 务限法　　　　C. 重法地法　　　　D. 翻异别勘

16. 南宋庆元年间，某县有一妇人被杀。死者丈夫甲被当地县衙拘捕，受尽拷打，招认了"杀妻事实"。在该案提交本路提刑司审核时，甲推翻原口供，断然否认杀妻指控。对此，符合宋代翻异别推制度规定的是（　　）。（2018年考研）

　　A. 发回原县衙由原审官员重审　　　　B. 上报中央御史台审理

　　C. 上报中央大理寺审理　　　　　　　D. 指定本路另一县衙官员重审

17. 关于宋代的法律制度，下列说法错误的是（　　）。（2018年法考）

　　A. 《宋刑统》是中国历史上第一部刊印颁行的法典，全称为《宋建隆重详定刑统》

　　B. 张三借李四纹银十两，约定三个月后归还十两五钱，此种借贷宋朝称为"出举"

　　C. 南宋宋慈所著之《洗冤集录》是中国也是世界历史上第一部系统的法医学著作

　　D. 宋朝法律承认户绝之在室女与继子的继承权，具体比例为在室女继承三分之一，继子继承三分之一，另三分之一收为官有

18. 宋朝元丰年间，开封府民人钱某与赵某因相邻土地的田界问题发生纠纷，钱某欲告官解决。按照《宋刑统》的相关规定，官府可以受理钱某词状的时间是（　　）。（2019年考研）

　　A. 四月初一　　　　B. 六月十八　　　　C. 八月十八　　　　D. 十月初一

19. 宋代司法的表述哪项是错误的（　　）。

　　A. 宋代犯人推翻原口供会另行安排勘问、推鞫，分为"移司别勘"和"差官别勘"

　　B. 州县翻异，则提刑司差官推勘；提刑司翻异，则以次至转运、提举、安抚司

　　C. 实行"众证定罪"的原则，"三人以上，明证其事，始合定罪"

　　D. 宋代实行"鞫谳分司"制度，司法参军掌管审问案情，司理参军掌管检法断刑

20. 下列关于宋代务限法的相关规定，哪项是错误的（　　）。

　　A. 对于田宅、婚姻、债务之类的争讼，在告诉时有时间限制

B. 其主旨是为了防止民事诉讼妨碍农务

C. 每年三月三十"入务"，十月初一"出务"

D. 刑事案件不在此限

（二）多项选择题

1. 宋代为弥补律典之不足而进行的立法活动有（　　）。

A. 编敕　　　　B. 编例　　　　C. 编修会典　　　　D. 编纂条法事类

2. 南宋法律规定，户绝指家无男子继承。按照南宋的继承制度，若出现户绝，确立继承人的方式有（　　）。

A. "立继"　　　　B. "祖继"　　　　C. "嗣继"　　　　D. "命继"

3. 根据宋代的法律规定，享有继承家庭财产权利的民事主体包括（　　）。

A. 庶子　　　　B. 命继子　　　　C. 在室女　　　　D. 出嫁女

4. 宋初为强化皇帝对司法权的控制，增设的机构包括（　　）。

A. 审刑院　　　　B. 制勘院　　　　C. 都察院　　　　D. 推勘院

5. 宋代折杖法的目的在于（　　）。

A. 流罪得免远徙　　　　　　　　B. 徒罪得免役年

C. 笞杖得减笞数　　　　　　　　D. 死刑得免杀戮

6. 下列选项中，属于中国古代成例的有（　　）。（2022 年考研）

A. 廷行事　　　　B. 决事比　　　　C. 断例　　　　D. 指挥

7. 中国古代关于德与刑的关系理论，经历了一个长期的演变和发展过程。下列哪些说法是正确的？（　　）

A. 秦朝推行法家主张，奉行"以法为教，以吏为师"的法家思想

B. 《北齐律》首次引礼入律，"准五服以制罪"

C. 《唐律》"一准乎礼，而得古今之平"，实现了礼与律的有机统一，成为中华法系的代表

D. 宋朝以后，理学强调礼和律对治理国家具有同等重要的地位，二者"不可偏废"

8. 下列关于宋朝法制的表述，正确的有（　　）。

A. 《宋刑统》在体例上取法唐玄宗时期制定的《唐六典》

B. 编敕、编例成为主要的、经常的立法活动

C. "重法地法"是北宋制定的刑事特别法

D. 审判制度上鞫谳不分

9. 宋代的中央审判机构包括（　　）。

A. 大理寺　　　　B. 审刑院　　　　C. 枢密院　　　　D. 刑部

10. 中国古代将凌迟刑罚当作法定刑的朝代包括（　　）。

A. 汉代　　　　B. 唐代　　　　C. 宋代　　　　D. 清代

（三）不定项选择题

1. 宋朝初年，为了减轻刑罚而制定了（　　）

A. 折杖法　　　　B. 发遣刑　　　　C. 加役流　　　　D. 充军制

2. 宋朝法律中规定的不动产买卖契约的成立要件包括（　　）

A. 先问亲邻　　　　B. 输钱印契　　　　C. 过割赋税　　　　D. 原主离业

3. 随着商品经济的繁荣，两宋时期的买卖、借贷、租赁、抵押、典卖、雇佣等各种契约形式均有发展。据此，下列说法正确的是（   ）。

A. 契约的订立必须出于双方合意，强行签约违背当事人意愿的，要承担相应的法律责任

B. 买卖契约中的"活卖"，是指先以信用取得出卖物，之后再支付价金，且须订立书面契约

C. 付息的借贷称为"出举"，并有防止高利贷盘剥的规定

D. 宋代把未缴纳契税、未加盖官印的契约称为"红契"

4. 下列关于《宋刑统》的说法，正确的是（   ）。

A. 《宋刑统》是中国历史上第一部印刷颁行的法典

B. 《宋刑统》按照法律条文的性质，分为 12 篇 213 门

C. 《宋刑统》每门内律文、律疏后附有敕、令、格、式，并以"诸"字开头

D. 《宋刑统》新增了"起请"条，并冠以"臣等参详"字样

5. 关于宋代法制，下列说法错误的是（   ）。

A. 《盗贼重法》是在全国范围内实施的严厉打击盗贼重罪的刑事特别法

B. 刺配，是集合徒刑、刺面与流刑于一体的严酷刑罚

C. 折杖法虽然用以折抵笞刑、杖刑、徒刑、流刑，但其并非宋代的法定刑罚方法

D. 所谓"户绝"，指的是被继承人既无亲生子女，也无继子的情形

二、简答题

1. 简述《宋刑统》的编纂特点。
2. 简述宋代的中央司法机构。
3. 简述鞫谳分司与翻异别勘。

三、论述题

试述宋代的继承制度。

参考答案及解析

一、选择题

（一）单项选择题

1. 答案：C

解析：《宋刑统》在篇目方面延续了《唐律疏议》的体例，同样是以《名例》为首篇。

2. 答案：A

解析：宋代"刺配"之刑，集合杖刑、刺字与流配于一体，与描述相符。

3. 答案：D

解析：根据宋代户绝财产继承的规定，继子与户绝女均享有继承权，只有在室女的，在室女享有四分之三的财产继承权，继子享有四分之一；只有出嫁女的，出嫁女享有三

分之一的财产继承权，继子享有三分之一，剩余的三分之一则归官府所有。霍某之女霍甲已经出嫁，属于出嫁女，她与作为继子的霍丙各享有三分之一的财产继承权，各分3 000两，其余三分之一的3 000两则收归官府。

4. 答案：D

解析：宋代继承了唐代基本的离婚制度，A、B、C项均为主要变通之处，D项与离婚制度无关，是对户绝继承的相关规定。

5. 答案：C

解析：典卖，即活卖，是一种附回赎条件的买卖契约。具体回赎期限有约定的从约定，没有约定回赎期限或者约定不清的，则在30年内可以原价赎回。

6. 答案：B

解析：宋代"翻异别勘"，即犯人不服判决，推翻原口供的，则改换审判官重新审理的制度。甲推翻口供，必须更换审判官进行审理，故选择B项。

7. 答案：A

解析：宋代针对化外人相犯的问题，延续了唐律的基本原则，即"同类相犯者，各依本俗法；异类相犯者，以法律论"。乔某作为辽国人，其与其师傅北宋人相犯，属于异类相犯，应当适用《宋刑统》。

8. 答案：D

解析：A项描述的是宋代的"鞫谳分司"制度。B项描述的是宋代的务限法。C项描述的是宋代的"三司推事"。

9. 答案：B

解析：宋代鞫谳分司制度基本原则是将"审"与"判"分离，由不同的官员负责，材料所言"狱司推鞫，法司检断"即是对该制度的描述。

10. 答案：C

解析：宋仁宗时，敕的地位为"敕律并行"，宋神宗时，则是"凡律所不载者，一断于敕"，但"例"并未有此地位，C项表述错误。

11. 答案：D

解析：题干中所称的"贼配军"即宋代的刺配制度，刺配是将杖刑、刺面与流配三刑同时施于一人的刑罚。故本题选D项。

12. 答案：A

解析：典卖，即活卖，是一种附回赎条件的买卖契约。具体回赎期限有约定的从约定，没有约定回赎期限或者约定不清的，则在30年内可以以原价赎回。为了保护典权人的权利，严禁"一物两典"。故A项错误，当选。

13. 答案：C

解析：折杖法为宋太祖创立，将笞刑、杖刑折为臀杖；徒刑折为脊杖，杖后释放；流刑折为脊杖，脊杖后于本地配役1年；加役流，脊杖后就地配役3年。死刑及反逆等重罪不适用折杖法。故C项正确，当选。

14. 答案：D

解析：《折狱龟鉴》是宋人郑克编纂的一部案例汇编，成书于南宋绍兴年间，全书共八卷，分为释冤、惩恶、察奸、迹盗、议罪、严明等二十门，对后世产生了重要的影响。

《龙筋凤髓判》是唐人张鷟所作的一部"拟判"，全书以骈体文写就，征引大量文献掌故，并按照《唐六典》"官领其属，事归于职"的原则编排，形成独特的编撰体例，是后人研究唐代司法判决的重要材料之一。

《庆元条法事类》是南宋宁宗时期编纂的一部法律汇编。南宋时期，统治者为了适应司法实践的需要，把相关的敕、令、格、式及指挥、申明（法律解释）等，依事分门别类加以汇编，称为"条法事类"，现存有《庆元条法事类》残本。

《名公书判清明集》是一部南宋宁宗、理宗时期对朱熹、真德秀等28位"名公"所作的诉讼判词和官府公文的分类汇编，其中绝大部分为民事诉讼判词，包括官吏、赋役、文事、户婚、人伦、人品、惩恶七门。

故 D 项正确，当选。

15. 答案：B

解析：折杖法，为宋太祖于宋建隆年颁行，将笞刑、杖刑折为臀杖；徒刑折为脊杖，杖后释放；流刑折为脊杖，脊杖后于本地配役 1 年；加役流，脊杖后就地配役 3 年。死刑及反逆等重罪不适用折杖法。

务限法，是宋代存在的一种限制诉讼的制度，该制度禁止民众于农忙时节进行民事诉讼。每年农历二月初一开始，称为"入务"，即进入了农忙季节，至九月三十日结束。按照《宋刑统》的相关规定，州县官在"入务"后，应停止受理有关田宅、婚姻、债负、地租等民事案件，十月初一"务开"后，方可受理上述案件，直至次年"入务"为止。

重法地法，是宋代规定的在特定地区内，对盗贼犯罪行为加重处罚的法律规定。宋仁宗首立《窝藏重法》，将京畿诸县划为"重法地"，规定在"重法地"内犯盗贼重罪的，加重处罚。随着地方民众反抗的加剧，"重法地"的范围逐渐扩展到各个重要的府、州、军，其量刑也日益加重。

翻异别勘，又称"翻异别推"，是指在录问或行刑时，因犯人推翻原口供或申诉冤情而另行安排勘鞫的重审制度，分为原审机构改派同级他司重审的"移司别推"与上级机构差官重审的"差官推勘"两种。宋哲宗时规定："大辟或品官犯罪已结案，未录问，而罪人翻异，或其家属称冤者，听移司别推。"

A、C、D 项皆以律外"特别法"的形式存在，不属于《宋刑统》的规定，故 B 项正确，当选。

16. 答案：D

解析：翻异别勘，又称"翻异别推"，是指在录问或行刑时，因犯人推翻原口供或申诉冤情而另行安排勘鞫的重审制度，分为原审机构改派同级他司重审的"移司别推"与上级机构差官重审的"差官推勘"两种。宋哲宗时规定："大辟或品官犯罪已结案，未录问，而罪人翻异，或其家属称冤者，听移司别推。"故 D 项正确，当选。

17. 答案：D

解析：根据宋代继承制度的规定，未出嫁的在室女、绝户的出嫁女、继子均享有部分继承权。宋代《户令》规定："在法：父母已亡，儿女分产，女合得男之半。"该家系户绝时，若夫亡妻在，立继从妻；若夫妻俱亡，立继从其长亲属。其中在室女享有四分之三财产继承权，继子享有四分之一财产继承权。出嫁女享有三分之一财产继承权，继子三分之一财产继承权，三分之一归官府所有，故 D 项错误，当选。

18. 答案：D

解析：务限法，是宋代存在的一种限制诉讼的制度，该制度禁止民众于农忙时节进行民事诉讼。每年农历二月初一开始，称为"入务"，即进入了农忙季节，至九月三十日结束。按照《宋刑统》的相关规定，州县官在"入务"后，应停止受理有关田宅、婚姻、债负、地租等民事案件，十月初一"务开"后，方可受理上述案件，直至次年"入务"为止。故 D 项正确，当选。

19. 答案：D

解析："翻异别勘"，又称翻异别推，是指在录问或行刑时，因犯人推翻原口供或申诉冤情而另行安排勘鞫的重审制度，分为原审机构改派同级他司重审的"移司别推"与上级机构差官重审的"差官别勘"两种。宋哲宗时规定："大辟或品官犯罪已结案，未录问，而罪人翻异，或其家属称冤者，听移司别推。"

"众证定罪"，是唐代正式确立的一项证据规则，宋代沿用了这一制度。《名例律》："称众者，三人以上"，即要有三个以上证人明证其事，始合定罪。

"鞫谳分司"，是宋代实行的一项刑事司法制度，该制度将"审""判"二者分离，由不同官员分别执掌。由司理参军（鞫司）负责审讯及调查事实等，司法参军（谳司）依据事实检法用条，最后由知州、知府亲自决断。

故 A、B、C 项正确。D 项错误，当选。

20. 答案：C

解析：务限法，是宋代存在的一种限制诉讼的制度，该制度禁止民众于农忙时节进行民事诉讼。每年农历二月初一开始，称为"入务"，即进入了农忙季节，至九月三十日结束。按照《宋刑统》的相关规定，州县官在"入务"后，应停止受理有关田宅、婚姻、债负、地租等民事案件，十月初一"务开"后，方可受理上述案件，直至次年"入务"为止。故 C 项正确，当选。

（二）多项选择题

1. 答案：ABD

解析：敕作为皇帝发布的诏令，并非具有普遍性与稳定性的法律规范，"编敕"成为宋代经常性的主要立法活动。所谓"编敕"，就是将皇帝历年分散颁布的敕进行整理、删定，使其成为具有普遍适用效力的法律形式。与之类似的还有"编例"，即将皇帝等发布的单行条例等加以汇编，以弥补律典的不足。"条法事类"则是将相关敕、令、格、式以"事"分类，分门编纂，成为新的法典编纂体例。以上均为宋代为弥补律典不足进行的立法活动。

2. 答案：AD

解析：宋代在户绝的情况下，继承人的确立方式主要有两种：一种是丈夫去世，妻子尚在，立继从妻，称为"立继"；一种是夫妻俱亡，立继从尊长亲属，称为"命继"。

3. 答案：ABCD

解析：宋代以家产诸子均分为基本原则，同时扩大了女子的继承权利。针对户绝之家的财产继承，继子与绝户之女均享有继承权，但在份额方面存在差异。只有在室女的，在室女享有四分之三的财产继承权，继子享有四分之一的财产继承权；只有出嫁女的，出嫁女、继子各享有三分之一的财产继承权，其余三分之一归官府所有。

4. 答案：ABD

解析：宋太宗时，为强化皇权对司法权的控制，设置审刑院。地方上奏中央的案件，须先送审刑院备案，再交大理寺审理；待刑部复核后再返回审刑院，奏请皇帝作出裁决。此外，宋代还设有制勘院、推勘院等临时机构，负责审理皇帝交办之案。

5. 答案：ABC

解析：宋代折杖法即通过"决杖"代替笞、杖、徒、流刑的方法。通过将此四类刑罚折抵为脊杖或臀杖等的方式，达到"流罪得免远徙，徒罪得免役年，笞杖得减决数"的目的，死刑不适用于折杖法，故 D 项错误。

6. 答案：ABC

解析：廷行事，即判案成例，秦简《法律答问》中有十余条直接以"廷行事"作为依据。在秦代，各级司法官吏先前审判案件的某些成例也是法律的补充形式。

决事比，是汉代的典型案例汇编，可以援引以判案。"若今律其有断事，皆依旧事断之；其无条，取比类以决之，故云决事比。"

断例，是指宋代判案的成例。宋代断例起自仁宗庆历时命"刑部、大理寺以前后所断狱及定夺公事编为例"之诏，附在编敕之后；神宗熙宁时又将"熙宁以来得旨改例为断，或自定夺，或因比附，办定结断公案，堪为典刑者，编为例"。

指挥，是指宋代尚书省等官署发给下级的指令。

故 A、B、C 项正确，当选。

7. 答案：ACD

解析：秦朝采用法家"一断于法"的重刑主义思想，强调"以法为教，以吏为师"，故 A 项正确。《晋律》首次引礼入律，首次确立了"峻礼教之防，准五服以制罪"的刑法适用原则，并非《北齐律》，故 B 项错误。《唐律》是"法律儒家化"的成熟之作，完美实现了礼律融合，是中华法系的代表之作，故 C 项正确。宋代在处理德、刑关系上始有突破，朱熹首先对"明刑弼教"作了新的阐释，他提高了礼、刑关系中刑的地位，认为礼法二者对治国同等重要，"不可偏废"，这对明清的立法产生了深远的影响，故 D 项正确。

8. 答案：BC

解析：《宋刑统》在体例上取法于唐末制定的《大中刑律统类》和五代时期北周制定的《北周刑统》，12 篇律下又分 213 门，故 A 项错误。敕是以皇帝的名义随时发布的诏令，编敕是将过去历年散敕编纂而使其有普遍适用效力的立法活动和立法形式，是宋代主要立法活动之一；宋代断例和事例是另一可以征引的法源，编例亦是宋代主要立法活动之一，故 B 项正确。"重法地法"，是宋代规定的在特定地区内，对盗贼犯罪加重处罚的法律规定，始于仁宗嘉祐年间，故 C 项正确。宋代审判实行鞫谳分司制，由司理参军（鞫司）负责审讯及调查事实等，司法参军（谳司）依据事实检法用条，最后由知州、知府亲自决断，故 D 项错误。

9. 答案：AB

解析：宋代司法体制初沿唐制，中央审判机构为大理寺，复核机构为刑部；宋太宗设审刑院于宫中，大理寺权归审刑院，只书面断决地方上奏案，不再开庭审判；神宗元丰时恢复大理寺职权。故 A、B 项正确，D 项错误。枢密院为宋代最高军事机构，故 C

项错误。

10. 答案：CD

解析：凌迟酷刑始于五代时期，宋代正式将凌迟设为法定刑，后代王朝沿用了这一刑罚，故 C、D 选项正确，当选。

（三）不定项选择题

1. 答案：A

解析：折杖法是宋太祖建隆四年（公元 963 年）颁行的一种新的刑罚方式，除死刑外，其他笞、杖、徒、流四刑均折换成臀杖和背杖，故 A 项正确。发遣刑，亦称"遣刑"，为清代将罪人发遣到边远地区安置，将官吏发送到新疆和边远地区当差的刑罚，故 B 项错误。加役流指代的是脊杖后就地配役三年的刑罚，它较常规的流刑增加了两年役期，为唐太宗贞观年间增设的刑罚，故 C 项错误。充军刑为明代设立的法定刑，罚犯人到边远地区从事强迫性的屯种或充实军伍，可分为终身充军和永远充军，故 D 项错误。

2. 答案：ABCD

解析：关于不动产买卖契约的成立，需要经过先问亲邻、输钱印契、过割赋税、原主离业等步骤，土地、田宅等所有权转移，必须经过官府的承认，故 A、B、C、D 项正确。

3. 答案：AC

解析：宋代对于契约的订立尤为强调"合意"，双方当事人应当在自愿基础上，达成一致，严禁采用强迫或者欺诈等手段订立契约，否则不仅契约本身无效，当事人还可能会受到法律的制裁，故 A 项正确。所谓活卖，又称典卖，是一种附买回条件的买卖；所谓赊卖，是先以信用取得标的物，之后再支付的买卖，B 项中所描述的为"赊卖"，故 B 项错误。宋代将借贷按照是否支付利息进行了划分，其中不付利钱的借贷称之为"负债"，支付利钱的借贷称之为"出举"，又称"出息"，宋代采取限制高额利率、不准以田宅抵折、严禁以债负质当人口、不准留禁债务人或担保人等法律措施，抑止高利贷的消极破坏作用，故 C 项正确。土地、田宅等的所有权转移，必须经过官府的承认，在签约时向官府登记并缴纳税费后，官府会在当事人已纳税的契约上加盖公章，此类契约为"红契"，若未加盖官印则为"白契"，故 D 项错误。

4. 答案：ABD

解析：建隆三年（公元 962 年），宋太祖赵匡胤命窦仪更定刑统，次年纂成《宋建隆重详定刑统》，简称《宋刑统》，随即下诏模印颁行，成为中国第一部镂版印刷的成文法典，也是宋代的基本法典，故 A 项正确。《宋刑统》在唐律法典 12 篇的基础上，按照法律条文的性质进行了归类，分为 213 门，故 B 项正确。《宋刑统》所附敕、令、格、式以"准"字开头，而非"诸"字，故 C 项错误。所谓"起请"条，是窦仪等修律者对敕、令、格、式等条文提出的修改建议，附于敕、令、格、式之后，每条冠以"臣等参详"字样，共计 32 条，故 D 项正确。

5. 答案：ABCD

解析：《盗贼重法》等重法地法是在"重法地"地区实施的，而非全国范围内，故 A 项错误。刺配是集合杖刑、刺面、流刑于一体的刑罚，而非徒刑，故 B 项错误。折杖法颁行于建隆四年，其后被纳入《宋刑统》之"五刑门"，成为宋代法定刑罚制度，故 C 项错误。户绝之家，即无男性子嗣之户，故 D 项错误。

二、简答题

1. 参考答案：宋太祖建隆三年（公元 962 年），太祖赵匡胤命窦仪更定刑统，建隆四年（公元 963 年）告成，即《宋建隆重详定刑统》，简称《宋刑统》。《宋刑统》作为宋代的基本法典，共 30 卷，分为 12 篇 213 门 502 条。《宋刑统》沿袭了唐末《大中刑律统类》和后周《显德刑统》的编纂体例，虽然律文与律疏大多录自《唐律疏议》，但与《唐律疏议》相比，它具有如下特点：一是法典命名。宋代沿袭后周《显德刑统》，法典不以"律"命名，改称为"刑统"，意思是以类统编本朝刑事法律法规。二是编纂体例。首先《宋刑统》的编纂体例可追溯至唐宣宗时期的《大中刑律统类》，它将同一性质的法律条文归结为一门，置于法典十二篇的篇目之下，共计 213 门。每一门内，律文、律疏后附有敕、令、格、式，并以"准"字开头。其次，《宋刑统》将《唐律疏议》"余条准此"条此类具有通则性质的条文汇总为一门，集中附于《名例律》之后。三是新增起请条。所谓起请条，是窦仪等修律者对条文提出的修改建议。这些建议条文每条冠以"臣等参详"字样，附于敕、令、格、式之后，共计 32 条。《宋刑统》开创了中国古代刑律编纂的新体例，后世法典将律文与条例等合编的体例，皆源于《宋刑统》。

2. 参考答案：宋代的中央司法机构包括大理寺、刑部、审刑院、御史台。大理寺是中央审判机关，内设左断刑、右治狱，将"审""判"分开，审讯归断司，用法归议司。刑部负责对大理寺详断的全国死刑已决案件的复核及官员叙复、昭雪等。审刑院为中央审判机构，是为加强皇帝对司法的控制而增设的中央审判机关，宋神宗改制后审刑院并入刑部，审刑院既管审判，也管复核。御史台为中央监察机关。

3. 参考答案：在宋代地方府州，出现了司理参军掌鞫问、司法参军掌检法的"鞫谳分司"制度；后扩至大理寺，左断刑的"断司"与"议司"，右治狱的"左右推"与"检法案"，形成各自系统的"鞫谳分司"。左断刑分"断司"和"议司"，实行"鞫谳分司"；右治狱设"左右推"和"检法案"，推鞫、检法分立，也形成"鞫谳分司"的局面。

翻异别勘，是指在录问或行刑时，因犯人推翻原口供或申诉冤情而另行安排勘鞫的重审制度，分为原审机构改派同级他司重审的"移司别推"与上级机构差官重审的"差官推勘"两种。由原审机关的另一官司复审，称为"移司别推"，由上级司法机关派差与原审机关不相干的其他机关复审，称为"差官推勘"。

三、论述题

参考答案：宋代在继承制度方面基本延续了唐代的规定：在身份继承方面，仍然采取嫡长子继承制；在财产继承方面，则以"兄弟均分""子承父分"为基本原则，同时针对出现的新情况，增加了户绝财产继承、死商财产继承、遗嘱继承等新内容。

户绝，是指无男性子嗣之户。户绝者可以通过两种方式确立继承人继承宗祧。一种是"夫亡而妻在"，则立继从妻，称为"立继"；另一种是"夫妻俱亡"，立继从近亲尊长，称为"命继"。无论是立继子还是命继子，其与户绝之女都享有继承权，但在份额方面存在差异。倘若户绝者只有在室女的，则在室女享有四分之三的财产继承权，继子享有四分之一的财产继承权；若只有出嫁女的，则出嫁女享有三分之一的财产继承权，继子享有三分之一，其余三分之一入官。

死商，是指国内外客死他乡之商人。倘若有随行亲属，则由家人亲属等继承收管财物；如果没有相应范围内的亲属随行，则只能由死者父母、妻儿等持官府公文前来收认；如无人相伴，则由官府代为保管，并于其原籍追访亲属，相关继承人可前来认领继承。

遗嘱继承作为法定继承方式之一，在北宋时一般以户绝为前提，至南宋时遗嘱继承的范围扩大。关于遗嘱的成立，有严格的条件，比如书面遗嘱需要满足"亲书遗嘱，经官给据"的条件，未经官印押的遗嘱，官府是不予承认的。同时，遗嘱纠纷的诉讼时效为十年，在该期限内，相关人可以就遗嘱内容提起诉讼，超过这一期限，官府则不再受理。

宋代继承制度的发展完善，有力保障了继承人，尤其是女子继承人的财产继承权，以及死商亲属的财产继承权，这反映了宋代繁荣的商品经济对传统民事规范的影响。

四、拓展延伸阅读

（一）著作

1. 虞云国. 宋代台谏制度研究，上海：上海人民出版社，2014.

2. 邓小南. 祖宗之法：北宋前期政治述略（修订版）. 北京：生活·读书·新知三联书店，2014.

3. 柳立言. 人鬼之间：宋代的巫术审判. 上海：中西书局，2020.

4. 戴建国. 秩序之间：唐宋法典与制度研究. 上海：上海人民出版社，2020.

（二）论文

1. 陈景良. 何种之私：宋代法律及司法对私有财产权的保护. 华东政法大学学报，2017（03）.

2. 赵晓耕，时晨. "阿云之狱"及其现实启示. 法律适用，2017（02）.

3. 戴建国. 宋代特别法的形成及其与唐法典谱系的关系. 上海师范大学学报（哲学社会科学版），2020（02）.

第十章 辽夏金元时期的法制

第一部分 本章知识点速览

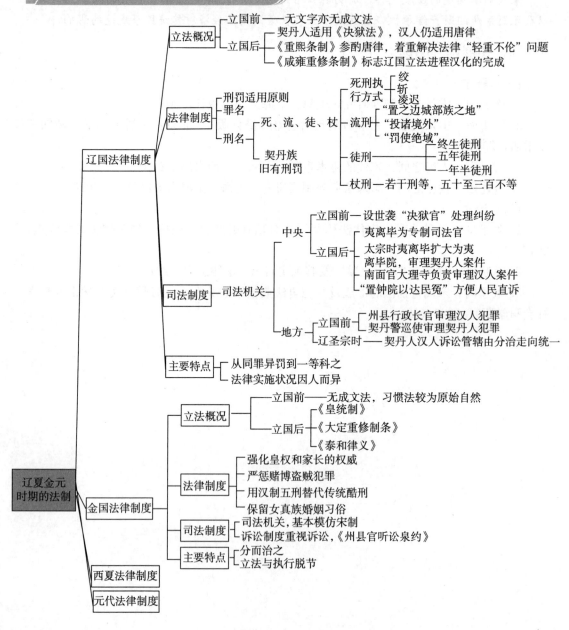

辽夏金元时期的法制

辽国法律制度

立法概况
- 立国前——无文字亦无成文法
- 立国后
  - 契丹人适用《决狱法》，汉人仍适用唐律
  - 《重熙条制》参酌唐律，着重解决法律"轻重不伦"问题
  - 《咸雍重修条制》标志辽国立法进程汉化的完成

法律制度
- 刑罚适用原则
- 罪名
- 刑名
  - 死、流、徒、杖
    - 死刑执行方式
      - 绞
      - 斩
      - 凌迟
    - 流刑
      - "置之边城部族之地"
      - "投诸境外"
      - "罚使绝域"
    - 徒刑
      - 终生徒刑
      - 五年徒刑
      - 一年半徒刑
    - 杖刑——若干刑等，五十至三百不等
  - 契丹族旧有刑罚

司法制度——司法机关
- 中央
  - 立国前——设世袭"决狱官"处理纠纷
  - 立国后
    - 夷离毕为专制司法官
    - 太宗时夷离毕扩大为夷离毕院，审理契丹人案件
    - 南面官大理寺负责审理汉人案件
    - "置钟院以达民冤"方便人民直诉
- 地方
  - 立国前
    - 州县行政长官审理汉人犯罪
    - 契丹警巡使审理契丹人犯罪
  - 辽圣宗时——契丹人汉人诉讼管辖由分治走向统一

主要特点
- 从同罪异罚到一等科之
- 法律实施状况因人而异

金国法律制度

立法概况
- 立国前——无成文法，习惯法较为原始自然
- 立国后
  - 《皇统制》
  - 《大定重修制条》
  - 《泰和律义》

法律制度
- 强化皇权和家长的权威
- 严惩赌博盗贼犯罪
- 用汉制五刑替代传统酷刑
- 保留女真族婚姻习俗

司法制度
- 司法机关，基本模仿宋制
- 诉讼制度重视诉讼，《州县官听讼泉约》

主要特点
- 分而治之
- 立法与执行脱节

西夏法律制度

元代法律制度

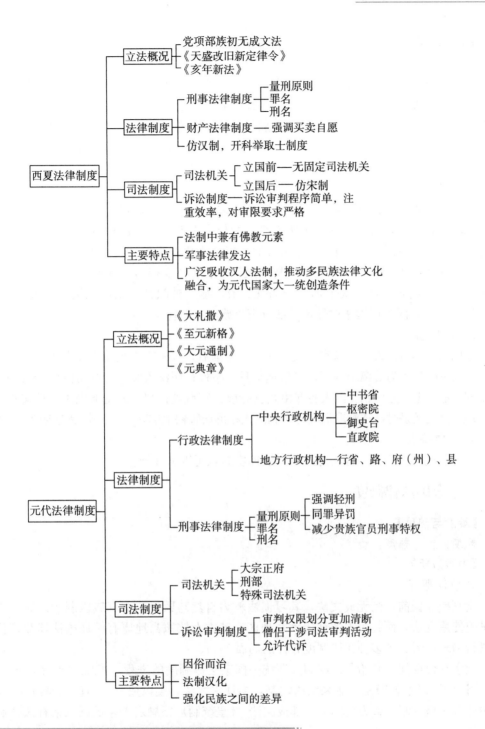

第二部分　本章核心知识要点解析

一、辽国法律制度

【难度与热度】

难度：☆　热度：☆

【内容解析】

1. 立法概况

契丹人在立国前，无文字亦无成文法。立国后，为了适应政治、经济、文化及社会生活变化之需要，开始进行立法活动。神册六年（公元921年），太祖耶律阿保机命朝臣"定治契丹及诸夷之法"，汉人则仍适用唐律。重熙五年（公元1036年），兴宗耶律宗真下诏编成《重熙新定条制》，简称《重熙条制》。这次立法参酌唐律，着重解决辽立国以来法律"轻重不伦"之问题。《重熙条制》系辽国历史上最为重要的法典。

2. 法律制度

辽国的法典均已散佚。依据《辽史·刑法志》及其他间接资料可知，辽国的法律体系以刑事法律为主，且大量继承了唐宋律典的相关内容。在刑罚适用原则方面，"八议""赎刑"等唐宋制度仍被采纳。在罪名方面，以"十恶"为首。在建国之初，"十恶"的罪名仅适用于汉人，辽圣宗时规定"契丹人犯十恶者依汉律"，"十恶"由此成为普遍适用的罪名。在刑名方面，法定刑罚分为死、流、徒、杖四种。死刑依执行方式分为绞、斩和凌迟三等，同时辽国法律保留了部分契丹族旧有刑罚。

3. 司法制度

立国前，契丹人设"决狱官"处理纠纷。立国后，太祖在中央始设专职司法官——夷离毕，太宗时扩大为夷离毕院，负责审理契丹人案件；而汉人案件，则由南面官大理寺负责审理。地方上，立国初，汉人犯罪由州县行政长官审理；契丹人犯罪则由各地契丹警巡使审理。至辽圣宗时，逐渐取消契丹人和汉人在诉讼管辖上的差异，由分治走向合一。

4. 主要特点

（1）从同罪异罚到一等科之；（2）法律实施状况因人而异。

二、金国法律制度

【难度与热度】

难度：☆　热度：☆

【内容解析】

1. 立法概况

女真族立国前，尚无成文法，其习惯法较为自然与原始。女真族臣服于辽时，曾一度被迫使用辽法，而其攻占的辽宋大片地区，基本上按照当地原有的辽国法律和宋代律令进行治理，形成了多种法律制度并存的局面。

熙宗在位期间，开始了以汉制逐渐统一国家法律制度的进程。皇统三年（公元1143年）"诏诸臣以本朝旧制，兼采隋唐之制，参辽宋之法，类以成书，名曰《皇统制》，颁行中外"，《皇统制》成为金国第一部成文法。《皇统制》格局宏大，试图融诸种法律制度于一体。

章宗在位期间，为矫正"礼乐刑政因辽宋旧制，杂乱无贯"，设"详定所"为专门的修律机构，再行修律，成果包括：《泰和律义》共十二篇、五百六十三条，篇目与唐律和《宋刑统》基本相同；《泰和令》共二十卷；《新定敕条》共三卷及《六部格式》共三十卷，形成了律、令、格、式、敕条并行的法律体系。其中，《泰和律义》为金国基本法典。至此，金国法律的汉化过程基本完成。

2. 法律制度

金国的法律制度是由汉族成文法及女真人、契丹人部落的习惯法融合而成的。由于几种法律文化差异较大，融合的过程颇为艰难，融合的结果是以汉族成文法为主。其法律制度中的以下几点较有特色：（1）强化皇权和家长的权威；（2）严惩赌博盗贼犯罪；（3）用汉制五刑替代传统酷刑；（4）保留女真族婚姻习俗。

3. 司法制度

金国的司法机关基本上模仿宋制。中央设大理寺、刑部、御史台三大法司，职责亦与宋代相同。三大法司的官员、令史分别由女真人、汉人和契丹人担任，并设有翻译，方便各民族的成员诉讼。地方行政区划设路、府（州、军）、县三级。各路设提刑司，后改为按察使司，为中央派出的司法监察机关。州、县两级仍由行政长官兼理司法。但女真族生活的地区则长期保持"猛安谋克制"，即军垦合一制。"猛安"相当于州，"谋克"相当于县。"猛安谋克"的女真人有自己专门的司法机关，掌管其诉讼之事。

4. 主要特点

（1）分而治之；（2）立法与执行脱节。

三、西夏法律制度

【难度与热度】

难度：☆　热度：☆

【内容解析】

1. 立法概况

党项族初无成文法。立国后，开始仿效唐宋法律制定成文法。崇宗贞观年间（公元1101—1113年）制定了综合性法典——《律令》。仁宗天盛年间（公元1149—1170年），在贞观《律令》基础上制定并颁布了《天盛改旧新定律令》，系目前可知的第一部用少数民族文字印行的法典。

2. 法律制度

（1）刑事法律制度。

在量刑原则方面，西夏法律重视身份。因而，对贵族官员、僧人和亲属之间犯罪，在量刑上均有特殊规定。在罪名方面，"十恶"是西夏法典中最为重要的罪名。在刑名方面，西夏的刑罚体系由杖刑、徒刑和死刑构成。

（2）财产法律制度。

西夏统治者注重财产法律制度的构建，强调买卖双方须以自愿为原则。

3. 司法制度

（1）司法机关。

立国前，党项族无固定的司法机关。立国后，西夏仿效宋制，在中央设有陈告司、审刑司、用刑务等专门司法机关，其中审刑司相当于宋代的大理寺，主管审判，地位最为重要。另设有中兴府、御史台负责受理发生于京师的诉讼，发生在地方的诉讼则由州县长官兼理。

（2）诉讼制度。

西夏诉讼审判程序简单，注重效率，对案件审限要求极为严格。

4. 主要特点

（1）党项人笃信佛教，所以西夏法律中兼有佛教元素；（2）军事法律制度发达，专门制定军法；（3）对汉人法制广泛吸收，推动了中原儒家文化在西部地区的传播，有利于多民族法律文化的互相借鉴与融合，为元代时中国大一统局面的形成创造了条件。

四、元代立法概况

【难度与热度】

难度：☆　热度：☆

【内容解析】

1.《大札撒》

"札撒"是蒙古语"大法令"之意，是蒙古族首领对众发布的命令。蒙古汗国建立之初，尚无成文法，只有习惯法，称为"约孙"。成吉思汗在位期间，一方面注重沿用历代相传的"约孙"治理蒙古各部，另一方面也不断提升札撒的地位，强化个人意志，1225 年制定《大札撒》，用以统一蒙古汗国的法律，史称《札撒大全》。《大札撒》现已散佚，据学者考证，《大札撒》实际上是对蒙古族习惯法的汇编，内容庞杂，系统性较差，刑罚严酷。

2.《至元新格》

《至元新格》是元代制定的第一部成文法律，就其内容而言，《至元新格》属行政规范汇编，类似于唐宋时期的"令"。

3.《大元通制》

《大元通制》为元代立法史上最具代表性的成果。成宗、仁宗在位期间一直尝试仿效汉人制定一部成文律典，却未能成功。英宗则改变思路，下令依据蒙古族习惯，对各种现行法条案例进行系统整理汇编并颁行，名为《大元通制》。

4.《元典章》

《元典章》全称为《大元圣政国朝典章》，系对元代中期以前法令文书的分类汇编。英宗时期，江西地方官府将世祖至英宗至治二年（公元 1322 年）颁行之条画、诏令、条格、断例进行汇编刻印，后由中书省批准在全国颁行，名为《大元圣政国朝典章》。《元典章》虽非中央政府制定的法典，却较为系统地保存了元代法律的内容，为后人研究元代法律制度提供了珍贵的资料。

五、元代行政法律制度

【难度与热度】

难度：☆　热度：☆

【内容解析】

1. 中央行政机构

元代立国后，一改唐宋中央三省制的体制，只设中书省总揽全国政务。中书省下设吏、户、礼、兵、刑、工六部为执行机关。枢密院为中央最高军事机关。按惯例由皇太子兼领枢密使，地位略低于中书省。御史台为中央最高监察机关。元代在中央设有御史台，在地方设立了两个行御史台作为御史台的派出机关。

2. 地方行政机构

元代地方分行省、路、府（州）、县四级。行省设丞相或平章政事为长官，路设总管府，以总管为长官，府（州）设知府或知州为长官，县设知县为长官。此外，还有设于边疆少数民族聚集地区的宣慰司和宣抚司，前者相当于路，后者相当于府。路、府（州）、县均各设蒙古主事官达鲁忽赤一人，掌控实权。

六、元代刑事法律制度

【难度与热度】

难度：☆　热度：☆

【内容解析】

1. 量刑原则

在量刑方面，元代与前朝相比：第一，强调轻刑；第二，同罪异罚，同罪异罚主要体现在不同民族和亲属之间；第三，减少贵族官员刑事特权。元代沿袭了唐宋"十恶""八议"等制度，但取消了"上请""官当"等保护贵族官员的特权制度。

2. 罪名

元代法律对"十恶"及侵犯人身、财产等犯罪一律严惩，其中关于"禁止妄杀"和"强奸幼女罪"的规定值得关注。前朝律法中对强奸幼女之行为并未作专门规定，元代不仅规定强奸幼女为犯罪，且量刑比强奸一般妇女更重，幼女的年龄以十岁为限，对幼女进行特殊保护。

3. 刑名

元代法定的刑罚种类为笞、杖、徒、流、死。其中较为特殊的是对笞杖刑等的规定。元世祖为施"仁政"而修改历代体制，笞、杖刑不以十为等差，而以七为等，从七至一百零七。

七、元代司法制度

【难度与热度】

难度：☆　热度：☆

【内容解析】

1. 司法机关

元代中央拥有司法权的机关包括大宗正府、刑部。元代未设大理寺，故将唐宋时期的大理寺、刑部职能集于刑部一身。元代时期中央机关中的御史台、枢密院和宣政院亦享有一定的司法权。御史台除考察纠劾百官外，亦可以监察司法活动、参与司法审判。宣政院则负责审判涉及僧侣的案件。元代地方设行省、路、府（州）、县等行政区划，其长官兼理审判。

2. 诉讼审判制度

（1）审判权限的划分更加清晰。关于普通民、刑案件，元代法律规定：判决结果为杖五十七以下者，由县决断；杖八十七以下者，由府（州）断决；杖一百零七以下者，由总管府决断；流、死刑案件，上报中央刑部。

（2）僧侣干涉司法审判活动。

（3）允许代诉。元代法律规定，年老、笃疾之民和闲居官员如遇有民事纠纷可以由其男性近亲属代诉。

八、元代法律制度的主要特点

【难度与热度】

难度：☆　热度：☆☆

【内容解析】

1. 因俗而治

元代统治者特别注意保留本民族（蒙古族）的习惯法，对于新征服的地区，沿用其本民族习惯或原有政权法制进行管理。为了保证"因俗而治"能够真正落实，元代一直坚持蒙古族传统的"约会"制度，即在涉及不同民族、宗教、户籍或军民之间的诉讼案件中，一般由本管长官与僧道管官、哈的大师、奥鲁官、土官族酋、匠医乐灶户头目、投下户领主等"约会"联合审理。

2. 法制汉化

为了统治和管理广大的汉人地区，元代的法制不断汉化。元代虽然未能仿效唐宋政权制定一部统一的律典，但其立法活动从未停止。此外，元代所制定的数部法典在体例上也越来越多地借鉴了唐宋的法律体系。

3. 强化民族之间的差异

作为少数民族，元代统治者公开强调民族之间的差异，把统治下的民众按照民族和被征服的时间先后分为蒙古人、色目人（西域各族，包括西夏人、回人、西域人）、汉人（原辽金地区各族，包括汉人、契丹人、女真人，以及较早征服的四川人、云南人、高丽人）、南人（原南宋治下汉人）四等。

（1）蒙古人在任官、诉讼、量刑等方面均享有特权。元代时期重要的官职都只能由蒙古人担任。蒙古人除犯真奸盗外，有司一概不得拘捕。蒙古族人殴打汉人，汉人不得还报，否则即为犯罪。

（2）严厉防范汉人。元代法律禁止汉人拥有一切武器；禁止民众练功习武；在江南地区长期实行宵禁。

第三部分　典型案例与同步练习

第一节　　典型案例

女孩儿折烧埋银案

【案例史料】

至元二十四年（公元1287年），江西行省据袁州路申：潘七五打死张层八。除犯人因病身死，据合征烧埋银钱钞。责得犯人亲属谢阿扬状供：除伯潘七五生前上有小女一名，及第屋三间、陆田山地一段计二亩七分系兄弟潘七八等四分承管外，别无事产人口头匹。若将前项田产尽数变卖，尚不及数。合无将潘七五小女一名，钦依元奉圣旨事意，给付苦主。乞明降事。省府相度，即是潘七五名下事产变卖，不及合征烧埋钞数，即将潘七五小女孩一名钦奉圣旨事意，就便断付苦主，收管施行。

——选自《元典章》卷四十三《刑部五·烧埋·女孩儿折烧埋钱》

【案例分析】

1. 案例简介

本案涉及元代的烧埋银制度。烧埋银制度是元代开始出现的法律制度，其具体内容是指对枉死者的尸首在经官验明后，行凶者除按罪判刑外，其家属须出烧埋银给予苦主，作为烧埋尸体的费用。在本案中，潘七五因打死张层八，按元代法律应给予张层八亲属烧埋银，但因潘七五即使变卖全部田产，仍不及应给予的烧埋银钱，所以省府将潘七五的女儿付给其苦主，以此折抵烧埋银。

2. 烧埋银制度探析

烧埋银制度是中国法律史上第一个要求在追究行凶者的刑事责任的同时，还要其承担民事责任的法律制度。这一制度起源于元世祖忽必烈于至元二年（公元 1265 年）颁布的圣旨条画，其中一款明确规定："凡杀人者，虽偿讫，仍出烧埋银五十两。若经赦原罪者，倍之。"但至元二年之前的情况，尚无史料可证，或许这一制度源于蒙古人早期的习惯法。元代烧埋银制度具有如下特点：第一，烧埋银为附加刑，加大了对犯罪的打击力度，有利于惩治和预防犯罪。第二，苦主为唯一受益者，法律保证了被害人家属对赔偿物的完整所有权。第三，为达到打击犯罪、补偿苦主的目的，烧埋银的征收范围十分广泛。据统计，仅《元史·刑法志》关于"杀伤"记载的九十余种具体罪名里，征收烧埋银的，即达三十余种，占到总数的三分之一左右。第四，烧埋银制度为中国最早的、系统性的被害人赔偿制度。这一制度体现了统治者对被害人的保护。总之，烧埋银制度体现了元代立法者立法技术的进步与法治思维的发展，同时对今后在立法方面加强被害人权益保护具有一定借鉴意义。

第二节　　同步练习

一、选择题

（一）单项选择题

1. 元代在中央设立的最高行政机关为（　　）。（2014 年考研）

A. 尚书省　　　　　B. 中书省　　　　　C. 门下省　　　　　D. 行省

2. 元代统领吏、户、礼、兵、刑、工六部的中央国家机构是（　　）。（2017 年考研）

A. 尚书省　　　　　B. 中书省　　　　　C. 门下省　　　　　D. 宣政院

3. 下列关于《元典章》的表述，不正确的是（　　）。（2016 年考研）

A.《元典章》附载了五服图

B.《元典章》是元代第一部成文法典

C.《元典章》开创了以六部分篇的编纂体例

D.《元典章》是元代地方官府自行汇编的法规大全

4. "诸强奸人幼女者处死,虽和同强,女不坐。"这条关于强奸幼女罪的法律规定最早出现于 ( )。(2018 年考研)

A. 唐朝   B. 宋朝   C. 元朝   D. 明朝

5. 首次按中央六部分设篇目的中国古代法典是 ( )。(2012 年考研)

A.《宋刑统》   B.《大元通制》   C.《大明律》   D.《大清律例》

6. 元代管理少数民族事务的中央机构为 ( )。(2010 年考研)

A. 宗人府   B. 宣政院   C. 理藩院   D. 内务府

7. 下列选项中,篇目名称完全相同的律典是 ( )。(2021 年考研)

A.《泰和律义》与《大元通制》   B.《大明律》与《大清律例》

C.《九章律》与《开皇律》   D.《大业律》与《宋刑统》

8. 成吉思汗时期公布的第一部蒙古族的习惯法汇编是 ( )。(2020 年考研)

A.《大札撒》   B.《条画五章》

C.《至元新格》   D.《至正条格》

9. 元朝上都、大都所属蒙古人、色目人与汉人相犯的案件,普通司法机关无权管辖,须由专门机构审理裁决。该专门机构是 ( )。(2013 年考研)

A. 理藩院   B. 大理寺   C. 宣政院   D. 大宗正府

10. 元朝由江西地方官整理圣旨/条例而形成的法规汇编是 ( )。(2011 年考研)

A.《大札撒》   B.《至元新格》   C.《大元通制》   D.《元典章》

11. 元朝法律规定的强奸幼女罪中,"幼女"的年龄是 ( )。(2009 年考研)

A. 八岁以下   B. 十岁以下   C. 十二岁以下   D. 十四岁以下

(二)多项选择题

1. 元代中央司法机构主要有 ( )。

A. 大宗正府   B. 刑部   C. 宣政院   D. 大理寺

2. 下列属于由元朝中央颁布的法律有 ( )。

A.《大札撒》   B.《元典章》   C.《至元新格》   D.《至正条格》

3. 下列属于元代立法思想的有 ( )。

A. 因俗而治   B. 祖述变通   C. 附会汉法   D. 蒙汉异制

4. 元代量刑原则主要有 ( )。

A. 刑罚较前代加重

B. 同罪异罚

C. 减少贵族官员刑事特权

D. 通过上请、官当等制度减轻贵族官员刑罚

5. 下列属于元代法律制度的有 ( )。

A. 十恶   B. 八议   C. 上请   D. 官当

(三)不定项选择题

1. 一个元代人犯罪后可能遭受的刑罚有 ( )。

A. 笞刑 7 下   B. 杖刑 60 下   C. 凌迟   D. 绞刑

2. 下列关于元代法制的说法，正确的是（　　）。

A. 蒙古族人在量刑上享有特权

B. 元代统治者将治下民众分为蒙古人、色目人和汉人三等

C. 僧侣可以干涉司法审判活动

D. 元朝允许代诉

3. 再嫁女不得带走从娘家获得的财产。法律首次明文作此规定的朝代是（　　）。（2007 年考研）

A. 宋朝　　　　　B. 元朝　　　　　C. 明朝　　　　　D. 清朝

二、史料分析题

通过阅读下面两句对烧埋银制度的规定，分析元代对损害赔偿的规定。

（1）"诸杀人者死，仍于家属征烧埋银五十两给苦主。"

（2）"蒙古人因争及乘醉殴死汉人者，断罚出征，并全征烧埋银。"

三、简答题

1. 请简述元代的中央司法机构及其主要职责。

2. 请简述元代的立法思想。

四、论述题

论述辽金元时期法律制度的特色。

参考答案及解析

一、选择题

（一）单项选择题

1. 答案：B

解析：元代以中书省取代隋唐的三省制，元代在中央设立的最高行政机关是中书省，故 B 项正确。

2. 答案：B

解析：元代以中书省取代隋唐的三省制。中书省以中书令为长官，由皇太子兼领，由左右丞相及其他副职负责实际政务，统称宰相。中书省下仍设有吏、户、礼、兵、刑、工六部，掌管国家行政事务，故 B 项正确。

3. 答案：B

解析：《元典章》中附有五服图。《元典章》以六部划分法规体例，是《大明律》以六部分篇之渊源。《元典章》是元代地方官府自行汇编的法规大全，虽然其并非中央政府颁布的法典，但它系统保存了元代法律的内容，成为研究元代社会及法律的珍贵资料。元代第一部成文法典是《至元新格》，不是《元典章》，故 B 项不正确。

4. 答案：C

解析：《元史·刑法志》："诸强奸人幼女者处死，虽和同强，女不坐。凡称幼女，止

十岁以下女。"元代立法者最早规定了强奸幼女罪，并将幼女定义为十岁以下的女性。故C项正确。

5. 答案：C

解析：《宋刑统》是《宋建隆重详定刑统》的简称，其效法唐代《大中刑律统类》的立法模式，将律文按性质分为若干门，再将"条件相类"的令、格、式及敕附于律文后。《大元通制》效法唐律划分篇目，设《名例》《卫禁》《职制》等20篇。《大明律》是中国历史上第一部按中央六部分设篇目的法典，除开头设《名例》外，以《吏》《户》《礼》《兵》《刑》《工》分设篇目。《大清律例》继承自《大明律》，时间晚于大明律。故C项正确。

6. 答案：B

解析：宗人府为清朝审理皇室贵族诉讼的机构。宣政院为元朝掌管全国佛教事项和统领吐蕃地区军民政务的中央机构。理藩院为清朝管理少数民族事务的中央机构。内务府是清朝管理宫廷事务的机构。故B项正确。

7. 答案：B

解析：《泰和律义》是金朝法制建设中最具成就的一部法典，以《唐律疏议》为蓝本，并取《宋刑统》的疏议加以诠释，其篇目与《唐律疏议》相同，共12篇。《大元通制》篇目在效法唐律的基础上有所变革，共20篇。《大明律》在《名例》之后设按中央六部设置篇目，共7篇。《大清律例》效法《大明律》，篇目设置与《大明律》相同。顾名思义《九章律》，共9篇。《开皇律》共12篇，其篇章设置被唐律所继承。《大业律》据《开皇律》修订而来，共18篇。《宋刑统》篇目设置承袭唐律，共12篇。故B项正确。

8. 答案：A

解析：古代蒙古族首领对众发布的命令被称为"札撒"。成吉思汗建立蒙古国后，将原有训令写成法规，史称《大札撒》或《札撒大全》，其中包含大量蒙古习惯法，是对蒙古草原沿袭已久的主要行为规范的提炼。《条画五章》为成吉思汗执政期间颁行的法典。《至元新格》是元朝第一部成文法典。《至正条格》是继《大元通制》之后元朝颁布的第三部法律（前两部分别是《至元新格》和《大元通制》）。故A项正确。

9. 答案：D

解析：理藩院为清朝管理少数民族事务的中央机构。大理寺为中国古代多个朝代的中央司法机构。宣政院为元朝掌管全国佛教事项和统领吐蕃地区军民政务的中央机构。大宗正府为元朝中央司法机构之一，负责审理蒙古人、色目人与汉人相犯案件和宗室案件，与中书省、枢密院并列，不受御史台监察，成为蒙古王公垄断的中央审判机构。故D项正确。

10. 答案：D

解析：《元典章》全称为《大元圣政国朝典章》，其并非元朝中央政府制定的法典，而是元代江西地方政府对元代中期以前法令文书的分类汇编，并由中书省批准后在全国颁行。故D项正确。

11. 答案：B

解析：《元史·刑法志》："诸强奸人幼女者处死，虽和同强，女不坐。凡称幼女，止十岁以下女。"可知元朝法律规定的"幼女"年龄为十岁以下。故B项正确。

（二）多项选择题

1. 答案：ABC

解析：大宗正府为元朝中央司法机构之一，负责审理蒙古人、色目人与汉人相犯案件和宗室案件，与中书省、枢密院并列，不受御史台监察，成为蒙古王公垄断的中央审判机构。刑部是元朝中央主要司法行政及审判机构。宣政院为元朝掌管全国佛教事项和统领吐蕃地区军民政务的中央机构，是全国最高的宗教管理机构与宗教审判机构。元朝未设大理寺，故将唐宋时期的大理寺、刑部职能集于刑部一身。故A、B、C项正确。

2. 答案：ACD

解析：《大札撒》《至元新格》《至正条格》都是元朝中央颁布的法律，《元典章》则并非元朝中央政府制定的法典，而是元代江西地方政府对元代中期以前法令文书的分类汇编，并由中书省批准后在全国颁行。故A、C、D项正确。

3. 答案：ABCD

解析：元世祖忽必烈提出以"祖述变通""附会汉法"为立法指导思想。对于蒙古族，元代立法者特别注意保留其本民族的习惯法，强调"因俗而治"。为了统治和管理广大的汉人地区，元代法制不断实行汉化。元代作为少数民族政权，在法制上强调民族之间的差异。故A、B、C、D项正确。

4. 答案：BC

解析：元代立法者与前代先比更强调轻刑原则。元朝作为少数民族政权，在法制上强调民族之间的差异，把治下民众按照族群和被征服的时间先后分为蒙古人、色目人、汉人、南人四等，并区分量刑。元代立法者沿袭唐宋"十恶""八议"等特权制度，但取消了"上请""官当"等保护贵族官员的特权制度。故B、C项正确。

5. 答案：AB

解析：元朝沿袭唐宋"十恶""八议"等特权制度，但取消了"上请""官当"等保护贵族官员的特权制度。故A、B项正确。

（三）不定项选择题

1. 答案：AC

解析：元朝将隋唐以来以整十为数量的笞杖刑改为以7为尾数，故A项正确，B错误。元代死刑分为凌迟和斩刑，取消了绞刑，故C项正确，D项错误。故本题A、C项正确。

2. 答案：ACD

解析：元代统治者将治下民众分为蒙古人、色目人、汉人和南人四等。蒙古人在量刑上享有特权。僧侣可以干涉司法审判活动。元朝允许代诉。故A、C、D项正确。

3. 答案：B

解析：元朝以前，法律允许改嫁妇女带走原有嫁妆。但元朝规定，离婚妇女或寡妇若再婚，不得带走其从父母处继承的财产或其原有嫁妆，更不得带走夫家财产。故B项正确。

二、史料分析题

参考答案：在损害赔偿方面，元代以前，犯罪行为造成损害的，受侵害一方较少获得赔偿。元代立法者对犯罪行为造成损害的赔偿制度进行改进，除对犯罪者处以刑罚之外，还附带有损害赔偿责任。

在人身伤害方面，元律规定：造成受侵害人残疾的，加害人应受刑罚并承担损害赔偿责任。根据造成伤害的性质和程度不同，所追索的赔偿分为"养济之资""养赡之资""医药之资"等。

对于杀人罪，元代法律规定向罪犯家属征收"烧埋银"，并赔偿给被伤害一方"苦主"，烧埋银具有损害赔偿的性质，但杀有罪之人免征烧埋银，并且，元代法律规定损害赔偿之债的债务担保可采用"役身折酬"的方式。

三、简答题

1. 参考答案：元代的中央司法机构主要有大宗正府、刑部和宣政院。

（1）大宗正府。其职责主要是审理蒙古人、色目人与汉人相犯案件和宗室案件，与中书省、枢密院并列，不受御史台监察，成为蒙古王公垄断的中央审判机构。除此之外，其也负责审判汉人奸盗、诈伪、蛊毒厌魅、诱拐逃驱、轻重罪囚等案件。

（2）刑部。刑部下属于中书省，是元朝中央主要司法行政及审判机构。元朝未设大理寺，故将唐宋时期的大理寺、刑部职能集于刑部一身。其职责为"掌天下刑名法律之政令"，以及对冤案、疑案的复审和死刑复核、录囚等。

（3）宣政院。宣政院是全国最高的宗教管理机构与宗教审判机构。其司法职能是掌管僧人僧官的刑事民事案件，凡各地涉及僧侣的奸盗、诈伪、人命重案虽也由地方官审理，但必须上报宣政院。

2. 参考答案：（1）"因俗而治"，蒙汉异制。对于蒙古族，元代立法者特别注意保留本民族的习惯法，强调"因俗而治"，对于新征服的地区，沿用其本民族习惯或原有政权法制进行管理，并坚持保证"因俗而治"能够真正落实蒙古传统审理制度。元朝作为少数民族政权，在法制上强调民族之间的差异，把治下民众按照族群和被征服的时间先后分为蒙古人、色目人、汉人、南人四等，保护蒙古人在刑罚方面的各项特权。

（2）"祖述变通""附会汉法"。元世祖忽必烈提出"祖述变通""附会汉法"，即参照汉法，对蒙古旧制加以变通。为了统治和管理广大的汉人地区，元代法制不断实行汉化。

四、论述题

参考答案：辽金元都是少数民族建立的政权，其法律制度的特色就是既保留本民族传统习惯，又受到汉族法律文化的影响。在仿效唐宋法制的基础上，它们分别建立了各具特色的政治法律制度。

（1）辽国法律制度特色。

1）从同罪异罚到一等科之。

辽立国之初，由于治下各民族之间文明发展程度不同，加之彼此长期隔离，所以辽选择了民族分治的政策，法制上亦"因俗而治"，"官分南北，以国制治契丹，以汉制待汉人"。这种民族分治的做法，在实践中极易导致民族间的不平等，如契丹人及汉人相殴致死，其罚就轻重不均，同罪异罚现象较为突出。伴随着民族融合程度的提高，圣宗开始尝试缩小契丹人和汉人间的刑罚差异，逐渐限制契丹贵族的特权，争取"一等科之"。道宗亦为此多次修订刑律，推动国家法制的统一。尽管终辽之世，同罪异罚现象未能被彻底扭转，但"各族间犯罪一等科之"毕竟成了趋势。

2）法律实施状况因人而异。

辽国统治者无意仿效汉人制定一部统一的律典，却不断修订条制，尝试将唐宋律法与契丹习惯法融为一体，不断完善具有自身特色的法律体系。这一努力虽取得了一定的效果，但基于各种原因，法制的实施状况仍因人而异。

（2）金国法律制度特色。

1）分而治之。

多民族法制文化共存是金国法制的最大特点，不同民族分而治之是其基本原则。

2）立法与执行脱节。

金立国后，在立法和司法制度创建方面一直积极学习汉族。因而，法制的汉化程度较高，法典体系相对完备。但在法制实施方面，金国法制的执行情况颇为复杂，譬如，官员法外用刑情况较为常见。

（3）元代法律制度特色。

1）因俗而治。

元代幅员辽阔，治下民族众多，多教并存，追求法制统一的难度极大。对于蒙古族，元代统治者特别注意保留其本民族的习惯法；对于新征服的地区，沿用其本民族习惯或原有政权法制进行管理；对于原辽、夏、金地区，"参辽金之遗制"，断理狱讼，循用金律；对于其他民族地区，则"教诸色人户各依本俗行者"。

2）法制汉化。

有元一代尽管未能仿效唐宋政权制定一部统一的律典，但其立法活动却从未停止，且在体例上越来越多地借鉴了唐宋的法律体系。除形式之外，元代法律制度在精神层面亦逐渐接受了儒家所倡导的纲常礼教，如继受了"十恶""八议""准五服以制罪""矜老恤幼"等中国传统律典的基本制度，沿袭唐宋律中重要的刑法原则。

3）强化民族之间的差异。

元代统治者公开强调民族之间的差异，把治下的民众按照族群和被征服的时间先后分为蒙古人、色目人（西域各族，包括西夏人、回人、西域人）、汉人（原辽金地区各族，包括汉人、契丹人、女真人，以及较早征服的四川人、云南人、高丽人）、南人（原南宋治下汉人）四等。蒙古人在任官、诉讼、量刑等方面均享有特权。元代重要的官职都只能由蒙古人担任。蒙古人除犯真奸盗外，有司一概不得拘捕。蒙古人殴打汉人，汉人不得还报，否则即为犯罪。此外，元统治者严厉防范汉人。元代法律禁止汉人拥有一切武器，禁止民众练功习武，在江南地区长期实行宵禁等。

五、拓展延伸阅读

（一）著作

1. 宋国华. 元代法制变迁研究. 北京：知识产权出版社，2017.

2. 胡兴东. 元代民事法律制度研究. 北京：中国社会科学出版社，2007.

3. 杨一凡，寺田浩明. 日本学者中国法制史论著选：宋辽金元卷. 北京：中华书局，2016.

（二）论文

1. 姜歆. 论西夏的司法观念. 宁夏社会科学，2017（06）.

2. 邵方. 儒家思想对西夏法制的影响. 比较法研究，2013（02）.

3. 吴海航，唐莹莹. 元"田令"形式构成考析. 北京联合大学学报（人文社会科学版），2015（03）.

4. 吕志兴. 元代"约会"审判制度与多民族国家的治理. 西南政法大学学报，2011（04）.

第十一章　明代法制

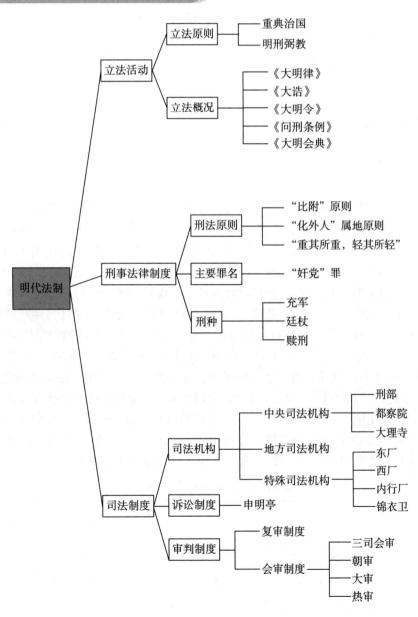

第二部分　本章核心知识要点解析

一、明代的立法原则

【难度与热度】

难度：☆☆　热度：☆☆☆☆

【内容解析】

明代以"明刑弼教"为基本立法原则。"明刑弼教"源于《尚书·大禹谟》"明于五刑，以弼五教"。"明刑弼教"尤为突出强调刑罚的地位和作用，刑罚成为实施教化的手段。这意味着与中国传统统治者所遵循的"德主刑辅"不同，明代刑不再处于从属的位置，德对刑也不再有制约作用。在明代统治者看来，教化与刑罚并无主次之分，亦无先后之序，并非必须遵循"先教后刑"，也可以"先刑后教"，这为朱元璋重典治国提供了依据，以"明刑"达到"弼教"的目的，是明代立法的重要原则。

二、明代的立法概况

【难度与热度】

难度：☆☆☆　热度：☆☆☆

【内容解析】

1.《大明律》

《大明律》为明代的基本法典，其编纂主要经过了如下四个阶段：早在吴元年（1367年）十月，朱元璋即任命左丞相李善长等人修订律令，并于同年十二月完成，史称《吴元年律》。该律共计285条，是《大明律》的雏形，于洪武元年（1368年）正式颁行。洪武六年（1373年）朱元璋命刑部尚书刘惟谦等详定《大明律》，至洪武七年（1374年）律文修成，此即《洪武七年律》。该律共计606条，篇目与唐律相同，为《名例》《卫禁》《职制》《户婚》《厩库》《擅兴》《贼盗》《斗讼》《诈伪》《杂律》《捕亡》《断狱》。其后，朱元璋又多次下令对律文进行修订，如洪武九年（1376年），命丞相胡惟庸等"详议厘定十有三条"，洪武十六年（1383年）命尚书开济定诈伪律条。洪武二十二年（1389年），朱元璋接受刑部建议，将历年所增条例，分类附于《大明律》相关律条之后，此即《洪武二十二年律》。该律共计460条，在体例上以名例律为篇首，其下按照六部分类，依次为吏律、户律、礼律、兵律、刑律、工律。卷首列有五刑图、狱具图、丧服图。洪武三十年（1397年），朱元璋再次下令修律，最终确立定本即为《洪武三十年律》，即后世所称的《大明律》。《大明律》共计7篇30卷460条，具体篇目参见表11-1。

表11-1　《大明律》具体篇目

篇（卷数）	条数
名例律（1卷）	47条
吏律（2卷）	职制（15条）、公式（18条）
户律（7卷）	户役（15条）、田宅（11条）、婚姻（18条）、仓库（24条）、课程（19条）、钱债（3条）、市廛（5条）

续表

礼律（2卷）	祭祀（6条）、仪制（20条）
兵律（5卷）	宫卫（19条）、军政（20条）、关津（7条）、厩牧（11条）、邮驿（18条）
刑律（11卷）	盗贼（28条）、人命（20条）、斗殴（22条）、骂詈（8条）、诉讼（12条）、受赃（11条）、诈伪（12条）、犯奸（10条）、杂犯（11条）、捕亡（8条）、断狱（29条）
工律（2卷）	营造（9条）、河防（4条）

朱元璋尤为注重《大明律》的稳定性，将其视为不可更改的成法，并严令子孙遵守，"令子孙守之，群臣有稍议更改，即坐以变乱祖制之罪"。嘉靖朝后，《问刑条例》被附于律文之后，形成律例合编的体例，这对后世《大清律例》产生了直接的影响。

2.《大诰》

"大诰"一词，出自《尚书·大诰》，意为"陈大道以诰天下"。洪武十八年（1385年）至洪武二十年（1387年）期间，朱元璋为实施重典治乱世的方针政策，连续发布《御制大诰》（74条）、《御制大诰续编》（87条）、《御制大诰三编》（43条）、《大诰武臣》（32条）等四编文告，共计236条。《大诰》是朱元璋制定的特别刑法，主要包括案例、法令、训诫等内容。相较于《大明律》，《大诰》以残酷著称，其特点主要包括以下几个方面。

首先，《大诰》主要针对贪官污吏和作恶豪强，体现出鲜明的"重典治吏"色彩。《大诰》236条中整饬吏治和打击贪官污吏的条文计有155条，惩治官民共同犯罪的条文计有26条，总计占比近八成，重点打击贪赃和科敛害民、乱政坏法和渎职、妄报水灾、欺隐田粮和征收税粮不实、违礼犯分和败坏人伦关系以及不收不敬《大诰》或违背《大诰》禁令等行为，《大诰》是以打击贪赃罪为重点，同时也涉及吏治的其他方面，对贪官污吏和官吏的一切越轨行为，都坚决予以打击。

其次，《大诰》针对同一犯罪处罚较《大明律》为重。《大诰》中对绝大多数罪名的量刑，相较于《大明律》都大大加重。例如：《大诰》针对"有司滥设吏卒"处以族诛，依照《大明律》"滥设官吏"条，则罪止杖一百，徒三年；《大诰》针对"假千户沈仪等伪造御宝文书"处以凌迟，依照《大明律》"诈伪制书"条，则论斩；《大诰》针对"医人卖毒药"处以枭令，依照《大明律》"庸医杀伤人"条，则论斩；《大诰》针对"解物人私去封记"处以斩，依照《大明律》"守支钱粮及擅开官封"条，则杖六十；等等。

最后，《大诰》创设了大量律外酷刑。《大明律》中的刑罚种类主要包括笞、杖、徒、流、死五刑，死刑分为绞、斩，此外又有赎刑、充军以及谋反、谋大逆等严重犯罪适用的凌迟刑等。《大诰》中则创设了大量律外酷刑，根据学者统计，计有族诛、凌迟、极刑、枭令、弃市、斩、死罪、墨面文身挑筋去指、墨面文身挑筋去膝盖、刖指、断手、刖足、阉割为奴、斩趾枷令、常枷号令、枷项游历、重刑、免死发广西拿象、人口迁化外、迁、充军、徒、全家抄没、戴罪还职、戴罪充书吏、戴罪读书、免罪工役及砌城准工等30余种。

朱元璋对《大诰》不遗余力地推行，使其成为中国历史上空前普及的法规。《大诰》被确立为当时官方学校的必读课程，同时地方教师需要定期向乡民宣讲《大诰》。《大诰》

甚至被作为科举考试的内容。此外，朱元璋还宣告，官民户户都要有一本《大诰》，犯有笞、杖、徒、流罪名者，家中藏有《大诰》则减刑一等，否则就要加重一等。然而在朱元璋过世后，《大诰》即被废止不用，仅保留了有《大诰》减等的优待。

三、"重其所重，轻其所轻"的刑罚适用原则

【难度与热度】

难度：☆☆☆　热度：☆☆☆☆

【内容解析】

明代统治者在总结以往法制经验的基础上，确立了"重其所重，轻其所轻"的刑罚适用原则。换言之，《大明律》虽然继受自唐律，但对犯罪处罚轻重方面进行了调整。具体而言，《大明律》针对重大刑事犯罪，如谋反、大逆、谋叛、强盗、造妖书妖言等危害皇权及侵犯人身财产的暴力犯罪，比之唐律加重了刑罚，例如：依照唐律，谋反大逆者，不分首从，皆处以斩刑，《大明律》则改为凌迟。《大明律》针对风俗教化方面的犯罪，如子孙违反教令、别籍异财等，比之唐律减轻了刑罚，例如：依照《唐律》，祖父母、父母在，子孙别籍异财者，徒三年；《大明律》则改为杖一百。正如清末律学家薛允升所言："大抵事关典礼及风俗教化等事，唐律均较《大明律》为重；贼盗及有关币帛、钱粮等事，《大明律》则又较唐律为重。"

四、"奸党"罪

【难度与热度】

难度：☆☆☆　热度：☆☆☆☆

【内容解析】

为强化中央集权的君主专制，朱元璋创设"奸党"罪，用以打击臣下结党等行为。《大明律》"奸党"条规定："凡奸邪进谗言、左使杀人者，斩。若犯罪律该处死，其大臣小官，巧言谏免、暗邀人心者，亦斩。若在朝官员，交结朋党、紊乱朝政者，皆斩。妻子为奴，财产入官。若刑部及大小各衙门官吏，不执法律，听从上司主使出入人罪者，罪亦如之。若有不避权势，明具实迹，亲赴御前执法陈诉者，罪坐奸臣。言告之人，与免本罪。仍将犯人财产，均给充赏。有官者，升二等；无官者，量与一官，或赏银二千两。"清末律学家薛允升对此评价，"奸党"等条"皆洪武年间增定者也，明祖猜忌臣下，无弊不防，所定之律亦苛刻显著"。

五、充军

【难度与热度】

难度：☆☆☆　热度：☆☆☆☆

【内容解析】

明代继承了唐律的五刑体系，以笞、杖、徒、流、死为法定刑，但在执行方面，徒刑与流刑均附加了杖刑。除此之外，《大明律》中还规定了充军、安置、迁徙、刺字、凌迟等刑罚。充军最初是指军人在犯徒流罪后发往卫所充当军户，罚作苦役的刑罚，根据距离远近分为附近和边远两等。其后，平民的某些犯罪行为也开始适用充军刑，并形成

了更为细致的里程划分，即附近、近卫、口外、沿海、边远、烟瘴、极边等。根据充军期限的长短，充军刑可划分为"终身"与"永远"两等。"终身"意即到罪犯身死为止，只及于罪犯本人一生；"永远"意即罚及子孙后代，罪犯死亡后，由其子孙继续充军。

六、明代中央司法机构

【难度与热度】

难度：☆☆☆　热度：☆☆☆

【内容解析】

明代中央司法机构有刑部、都察院、大理寺，称为"三法司"。《明史·刑法志》载："刑部受天下刑名，都察院纠察，大理寺驳正。"具体而言，刑部在司法审判方面的职责包括：审理京师笞罪以上案件，复核各省徒罪以上案件及斩绞监候案件。此外，刑部在司法行政方面还负责对徒刑、流刑、充军等刑罚的执行与监督，对死罪囚犯的处决及监狱的管理和监督等。都察院负责"纠劾百司，辩明冤枉，提督各道，为天子耳目风纪之司"。都察院作为职官犯罪案件的司法审判机构，负责审理或复核直隶及各省职官犯罪，同时也参与京师斩绞监候案件的复核。此外，都察院还负有派遣监察御史巡按直隶及各省的职责，巡按御史"代天子巡狩"，"按临所至，必先审录罪囚，吊刷案卷，有故出入者理辩之"。需要注意的是，都察院与刑部是两个平行的司法审判机构，刑部审理完结的案件无须送都察院复核，都察院审理完结的亦无须送刑部复核。大理寺为复核机关，凡刑部、都察院等所审案件，"皆移案牍，引囚徒，诣寺详谳。左右寺寺正，各随其所辖而复审之"。具体而言，大理寺负责复核刑部及都察院移送的直隶、各省及京师案件，同时参与复核京师斩绞监候案件。虽然明代三法司中的部分机构名称延续了唐宋以来的机构名称，但在职权方面存在不同。唐宋三法司有大理寺、御史台、刑部，其中刑部主要负责复核，大理寺主要负责审判，明代则以刑部负责审判，大理寺负责复核。

七、厂、卫司法

【难度与热度】

难度：☆☆☆　热度：☆☆☆☆

【内容解析】

除普通司法机构外，明代还设有厂、卫等特务司法机构。所谓"厂"，是指东厂、西厂和内行厂；所谓"卫"，是指锦衣卫。《明史·刑法志》载："刑法有创之自明，不衷古制者，廷杖、东西厂、锦衣卫、镇抚司狱是已。是数者，杀人至惨，而不丽于法。踵而行之，至末造而极。举朝野命，一听武夫、宦竖之手，良可叹也。"锦衣卫始设于洪武十五年（公元1382年），原为警卫京师二十二卫之一，直接受皇帝指挥，但锦衣卫与其他各卫不同，"锦衣卫主巡察、缉捕、理诏狱，以都督、都指挥领之，盖特异于诸卫焉"。具体而言，锦衣卫下设之镇抚司分为南北两部，其中南镇抚司主管本卫刑名，兼管军匠；北镇抚司的设立晚于南镇抚司，专门负责审理皇帝交办的案件，拥有侦查、逮捕、审讯等职责，所谓"锦衣卫狱"，又称"诏狱"，实际上就是"北镇抚司狱"。朱元璋曾下令，"天下重罪逮至京者，收系（锦衣卫）狱中，数更大狱，多使断治，所诛杀为多"。明代中后期，北镇抚司的权力进一步扩大。成化十四年（公元1478年），增铸北镇抚司印信，北镇抚司负责审理的诏狱可以直接上奏皇帝，锦衣卫指挥使无权干预，这使北镇抚司获得了作为"诏狱"的独立地位。按照程序，北镇抚司审理后需将案件移交三法司，但三法司也只能按照其意见进行宣判。

东厂始设于永乐十八年（1420 年），是由宦官统领的特务司法机构。具体而言，司礼监掌印太监负责掌管东厂，下设掌刑千户、理刑百户以及掌班、领班、司房等，以监视文武百官的日常生活，刺探社会各阶层的动态，地位高于锦衣卫。西厂始设于成化十三年（1477 年），由太监汪直提督西厂。明宪宗与明武宗时期，西厂几度存废，是总共存在了十年有余的临时性机构。明武宗正德年间（1505—1521 年），司礼太监刘瑾专权，设立内行厂，其职能与东西厂相似，但地位在其之上，"虽东西厂皆在伺察中，加酷烈焉"。至正德五年（1510 年），刘瑾被杀，内行厂随即被撤销，共存续四年有余。厂卫机构作为君主专制主义强化的恶果，造成了宦官专权与特务机构干预司法等后果，产生了大批冤假错案，明代不少大臣多次揭露批判，要求废除厂卫机构，但始终未能动摇厂卫机构的地位。有学者认为，明代的厂卫等机构虽然多法外司法，但它们是皇帝制度在法律体系中的代表，这或许就是这些机构难以被彻底废除的原因。

八、里老与申明亭

【难度与热度】

难度：☆☆　热度：☆☆☆

【内容解析】

里甲为明代基层行政单位，以十户为一甲，一百一十户为一里，甲设甲首，里设里长，里长由里内钱粮最多的十户人家轮流担任，任期以一年为限。同时，明代还设有"老人"之职，一般由本里众人推举"平日公直，人所敬服者"，并在官府备案。朱元璋发布的《教民榜文》中，明确赋予里甲、老人调处地方纠纷的权力，并将其纳入国家司法体系，这成为带有强制性的半官方调解制度。具体而言，关于民间户婚、田土、斗殴相争等纠纷，必须先经由本管里甲、老人理断，未经其理断径直告官者，先将告官者杖六十，仍发回里甲、老人处理断。老人、里甲调解纠纷的场所则是各里申明亭。申明亭作为调处纠纷的专门场所，也是实施教化、劝善惩恶之所，明人应槚《大明律释义》载："各州县设立申明亭，凡民间应有词状，许着老、里长准受于本亭剖理，及书不孝不弟与一应为恶之人姓名于亭，以示惩戒，所以使人心知惧而不敢为恶也。"与此同时，申明亭本身也受到法律的保护，《大明律》针对拆毁申明亭房屋及毁板榜的行为，处以"杖一百，流三千里"。

九、会审制度

【难度与热度】

难度：☆☆　热度：☆☆☆☆

【内容解析】

会审作为一种联合审理疑难案件的制度，在明代得到进一步发展和制度化，概括而言，明代的会审制度主要包括三司会审、九卿会审、朝审、热审、大审等形式。

三司会审，即由刑部尚书、大理寺卿以及都察院左都御史共同审理的制度。如果遇到重大案件，经三法司审理，而囚犯两次翻供不服的，则由吏、户、礼、兵、刑、工六部尚书以及都察院左都御史、大理寺卿、通政使"九卿"会同审理，此即"九卿会审"，又称"圆审"。

朝审始于明英宗天顺三年（1459年），朝廷规定每年霜降以后，三法司会同公、侯、伯等审理被判处秋后执行的死刑案件，称之为"朝审"。朝审会根据案件是否存在可矜可疑情节，将犯人改判或者再审，对判决无误、情法无疑者，则于秋后处决。朝审一般于秋季举行，至清代则演变为秋审制度。

热审始于明成祖永乐二年（1404年），每年小满后十余日，司礼监传旨刑部，会同都察院、锦衣卫等审理在押囚犯。最初只是将轻罪人犯予以决遣出狱，其后逐渐扩展到徒流以下，形成了"重罪矜疑、轻罪减等、枷号疏放诸例"。热审作为明代实行的恤刑制度，主要是为防止因酷暑而造成囚犯瘐毙。

大审始于明英宗正统年间（1436—1449年），自宪宗成化十七年（1481年）成为定制，这是由皇帝命司礼监太监会同三法司堂上官，于大理寺审录，每五年举行一次，称之为"大审"。大审主要针对监押囚犯，是明代特有的由宦官主导司法审判的制度。

第三部分　典型案例与同步练习

第一节　典型案例

持《大诰》上告案

【案例史料】

洪武十九年三月二十九日，嘉定县民郭玄二等二名，手执《大诰》赴京，首告本县首领弓兵杨凤春等害民。经过淳化镇，其巡检何添观刁蹬留难，致使弓兵马德旺索要钞贯，声言差人送赴京来。如此沮坏，除将各人押赴本处，弓兵马德旺依前《大诰》行诛，枭令示众，巡检何添观刖足枷令。今后敢有如此者，罪亦如之。

——选自《御制大诰续编·阻当者民赴京第六十七》

【案例分析】

洪武十九年（1386年）三月二十九日，嘉定县民人郭玄二等二人，手里拿着《大诰》赶赴京城，要去告发嘉定县首领弓兵杨凤春等人扰害百姓之事。二人经过淳化镇时，镇上的巡检何添观故意刁难二人，弓兵马德旺向他们索要钱财，声称可以派人将他们送至京城。如此败坏之举，除将各人押赴本处外，对弓兵马德旺依照之前颁布的《大诰》行诛杀，首级悬挂示众，对巡检何添观砍去双脚，枷号示众。今后有敢如此行为者，也照此定罪处罚。

该案出自《大诰》，是关于阻碍持《大诰》上告受罚的案例，其中有如下内容需要注意。

（1）《大诰》作为明代朱元璋颁布的特别刑事法，尤为强调重典治吏。《大诰》之中关于整饬吏治和打击贪官污吏的条款占比近八成，不收不敬《大诰》或违背《大诰》禁令等行为是《大诰》打击的重点。从治吏出发，朱元璋在《大诰》中赋予了民众监督、惩治贪官污吏的权利，并鼓励民众赴京状告，甚至绑缚官吏赴京。《大诰》明确规定，"今后所在有司官吏，若将刑名以是为非，以非为是，被冤枉者告及四邻，旁入公门，将刑房该吏拿赴京来；若私下和买诸物，不还价钱，将礼房该吏拿来；若赋役不均，差贫卖富，将户房该吏拿来；若举保人材，扰害于民，将吏房该吏拿来；若勾补逃军力士，卖放正身，拿解同姓名者，邻里众证明白，助被害之家将兵房该吏拿来；若造作科敛，若起解轮班人匠卖放，将工房该吏拿来"，"其正官、首领官及一切人等，敢有阻当者，其家族诛"。这实际上为民众赴京控告提供了法律上的保障。本案中，巡检何添观、弓兵马德旺对嘉定县民人郭玄二等人的刁难、索贿行为，一方面是对《大诰》本身权威的侵犯，另一方面也是《大诰》重点打击的行为，因此最终对二人按照《大诰》惩处。

（2）《大诰》作为刑事特别法，除具有重典治吏的特征外，还有律外用刑的特征。《大诰》中列举了大量使用酷刑惩治官民的案例，其中涉及的酷刑包括族诛、凌迟、枭令、刖足、斩趾枷令等等。除此之外，针对同一犯罪，《大诰》相较《大明律》的处罚更为严厉，甚至《大明律》处以笞杖之刑的，《大诰》则处以死刑。本案中，巡检何添观、弓兵马德旺所处刑罚分别为"枭令示众""刖足枷令"，这反映出《大诰》刑罚的残酷性。

第二节　　同步练习

一、选择题

（一）单项选择题

1. 明代重典治国的侧重点在于（　　　）。

A. 治吏　　　　　B. 治民　　　　　C. 治县　　　　　D. 治世

2. 明代初年，朱元璋将其亲自审理的案件加以整理汇编，并加上因案而发的训导，作为训诫臣民的特别法令颁布天下，史称（　　　）。

A.《大诰》　　　B.《大明律》　　　C.《大明会典》　　　D.《问刑条例》

3. 明清时期被称为"风宪衙门"的中央机构是（　　　）。

A. 都察院　　　　B. 大理寺　　　　C. 尚书省　　　　D. 刑部

4. 明代负责全国行政监察工作，并参与重大或疑难案件审理的中央机构是（　　　）。

A. 御史台　　　　B. 大理寺　　　　C. 都察院　　　　D. 锦衣卫

5. 明太祖朱元璋为"防臣下揽权专擅，交结党援"而增设的一项新罪名是（　　　）。

A. "阿党"罪　　　B. "左官"罪　　　C. "腹诽"罪　　　D. "奸党"罪

6. 较之于唐律，明律中处罚有所减轻的罪名是（　　　）。

A. 谋反　　　　　B. 强盗　　　　　C. 官吏受财　　　　D. 子孙违反教令

7. 明代由都察院左都御史、大理寺卿、通政使及六部尚书共同参与的会审制度称为（　　　）。

A. 大审　　　　　B. 朝审　　　　　C. 热审　　　　　D. 圆审

8. 关于明代法律制度，下列选项错误的是（　　）。

A. 明太祖朱元璋认为，"夫法度者，朝廷所以治天下也"

B. 明律确立"重其所重，轻其所轻"的刑罚原则

C.《大明会典》仿《元六典》，以六部官制为纲

D. 明代会审制度为九卿会审、朝审、大审等

9. 下列关于明朝婚姻家庭继承法律制度的表述，不正确的是（　　）。（2010年考研）

A. 主婚权属于祖父母、父母，嫁娶违律的，独坐主婚者

B. 七出仍是丈夫休妻的理由，义绝不再成为婚姻解除的条件

C. 婚姻缔结须有婚书和聘礼，同姓、同宗无服亲及良贱不得为婚

D. 继承采取"嫡庶无别，诸子均分"的原则，承认奸生子的继承权

10. 我国历史上废除丞相制度的皇帝是（　　）。（2011年考研）

A. 元世祖　　　　　B. 明太祖　　　　　C. 明成祖　　　　　D. 清世祖

11. 明洪武三十一年（公元1398年），某省布政使上书皇帝，嘉言宰执大臣"美政才德"。依照《大明律》的规定，该上书行为构成的罪名是（　　）。（2013年考研）

A. 内乱　　　　　B. 左官　　　　　C. 奸党　　　　　D. 谋大逆

12. 清人薛允升比较唐律与明律后指出，明律相对于唐律在内容上"重其所重，轻其所轻"。下列选项中，属于明朝"轻其所轻"的犯罪是（　　）。（2020年考研）

A. 官吏贪赃受贿　　　　　　　B. 谋毁宗庙山陵

C. 子孙违犯教令　　　　　　　D. 监守自盗钱粮

13. 有文献评价某朝的法制状况："杀人至惨，而不丽于法。踵而行之，至末造而极。举朝野命，一听之武夫、宦竖之手，良可叹也！"这段话所评价的朝代是（　　）。（2021年考研）

A. 明朝　　　　　B. 清朝　　　　　C. 宋朝　　　　　D. 元朝

14. 首次按中央六部分设篇目的中国古代法典是（　　）。（2012年考研）

A.《宋刑统》　　B.《大元通制》　　C.《大明律》　　D.《大清律例》

15. 明朝独有的由皇帝委派宦官会同三法司官员定期录囚的制度是（　　）。（2013年考研）

A. 大审　　　　　B. 朝审　　　　　C. 圆审　　　　　D. 热审

16. 明朝中期以后改革赋役制度，推行"一条鞭法"，将各类赋役合并折算，统一征收（　　）。（2021年考研）

A. 银两　　　　　B. 粮食　　　　　C. 布帛　　　　　D. 铜钱

17. 明成化年间，应天府某佃民在官地内耕种时，掘得古器一件和银锭数枚。根据《大明律·户律·钱债》"得遗失物"条的规定，掘得埋藏物的归属是（　　）。（2022年考研）

A. 古器与银锭均归国家所有

B. 古器与银锭均归发现人所有

C. 古器归国家所有，银锭归发现人所有

D. 古器归发现人所有，银锭归国家所有

18. 明初洪武年间"定南北更调之制"，即南方人调北方任官，北方人调南方任官。后来虽不限南北，但"不得官本省"。这种任官回避制度古已有之。下列选项中，规定任官回避制度的是（   ）。（2023 年考研）

    A. 汉朝的三互法　　　　　　　　　　B. 曹魏的九品官人法

    C. 宋朝的差遣制　　　　　　　　　　D. 元朝的行省制

19. 明朝中央审判机关是（   ）。

    A. 刑部　　　　　　B. 大理寺　　　　　　C. 都察院　　　　　　D. 御史台

20. 每年霜降后，明朝三法司会同公、侯、伯审理重囚的制度称（   ）。

    A. 朝审　　　　　　B. 秋审　　　　　　C. 九卿会审　　　　　　D. 热审

（二）多项选择题

1. 明太祖朱元璋在洪武十八年（1385 年）至洪武二十年（1387 年）间，手订四编《大诰》，共 236 条。关于《大诰》，下列哪些说法是正确的？（   ）

    A. 对《大明律》中原有的罪名，《大诰》一般都加重了刑罚

    B. 《大诰》的内容也被列入科举考试中

    C. "重典治吏"是《大诰》的特点之一

    D. 朱元璋死后《大诰》被明文废除

2. 明代初年，乡间创设申明亭，具有基层司法组织的功能。通常可以由申明亭受理和调处的案件情形包括（   ）。

    A. 贼盗　　　　　　B. 婚姻　　　　　　C. 田土　　　　　　D. 斗殴

3. 下列选项中，以六部官制作为分篇体例的国家律典有（   ）。（2013 年考研）

    A.《宋刑统》　　　　B.《大明律》　　　　C.《大清律例》　　　　D.《大清现行刑律》

4. 下列选项中，属于明朝法律形式的有（   ）。（2018 年考研）

    A. 则例　　　　　　B. 大诰　　　　　　C. 条法事类　　　　　　D. 问刑条例

5. 下列关于明朝官员选任制度的表述，正确的有（   ）。（2016 年考研）

    A. 科举制是明朝官吏选任的基本途径，辅之以荐举制

    B. 科举考试以四书五经为命题内容，且要求考生论及时事

    C. 地方官任命严格执行"北人官南、南人官北"的籍贯回避

    D. 明朝建立了完整的科举选官制度，只有官学的学生才可以参加科举考试

（三）不定项选择题

1. 明代在《唐六典》基础上完善的具有行政法大全性质的立法是（   ）。

    A.《明大诰》　　　　B.《问刑条例》　　　　C.《明实录》　　　　D.《明会典》

2. 明代的特务机关是（   ）。

    A. 卫　　　　　　B. 东厂　　　　　　C. 西厂　　　　　　D. 都察院

3. 明代沿用唐宋法律规定的"六赃"罪名，但具体指称稍有不同，下列不属于明代"六赃"的罪名是（   ）。

    A. 监守盗　　　　　　B. 强盗　　　　　　C. 受所监临　　　　　　D. 常人盗

4. 明朝刑罚残酷，除继续适用封建五刑以外，明朝的司法实践中增设了一些刑种，主要有（   ）。

    A. 充军　　　　　　B. 枷号　　　　　　C. 廷杖　　　　　　D. 刺配

5. 明代的中央监察机构主要有（　　）。

A. 都察院　　　　　B. 六科给事中　　　　C. 锦衣卫　　　　D. 大理寺

二、简答题

1. 简述明《大诰》的主要内容及特点。

2. 简述明律"重其所重，轻其所轻"。

3. 简述明初立法指导思想的主要内容及其产生的历史背景。

三、论述题

试述明代的会审制度。

参考答案及解析

一、选择题

（一）单项选择题

1. 答案：A

解析：明代重典治国的重点在于整肃吏治，这一点在朱元璋颁行的《大诰》中体现尤为明显。

2. 答案：A

解析：《大诰》为朱元璋制定的特别刑事法，主要内容包括案例、法令、训诫等，是朱元璋重典治国政策的直接体现。

3. 答案：A

解析：明代中央三法司中，都察院为监察机关，它是由唐宋时期的御史台演变而来的，其长官为左都御史。都察院作为天子之耳目，负责对百官进行监督弹劾，因此又有"风宪衙门"之称。

4. 答案：C

解析：明代负责全国行政监察工作的中央机构是都察院，与此同时，都察院与刑部、大理寺组成"三法司"，负责对重大或疑难案件的审理。

5. 答案：D

解析：明代为防止臣下结党，削弱皇权，在《大明律》中新增设"奸党"罪。

6. 答案：D

解析：明律相较于唐律，体现了"轻其所轻"的特点，即明律针对风俗教化方面的犯罪，如子孙违反教令、别籍异财等，比之唐律减轻了刑罚。

7. 答案：D

解析：明代由都察院左都御史、大理寺卿、通政使及六部尚书共同参与的会审即是"九卿会审"，又称为"圆审"。

8. 答案：C

解析：《大明会典》基本上仿照《唐六典》，以六部官制为纲，并不存在《元六典》。

9. 答案：B

解析：明律规定："凡妻无应出及义绝之状而出之者，杖八十。虽犯七出，有三不去而出之者，减二等追还完聚。"由此可知，七出仍是丈夫休妻的理由，义绝也仍是解除婚姻关系的法定条件。

10. 答案：B

解析：明初，明太祖朱元璋为强化君主集权制度，废除了传统的丞相制度，改由皇帝直接控制中央六部，使六部对皇帝直接负责。

11. 答案：C

解析：明代创设了禁止臣下结党的"奸党罪"，且罗列了犯罪的种种表现。《大明律·吏律·职制》规定"在朝官员，交结朋党、紊乱朝政""大臣小官，巧言谏免、暗邀人心"等行为均犯"奸党罪"。某省布政使上书皇帝，嘉言宰执大臣"美政才德"属于"大臣小官，巧言谏免、暗邀人心"。

12. 答案：C

解析：明律对一些轻微触犯礼教、典礼的罪名，比唐律处罚有所减轻，即"轻其所轻"。《唐明律合编》认为，"大抵事关典礼及风俗教化等事，唐律均较明律为重"。如父母在，子孙别籍异财者，唐律处徒刑三年，明律仅杖八十。子孙违反教令，唐律处徒刑二年，明律杖一百。对某些危害不大的"轻罪"从轻处罚，使刑事制裁具有更强的针对性。

13. 答案：A

解析：厂卫干预司法活动，是明朝一大弊政。"厂"是由太监组成的、直属皇帝的特务机关，包括东厂、西厂、内行厂。"卫"是指皇帝亲军十二卫中的锦衣卫，主要职责是掌管皇帝出入仪仗和警卫事宜。从太祖开始，锦衣卫以兵兼刑，掌有缉捕、刑狱之权。所设南北镇抚司中，北镇抚司专管诏狱，又称锦衣卫狱。厂卫并非国家正式的司法机关，但在皇帝的纵容之下，由宦官操纵，凌驾于司法机关之上，享有侦察缉捕、监督审判、法外施刑等种种司法特权。厂卫滥施法外酷刑，"杀人至惨，而不丽千法"。厂卫之制是皇权高度集中和恶性发展的产物。

14. 答案：C

解析：《大明律》是中国古代第一部以中央六部分设篇目的古代法典。《大清律例》比其出现得晚，《宋刑统》是以条文性质分类，而《大元通制》仿唐宋旧律，分为《名例》《卫禁》《职制》等二十篇。《元典章》开创了明、清律例按六部分类的体例，是《大明律》以六部分篇之滥觞，但其并非法典。

15. 答案：A

解析：在明代的会审制度中，独有的制度是由太监主导、五年一次的大审。

16. 答案：A

解析：从明中期起，各地进行各种赋役制度改革的尝试，嘉靖十年（公元1531年）至崇祯十年（公元1637年）的约一百年间，朝廷向各地推行"一条鞭法"的赋役改革方案。"一条鞭法"是将各种类型的赋役并为统一的货币予以征收的赋税制度。主要内容：将各州县的田赋、杂税和差役合并，统一征收；各项杂税和差役等统一折算成白银，平摊入土地，按照土地和人丁的多少征收；征收赋税实行"官收官解制"，即由官府自行负责征收和解运。

17. 答案：C

解析：在埋藏物的归属问题上，明律规定："若于官私地内掘得埋藏之物者，并听收用。"埋藏物完全归发现人所有，只是"古器、钟鼎、符印异常之物"必须送官。因此，掘得古器必须送官，古器归国家所有，银锭则归发现人所有。

18. 答案：A

解析：汉朝的三互法规定的是任官回避制度；曹魏的九品官人法是一种官吏选拔制度；宋朝的差遣制是为了加强中央集权，采取的官职名称与实际职务相脱离的一种制度；元朝的行省制是为了加强中央集权而采取的行政区划和政治制度。

19. 答案：A

解析：明代设立刑部、大理寺、都察院三大司法机构，通称"三法司"。刑部为中央审判机关，主掌重大案件的审判，受理地方上诉案件和中央与京师的案件。大理寺负责司法行政与复核案件。都察院掌纠察，设监察御史，司法活动限于会审及审理官吏犯罪案件。

20. 答案：A

解析：明朝的朝审，是指每年霜降之后，三法司会同公、侯、伯，在吏部尚书（或户部尚书）的主持下，会审重案囚犯的制度。

(二) 多项选择题

1. 答案：ABC

解析：《大诰》作为朱元璋颁布的特别刑事法，体现了其"重典治吏"的基本思想，相较于明律，《大诰》刑罚更为严厉。与此同时，朱元璋为进一步推行《大诰》，要求各级学校讲授《大诰》，并列为科举考试的内容。《大诰》主要由案例、法令、训诫等内容组成，其中绝大部分是针对官吏的，反映了其"重典治吏"的特点。虽然朱元璋死后，《大诰》被废弃不用，但并未被明文废除，故 D 项错误。

2. 答案：BCD

解析：明代创设申明亭作为民间调解的专门场所，主要受理有关婚姻、田土、斗殴等民事纠纷及轻微刑事案件，因此 A 项不选。

3. 答案：BC

解析：早在元朝，江西地方政府编纂的《元典章》以六部划分法规体例，是《大明律》以六部分篇的滥觞。《大明律》改变了唐、宋旧律的传统体例，以《名例》冠于篇首，下按照六部官职分《礼》《吏》《户》《兵》《工》《刑》六律。《大清律例》的结构形式、体例、篇目与《大明律》基本相同，共分《礼》《吏》《户》《兵》《工》《刑》六律。《大清现行刑律》废除了六部的六律总目，将法典各条按照其性质分隶 30 门，故排除 D 项；《宋刑统》在内容上沿袭《唐律疏议》，仍然以敕、令、格、式为主。故答案为 B、C 项。

4. 答案：BD

解析：A 项属于清朝，C 项属于宋朝，B、D 项属于明朝。

5. 答案：ACD

解析：明朝建立了完整的科举选官制度。只有官学的学生才可参加科举考试。科举制是明朝官吏选任的基本途径，A、D 项正确。明太祖采纳刘基的意见，规定各级考试

专用四书五经命题，考生只能按照程朱理学的注解答题，不得言及时事，自由发挥，B
项错误。明朝任官基本上每三年轮换一次，地方官严格实行"北人官南、南人官北"的
籍贯回避制度，C项正确。

(三) 不定项选择题

1. 答案：D

解析：《明会典》是明代行政法规大全，会典体例以六部官制为纲，按宗人府、六
部、都察院、六科、各寺、各府、各监、各司之次序，规定了各行政机构的职掌和事例，
是一部系统、完备、地位重要的行政法典。故选D项。

2. 答案：ABC

解析：都察院为明代中央监察机构，并非特务机关，故不选D项。设立"厂""卫"
特务机关是明代司法的一大特点，"卫"是指皇帝亲军十二卫中的"锦衣卫"，下设镇抚
司。"厂"是直属皇帝的特务机关，在明代不同时期先后有东厂、西厂、内行厂，均由宦
官掌握。故选择A、B、C项。

3. 答案：BC

解析：明律中"六赃"为：监守盗、常人盗、受财枉法、受财不枉法、窃盗、坐赃。
也即明代"六赃"无唐宋法律中"受所监临"和"强盗"二赃罪，增入"监守盗"和
"常人盗"。此外，明律还专设"受赃"一章共11个条文。故选择B、C项。

4. 答案：ABC

解析：充军虽然在宋元时期已经存在，但其发展成为正式刑，却始于明代。明初创
设枷号，是指强制罪犯戴枷于监狱外或官府衙门前示众，以示羞辱，使之痛苦。廷杖，
是指在皇帝决定和监督下，在殿廷前对"违抗"皇命的大臣直接施加杖刑的法外刑罚。
宋太祖为宽待杂犯死罪而立刺配之法，刺面、配流且杖脊，是对特予免死人犯的一种代
用刑。故选择A、B、C项。

5. 答案：AB

解析：明代的中央监察机构主要有都察院和六科给事中两类。都察院是在唐宋御史
台基础上扩大规模改名而来。都察院职官设置为：左、右都御史二人；左、右副都御史
二人；左、右佥都御史二人。明代中央监察机构，除都察院外，还有独立的六科给事中
监察系统。设在吏、户、礼、兵、刑、工六部的给事中，专司对六部官员的监察。故选
择A、B项。

二、简答题

1. 参考答案：《大诰》是明太祖朱元璋颁布的特别刑事法，是朱元璋重典治世政策
的直接体现。《大诰》主要包括《御制大诰》《御制大诰续编》《御制大诰三编》《大诰武
臣》等四编，共计236条，内容则包括案例、法令、训诫等。相较于《大明律》，《大诰》
以残酷著称，表现出重典治吏与法外用刑的特点。所谓重典治吏，一方面，《大诰》将整
饬吏治和打击贪官污吏作为主要目标，绝大多数的条文均为此服务；另一方面，《大诰》
中涉及的大多数犯罪的量刑，往往较《大明律》为重，不仅加重了法定刑，而且通过族
诛等扩大了刑罚适用范围。所谓法外用刑，主要体现在《大诰》创设了大量律外酷刑。
《大明律》以笞、杖、徒、流、死五刑为正刑，此外也包括充军、凌迟等刑罚。《大诰》

中则包括族诛、凌迟、极刑、枭令、弃市、断手、刖足、阉割为奴、斩趾枷令等残酷刑罚。

2. 参考答案：明律以唐律为蓝本，又多有损益。明律与唐律相比较，呈现出"重其所重，轻其所轻"的特点。所谓"重其所重"，是指对威胁统治秩序的重大犯罪行为，明律的处罚相比唐律更重，这些犯罪包括谋反、大逆、谋叛、强盗等。例如：依照唐律，谋反大逆者，不分首从，皆处以斩刑；《大明律》则加重为凌迟。所谓"轻其所轻"，是指对违反儒家伦理纲常的犯罪行为，明律的处罚相比唐律较轻，这些犯罪主要集中于风俗教化领域，包括子孙违犯教令、别籍异财等。例如：依照唐律，祖父母、父母在，子孙别籍异财者，徒三年；《大明律》则减轻为杖一百。明代采取的"重其所重，轻其所轻"的刑事政策，反映出明代皇权专制的强化。

3. 参考答案：明初，以明太祖朱元璋为代表的统治集团在总结历史经验尤其是元朝亡国的历史教训中，逐步形成了一系列的法律思想："明刑弼教""重典治国"。礼刑并用、"重典治国"是中国封建社会治国的基本方略之一。"重典治国"包括重典治吏和重典治民两个方面。重典治吏即是对官吏犯罪施加严惩。重典治民就是要用严刑酷法使民众畏惧犯罪。"明礼导民""定律以绳顽"。朱元璋深刻地认识到礼在治理国家中的重要作用，强调封建道德的礼教是先导，刑罚镇压是手段。明律在实施严刑峻罚的同时，规定了"存留养亲""同居相隐"等反映儒家礼教思想的内容，将礼教与威刑相结合。

上述立法思想是明初统治者充分认识元末明初社会现实以及在总结历朝经验的基础上产生的。首先，明初统治者认为天下初定，但仍是一个乱世，对乱世应该用重典治理。其认为元亡的重要原因在于为政过宽，吏治腐败，导致农民起义。其次，明初之际，内外形势复杂，法度松弛极不可取，因此，必须"明刑弼教"，修明法度，治以重典。最后，在重典治国的同时，统治者也认识到严刑峻法只是手段，使民众发自内心地服从统治才是根本目的，故"明礼导民"，将礼法相结合。

三、论述题

参考答案：明代继承前代的司法审判制度，发展出相对完善的会审制度，主要包括三司会审、九卿会审、朝审、热审、大审等形式。第一，三司会审。三司会审是指由明代中央三法司长官，即刑部尚书、大理寺卿、都察院左都御史，对重大疑难案件共同审理的制度。第二，九卿会审。九卿会审又称为圆审，主要是针对特别重大的案件，或者重大案件中囚犯两次翻供不服判决的案件，参与的官员则包括吏、户、礼、兵、刑、工六部尚书以及都察院左都御史、大理寺卿、通政使等九名官员。第三，朝审。朝审主要适用于秋后处决的死刑案件，一般于每年霜降以后，三法司长官会同公、侯、伯等爵高位重者共同参与审理。对案件存在可矜可疑情节的，将犯人改判或者再审；对判决无误、情法无疑者，则于秋后处决。明代的朝审后来为清代所继承，并发展为秋审制度。第四，热审。热审是指在每年小满后十余日，刑部奉旨会同都察院、锦衣卫等审理在押囚犯的制度。永乐初年（公元1403年）只是将轻罪人犯予以决遣出狱，其后逐渐扩展到徒流以下，重罪情疑可矜者由皇帝裁决，徒流刑以下者减等发落，笞杖等轻罪即行释放。热审在防止因酷暑而造成囚犯瘐毙方面起到了积极作用。第五，大审。大审是指由皇帝委派的太监会同三法司官员共同审录囚犯的制度，每五年举行一次，是明代特有的由宦官主导司法审判的制度。

四、拓展延伸阅读

(一) 著作

1. 苏亦工．明清律典与条例．北京：商务印书馆，2020.

2. 邱澎生．当法律遇上经济：明清中国的商业法律．杭州：浙江大学出版社，2017.

3. 杨一凡．明大诰研究．北京：社会科学文献出版社，2009.

4. 阿风．明清徽州诉讼文书研究．上海：上海古籍出版社，2016.

(二) 论文

1. 陈熙远．在民间信仰与国家权力交叠的边缘：以明代南京一座祠祀的禁毁为例证//邱澎生，陈熙远．明清法律运作中的权力与文化．桂林：广西师范大学出版社，2017.

2. 田艺，章毅．万历吕侍郎祠诉讼案与晚明徽州的社会竞争．明史研究，2018.

3. 杨一凡．《明会典》性质考辩："官修典制史书""行政法典"说驳正．政法论坛，2022（01）.

4. ［日］夫马进．明清时代的讼师与诉讼制度//王亚新，梁治平，赵晶：明清时期的民事审判与民间契约．北京：法律出版社，2022.

第十二章 清代法制

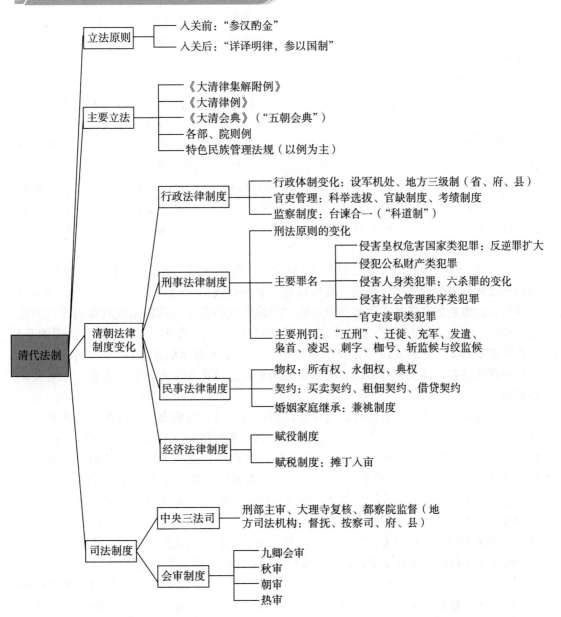

- 立法原则
  - 入关前："参汉酌金"
  - 入关后："详译明律，参以国制"

- 主要立法
  - 《大清律集解附例》
  - 《大清律例》
  - 《大清会典》（"五朝会典"）
  - 各部、院则例
  - 特色民族管理法规（以例为主）

- 清朝法律制度变化
  - 行政法律制度
    - 行政体制变化：设军机处、地方三级制（省、府、县）
    - 官吏管理：科举选拔、官缺制度、考绩制度
    - 监察制度：台谏合一（"科道制"）
  - 刑事法律制度
    - 刑法原则的变化
    - 主要罪名
      - 侵害皇权危害国家类犯罪：反逆罪扩大
      - 侵犯公私财产类犯罪
      - 侵害人身类犯罪：六杀罪的变化
      - 侵害社会管理秩序类犯罪
      - 官吏渎职类犯罪
    - 主要刑罚："五刑"、迁徙、充军、发遣、枭首、凌迟、刺字、枷号、斩监候与绞监候
  - 民事法律制度
    - 物权：所有权、永佃权、典权
    - 契约：买卖契约、租佃契约、借贷契约
    - 婚姻家庭继承：兼祧制度
  - 经济法律制度
    - 赋役制度
    - 赋税制度：摊丁入亩

- 司法制度
  - 中央三法司：刑部主审、大理寺复核、都察院监督（地方司法机构：督抚、按察司、府、县）
  - 会审制度
    - 九卿会审
    - 秋审
    - 朝审
    - 热审

清代法制

第二部分　本章核心知识要点解析

一、立法活动

【难度与热度】

难度：☆☆　热度：☆☆☆

【内容解析】

（一）立法原则

（1）清入关前："参汉酌金"，即引用或沿用汉族（明代）法制，并整理、阐述后金原有习惯法或旧法令。

（2）清入关后："详译明律、参以国制"，即详尽借鉴《大明律》，以明律为蓝本，并适当参留清入关前的旧制，从而制定出一套既能够符合儒家传统法律文化精神，又能适应清朝政治统治的法律体系与法律制度。

（二）主要立法

（1）律：律作为清代基本刑事法典，主要法典先后有两个：一是《大清律集解附例》，顺治二年（公元 1645 年）设律例馆负责修律，次年仿照《大明律集解附例》修成《大清律集解附例》并颁行。该律律文共 459 条，比《大明律》仅少 1 条，篇门条目一概仿效《明律》；律后附"条例"430 余条，比《大明律》"问刑条例"有增。二是《大清律例》，乾隆五年（公元 1740 年）清律最后一次修订完成，定名《大清律例》。律文编定为 47 卷，有名例律、吏律、户律、礼律、兵律、刑律、工律 7 篇，分为 30 门 436 条，附例编定为 1 042 条。因再无集诸家注解之事，故律名删去"集解"二字，律后总注也删除了。此外《大清律例》增加"总类"和"比引律条"。

（2）例：例作为清代最重要的法律形式之一，包括条例、则例、事例、成例等名目。条例一般而言专指刑事单行法规；则例指有关某一行政部门或某项专门事务方面的单行法规汇编；事例指皇帝就某项事务发布的"上谕"或经皇帝批准的由政府部门提出的建议；成例，也称"定例"，指经过整理后编订的事例，是一项单行法规。需要说明的是，对例的理解需要将其放入清代法律体系之中，尤其要考虑律例关系问题，其要点有二：一是律高度稳定，甚少大的改动，例则随时增删；二是律为主导，例为补充，二者关系相辅相成。

（3）会典：会典是对清代行政制度的汇辑考订，是官制政书，有行政组织法典的属性。康熙二十三年至二十九年（公元 1684—1690 年）仿照《明会典》编成《清会典》162 卷。该书按宗人府、内阁、六部、理藩院、都察院、通政使司、内务府、大理寺等机构分目，"以官统事，以事类官"，开列每一官衙机构建制、官品职数编制、职掌权限，并考述其沿革及附载历年事例或则例，称为《康熙会典》。其后雍正、乾隆、嘉庆、光绪分别编纂会典，合称"五朝会典"，统称《大清会典》。自《乾隆会典》开始，编纂一直遵循"以典为纲，以则例为目"的原则，典、例分别编纂遂成固定体例。会典所载，一般为国家基本体制，少有变动，具体的变更，则在增修"则例"时完成。

（4）特色民族管理法规：清代对蒙古族、藏族、维吾尔族、苗族民族地区或边疆地区，形成了一整套有特色的民族管理法规。这些法规注意尊重民族或边疆地区的风俗习惯，充分保障中央管治权力并维护国家统一，还注意厘清中央权力与民族区域自治权力之间的边界，如《理藩院则例》《蒙古律例》《回疆则例》《钦定西藏章程》《西宁番子治罪条例》《苗犯处分例》等。

二、行政法律制度

【难度与热度】

难度：☆☆☆　热度：☆☆

【内容解析】

（一）行政体制

（1）军机处：此为清代的中枢权力机关，于雍正七年（公元1729年）因用兵西北而设立。选内阁中谨密者入值缮写，以为处理紧急军务之用，辅佐皇帝处理政务，后来常置并取代内阁权力。雍正十年（公元1732年），改称"办理军机处"，设军机大臣、军机章京等，均为兼职。

（2）地方行政级别：省、府、县三级。

（二）官吏管理

（1）科举：这是官吏选用的正途，分为乡试、会试、殿试。乡试之前有县试、府试、院试。

（2）官缺制度：其分为满官缺、蒙古官缺、汉军官缺、汉官缺。不同官缺只能由各该族人出任或补缺。

（3）考核制度：康熙朝始行"京察大计"法。"京察"为对京官和地方督抚考核，三年一次；"大计"为对各省藩（布政使）臬（按察使）及以下所有官员的考核。京察大计均以四格八法为标准："四格"即考核才（长、平、短）、守（廉、平、贪）、政（勤、平、怠）、年（青、中、老）四个方面，评定为称职、勤职、供职三等；列优等者记名，优先议叙。"八法"即察明贪、酷、罢（疲）软、不谨、年老、有疾、浮躁、才弱等八类恶德或缺陷，对贪、酷者治罪，不谨、罢软者革职，浮躁、才弱者降级，年老、有疾者退休。后来去掉贪、酷两条，仅称"六法"。

（三）监察制度

（1）台谏合一：清代将六科给事中（谏官）并入都察院（原御史台），实行"台谏合一"，合称"科道"。在历史上，宋代也曾实行"台谏合一"，该制度强化了皇权。

（2）监察法规：这主要有《钦定台规》和《都察院则例》，前者系乾隆时以皇帝名义亲制，后多次增修，共43卷，包括训典、宪纲、六科、各道、五城、稽察、巡察、通例等八类规章，主要规定都察院职权和监察纪律。后者是前者的实施细则汇编，主要包括封驳呈奏、京察大计监察、各道巡监、科举监察等规定。

三、刑事法律制度

【难度与热度】

难度：☆☆☆　热度：☆☆☆

【内容解析】

（一）刑法原则

（1）有限"罪刑法定"原则：确认"罪刑法定"原则，保留类推制度，但对类推限制更严格。

（2）"化外人犯罪"处理原则："凡化外人犯罪者，并依律拟断"，继承明律，这不同于唐代"同类相犯，依本俗法"的原则。

（3）加重对"谋反""谋大逆"等侵犯皇权的罪行的处罚。

（4）大兴文字狱：文字狱是统治者迫害知识分子的狱事，文字狱在历代均曾发生，以清代最为严重，并比照"谋大逆"进行定罪。

（5）重惩"奸党"罪和交结近侍官员罪。

（6）维护满人特权和坚持民族不平等。

（二）主要刑罚

（1）立决：清律称判死刑而立即执行者为"斩立决"或"绞立决"，所有被判为立决的罪犯，都无须经过秋审、朝审核定便可立即处斩。

（2）监候：清代监候有斩监候与绞监候之别，是立决的对称。明清时对判处死刑的罪犯暂时监禁，不立即执行，待至朝审、秋审时，再按具体情况分别处理。

（3）发遣：清代将罪人发遣到边远地区给驻防八旗官兵当差为奴，发遣是仅次于死刑的重刑，较充军为重，主要对象是犯徒罪以上的官吏，发遣地多在吉林、黑龙江、伊犁等处。

四、民事法律制度

【难度与热度】

难度：☆☆ 热度：☆

【内容解析】

（一）物权

清代物权主要包括所有权、永佃权、典权。对不动产所有权，清朝以"印信执照"确认土地房屋所有权。田宅所有权以官制鱼鳞图册、纳税凭证、地契房契、地碑旗谱记载为诉讼证据。永佃权，是指承租人（佃户）永久租耕出租人（田主）土地且子孙可继承耕种的权利，是用益物权之一，后来在江南地区发展出"一田二主"习惯。典权，是指典主在支付典价后占有、使用业主田宅，若典期届满未回赎则典主拥有对该田宅的留置权和先买权。

（二）买卖契约

清代土地、房屋、奴婢买卖，均须正式成立契约。立约后须"税契"即缴纳契税，并办理"过割"即赋税过户义务。办理税契、过割手续时，官府将有关完税过户单据粘贴于契约尾部（称为"契尾"）并加盖骑缝章。该种粘贴契尾并加盖官印的契约（称为"红契"）等于经官府备案登记，兼有土地权属证明的功能，无此手续的，则称为"白契"，诉讼中红契的证据效力高于白契。在买卖契约中，典卖契约产生的争议最多。

（三）兼祧制度

这是清律首创的继承制度，一个男子同时继承两家宗祧，兼祧人不脱离原来家庭的裔系，兼做所继承家庭的嗣子。

五、经济法律制度

【难度与热度】

难度：☆☆　热度：☆

【内容解析】

(一)《赋役全书》

顺治初年（公元 1644 年）正式仿效明制行《赋役全书》，确定赋役制度。该书为地方征派赋役和财政收支提供了法律依据。

(二) 摊丁入亩

这是清朝实行的重要赋税制度。雍正元年（公元 1723 年）开始实行"摊丁入亩"改革，将"各省丁口之赋，摊入地亩输纳征解，统谓之'地丁（银）'"，亦即将各地应征缴的丁银总额均摊到土地亩数中去，与田赋合计征收，不再按人丁数征税。这一改革减轻了人民负担，使劳动者对土地的依附程度有所减轻，人身束缚得到放松，为工商业提供了更多自由劳动力。

六、司法制度

【难度与热度】

难度：☆☆☆　热度：☆☆☆

【内容解析】

(一) 司法机关

（1）中央三法司：承袭自明代，刑部主审、大理寺复核、都察院监督。

（2）京师地方司法：五城察院、步军统领衙门、刑部共管。

（3）全国地方司法机构：清代地方司法体构由四级构成，分别是：督抚、按察司、府（直隶州、厅）、县（散州、厅）。徒刑以上案件一般采取逐级审判、无条件上报的"逐级审转制"。

(二) 审判制度

清代在承袭明代会审制度的基础上，进一步发展出一套更为完善的会审体制。清代会审主要包括九卿会审、秋审、朝审、热审、三法司会审等。

（1）九卿会审：此沿袭自明代的九卿圆审。凡遇特别重大的案件，皇帝常命六部尚书、大理寺卿、都察院长官（左都御史）、通政司通政使等高官会同审理，称为九卿会审。其主要是重审斩监候、绞监候的案件，也审理当年死刑案件。许多案件在进入朝审、秋审之前已经过九卿会审。

（2）秋审：此为清代重要的死刑复审制度，因每年秋天举行而得名，这与秋冬行刑的理念是一脉相承的。秋审是"国家大典"，由明代朝审制度发展而来，审理对象是全国地方上报的斩、绞监候案件，最终的结果主要分为情实、缓决、可矜、留养承祀四种情形。其一，情实，指罪情属实、罪名恰当者，奏请执行死刑；其二，缓决，案情虽属实，但危害性不大者，再押监候，留待来年再审；其三，可矜，指案情属实，但有可矜之处，可免予死刑，一般减为徒、流刑罚；其四，留养承祀，指案情属实、罪名恰当，但有亲老丁单情形，且合乎申请留养条件者，按留养奏请皇帝裁决。

（3）朝审：此为明清时期重要的死刑复审制度，清代的朝审源于明代，但有所变化，是针对刑部判决的重案及京师附近斩、绞监候案件进行的复审，其审判组织、方式、结果与秋审大体相同。

（4）热审：这是对发生在京师的笞杖刑案件进行重审的制度，于每年小满后十日至立秋前一日，由大理寺官员会同各道御史及刑部承办司共同进行，快速决放在监的笞杖刑案犯。

（5）三法司会审：清承明制，在中央设法司会审，凡是死罪中应处斩、绞的重大案件，在京的由三法司会审，在外省的由三法司会同复核。

第三部分　典型案例与同步练习

第一节　典型案例

清代留养承祀案例二则

【案例史料】

史料1. 常启云存留养亲案

东抚奏准刑部：咨据福州将军穆图善等具奏，福州驻防官犯常启云，系山东荷泽县人，因京控王克一等唆讼聚众案，内审依诬告叛逆，被逆之人未决者斩监候，例上减一等拟发新疆效力赎罪，改发福建驻防安插。该官犯年已七十九岁，伊母常姜氏寿届百龄，长子耄年远戍，次三两子先后殇亡，情殊可悯。可否请旨饬下山东抚臣行查，常姜氏如果尚存，一面覆奏，一面咨闽，将该官犯释回养亲等。因于光绪七年七月二十三日奉旨着照所请该部知道，钦此咨行到东，臣钦遵行查去后，兹据荷泽县知县凌寿栢查明，常姜氏现尚存活，由府司详覆前来，应即咨会福州将军，并间省督抚，臣迅将该官犯常启云遵旨释回。光绪七年案。

——选自《新增刑案汇览》卷二，犯罪存留养亲

史料2. 清朝留养承祀的条件

河南司嗣后办理戏杀及误杀，秋审缓决一次例准减等者，并擅杀、斗杀情轻及救亲情切、伤止一二处各犯，核其情节，秋审时应入可矜者，如有祖父母、父母老疾应侍及孀妇独子、伊母守节二十年并夫致死妻，应行留养承祀之案，无论殴杀、故杀，核其情节，秋审应入可矜者，查讯属实，该督抚于定案时将查取各结，随案送部，以凭核办，不得将例应随案声请留养承祀之案，概俟秋审时取结核办，其余非例应随案声请留养承祀之案，仍俟秋审时取结送部再行核办。道光四年通行。

——选自《刑案汇览》卷二，秋审矜缓比较

【案件评析】

以上两个案件史料涉及存留养亲及留养承祀制度。清代既有存留养亲，也有存留承

祀，可合称"留养承祀"，它是前代存留养亲制度的演变与扩展。

（一）存留养亲制度的沿革及设立原因

存留养亲，即当犯人直系尊亲属年老应侍而家无成丁，死罪非"十恶"时，允许上请，流刑可免发遣，徒刑可缓期，将人犯留下以照料老人，老人去世以后再实际执行的制度。南北朝时期成为定制，《北魏律·名例》就规定："诸犯死罪，若祖父母、父母年七十以上，无成人子孙，旁无期亲者，具状上请，流者鞭笞，留养其亲，终则从流，不在原赦之例。"《唐律疏议》有"犯死罪非十恶，而祖父母、父母老疾应侍，家无期亲成丁者，上请"的规定，《宋刑统》沿用了这一规定。明清律都设有犯罪存留养亲专条，并规定了留养的具体条件以及不予留养的情形，直到清末改革刑法，才将此条删去。上述案例史料1中的"常启云存留养亲案"就是清代的典型案件。存留养亲制度能够存在如此之久，原因是它有利于维护王朝统治。瞿同祖在评价存留养亲时认为，存留养亲是"为养亲老而非为姑息犯人"。存留养亲制度是中国法律儒家化的产物，自汉以后，统治阶级以儒家学说为治国的指导思想。儒家把宗法伦理道德看得最高，而宗法伦理中最基本、最重要的是"孝"的观念。"孝"即要求尊老、敬老、养老、爱老，留养制度即是"孝"的观念影响到法律制度的一个体现。统治者宣扬"孝"道，其目的是为了让万民"尽忠"，根本目的是为了维护其统治。

（二）清代"留养承祀"的出现与发展

清律承明制，规定留养条件是："祖父母、父母老疾应侍，家无以次成丁。"律文夹注说明：老是指七十岁以上，疾兼指笃、废两种情况，成丁是指十六岁以上。同前代一样，经朝廷核准留养的犯人，免服原判之刑，仍要受杖责和枷号的惩罚。根据《大清律例》的规定：死刑犯存留养亲，对犯人处以杖百、枷号六十日的刑罚；充军或流刑犯存留养亲，则对犯人处以稍轻的杖刑和枷号刑。而清代秋审对存留养亲制度进一步发展，确立了对死刑犯的"留养承祀"制度。清代秋审的结果有四种：一是情实，二是缓决，三是可矜，四是留养承祀。如在上述史料2中所述"如有祖父母父母老疾应侍及孀妇独子伊母守节二十年并夫致死妻，应行留养承祀之案"。需要指出的是，清代法律中规定的"留养承祀"制度，是对前代"存留养亲"制度的拓展。在《大清律例》"存留养亲"条所附条例中有关于"留养承祀"的两条内容，第一条："如非争夺财产，并无别情，或系一时争角互殴，将胞兄致死，而父母已故，别无兄弟，又家无承祀之人，应令地方官据实查明，取具邻保、阖族、保长并地方官印甘各结，将该犯情罪于疏内声明、奏请，如准其承祀，将该犯免死，减等枷号三个月，责四十板，存留承祀……"第二条："夫殴妻致死，并无故杀别情，果系父母已故，家无承祀之人，承审官据实查明，取具邻保、族长甘结并地方官印结。将应行承祀缘由于疏内声明、请旨。如准其承祀，将该犯枷号二个月，责四十板，存留承祀。"从以上条例可以看出，留养承祀须满足以下几个条件：第一，父母已故；第二，只有在弟殴胞兄致死、夫殴妻致死两种情况下才可承祀；第三，家无承祀之人；第四，承祀须经皇帝批准。可见，批准留养承祀的程序比较严格：首先由地方官向皇帝报告具体情况，并由凶犯的邻居、族长、地方官保证情况属实，然后由皇帝决定是否准予留养承祀。这一程序设计既可以将批准留养承祀的大权握于皇帝一人手中，同时也可以防止地方官员弄虚作假。清代的留养承祀制度不仅考虑到了老有所养，同时考虑到了血脉的延续和宗祧继承，与"不孝有三，无后为大"的儒家思想一脉相承。

（三）深度思考

清代法律中规定的留养承祀制度，体现了存留养亲制度在清代的拓展。留养承祀制度，是清律贯彻"亲亲"宗法原则的典型产物。历代统治者均标榜自己的"仁慈""宽厚"，把存留养亲说成是"法外施仁"的"宽政"，其实它同时也能解决犯人亲属生活无着落引起社会矛盾和统治不稳的问题，缓解了国家的财政负担。但适用这个制度必须要注意限度，如果使过多的犯人免于服刑，就会削弱刑罚的威慑作用，使受害一方乃至整个社会产生不公正感，因此历代统治者实行此制，总是力图在犯人、受害者和社会之间保持平衡。所以，清律特别强调，留养承祀的适用只能给那些实际上能孝养父母之人，所以，"若在他省获罪，审系（无业）游荡他乡远离父母者，即属忘亲不孝之人，虽与例相符，不准留养"，"凡曾经忤逆犯案及素习匪类、为父母所摒逐者，虽遇亲老丁单，概不许留养"。道光年后有了更加严格的限制，比如行为人所杀之人也是一个家庭的唯一成年男子，那么对犯罪人就不能适用留养承祀。可见，留养承祀绝不是给罪犯个人的恩赦或人道待遇，而是给其家族的宗法伦理照顾，并对留养承祀之人也具有道德上和法律上的严格要求，从而平衡各方面的利益冲突。清末变法的"礼法之争"对是否保留留养承祀制度进行过激烈的争论，该争论最终以法理派的胜利而告终，留养承祀制度也就退出了历史舞台。

第二节　　同步练习

一、选择题

（一）单项选择题

1. 清朝立法原则是（　　）。

A. 明德慎罚　　　　　　　　　　B. 德主刑辅，礼法结合

C. 详译明律，参以国制　　　　　D. 重典治国

2. 中国历史上最后一部传统综合性律典是（　　）。

A.《大清会典》　　　　　　　　　B.《大清律例》

C.《大清律集解附例》　　　　　　D.《大清律集解》

3. 清政府仿效明朝，将各级国家机关的职掌事例、活动规则等有关制度编撰成集，称为（　　）。

A.《大清律集解附例》　　　　　　B.《大清律集解》

C.《大清会典》　　　　　　　　　D.《大清律例》

4. 清朝的例主要包括条例、则例、事例与成例，其中则例（　　）。

A. 专指刑事单行法规

B. 是指皇帝就某项事务发布的"上谕"

C. 是指经过整理后编订的条例

D. 是指有关某一行政部门或某项专门事务方面的单行法规汇编

5. 与前代相比，清朝的中央权力机构的主要变化在于（　　）。

A. 大理寺主复核 　　　　　　　　B. 设立督抚

C. 刑部主审判 　　　　　　　　　D. 设立军机处

6. 清朝首次创设的刑罚是（　　）。其适用对象是犯徒罪以上的文武官员。

A. 流　　　　　　B 充军　　　　　　C. 发遣　　　　　　D. 枷号

7. 清朝大兴文字狱，审理此类案件，一般比附的罪名是（　　）。（2016 年考研）

A. 谋大逆　　　　B. 大不敬　　　　C. 谋叛　　　　　D. 妖书妖言

8. 清朝财税法律制度的重大改革是（　　）。

A. 租庸调制　　　B. 一条鞭法　　　C. 推丁入亩　　　D. 两税法

9. 清朝规定不动产买卖与奴婢买卖中必须有以下哪个程序？（　　）

A. 先问亲邻　　　B. 印契税契　　　C. 过割赋税　　　D. 经官给据

10. 清朝中央司法机构中具有审判职能的是（　　）。（2012 年考研）

A. 大理寺　　　　B. 都察院　　　　C. 宗人府　　　　D. 刑部

11. 《大清会典》规定，内外蒙古地区"刑狱不决，则报于院"。这里的"院"是指（　　）。（2022 年考研）

A. 大理院　　　　B. 都察院　　　　C. 宣政院　　　　D. 理藩院

12. 清朝的慎刑复核机构是（　　）。

A. 刑部　　　　　B. 巡抚　　　　　C. 都察院　　　　D. 大理寺

13. 清朝刑部下设十七省清吏司，其主要职责（　　）。

A. 职掌京师审判事务 　　　　　　B. 专门处理皇帝交办的重案

C. 分掌各省监察事务 　　　　　　D. 分掌各省审判事务

14. 清朝地方司法机构分为（　　）。

A. 两级　　　　　B. 三级　　　　　C. 四级　　　　　D. 五级

15. 清朝地方最高一级司法机构是（　　）。

A. 督抚　　　　　B. 按察司　　　　C. 府　　　　　　D. 风宪衙门

16. 清朝有"刑名总汇"之称的省级司法机构是（　　）。

A. 巡按御史　　　B. 按察司　　　　C. 督抚　　　　　D. 通政司

17. 清朝各省督抚有权判决并执行的案件是（　　）。

A. 笞杖刑案件　　B. 徒刑案件　　　C. 流刑案件　　　D. 死刑案件

18. 清朝经过秋审或朝审的案件，若案情属实、罪名恰当，但有亲老丁单情形或为血脉的延续和宗祧继承，可申请留养，这种制度被称为（　　）。

A. 保辜制度　　　B. 缓决　　　　　C. 可矜　　　　　D. 留养承祀

19. 清朝秋审会审的案件类型是（　　）。

A. 立决　　　　　B. 笞杖　　　　　C. 监候　　　　　D. 流刑

20. 清朝案件经过秋审或朝审程序之后，一般分几种情况予以处理，对此，下列哪一说法是错误的？（　　）

A. 情实，指案情属实、罪名恰当者，奏请执行死刑

B. 缓决，案情虽属实，但危害性不大者，可减为流三千里，或发烟瘴、极边充军，或再押监候，留待来年再审。

C. 可矜，指案情属实，但有可矜之处，免予死刑，一般减为徒、流刑罚

D. 留养承祀，指案情属实、罪名恰当，但被害人有亲老丁单情形，奏请皇帝裁决

（二）多项选择题

1. 清朝的主要法律形式包括（　　　）。

A. 律　　　　　　B. 大诰　　　　　　C. 会典　　　　　D. 则例

2. 清朝中央政府重视民族地区的治理，专门制定了一系列适用于民族的法规，其中包括（　　　）。（2015 年考研）

A.《回疆则例》　　　　　　　　B.《蒙古律例》

C.《钦定西藏章程》　　　　　　D.《理藩院则例》

3. 清朝的会审制度包括（　　　）。

A. 九卿会审　　　B. 秋审　　　C. 朝审　　　D. 大审　　　E. 热审

4. 清朝官吏产生的方式包括（　　　）。

A. 捐纳　　　　　　B. 科举　　　　　　C. 察举　　　　　D. 荫生

5. 清朝旗人享有的法律特权有（　　　）。

A. 犯罪免发遣

B. 旗人犯盗窃仅刺字

C. 旗人重囚必须刺字的，只能刺臂，不可以刺面

D. 旗人犯罪，由相应的特定机构处理

6. 清朝监察制度的主要变化在于（　　　）。

A. 推行密折制度　　　　　　　　B."六科给事中"并入都察院

C. 实行"台谏合一"　　　　　　D. 取消"巡按御史制"

7. 清朝经秋审或朝审之后的案件处理结果，一般有以下几种情况：（　　　）。

A. 情实　　　　　　B. 缓决　　　　　　C. 可矜　　　　　D. 留养承祀

8. 清嘉庆年间，张某在京城打伤李某，被判笞刑，张某不服判决，要求复审。关于案件的复审，下列选项正确的是（　　　）。（2012 年法考试题改编）

A. 应进行热审

B. 应进行朝审

C. 应由大理寺官员会同各道御史及刑部承办司会同审理

D. 应在小满后 10 日至立秋前 1 日举行

9. 乾隆五十一年（公元 1785 年），四川发生一起杀人案：唐达根与宋万田本不相识，因赴集市买苞谷遂结伴同行。途中山洞避雨，宋万田提议二人赌钱后宋万田得赢，唐达根将钱如数送上。归途，宋万田再次提议赌钱，唐达根得赢。宋万田声称唐达根骗赌，不肯给钱，唐达根与之争吵进而双方互殴，争斗中唐达根将宋万田打死。依据《大清律例》和《大清律辑注》，你认为唐达根有可能被官府认定犯下列哪些罪行？（　　　）（2010 法考）

A. 唐达根系没有预谋、临时起意将宋万田打死，应定"故杀"

B. 唐达根系恼羞成怒，欲夺赌钱故意将宋万田打死，应定"谋杀"

C. 唐达根系无心之下，斗殴中不期将宋万田打死，应定"斗殴杀"

D. 唐达根系无怨恨杀人动机，"以力共戏"将宋万田打死，应定"戏杀"

10. 清乾隆律学家、名幕王又槐对谋杀和故杀的有关论述：(2011 年法考)

(1)"谋杀者，蓄念于未杀之先；故杀者，起意于殴杀之时。"

(2)"谋杀则定计而行，死者猝不及防、势不能敌，或以金刃，或以毒药，或以他物，或驱赴水火，或伺于隐蔽处所，即时致死，并无争斗情形，方为谋杀。"

(3)"故杀乃因斗殴、谋殴而起，或因忆及夙嫌，或因畏其报复，或虑其控官难制，或恶其无耻滋事，或恐其遗祸受害。在兄弟，或利其费财肥己；在夫妻，或恨其妒悍不逊。临时起意，故打重伤、多伤，伤多及致死处所而死者是也。"

据此，下列不可能被认定为谋杀的选项是（　　）。

A. 张某将浦某拖倒在地，骑于身将其打伤。浦某胞弟见状，情急之下用木耙击中张某顶心，张某立时毙命

B. 洪某因父为赵某所杀，立志复仇。后，洪某趁赵某独自上山之机，将其杀死

C. 卢某欲拉林某入伙盗窃，林某不允并声称将其送官。卢某恐其败露欲杀之，当即将林某推倒在地，割伤其咽喉并用腰带套其脖颈，林某窒息而死

D. 雇主李朱氏责骂刘某干活不勤，刘某愧念不甘，拿起菜刀将李朱氏砍倒。刘某逃跑之际，被李朱氏 4 岁的外孙韩某拉住衣服并大声呼救，刘某将其推倒在地并连砍数刀，致其立时毙命

(三) 不定项选择题

1. 清朝法律形式中的"例"主要分为以下几种?（　　）

A. 事例　　　　　　B. 条例　　　　　　C. 成例　　　　　　D. 则例

2. 清朝具有特色的职官考绩制度包括（　　）。

A. 科举　　　　　　B. 京察　　　　　　C. 大计　　　　　　D. 巡按

3. 雍正年间，山东济南府某甲因"戏杀"，被判处绞监候。依据清朝的会审制度，此案适用什么程序?（　　）(2006 年法考)

A. 适用朝审复核定案　　　　　　　　B. 适用秋审复核定案

C. 适用热审复核定案　　　　　　　　D. 适用大审复核定案

4. 关于清朝的司法制度，下列哪些选项是正确的?（　　）(2008 年法考)

A. 清朝主要中央司法机构的职能与隋唐时期相反，刑部负责审判，大理寺负责复核

B. 清朝最重要的死刑复核制度是朝审，审理对象是全国上报的死刑监候案件

C. 清朝会审制度是慎刑思想的反映，但是其导致多方干预司法，使实际执法与法律制度日益脱节

D. "申明亭"为清朝法定的基层调解机构，对维护社会秩序有一定积极作用

5. 清朝时期反对豪强兼并土地，提出"平天下者，均天下而已"主张的法律思想家是（　　）。

A. 顾炎武　　　　B. 龚自珍　　　　C. 戴震　　　　D. 王夫之

二、简答题

1. 简述清朝主要立法及特点。

2. 简述清朝律和例的关系。

3. 简述清朝刑罚制度的变化。

三、论述题

1. 论述清朝会审制度的发展变化及历史影响。
2. 论述中国古代成文法典篇章体例的发展演变。

参考答案及解析

一、选择题

(一) 单项选择题

1. 答案：C

解析：清初，治国理民的方针大计为"清承明制"。清入关前"参汉酌金"，即引用或沿用汉族（明朝）法制，并整理阐述后金原有习惯法或旧法令。入关后，随着社会政治、经济的发展变化，清朝确定了"详译明律、参以国制"的立法原则，从而制定出一套既能够符合儒家传统法律文化精神，又能适应清朝政治统治的法律体系与法律制度。

2. 答案：B

解析：《大清律例》是以《大明律》为蓝本完成的，作为中国历史上最后一部传统综合性律典，它是中国传统法律的集大成者。《大清律例》的制定充分考虑了清朝的政治实践和政治特色，在一些具体制度上对前代法律有所发展和变化。

3. 答案：C

解析：《大清会典》是清朝行政制度汇辑考订，是官制政书，有行政组织法典属性。康熙二十三年至二十九年（公元1684—1690年），清朝仿效《明会典》编成《清会典》162卷。该书按宗人府、内阁、六部、理藩院、都察院、通政使司、内务府、大理寺等机构分目，"以官统事，以事类官"，开列每一官衙机构建制、官品职数编制、职掌权限，并考述其沿革及附载历年事例或则例，称为《康熙会典》。其后雍正、乾隆、嘉庆、光绪分别编纂会典，合称"五朝会典"，统称《大清会典》。

4. 答案：D

解析：则例，指有关某一行政部门或某项专门事务方面的单行法规汇编，是清廷针对中央各部门的职责、办事规程而制定的基本规则，是各部、院机关正常运转的基本依据，可以被视为清廷的行政法规。

5. 答案：D

解析：军机处是清朝官署名，也称"军机房""总理处"，是清朝时期的中枢权力机关，于雍正七年（公元1729年）因用兵西北而设立，以为处理紧急军务之用，辅佐皇帝处理政务。

6. 答案：C

解析：发遣，指的是清朝时将罪人遣送到边远地区给驻防八旗官兵当差为奴，是仅次于死刑的重刑，较充军为重，主要对象是犯徒罪以上的官吏，发遣地多在吉林、黑龙江、伊犁等处。

7. 答案：A

解析：文字狱是指统治者迫害知识分子的狱事，文字狱在历朝时有发生，以清朝最为严重，清朝比照"谋大逆"进行定罪，往往全家株连甚至灭族。

8. 答案：C

解析：唐朝实行的"租庸调"制，两宋实行的"两税法"，明代张居正推行"一条鞭法"，都未能跳出田赋与丁役分离征收的传统格局。清朝康熙年间制定了"盛世滋生人丁永不加赋"的政策，雍正元年开始实行"摊丁入亩"改革，将"各省丁口之赋，摊入地亩输纳征解，统谓之'地丁（银）'"，亦即将各地应征缴的丁银总额均摊到土地亩数中去，与田赋合计征收，不再按人丁数征税。

9. 答案：B

解析：明清时对元代买卖契约制度进行了改革，废除了经管给据、先问亲邻的程序性规定，仅强调不动产买卖与奴婢买卖中必须印契税契。

10. 答案：D

解析：清朝时期刑部、大理寺、都察院三个主要司法机构组成中央"三法司"，刑部主审，大理寺复核，都察院监督。刑部的职权与明代刑部相比更重，刑部在清朝是职权最重，也最受朝廷重视的一个司法机构。

11. 答案：D

解析：理藩院是清朝中央管辖少数民族事务的中央机关，也是内外蒙古、青海、回疆地区的上诉审机关。本题题干是"内外蒙古"发生的"刑狱不决"的案件，故应由理藩院负责管辖。

12. 答案：D

解析：大理寺是负责案件复核的慎刑机构。依清律规定，大理寺的主要职责是复核死刑案件，平反冤狱，同时参与秋审、热审等会审。大理寺如发现刑部定罪量刑有误，可提出封驳。

13. 答案：D

解析：清朝刑部下设十七省清吏司分掌各省审判事务，还设有追捕逃人的督捕司、办理秋审的秋审处等。

14. 答案：C

解析：清朝地方司法机构分为县（散州）、府（直隶州、厅）、按察司、督抚四级。其中县（散州）为第一审级，府（直隶州、厅）为第二审级，按察司为第三审级，督抚为第四审级。

15. 答案：A

解析：清朝地方司法机构分为四级，督抚为第四审级。督抚有权批复按察司复核无异议的徒刑案件，并决定执行，并对军流、死刑案件及人犯进行复核。

16. 答案：B

解析：清朝取消了明代施行的"巡按御史"制度。清朝的按察司是各省主要专职的司法机构，号称是"刑名总汇"，负责复核、审理省内各府、州县上报的刑名案件，核议后加署意见，呈送督抚。

17. 答案：B

解析：在清朝的刑事审判程序中，笞杖刑案件由州县自行审结。凡应拟徒刑的案件，由州县初审，依次经府、按察司、督抚逐级审核，最后由督抚作出判决。流刑、充军等案，由各省督抚审结后咨报刑部，由刑部批复。至于死刑重案，最终须经皇帝勾决，才能执行。因此，清朝各省督抚负责审核、复拟该省按察司上报的案件，徒刑案件可自行批结，在审结后仅须报刑部备案。

18. 答案：D

解析：清朝经秋审或朝审的案件，一般分为情实、缓决、可矜、留养承祀等四种情况处理。所谓留养承祀，就是指案情属实、罪名恰当，但有亲老丁单情形，且合乎申请留养条件者，按留养案奏请皇帝裁决。

19. 答案：C

解析：秋审审理的对象是全国上报的斩监候、绞监候案件。每年秋八月由九卿、詹事、科道以及军机大臣、内阁大学士等重要官员会同审理。

20. 答案：D

解析：清朝案件经过秋审或朝审等复审程序后，分四种情况处理：其一，情实，指罪情属实、罪名恰当者，奏请执行死刑；其二，缓决，案情虽属实，但危害性不大者，可减为流三千里，或发烟瘴、极边充军，或再押监候；其三，可矜，指案情属实，但有可矜之处，可免予死刑，一般减为徒、流刑罚；其四，留养承祀，指案情属实、罪名恰当，但有亲老丁单情形，且合乎申请留养条件者，按留养奏请皇帝裁决。需要注意的是，此处亲老丁单情形是针对犯罪人而言的，而不是被害人。

（二）多项选择题

1. 答案：ACD

解析：清朝立法主要有律、会典、例等，例作为清朝最重要的法律形式之一，主要包括条例、则例、事例、成例等名目。

2. 答案：ABCD

解析：清朝对蒙古族、藏族、维吾尔族、苗族等民族地区或边疆地区，形成了一整套有特色的民族管理法规。这些法规注意尊重民族或边疆地区风俗习惯，充分保障中央管治权力并维护国家统一，还注意厘清中央权力与民族区域自治权力之间的边界，如《理藩院则例》《蒙古律例》《回疆则例》《钦定西藏章程》《西宁番子治罪条例》《苗犯处分例》等。

3. 答案：ABCE

解析：清朝会审制度主要包括九卿会审、秋审、朝审、热审、三法司会审等。

4. 答案：ABD

解析：清朝官吏的选拔任用，大体上可以分为"正途"与"异途"两种途径。"正途"包括科举考试、皇帝"特简"和大臣"会推"几种方式。其中，科举考试是主要途径。"异途"是指通过捐纳、荫生制度获得官职。察举是科举制度实行之前，在汉代以前实行的官吏选拔方式。

5. 答案：ACD

解析：清朝在法律领域，为旗人作出了种种特殊的规定，如满族贵族，可以享受八议、减等罚修等特权措施，普通旗人也享有"犯罪免发遣"的特权规定。旗人犯盗窃，可免于刺字；如重囚必须刺字，也只能刺臂，不能刺面。旗人触犯法律的，普通司法机关一般无权审理，均由相应的特定机构来处理。

6. 答案：ABCD

解析：为保障皇帝对百官的控制，清朝实行"台谏合一"制度，将针对六部对口监察的六科并入都察院。顺治年间，清朝取消了明代施行的"代天子巡狩"的巡按御史制度，雍正后又推行密折制度。

7. 答案：ABCD

解析：案件经过秋审或朝审等复审程序后，一般分四种情况处理：其一，情实，指罪情属实、罪名恰当者，奏请执行死刑；其二，缓决，案情虽属实，但危害性不大者，再押监候留待来年再审；其三，可矜，指案情属实，但有可矜之处，可免予死刑，一般减为徒、流刑罚；其四，留养承祀，指案情属实、罪名恰当，但有亲老丁单情形，且合乎申请留养条件者，按留养奏请皇帝裁决。需要注意的是，此处亲老丁单情形是针对犯罪人而言的，不是被害人。

8. 答案：ACD

解析：热审是对发生在京师的笞杖刑案件进行重审的制度，具体程序是：每年小满后10日至立秋前1日，由大理寺官员会同各道御史及刑部承办司共同进行审理，从而快速决放笞杖刑的案犯。

9. 答案：AC

解析：《大清律例》继承了《唐律》中的"六杀"罪，即"谋杀""故杀""斗杀""误杀""过失杀""戏杀"。"谋杀"是指预谋杀人；"故杀"是指事先虽无预谋，但情急杀人时已有杀人的意念；"斗杀"指在斗殴中出于激愤，失手将人杀死；"误杀"指由于种种原因错置了杀人对象；"过失杀"指"耳目所不及，思虑所不到"，即出于过失杀人；"戏杀"指"以力共戏"而导致杀人。本案中，唐达根并无事先预谋，而是情急时杀人，可能被定为"故杀"，不可能被定为"谋杀"。唐达根和宋万田之间属于因斗殴而非嬉戏导致了杀人的后果，可能被认定为"斗杀"，不可能被认定为"戏杀"。

10. 答案：ACD

解析：谋杀与故杀的区别在于：（1）谋杀是有预谋的；而故杀则是临时起意。（2）谋杀在手段上也是以事先预备好的、精密布局的手段将对方杀死；故杀的杀人手段缺乏必要的准备或者是因突受刺激而杀人。总之，故杀与谋杀的根本区分在于，是否有杀人的预谋。A选项：浦某胞弟是情急之下用木耙击中张某顶心，应认定为故杀。B选项：洪某因其父为赵某所杀，立志复仇，应认定为谋杀。C选项：卢某因担心被告发而杀人，应认定为故杀。D选项：刘某因为受到刺激而临时起意杀人，应认定为故杀。

（三）不定项选择题

1. 答案：ABCD

解析：例作为清朝最重要的法律形式之一，包括条例、则例、事例、成例等名目。条例一般而言专指刑事单行法规；则例指有关某一行政部门或某项专门事务方面的单行法规汇编；事例是指皇帝就某项事务发布的"上谕"或经皇帝批准的政府部门提出的建议；成例，也称"定例"，指经过整理后编订的事例，是一项单行法规。

2. 答案：BC

解析：顺治朝，清朝在官吏考核上基本上是沿用明代的"考满法"。康熙以后，形成了京察和大计两种比较规范且有其自身特色的职官考绩制度。

3. 答案：B

解析：关于清朝会审。清朝会审制度主要包括秋审、朝审、热审等。秋审：清朝重要的死刑复审制度，延续明代朝审制度，审理对象是全国上报的斩、绞监候案件。朝审：明清时期重要的死刑复审制度，清朝朝审制度源于明代，但有所发展变化，是针对刑部判决的重案及京师附近斩、绞监候案件进行的复审，其审判组织、方式与秋审大体相同。热审：明清时期重要的死刑复审制度，是对发生在京师的笞杖刑案件进行重审的制度，快速决放在监笞杖刑案犯。大审为明代会审制度。

4. 答案：AC

解析：清朝时期刑部负责审判，大理寺负责复核。清朝朝审是针对刑部判决的重案及京师附近斩、绞监候案件进行的复审。清朝会审制度是慎刑思想的反映，但是其导致多方干预司法，使实际执法与法律制度日益脱节。"申明亭"为明代法定的基层调解机构，对维护社会秩序有一定积极作用，其并非清朝的机构。

5. 答案：D

解析：清朝时期反对豪强兼并土地，提出"平天下者，均天下而已"主张的法律思想家是王夫之。顾炎武的法律思想主要是反对"独治"，主张限制君权，反对君主专制。龚自珍的法律思想主要是"更法改图""尊法反儒"。戴震认为宋儒之"理"名为道德原则，其实"严于商（鞅）、韩（非）之法"，宋学其实是"以理杀人"。

二、简答题

1. 参考答案：清朝主要立法：

（1）律：律作为基本刑事法典，先后主要有两个：一是《大清律集解附例》，顺治二年（公元1645年）设律例馆负责修律，次年仿照《大明律集解附例》修成《大清律集解附例》并颁行。该律律文共459条，比明律仅少1条，篇门条目一概仿效《大明律》；律后附"条例"430余条，比《大明律》"问刑条例"有增。二是《大清律例》，乾隆五年（公元1740年）清律最后一次修订完成，定名《大清律例》。律文编定为47卷，有名例律、吏律、户律、礼律、兵律、刑律、工律7篇，分为30门436条，附例编定为1 042条。

（2）例：例作为清朝最重要的法律形式之一，包括条例、则例、事例、成例等名目。条例一般而言专指刑事单行法规；则例指某一行政部门或某项专门事务方面的单行法规汇编；事例指皇帝就某项事务发布的"上谕"或经皇帝批准的由政府部门提出的建议；成例，也称"定例"，指经过整理后编订的事例，是一项单行法规。

（3）会典：会典是对清朝行政制度的汇辑考订，是官制政书，有行政组织法典属性。康熙二十三年至二十九年仿效《明会典》编成《清会典》162卷。该书按宗人府、内阁、六部、理藩院、都察院、通政使司、内务府、大理寺等机构分目，"以官统事，以事类官"，开列每一官衙的机构建制、官品职数编制、职掌权限，并考述其沿革及附载历年事例或则例，称为《康熙会典》。其后雍正、乾隆、嘉庆、光绪分别编纂会典，合称"五朝会典"，统称《大清会典》。

（4）特色民族管理法规：清朝对蒙古族、藏族、维吾尔族、苗族等少数民族地区或边疆地区，形成了一整套有特色的民族管理法规，主要有《理藩院则例》《蒙古律例》《回疆则例》《钦定西藏章程》《西宁番子治罪条例》《苗犯处分例》等。

主要特点：

（1）例成为清朝最重要的法律形式之一；（2）清朝制定了比较完备的具有特色的民族管理法规。

2. 参考答案：清朝主要法典《大清律集解附例》和《大清律例》，都是采用律例合编的形式。在清朝法典中，"律"是法典主干的正式律文，"例"在律文之外，可分为条例、则例、事例、成例等名目。

（1）律、例都是国家的重要法律规范，共同对现实社会关系起实际的调节作用。

（2）律是国家最根本的规范，是法律的主体。而例以辅律，是对律文的进一步充实、补充。在不违背律所确立的大的原则和方向的前提下，例可以根据实际需要作出新的规定，以补律之不足。

（3）在一些具体问题上，也存在"以例破律"，即例的规定与律文的内容有出入的情况。

清朝立法这种律、例并举的形式，是一种比较成熟的方式。一方面，可以以比较成熟和稳定的律文来确定一些基本的法律价值和道德价值；另一方面，又可以运用例这种灵活的、可以适应时变的规范来调节具体的社会关系。清朝的律和例的关系，也反映出在中国传统社会后期，统治者已经越来越娴熟地运用法律手段来管理国家、调节社会。

3. 参考答案：（1）在刑罚适用上，清律对累犯处刑重于明律；扩大了谋反、谋大逆、谋叛等重罪处刑范围；重惩强盗、窃盗；区别公罪、私罪，处刑上私罪重于公罪。

（2）关于清代的刑罚，首先应注意其笞、杖、徒、流、死"五刑"即正刑体系。死刑有立决、监候之别。

（3）关于律例有文但未列"五刑"的派生刑和附加刑。这些刑罚主要有以下几类：第一，死刑类。有"凌迟"，一般用于"十恶"中"不道"以上重罪，特别是谋反、谋大逆；有"枭首"，多用于强盗罪；有"戮尸"，多用于恶逆、强盗应枭首而先身故者。第二，流徒类。有"充军"，分附近、近边、边远、极边、烟瘴五等。有"发遣"，即"发遣给披甲人（军人）为奴"，常见有发遣尚阳堡、宁古塔、乌拉等地。第三，附加刑类。有"枷号"，多为对盗匪奸淫犯的附加刑。有"刺字"，即附加墨刑，多用于盗贼，初犯刺臂，惯犯刺面。

三、论述题

1. 参考答案：清代在承袭明代会审制度的基础上，进一步发展出一套更为完善的会审体制，主要内容如下：

（1）九卿会审：其沿袭自明朝的圆审。凡遇特别重大的案件，皇帝常命六部尚书、大理寺卿、都察院长官（左都御史）、通政司通政使等高官会同审理，称为九卿会审。九卿会审主要是重审斩监候、绞监候的案件，也审理当年死刑案件。许多案件在进入朝审、秋审之前已经过九卿会审。

(2) 秋审和朝审：秋审是中央司法机关复审各省死刑案件的制度，因每年秋天举行而得名。朝审是对刑部判决的重案及京师附近斩、绞监候案件的复审，在秋审之后，于霜降后 10 日举行。经秋审和朝审的，结果一般分为情实、缓决、可矜、留养承祀等四种情况。1) 情实，即罪情属实，罪名恰当，则奏请执行。2) 缓决，案情属实、危害不大，则减为流放，或充军，或再押监候。3) 可矜，免于死刑，减为徒、流刑。4) 留养承祀，即案情属实、罪名恰当，但有亲老丁单情形，合乎留养条件者，按留养奏请皇帝裁决。

(3) 热审：这是清代实行的一种复审形式，于每年小满后 10 日至立秋前 1 日举行，由大理寺左右二寺官员，会同各道御史及刑部承办司官员审理发生在京师的笞杖刑案件。

(4) 三法司会审：清承明制，中央设三法司会审，凡是死罪中应处斩、绞的重大案件，在京的由三法司会审，外省的由三法司会同复核。

主要历史影响如下：

(1) 可以及时处理滞留案件，并起到镇压和恤刑的双重效果。

(2) 加强皇权对司法活动的控制，尤其是对死刑决定权的控制。

(3) 容易造成行政权对司法权的干涉，影响司法审判的独立性。

2. 参考答案：中国古代成文法典篇章体例的发展有以下主要演变历程。

(1)《法经》是中国法制史上第一部初具体系的成文法典，《法经》共有 6 篇，以刑法为主，又包含了诉讼法、行政法的内容，开后世"诸法合体，民刑不分"的法典体制之先河。

(2) 至商鞅变法，"改法为律"，以示对法的统一适用的重视，从此，律遂作为法的主要表现形式，但律典的编纂体例不变。

(3) 两晋南北朝时期的《泰始律》，以汉律为基础，参考《魏律》的篇章体例结构，编成 20 篇，在篇章体例结构与律文条目内容等方面取得了重要立法成就。北朝制定的《北齐律》确定了 12 篇的法典体例，在法典体例、篇章结构、律文内容等各方面均有所创新，成为代表当时最高立法水平的一部成文法典。

(4) 隋朝《开皇律》12 篇，篇名依次是：《名例》《卫禁》《职制》《户婚》《厩库》《擅兴》《贼盗》《斗讼》《诈伪》《杂律》《捕亡》《断狱》。这种体例主要是仿照《北齐律》，但又对《北齐律》作了必要和合理的修改。

(5) 唐代《唐律疏议》继承隋朝《开皇律》12 篇体例，并完善法律内容，使"诸法合体，民刑不分"体例臻于定型，内涵也更为充实，成为中华法系的代表作。

(6)《宋刑统》沿袭《唐律疏议》12 篇体例，并采用"刑律统类"的形式，在篇内分门。

(7) 元代地方政府自行汇编的《元典章》，以六部划分法规体例，对后世法典的编纂有直接影响。

(8)《大明律》改变了唐宋传统体例，按六部官制分六律，以名例律冠于篇首，共 7 篇。

(9)《大清律例》承用《大明律》的编纂方法，但采用律、例合编的体例，是中国最后一部传统综合性律典。

在 20 世纪初，沈家本主持变法修律，仿照大陆法系分别制定了刑律、民律、商律、民刑事诉讼法、法院组织法，最终打破了"诸法合体，民刑不分"的传统法典体例。

四、拓展延伸阅读

（一）史料

大清律例．田涛，郑秦，点校．北京：法律出版社，1999.

（二）著作

1. 黄宗智．清代的法律、社会与文化：民法的表达与实践．上海：上海书店出版社，2007.

2. 赵晓耕．观念与制度：中国传统文化下的法律变迁．湘潭：湘潭大学出版社，2012.

3. 张仁善．礼·法·社会：清代法律转型与社会变迁．北京：商务印书馆，2013.

（三）论文

1. 赖骏楠．清代的典习俗、法律应对与裁判实践：以浙闽两省为考察中心．中外法学，2021（3）.

2. 徐忠明．清代法律体系的形成机制与动态结构：一个大问题，两个小例子．吉林大学社会科学学报，2021（2）.

3. 郑重．清代狱治：法律文本与司法实践的冲突悖离．人民法院报，2019-09-06.

4. 张中秋．传统中国法特征新论．政法论坛，2015（5）.

5. 刘笃才．律令法体系向律例法体系的转换．法学研究，2012（6）.

第十三章　清末法制改革

第一部分　本章知识点速览

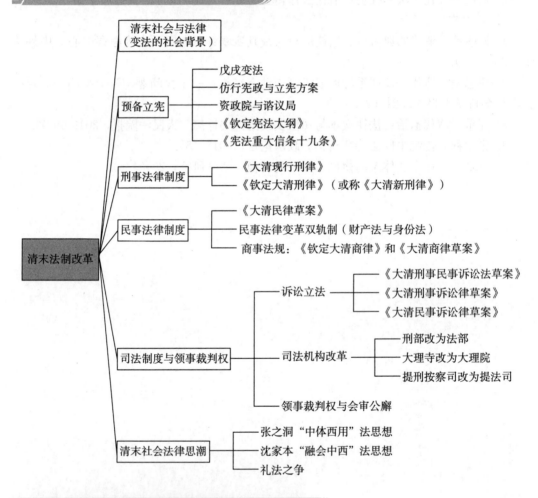

清末法制改革
- 清末社会与法律（变法的社会背景）
- 预备立宪
  - 戊戌变法
  - 仿行宪政与立宪方案
  - 资政院与谘议局
  - 《钦定宪法大纲》
  - 《宪法重大信条十九条》
- 刑事法律制度
  - 《大清现行刑律》
  - 《钦定大清刑律》（或称《大清新刑律》）
- 民事法律制度
  - 《大清民律草案》
  - 民事法律变革双轨制（财产法与身份法）
  - 商事法规：《钦定大清商律》和《大清商律草案》
- 司法制度与领事裁判权
  - 诉讼立法
    - 《大清刑事民事诉讼法草案》
    - 《大清刑事诉讼律草案》
    - 《大清民事诉讼律草案》
  - 司法机构改革
    - 刑部改为法部
    - 大理寺改为大理院
    - 提刑按察司改为提法司
  - 领事裁判权与会审公廨
- 清末社会法律思潮
  - 张之洞"中体西用"法思想
  - 沈家本"融会中西"法思想
  - 礼法之争

第二部分　本章核心知识要点解析

一、清末社会与法律（变法的社会背景）

【难度与热度】

难度：☆☆　　热度：☆☆

【内容解析】

（一）鸦片战争后的中国社会

（1）鸦片战争后，中国社会危机日益深重。

（2）近代中国学习西方器物，但渐渐意识到制度也需改进，进而从根本上革新文化。

（二）国家主权与不平等条约

"条约制度"是西方列强对外扩张的产物，是中国蒙受屈辱的标记，也是清末变法的主要社会背景。不平等条约对中国国家主权的伤害的主要表现有：（1）破坏了中国的领土完整。（2）使中国丧失了重要的经济主权。（3）使中国丧失了海关自主行政权。（4）使中国丧失了重要的文化、教育权力。（5）使中国丧失了部分司法主权。

（三）社会危机与法律变革（清末修律）

（1）1902年《中英续议通商行船条约》规定："中国深欲整顿本国律例，以期与各西国律例改同一律。英国允愿尽力协助，以成此举。一俟查悉中国律例情形及审断办法，及一切相关事宜皆臻妥善，英国即允弃其治外法权。"因此，希望废除领事裁判权，收回司法主权，构成了清末法律变革的主要原因之一。

（2）清末变法的主要方针："参考古今，博稽中外。"目标是取外国之长，补中国之短，但其实质与核心是"固守传统"。

（3）清末变法序幕。两江总督刘坤一和湖广总督张之洞共同上奏《江楚会奏变法三折》，拉开变法序幕。

（4）清末变法修律的主要特点。在立法指导思想上，借用西方近现代法律制度的形式，坚持中国固有制度的内容，这成为清代统治者变法修律的基本宗旨；在内容上，清末修订的法律表现出专制主义传统和西方资本主义法学最新成果的奇怪混合的特点；在法典编纂形式上，改变中国传统的"诸法合体"形式，明确了实体法之间、实体法与程序法之间的差别，分别制定了各部门法，形成了近代法律体系雏形；在变法过程中，一直充斥着改革与守旧的矛盾与冲突。

（5）清末变法修律的历史意义。清末变法修律导致中华法系走向解体；清末变法修律为中国法律的近代化奠定了初步的基础；清末变法修律在一定程度上引进和传播了西方近现代的法律学说和法律制度。

二、预备立宪

【难度与热度】

难度：☆☆☆　　热度：☆☆☆

【内容解析】

晚清政法改制，最重要者即预备立宪。

（一）戊戌变法

（1）康有为提出"据乱世、升平世、太平世"学说，绝对王政适于据乱世，君主立宪适于升平世，共和制度适于太平世。

（2）戊戌维新百日失败，但它广泛传播了君主立宪思想。

（二）"仿行宪政"与立宪方案

（1）1905年，日俄战争加快了中国"仿行宪政"的步伐。

（2）1905年，清廷派五大臣出洋考察。1906年8月，载泽上《奏请宣布立宪密折》，盛赞君主立宪，并认为其好处有三：皇位永固、外患渐轻、内乱可弥。

（3）1906年9月，清廷宣布切实推行预备立宪，预备立宪从此成为清廷之国策。1908年8月，《钦定逐年筹备事宜清单》颁布，规定预备立宪期为9年，并设立了直属军机处的宪政编查馆。

（4）在筹备期内，先改革官制，分为中央与地方两块。清廷官制改革意在扩大和完善国家职能，这是预备立宪的前提，但官制改革强化了满洲贵族的中央集权，加大了督抚对清廷的离心力，满汉矛盾尖锐，反而加速了清廷的灭亡。

（三）资政院与谘议局

（1）1908年，《谘议局章程》颁布。谘议局是为督抚提供相关意见的舆论机关，没有现代地方议会的立法权。1909年，各省开始正式成立谘议局。

（2）1909年，《资政院院章》颁布。从文字规定看，资政院只是一个博采舆论的咨询机关，其职能与立宪国家的国会职能相距甚远。1910年，资政院成立。

谘议局和资政院是中国历史上亘古未有的机构，它们的设立，是君主专制政权对资产阶级作出的让步与妥协，也是立宪进程中迈开的第一步。

（四）《钦定宪法大纲》

1908年8月，清廷颁布《钦定宪法大纲》，大纲由正文"君上大权"14条与附录"臣民权利义务"9条两部分组成，是近代中国第一部宪法性文件。此宪法大纲体现了"大权统于朝廷"的精神，但有关皇权的"法定"和"臣民权利义务"的第一次明确规定，对启发民智，培养近代法律意识，有一定的意义。

（五）《宪法重大信条十九条》

1911年10月，资政院仓促制定《宪法重大信条十九条》，简称《十九信条》，同年11月正式颁布。《十九信条》不再是宪法大纲，而是临时宪法，采用虚君共和的君主立宪体制。但《十九信条》仍然强调"大清帝国皇统万世不易""皇帝神圣不可侵犯"，对人民的权利只字不提，《十九信条》作为一种应急的政治策略，显然不可能挽回清廷将倾的败局。

三、刑事法律制度

【难度与热度】

难度：☆☆☆　　热度：☆☆☆

【内容解析】

（一）《大清现行刑律》

《大清现行刑律》是清政府于1910年5月15日颁行的一部过渡性法典，它是在《大清律例》的基础上经局部调整、删改而成，共36卷389条，另有附例1 327条，并附《禁烟条例》12条和《秋审条例》165条。与《大清律例》相比，《大清现行刑律》的变化主要有：取消了《大清律例》中按吏、户、礼、兵、刑、工六部名称而分的六律总目，将法典各条按其性质分隶30门；关于继承、分产、婚姻、田宅、钱债等纯属民事性质的条款不再科刑；设置了新的刑罚体系，删除了凌迟、枭首、戮尸、刺字等残酷刑罚和缘坐制度，将主体刑罚确定为死刑（斩、绞）、遣刑、流刑、徒刑、罚金等五种，增加了一些新罪名，如妨害国交罪、妨害选举罪、私铸银元罪以及破坏交通和电讯的犯罪等。其对律例合编的模式以及"十恶"重罪等内容未作更改。可见，《大清现行刑律》只是在局部和形式上对《大清律例》进行修改，在表现形式、法典结构以及具体内容上都仍是一部具备传统性质的法典。

（二）《钦定大清刑律》（或称《大清新刑律》）

《钦定大清刑律》是清政府于1911年1月公布的中国历史上第一部近代意义上的专门刑法典。《钦定大清刑律》分为总则和分则两编，共53章411条，另附有《暂行章程》5条。同《大清律例》和《大清现行刑律》相比较，《钦定大清刑律》在形式和内容上都有比较大的改动。

第一，在体例上抛弃了以往旧律"诸法合体"的编纂形式，采用近代西方法典的体例，将法典分为总则与分则两部分。总则17章，规定了犯罪和刑罚的一般原则及法的适用范围；分则36章，以罪名为章名，规定了犯罪的构成和法定量刑幅度。

第二，采用近代刑罚体系，规定刑罚分为主刑和从刑两种。主刑包括死刑（仅绞刑一种）、无期徒刑、有期徒刑、拘役、罚金，从刑包括褫夺公权和没收两种。

第三，引入了西方的刑法原则和刑法学的通用术语，如罪刑法定原则、"法律面前人人平等"原则；取消了十恶、八议、官当以及按官秩、良贱、服制确定刑罚等刑律适用原则；采用西方国家通用的既遂、未遂、缓刑、假释、时效、正当防卫等制度和术语。在各省设感化院，对少年犯改用惩治教育。

第四，调整了部分罪名，如将谋反罪改为内乱罪，新增有关国交、外患、电讯、交通、卫生等的罪名。

《钦定大清刑律》是近现代意义上的专门刑法典，是清末修律的代表作。后其因"礼法之争"而作出妥协，附录《暂行章程》5条，具有浓厚礼教色彩。《钦定大清刑律》公布后不久，清王朝即告覆亡，该律并未被正式施行。

四、民事法律制度

【难度与热度】

难度：☆☆　　热度：☆☆

【内容解析】

（一）《大清民律草案》

清末在立法体例上采取民商分立的原则，《大清民律草案》的制定由修订法律馆与礼学馆共同承担：修订法律馆委托日本法学家松冈义正起草民律草案前三编总则、债权、物权，后两编亲属与继承由修订法律馆会同礼学馆制定。该草案的制定工作于1911年10月完成。草案全文共36章，1 569条。因武昌起义爆发，该草案未及正式颁布。

《大清民律草案》的立法原则主要有以下三个方面：采纳各国通行的民法原则；以最新、最合理的法律理论为指导；充分考虑中国特定的国情民风，确定最适合中国风俗习惯的法则，并适应社会演进的需要。其特点如下：

第一，《大清民律草案》前三编以"模范列强"为主。在起草者松冈义正的影响下，以日本、德国、瑞士民法典为参照，其体例结构取自德国民法典。在总则编中，其采用了私有财产神圣不可侵犯、契约自由、过失致人损害应给予赔偿等原则。债权编规定了债权的标的、效力、让与、承认、消灭以及各种形式的债权的意义和有关当事人的权利义务等。物权编主要规定了对各种形式的财产权的法律保护及财产使用内容等。

第二，《大清民律草案》后两编以"固守国粹"为主。根据该草案的起草原则，所有涉及亲属关系以及与亲属关系相关联的财产关系，均以中国传统为主。这两编主要参照现行法律、经义和道德，虽也采纳了一些资产阶级的法律规定，但更注重吸收中国传统社会中历代相沿的礼教民俗。亲属编对亲属关系的种类和范围、家庭制度、婚姻制度、未成年人和成年人的监护、亲属间的抚养等作了规定。继承编规定了自然继承的范围及顺位、遗嘱继承的办法和效力以及对债权人和受遗人利益的法律保护。

《大清民律草案》不仅前三编与后两编风格迥异，而且其也与当时中国的实际严重脱节。《大清民律草案》虽然不太成熟，但作为中国历史上第一部民法典草案，对以后的民事立法产生了重要影响。

（二）商事法规

关于晚清商事法规，按照起草机关的不同，可分为以下两部分。

（1）1903—1907 年年间，由商部负责起草制定的，基本属于应急的商事法规。其主要包括 1903 年奏准颁行的《钦定大清商律》（包括《商人通例》9 条和《公司律》131 条两部分）、1904 年的《公司注册试办章程》和《商标注册试办章程》。商部还起草了《破产律》，于 1906 年奏准颁行，共 69 条。

（2）从 1908 年直至清亡，修订法律馆负责起草主要法典，单行法由各有关行政部院起草。1908 年，修订法律馆即聘请日本法学博士志田钾太郎起草《商律》，自 1909 年起各篇陆续完成。这就是《大清商律草案》，分总则、商行为、公司律、票据法和海船律五编，共 1 008 条，但该草案并未颁布和实施。

清末商事立法的主要特点可被概括为以下几点。

第一，以"模范列强""博稽中外"为立法原则。商事法典的制定从体例到内容，皆模仿西方资本主义国家的商法，同时在内容上注意吸收和反映中国传统的商事习惯。

第二，在法典编纂结构和立法技术上，其充分体现了照顾商事活动简便性及敏捷性的要求，以宽为主；在吸收各国商法和中国商事习惯的基础上，采取了与商为便的一系列规定，在客观上有利于鼓励私人投资近代企业。

第三，带有半殖民地法律的烙印。清政府企图利用法律发展买办经济，把民族工商业纳入官办或半官办的轨道。

清末商事立法虽有种种不足之处，但在客观上基本适应了当时社会经济发展的要求，是中国近代商事立法的开端。

五、司法制度与领事裁判权

【难度与热度】

难度：☆☆　热度：☆☆

【内容解析】

（一）诉讼立法

（1）关于《大清刑事民事诉讼法草案》。这是中国历史上第一部近代意义上的诉讼法草案。该草案主要由伍廷芳执笔，分总纲、刑事规则、民事规则、刑事民事通用规则和中外交涉案件等 5 章，共 260 条，附颁行例 3 条，并于 1906 年完稿。伍廷芳是英国法学者，且曾为香港法官，故该法采英美法系传统，特别强调律师制、陪审制、公开审判制等英美审判制度。

（2）关于《大清刑事诉讼律草案》。1909年《大清刑事诉讼律草案》起草完成，共分为6编、14章、515条，条文后还附有立法理由。该草案采用各国通例，主要参考借鉴了日本1890年的《刑事诉讼法》，弥补了传统中国法律之不足：诉讼中采用告劾式而放弃原来的纠问式；检察官可以提起公诉；审判官以自由心证、直接审理和言辞辩论三原则来揭发真实；坚持原告、被告待遇平等；审判公开；当事人无处分权；不干涉主义；推行三审制度。

（3）关于《大清民事诉讼律草案》。由修律顾问松冈义正主持起草，于1909年年底上奏清廷。该草案主要参考了1890年日本的《民事诉讼法》，分为4编、21章、800条。作为中国历史上第一部法典化的民事诉讼法草案，其不仅改变了诉讼法附属于实体法的传统法律编纂体例，还改变了民事诉讼律附属于刑事诉讼律的格局，预示了中国法典编纂逐步走向近代。

（二）司法机构与司法制度改革

（1）调整司法机关：改刑部为法部；改大理寺为大理院；实行审检合署；设立警察机构；建立新式监狱，改良狱政管理。

（2）诉讼制度改革：在诉讼程序上，实行四级三审制度；规定了刑事案件公诉制度、附带民事诉讼制度、民事案件的自诉及代理制度、证据制度、保释制度等，并承认律师活动的合法性；在审判制度上，允许辩论，实行回避、审判公开等，并明确了预审、合议、公开审判、复审等程序；在审判规则方面，吸收了西方国家的一系列新的司法原则，如司法独立、辩护制度等，但这些规则并未能真正实施；初步规定了法官及检察官考试任用制度。

（三）清末司法制度的变化

（1）领事裁判权。领事裁判权是外国侵略者在强迫中国订立的不平等条约中所规定的一种司法特权，正式确立于1843年的《中英五口通商章程及税则》及随后签订的《虎门条约》中，并在其后签订的一系列不平等条约中得到扩充。依照这种特权，凡在中国享有领事裁判权的国家，其在中国的侨民不受中国法律管辖，不论其作出何种违背中国法律的违法或犯罪行为，或成为民事或刑事诉讼当事人时，中国司法机关无权裁判，只能交由该国的领事或设在中国的机构依据其本国法律裁判，故领事裁判权也称"治外法权"。

（2）会审公廨。1868年，清政府与英国、美国驻上海领事议订《上海洋泾浜设官会审章程》，在租界设会审公廨，受理租界内以除享有领事裁判权的国家之侨民为被告外的一切案件。1869年，上海英美租界会审公廨成立，简称会审公廨，又名会审公堂。会审公廨是上海历史上在特殊时期、特殊区域成立的一个特殊司法机关，由道台任命中方专职会审官（谳员）与外方陪审官（领事）会同审理租界内与华人有关的诉讼案件。根据中外双方的约定，如果案件涉及洋人或洋人雇佣的华籍仆人，由外国领事参加会审或观审；纯粹华人案件，由中国谳员独自审断。实际上所谓"会审"，只是空有其名，甚至租界内纯粹中国人之间的诉讼，最终也是由外国领事观审并操纵判决。

六、清末社会法律思潮

【难度与热度】

难度：☆☆　热度：☆☆

【内容解析】

（一）张之洞"中体西用"法思想

"中体西用"是张之洞思想的核心。它表现为在法律主张上，就是坚持维护以纲常名教为本的旧法律，坚持宽猛相济、刚柔结合的统治方法；要求用变形不变质的方法整顿旧法律，"采西法以补中法之不足"。张之洞认为，在不违反纲常名教前提下，可以"采西法以补中法之不足"。这一思想比较集中地体现在光绪二十七年（公元 1901 年）他和刘坤一联名所上《江楚会奏变法三折》，其内容包括以下两个方面。

（1）整顿中法，改革刑狱。他们提出几条措施，即"除讼累""省文法""恤相验""省刑责""重众证""改罚锾""修监羁"，其中的"省刑责""改罚锾""修监羁"等，显系参照西法而提出的。

（2）采用西法。张之洞和刘坤一建议清政府聘请西方各国的"名律师"，博采各国的法律，为中国编纂矿律、路律、商律以及交涉刑律。其目的在于使"华洋商人，一律均沾"。

（二）沈家本"融会中西"法思想

（1）沈家本在主持修订法律期间，始终坚持"参考古今，博稽中外"的修律原则。他既反对数典忘祖，一味推崇西法，也反对门户之见，一概摒弃西法。沈家本提出法学研究要结合古今，甄采中西。为了使修律能够符合清末统治阶级的需要，沈家本明确提出："我法之不善者，当去之。当去而不去，是之为悖。彼法之善者，当取之。当取而不取，是之为愚。"

（2）沈家本反对重刑酷刑，坚持罪刑相宜、罪刑法定、反对比附。沈家本的法律思想在近代中国法律思想史上占有重要的地位。他受了西方资产阶级法律观的影响，继承了中国古代德主刑辅、以仁统法的法律思想，对王朝统治末期极端专制的法律制度和法学观点进行了揭露和批判，对近代中国法学和法律思想的发展起了积极的作用。

（三）礼法之争

礼法之争是指在清末变法修律过程中，以张之洞、劳乃宣为代表的"礼教派"与以修订法律大臣沈家本为代表的"法理派"，二者围绕《钦定大清刑律》等新式法典的修订原则产生的论争。沈家本、杨度等人基于对清王朝所面临的社会危机及对西方国家政治法律制度的深入理解，主张大力引进西方近代法律理论与制度。而以张之洞、劳乃宣为代表，包括地方督抚在内的清廷上层官僚、贵族，则认为修订新律应"浑道德与法律于一体"，尤不应偏离中国数千年相传的"礼教民情"。法理派与礼教派争论的焦点主要集中在以下几个方面。

其一，关于"干名犯义"条存废。"干名犯义"专指子孙控告祖父母、父母的行为。法理派从西方国家通行的法理出发，提出"干名犯义"属"告诉之事，应于编纂判决录时，于诬告罪中详叙办法……不必另立专条"。而礼教派则认为"中国素重纲常，故于干名犯义之条，立法特为严重"，不能在新刑律中没有反映。

其二，关于"存留养亲"。沈家本等人认为，"古无罪人留养之法""存留养亲"不编入新刑律草案，"似尚无悖于礼教"。礼教派则认为，"存留养亲"是宣扬"仁政"、鼓励孝道的重要方式，不能被排除在新律之外。

其三，关于"无夫奸"及"亲属相奸"等。礼教派认为："奸非"严重违反传统道德，故传统刑律予以严厉处罚。"亲属相奸"更是"大犯礼教之事，故旧律定罪极重"。故新律中也应有专门规定。法理派则认为，"无夫妇女犯奸，欧洲法律并无治罪之文"。"此事有关风化，当于教育上别筹办法，不必编入刑律之中"。至于亲属相奸，"此等行同禽兽，固大乖礼教，然究为个人之过恶，未害及社会，旧律重至立决，未免过严"。因此，依"和奸有夫之妇"条款处以三等有期徒刑即可，"毋庸另立专条"。

其四，关于"子孙违犯教令"。礼教派认为，"子孙治罪之权，全在祖父母、父母，实为教孝之盛轨"。法理派则指出："此全是教育上事，应别设感化院之类，以宏教育之方。此无关于刑事，不必规定于刑律中也。"

其五，关于子孙卑幼能否对尊长行使正当防卫权。礼教派认为，"天下无不是之父母"，子孙对父母、祖父母的教训、惩治，最多像舜帝那样"大杖则走，小杖则受"，绝无"正当防卫"之说。法理派则认为，"国家刑法，是君主对于全国人民的一种限制。父杀其子，君主治以不慈之罪；子杀其父，则治以不孝之罪"，唯有如此"方为平允"。

礼法之争的结局是法理派的退让和妥协。清廷在《大清新刑律》后附加五条《暂行章程》，规定了：无夫妇女通奸罪；对尊亲属有犯不得适用正当防卫；加重卑幼对尊长、妻对夫杀伤害等罪的刑罚；减轻尊长对卑幼、夫对妻杀伤等罪的刑罚等。礼法之争在客观上对传播近代法律思想和理论起到了一定的积极作用。

▶ 第三部分　典型案例与同步练习

第一节　典型案例

会审公廨案例两则

【案件史料】

史料1.《苏报》案

1896年6月26日，《苏报》创刊于上海，主办人胡璋，以其日籍妻子生驹悦的名义注册，报刊内容多载市井琐事，1900年，由陈范接办，倾向改良。1903年夏，《苏报》支持中国教育会和爱国学社的活动，聘请章士钊为主笔，章太炎、蔡元培为撰稿人，报道各地学生的爱国运动。以后，《苏报》又陆续刊登了许多激烈地宣传革命的文章，旗帜更为鲜明。自拒俄运动起，国内知识界与留日学生界由爱国走向革命，清廷以学生"名为拒俄，实则革命"为由，欲行镇压。恰逢当时章炳麟、邹容等革命党人的文章在《苏报》发表，清吏奉旨要求上海租界工部局查封《苏报》馆，并逮捕《苏报》诸人，在遭工部局拒绝后，清吏一再交涉，且以"中国政府"名义到会审公廨控告《苏报》诸人。工部局卒徇其请，逮捕了章炳麟等人，巡捕房按往例将案犯章炳麟等送至会审公廨，闰五月二十一日，由谳员知府孙士鳞和陪审员英领署翻译迪理斯（B. Giles）会同审讯，清廷的律师是古柏（A. S. P. White-Copper）和哈华托，章、邹等请律师博易（Harold Browett）和琼斯（Loftus. P. Jones）为其出庭辩护，使清吏甚为惊异。后经会审公廨多次审讯与复讯。最终判决：章炳麟监禁三年，邹容二年，罚作苦工，自上年到案之日起算，期满驱逐出境，不准逗留租界。光绪三十一年（公元1905年）二月二十九日，邹容病40日后死于狱中，距出狱仅余70天。光绪三十二年（公元1906年）五月初八，章炳麟出狱，后赴日本任中国同盟会机关报《民报》编辑。

——摘编自赵晓耕主编《中国法制史教学案例》（第二版）、张篁溪《苏报案实录》等

史料2. 黎黄氏案

有一广东籍妇女黎黄氏，在四川做官的丈夫去世后，其准备将其棺材送回家乡安葬。黎黄氏及其旅伴三男二女从重庆乘轮船沿江而下，准备经上海回广东，由于同行的还有15名女孩子，途中引起巡捕房怀疑。1905年12月8日，黎黄氏一行人刚抵达上海，便被巡捕房以拐带人口罪名拘捕送交会审公廨审理。此案由中方谳员关纲之、副谳员金绍成和英国副领事德为门会审。据黎黄氏供称，随行女孩是广东亲戚来信托买，作为丫鬟或是婢女，都有身价凭据，另外船中还有一百多件随身行李，显然不是人贩子所为。由此，主审官关纲之认为工部局方面所控拐带罪名证据不足，决定照章将黎黄氏一行暂押公廨女所听候发落，先查验卖身凭据和亲戚信件，以搞清事实真相。捕房捕头说，黎黄氏系拐犯，须由捕房带回。接着，德为门也出面帮腔，坚持要捕房将人犯带回，改押工部局女西牢。关纲之不得已再次声称："女犯押于西牢，《洋泾浜设官会审章程》无此条例，且又未奉道谕，不能应允。"德为门粗暴地说："本人不知有上海道，只遵守领事的命令。"说罢令巡捕带回人犯。在此局势下，关纲之愤然道，"既如此，本人也不知有英领事"，并令廨役将黎黄氏等带下。德为门仗势欺人，竟越权喝令众巡捕上前，强行将各犯夺下。终因巡捕仗人多势众，人犯竟被夺去。进而巡捕在公堂大打出手，围殴与其争夺人犯的廨役，打伤二人。后将黎黄氏等人押于西牢，15名女孩子则送进济良所（为妇女提供救济教其从良的地方）。这便是历史上有名的大闹会审公廨事件。

——摘编自赵晓耕主编《中国法制史教学案例》（第二版）

【案件评析】

以上两个案件史料涉及清末时期的会审公廨制度。

1. 会审公廨的产生及发展

鸦片战争以前，中国还是一个拥有完整主权的独立国家。中国政府保护来华外人的合法权益，同时要求他们必须遵守中国政府的法律。中国各级司法机关对他们无例外地行使司法管辖权，当在华外国人之间或外国人与中国人之间发生各种诉讼纠纷时，其都必须服从中国司法机关的审理与裁判。鸦片战争以后，外国侵略者凭借武力强迫清政府签订了一系列不平等条约，攫取了包括领事裁判权在内的各种特权。中国完整、独立的司法主权遭到严重的破坏。外国在华领事裁判权正式确立于1843年7月22公布的《中英五口通商章程及税则》及随后签订的不平等条约中。所谓领事裁判权，是指外国侵略者在强迫中国订立的不平等条约中所规定的一种司法特权。根据领事裁判权制度的规定，对享有这种特权的国家的在华侨民，不论发生任何违反中国法律的行为，不论他们成为刑事或民事诉讼案件的被告人，中国官府对之都无审判制裁之权，而只能由该国驻华领事依据该国法律处理。这样，外国侵略者就可以凭借这一特权，在中国横行霸道，

胡作非为。然而，侵略者并不以此为满足。他们鉴于以华人为被告人的各种案件，仍是领事权力所不及的，为此，如何扩张其在华领事裁判权，对华人实行司法管辖权，就成为他们侵华的又一重要步骤，会审公廨的出现，正是这种权力扩张和延伸的结果。

1864 年，英国驻上海领事巴夏礼提议在租界内成立一个中国法庭，审理除享有领事裁判权国家的侨民为被告人之外的一切案件，而凡涉及外国人的案件，外国领事均可派员观审。同年 5 月 1 日，由上海道派员前往英国领事馆，与英国副领事开庭审理租界内的案件，创立了"洋泾浜北首理事衙门"，设在英国领事馆内。1868 年，上海道与英美领事签订《上海洋泾浜设馆会审章程》10 条，之后，理事衙门从英国领事馆内迁出。1869 年 4 月 20 日，《上海洋泾浜设馆会审章程》正式公布生效。理事衙门正式改组为会审公廨，它是列强在华领事裁判权逐步扩张的体现，是清政府与英、美、法三国驻上海领事协议在租界内设立的特殊审判机关。

1925 年，"五卅惨案"后，民众要求收回领事裁判权，废止会审公廨的呼声越来越强烈。1926 年 8 月 31 日，以挪威驻沪总领事为首领的上海领事团与江苏省政府签订《收回上海会审公廨暂行章程》。其中第 9 条规定：收回公廨，改设上海临时法院，自 1927 年 1 月 1 日起执行。1931 年，南京国民政府与法国总领事签订协定，将法租界会审公廨改为江苏第二特区地方法院。至此，会审公廨在形式上才被废除。

2. 会审公廨的实质与影响

会审公廨的设立，是列强在华领事裁判权逐步扩张的体现，同时也是中国司法主权进一步沦丧的体现，但同时通过围绕会审公廨进行的《苏报》案和黎黄氏案，清政府发现领事裁判权和会审公廨制度妨碍其镇压革命党人、反对派及对正常案件的审理，尤其在《苏报》案中，清政府首次成为案件的原告，向下属法庭控告平民，对清政府的尊严与外人对清政府的看法都有很大影响。在黎黄氏案中，围绕会审公廨，其体现了中国地方官员与领事之间争夺司法主权的过程，这次冲突及其最终解决方案不仅使黎黄氏无罪释放，女犯不再关押西牢，也使原来各国公使团胁迫清廷外务部修改《上海洋泾浜设馆会审章程》，增加刑事执行条款的谈判随之草草收场，西方列强试图将在中国租界设立监狱成为既成事实之后，再以法律形式固定下来的阴谋破产了。会审公廨会审官关絅之与英国陪审官副领事德为门进行了坚决斗争，赢得国人爱戴。列强继续保有领事裁判权和会审公廨的最冠冕堂皇的理由就是，他们认为清代法律及其司法太过野蛮，不符合西方列强的"文明标准"。在通过武力不能收回司法主权的情况下，清政府按西方法律改良本国司法以争取列强的承认，就成为维护司法主权的唯一选择，因此从某种意义上说，会审公廨也促进了司法体系的近代转型。

第二节　　同步练习

一、选择题

（一）单项选择题

1. 清末变法修律的实质与核心是（　　）。

A. "固守传统"　　　　　　　　　　　　B. "模范列强"

C. "参考古今，博稽中外"　　　　　　　　D. "中外通行，有禅治理"

2. 1906 年 9 月，清廷发布《宣示预备立宪先行厘定官制谕》，确定立宪指导原则为（　　）。(2016 年法硕)

A. "中体西用"

B. "务期中外通行"

C. "大权统于朝廷，庶政公诸舆论"

D. "折中世界各国大同之良规，兼采近世最新之学说"

3. 1910 年，清末朝廷仿照近代西方国家的议会制度设立的中央咨询机关是（　　）。(2015 年法硕)

A. 参议会　　　　　B. 参政院　　　　　C. 资政院　　　　　D. 谘议局

4. 中国历史上第一部宪法性文件是（　　）。(2011 年法硕)

A. 《中华民国临时约法》　　　　　　B. 《中华民国临时政府组织大纲》

C. 《钦定宪法大纲》　　　　　　　　D. 《中华民国宪法草案》

5. 与《钦定宪法大纲》相比，1911 年，清廷公布的《十九信条》的主要变化是（　　）。

A. 扩大了皇权　　　　　　　　　　B. 扩大了百姓的权利

C. 扩大了地方的权力　　　　　　　D. 扩大了国会的权力

6. 1910 年，清末公布的《大清现行刑律》是（　　）。

A. 传统诸法合体的综合性法典

B. 新刑律颁布以前的过渡性刑法典

C. 中国历史上第一部近代意义的专门刑法典

D. 未及颁行的法典

7. 中国历史上第一部近代意义上的专门刑法典是（　　）。

A. 《大清现行刑律》　　　　　　　　B. 《钦定大清刑律》

C. 《大清会典》　　　　　　　　　　D. 《大清律例》

8. 关于清末法律制度变革，下列选项正确的是（　　）。(2015 年法考)

A. 《大清现行刑律》废除了一些残酷的刑罚手段

B. 《钦定大清刑律》打破了旧律维护专制制度和封建伦理的传统

C. 改刑部为法部，职权未变

D. 改四级四审制为四级两审制

9. 《大清民律草案》的结构参照了（　　）。

A. 法国民法　　　　B. 美国民法　　　　C. 德国民法　　　　D. 英国民法

10. 参与制定《大清民律草案》亲属编的作者或机构是（　　）。

A. 刑部　　　　　　B. 礼学馆　　　　　C. 松冈义正　　　　D. 志田钾太郎

11. 下列关于《大清民律草案》的表述错误的是（　　）。(2003 年法考)

A. 《大清民律草案》的结构顺序是：总则、债、物权、亲属、继承

B. 日本法学家参与了《大清民律草案》的起草工作

C. 《大清民律草案》的基本思路体现了"中学为体、西学为用"的精神

D. 《大清民律草案》经正式颁布，但未及实施，清王朝即告崩溃

12.1903 年，清廷发布上谕："通商惠工，为古今经国之要政，急应加意讲求，著派载振、袁世凯、伍廷芳先订商律，作为则例。"下列说法正确的是（　　）。（2016 年法考）

A.《钦定大清商律》为清代第一部商律，由《商人通例》、《公司律》和《破产律》构成

B. 清廷制定商律，表明随着中国近代工商业发展，其传统工商政策从"重农抑商"转为"重商抑农"

C. 清末商事立法先由商部负责，后主要由修订法律馆主持起草

D.《大清律例》、《大清民律草案》与《大清商律草案》同属清末修律成果

13. 正式确立外国在华领事裁判权的不平等条约是（　　）。

A.《中英五口通商章程及税则》　　　　B.《中美望厦条约》

C.《中英烟台条约》　　　　D.《中美续约附款》

14. 清末关于诉讼立法公布的法律有（　　）。

A.《大清刑事民事诉讼法》　　　　B.《大清刑事诉讼法》

C.《大清民事诉讼法》　　　　D.《法院编制法》

15. 中国的警察机构最早出现于（　　）。

A. 清代前期　　　　B. 清末时期

C. 中华民国南京临时政府时期　　　　D. 中华民国南京国民政府时期

16. 清末官制改革中将提刑按察使司改为提法司，成为（　　）。

A. 地方的审判机关　　　　B. 地方的检察机关

C. 地方的司法行政机关　　　　D. 地方的行政机关

17. 清末司法改革中，将刑部改为法部，是全国（　　）。

A. 最高审判机关　　　　B. 最高监察机构

C. 最高复核机构　　　　D. 最高司法行政机关

18. 中国历史上第一部具有近代意义的法院组织法是（　　）。（2015 年考研）

A.《裁定官制谕》　　　　B.《大理院审判编制法》

C.《法院编制法》　　　　D.《暂行法院编制法》

19. "凡涉及外国人的案件，必须有领事官员参加会审"的规定出自（　　）。

A.《上海租地章程》　　　　B.《中美五口贸易章程》

C.《中英烟台条约》　　　　D.《上海洋泾浜设官会审章程》

20. 下列有关清末变法修律和司法体制变革的表述错误的是（　　）。（2004 年考研）

A. 清末修律改变了传统的"诸法合体"形式，明确了实体法之间、实体法与程序法之间的差别

B. 在司法机关改革方面，清末将大理寺改为大理院，作为全国最高审判机关；改刑部为法部，掌管全国检察和司法行政事务，实行审检分立

C. 清末初步规定了法官及检察官考试任用制度

D. 清末修律使延续了几千年的中华法系开始解体，同时也为中国法律的近代化奠定了初步基础

（二）多项选择题

1. 《大清现行刑律》的特点有（　　）。

A. 改律名为"刑律"

B. 取消《大清律例》中的六律总目

C. 对纯属民事性质的条款不再科刑

D. 增加了一些新罪名，如妨害国交罪、妨害选举罪

2. 清末修律中新的《钦定大清刑律》的主要变化包括（　　）。（2015 年考研）

A. 采用了罪刑法定原则

B. 删除了"十恶"重罪等内容

C. 改变了律例合编的法典编纂体例

D. 采用了西方国家通行的缓刑、假释等制度

3. 《大清民律草案》共有五编，其中由日本法学家松冈义正等人草拟的编目有（　　）。

A. 总则　　　　　　　　　　　B. 亲属

C. 债权　　　　　　　　　　　D. 继承

E. 物权

4. 清末"礼法之争"所涉及的主要问题有（　　）。（2016 年考研）

A. "干名犯义"条的存废

B. 关于"存留养亲"是否应编入刑律

C. "无夫奸"和"亲属相奸"问题

D. 子孙违反教令是否为罪

E. 关于子孙卑幼能否对尊长行使正当防卫权

5. 清末"预备立宪"活动中，主要包括（　　）。

A. 公布《钦定宪法大纲》　　　　B. 公布《十九信条》

C. 设置谘议局　　　　　　　　　D. 设置资政院

6. 下列属于清政府官制改革的内容有（　　）。

A. 取消军机处　　　　　　　　　B. 取消内阁

C. 大理寺改为大理院　　　　　　D. 巡警厅改为民政部

7. 关于清末变法修律，下列选项正确的是（　　）。（2011 年考研）

A. 在指导思想上，清末修律自始至终贯穿着"仿效外国资本主义法律形式，固守中国封建法制传统"的原则

B. 在立法内容上，清末修律一方面坚行君主专制体制和封建伦理纲常"不可率行改变"，另一方面标榜"折中世界大同各国之良规，兼采近世最新之学说"

C. 在编纂形式上，清末修律改变了传统的"诸法合体"形式，明确了实体法之间、实体法与程序法之间的差别，形成了近代法律体系的雏形

D. 在法系承袭上，清末修律标志着延续几千年的中华法系开始解体，为中国法律的近代化奠定了初步基础

8. 清末司法改革的成果包括（　　）。

A. 推行四级三审制

B. 设立各级审判厅

C. 将大理寺改为大理院并作为全国最高审判机关

D. 创设审检分立制度

9. 清末公布生效的法律有（　　）。

A.《钦定宪法大纲》　　　　　　　　B.《大清现行刑律》

C.《钦定大清商律》　　　　　　　　D.《法院编制法》

10.《钦定大清刑律》中的从刑包括（　　）。

A. 褫夺公权　　　　B. 没收　　　　C. 罚金　　　　D. 拘役

（三）不定项选择题

1. 关于清末修订法律的基本思路，下列表述最合适的是（　　）。（2013 年考研）

A. 西学为体、中学为用　　　　　　B. 中学为体、西学为用

C. 坚持德治、排斥法治　　　　　　D. 抛弃传统、尽采西说

2. 关于清末"预备立宪"，下列说法可以成立的是（　　）。

A. 1908 年颁布的《钦定宪法大纲》作为中国近代史上第一部宪法性文件，确立了资产阶级民主共和国的国家制度

B.《十九信条》取消了皇权至上，大大缩小了皇帝的权力，扩大了国会与内阁总理的权力

C. 清末成立的资政院是中国近代第一届国家议会

D. 清末各省成立了谘议局作为地方督抚的咨询机关，权限包括讨论本省兴革事宜、预决算等

3. 清末公布的宪法性文件有（　　）。

A.《资政院院章》　　　　　　　　　B.《谘议局章程》

C.《钦定宪法大纲》　　　　　　　　D.《十九信条》

4. 清末制定的律例中已经公布但未正式施行的法典有（　　）。

A.《大清现行刑律》　　　　　　　　B.《钦定大清刑律》

C.《大清民律草案》　　　　　　　　D.《钦定大清商律》

5. 下列有关清末刑事法典表述正确的是（　　）。

A. 清末刑法典修订的成果是《大清律例》和《钦定大清刑律》

B.《钦定大清刑律》结构分总则和分则两篇，后附《暂行章程》

C.《钦定大清刑律》完成前的过渡性刑法典为《大清现行刑律》

D.《大清律例》是中国历史上第一部近代意义上的专门刑法典

二、简答题

1. 简述《钦定宪法大纲》的主要内容与特点。

2. 简述《钦定大清刑律》的主要变化与特点。

3. 简述清末"礼法之争"。

4. 简述清末诉讼审判制度变革的主要内容。

三、论述题

论述清末修律的主要背景、特点及历史影响。

参考答案及解析

一、选择题

(一) 单项选择题

1. 答案：A

解析：清政府在变法修律过程中提出以"参考古今，博稽中外""务期中外通行"为基本目标，并以"中国法律与各国参考互证"作为修订法律的基本方法。但实际上，"固守传统"才是变法修律的核心，"博稽中外""模范列强"仅是形式和手段。

2. 答案：C

解析：1906 年 9 月 1 日，清廷发布《宣示预备立宪先行厘定官制谕》，确定了"大权统于朝廷，庶政公诸舆论"的立宪指导原则。

3. 答案：C

解析：资政院是清政府在清末"预备立宪"过程中设立的中央咨询机关，于 1910 年正式成立。资政院实际上完全是清朝皇室直接控制的御用机关而根本不是资产阶级性质的议会组织。

4. 答案：C

解析：《钦定宪法大纲》是清王朝于 1908 年公布的宪法性文件，由宪政编查馆编订。制定宪法大纲是清政府实行"预备立宪"的一个步骤，《钦定宪法大纲》是中国历史上的第一部宪法性文件。

5. 答案：D

解析：《十九信条》与《钦定宪法大纲》比较，二者在体例与内容上均有不同。《十九信条》采用了英国式的君主立宪制度，形式上限制了皇权；规定了责任内阁制，扩大了国会的权力，但没有规定人民的权利。

6. 答案：B

解析：《大清现行刑律》是在《大清律例》的基础上经稍加删改而成的，是清政府于 1910 年 5 月公布的一部过渡性刑法典，共 36 卷 389 条。

7. 答案：B

解析：《钦定大清刑律》是清政府于 1911 年 1 月 25 日公布的一部专门刑法典，从单纯技术角度看，属于近代意义上的新式的专门刑法典，与中国传统法典在结构、体例及表现形式上均有较大不同。但是，《钦定大清刑律》对传统旧律并没有作实质性的修改，特别是附录《暂行章程》依然存在于法典之中，其仍然保持着旧律维护专制制度和伦理的传统。

8. 答案：A

解析：《大清现行刑律》在《大清律例》的基础上稍加修改，作为新的《大清新刑律》颁布前的一部过渡性法典，与《大清律例》相比，废除了一些残酷的刑罚手段，如凌迟。新的《大清新刑律》虽是中国历史上第一部近代意义上的专门刑法典，但是其仍然保留了旧律维护专制制度和伦理的传统。在清末司法机关的变革中，刑部改为法部，掌管全国司法行政事务，与之前相比职权有重要变化。就审级而言，清末法律改革中实行四级三审制。

9. 答案：C

解析：《大清民律草案》由修订法律馆主持起草，于宣统三年（公元 1911 年）完成。它仿照大陆法系的德国民法草拟，共分五编，即：总则、债、物权、亲属、继承，是中国历史上第一部民法典。

10. 答案：B

解析：《大清民律草案》共五编，即：总则、债权、物权、亲属、继承。其中，前三编委托日本法学家松冈义正等人仿照德、日民法典的体例和内容草拟而成，而后两编则由修订法律馆会同礼学馆起草。

11. 答案：D

解析：《大清民律草案》完成后仅过了两个月，武昌起义就爆发了，清王朝迅速崩溃，因此，这部民律草案并未正式颁布与施行。

12. 答案：C

解析：清朝第一部商律，包括《商人通则》和《公司律》，不包括《破产律》。《破产律》于 1906 年 5 月颁行。在立法指导思想上，清末修律自始至终贯穿"仿效外国资本主义法律形式，固守中国法制传统"的方针，清廷虽制定商律，但其传统的"重农抑商"的工商政策并未发生实质性改变。清末的商事立法大致可以划分为两个阶段：1903—1907 年为第一阶段，商事立法主要由新设立的商部负责；1907—1911 年为第二阶段，主要商事法典改由修订法律馆主持起草。《大清新刑律》、《大清民律草案》与《大清商律草案》属于清末修律成果，《大清律例》不属于清末修律成果。

13. 答案：A

解析：领事裁判权是指一国通过其驻外领事等对在另一国领土之内的本国国民按照本国法律行使司法管辖权的制度。外国在中国享有领事裁判权正式确立于 1843 年 7 月 22 日在香港公布的《中英五口通商章程及税则》及随后签订的《中英五口通商附粘善后条款》（《虎门条约》）。

14. 答案：D

解析：《大清刑事民事诉讼法》、《大清刑事诉讼律》与《大清民事诉讼律》是沈家本等人草拟的诉讼法草案，因遭到各省督抚的反对和礼教派的攻击，均未颁行。《法院编制法》是 1910 年清政府公布的关于法院组织的法规，但未能真正实施。

15. 答案：B

解析：在清末变法之前，中国并无专门警察机构之设。1903 年，试办警察之议纳入议事日程，1905 年，设立巡警。在中央，先设巡警部，后改为民政部。在京师，设内外城巡警总厅。各省则设巡警道。

16. 答案：C

解析：清末官制改革中将一省刑名总汇的提刑按察使司改为提法司，作为地方司法行政机关，负责地方司法行政工作及司法监督。

17. 答案：D

解析：清末对传统司法体制进行了较大的调整，改刑部为法部，掌管全国司法行政事务，改大理寺为大理院，作为全国最高审判机构。

18. 答案：B

解析：《大理院审判编制法》是中国历史上第一部具有近代意义的法院组织法，明确了民刑分立的体制，确认了司法独立的原则，并规定了不同审级的审判方式，引进西方审判监督机制。

19. 答案：D

解析：1868 年制定的《上海洋泾浜设官会审章程》规定：凡涉及外国人的案件，必须有领事官员参加会审；凡中国人与外国人之间的诉讼，若被告系有约国人，由其本国领事裁判，若被告为无约国人，也须由其本国领事陪审。

20. 答案：B

解析：清末在各级审判厅内设置相应的检察厅，实行审检合署制度。

(二) 多项选择题

1. 答案：ABCD

解析：《大清现行刑律》是清政府于 1910 年颁行的一部过渡性的法典。《大清现行刑律》的变化主要体现在：改律名为"刑律"；取消了《大清律例》中按吏、户、礼、兵、刑、工六部名称而分的六律总目，将法典按其性质分隶三十门；对于纯属民事性质的条款不再科刑；废除了一些残酷的刑罚手段；增加了一些新罪名，如妨害国交罪、妨害选举罪、私铸银圆罪等。

2. 答案：ABCD

解析：《大清现行刑律》是一部过渡性法典，而《钦定大清刑律》则是中国历史上第一部近代意义上的专门刑法典，在形式和内容上都具有近代刑事法典的性质，包括抛弃旧律"诸法合体"的编纂形式，大量采用近代西方资产阶级的刑法原则和制度，确立罪刑法定原则，废除"十恶"重罪等内容，引入缓刑、假释等制度等。

3. 答案：ACE

解析：《大清民律草案》共分为总则、债权、物权、亲属、继承等五编，共 1 569 条。其中，总则、债权、物权三编由日本法学家松冈义正等人仿照德、日民法典的体例和内容草拟而成，而亲属和继承两编则由修订法律馆会同保守的礼学馆起草。

4. 答案：ABCDE

解析：法理派与礼教派争论的焦点主要集中在：其一，关于"干名犯义"条的存废；其二，关于"存留养亲"是否应编入刑律；其三，关于"无夫奸"及"亲属相奸"等；其四，关于"子孙违反教令"；其五，关于子孙卑幼能否对尊长行使正当防卫权。

5. 答案：ABCD

解析：在清政府长达数年的"预备立宪"活动中，最为重要者有两个方面：一为起草并公布《钦定宪法大纲》和《十九信条》；二为设置谘议局和资政院。

6. 答案：CD

解析：清政府官制改革的主要内容涉及中央一些部、院等行政机构的改名、合并或调整，以及官员称呼的改变。在机构调整方面，如以巡警为民政之一端，着改为民政部；户部改为度支部；刑部改为法部；大理寺改为大理院；原已设立的外务部、吏部仍旧。此外诸如军机处、内阁、宗人府、翰林院、步军统领衙门等"着照旧行"。

7. 答案：ABCD

解析：清末变法修律呈现出以下特点：在立法指导思想上，清末修律自始至终贯穿着"仿效外国资本主义法律形式，固守中国法制传统"的方针。在内容上，一方面，坚行君主专制体制及传统伦理纲常"不可率行改变"，在新修订的法律中继续肯定和维护帝制统治传统；另一方面，又"折中世界大同各国之良规、兼采近世最新之学说"，大量引用西方法律理论、原则、制度和法律术语，使保守的传统法律内容与近现代法律形式同时显现在这些新的法律法规之中。在法典编纂形式上，清末修律改变了传统的"诸法合体"形式，明确了实体法之间、实体法与程序法之间的差别，分别制定、颁行或起草了宪法、刑法、民法、商法、诉讼法、法院组织等方面的法典或法规，形成了近代法律体系的雏形。清末修律标志着延续几千年的中华法系开始解体。随着修律过程中一系列新的法典法规的出现，中国法律制度的传统格局开始被打破。清末变法修律为中国法律的近代化奠定了初步基础。

8. 答案：ABC

解析：清末司法改革的成果包括：推行四级三审制、设立各级审判厅、将大理寺改为大理院并作为全国最高审判机关、创设审检合署制度。

9. 答案：ABCD

解析：《钦定宪法大纲》《大清现行刑律》《钦定大清商律》《法院编制法》均为清末公布生效的法律。

10. 答案：AB

解析：《钦定大清刑律》中的从刑包括褫夺公权和没收两种。主刑包括死刑、无期徒刑、有期徒刑、罚金、拘役五种。

(三) 不定项选择题

1. 答案：B

解析：在清政府变法修律的过程中，"固守传统""中体为本"是变法修律的核心，"博稽中外""模范列强"仅是外在的形式和手段，即"西学为用"。

2. 答案：D

解析：《钦定宪法大纲》是清王朝于 1908 年颁布的宪法性文件，由宪政编查馆编订，于 1908 年 8 月公布。制定宪法大纲是清政府"预备立宪"的一个步骤，《钦定宪法大纲》是中国历史上第一部君主立宪制的宪法性文件。1911 年清政府公布《十九信条》。由于革命运动和全国局势的压力，《十九信条》在形式上被迫缩小了皇帝的权力，相对扩大了国会和总理的权力，但它仍然强调皇权至上，"大清帝国皇统万世不易""皇帝神圣不可侵犯"。资政院是清末"预备立宪"时期，清政府设立的中央咨询机构，于 1910 年正式设立。资政院实际上完全是清代皇室直接控制的御用机关，与资产阶级性质的议会组织完全不同。清末各省成立了谘议局，作为地方督抚的咨询机关，权限包括讨论本省兴革事宜、预决算等。

3. 答案：ABCD

解析：1908 年，清政府陆续公布了《资政院院章》、《谘议局章程》和《钦定宪法大纲》三部宪法性文件，1911 年 11 月，清政府于武昌起义爆发后又抛出了一个应付时局的宪法文件，即《十九信条》。

4. 答案：B

解析：《大清现行刑律》是清政府于 1910 年 5 月公布并施行的一部过渡性刑法典。《钦定大清刑律》是清政府于 1911 年公布的一部专门刑法典，但在公布后不久，清王朝即告覆亡，故《钦定大清刑律》并未正式施行。1911 年 8 月完成的《大清民律草案》，并未正式颁布与施行。1904 年清朝的第一部商律《钦定大清商律》经奏准颁行。

5. 答案：BC

解析：《大清律例》是乾隆朝完成的清代基本法典，清末刑法修订的成果应该是《大清现行刑律》和《钦定大清刑律》，《钦定大清刑律》是中国历史上第一部近代意义上的专门刑法典。

二、简答题

1. 参考答案：《钦定宪法大纲》是清王朝于 1908 年颁布的宪法性文件。制定宪法大纲是清政府"预备立宪"的一个步骤，《钦定宪法大纲》也成为中国近代史上的第一部宪法性文件。《钦定宪法大纲》共 23 条，分为正文"君上大权"和附录"臣民权利义务"。《钦定宪法大纲》无论在结构上还是在条文内容上，都体现了"大权统于朝廷"的精神。其最突出的特点就是皇帝专权，人民无权。其实质在于给君主专制制度披上"宪法"的外衣，以法律的形式确认君主的绝对权力，体现了清王朝企图继续维护专制统治的意志和愿望。但关于皇权的"法定"和"臣民权利义务"的第一次明确规定，对启发民智，培养近代法律意识有一定的意义。

2. 参考答案：《钦定大清刑律》（《大清新刑律》）是清末修律的重要内容，是清政府于 1911 年公布的一部专门刑法典，也是中国历史上第一部近代意义上的专门刑法典。《钦定大清刑律》的重要变化之一就是采取新的资产阶级国家刑法体系。虽然《钦定大清刑律》并未正式施行，但其确立了新的刑法体系，标志着中国刑罚体系的近代化。

(1)《钦定大清刑律》抛弃了以往旧律"诸法合体"的编纂形式，以罪名和刑罚等专属刑法范畴的条文作为法典的唯一内容，因而成为一部纯粹的专门刑法典。

(2)《钦定大清刑律》在体例上将法典分为总则和分则两部分。

(3)《钦定大清刑律》确立了新刑罚制度，规定刑罚分主刑、从刑。主刑主要为死刑、无期徒刑、有期徒刑、拘留、罚金。从刑为褫夺公权、没收。

(4)《钦定大清刑律》采用了一些近代西方资产阶级的刑法原则和刑法制度，如删除比附，规定罪刑法定原则等。

3. 参考答案：所谓"礼法之争"，是指在清末变法修律过程中，以张之洞、劳乃宣为代表的"礼教派"与以修订法律大臣沈家本为代表的"法理派"之间的两种不同立法思想的交锋。其主要过程与结果如下：

(1) 过程：在《大清新刑律》的起草和修改过程中，清末修律的"礼法之争"达到了高潮。在当时的历史背景下，这场论争体现了在皇权专制之下清末统治集团内部保守派和革新派之间的认识差异。其焦点在于修订法律是全盘肯定传统伦理纲常，用新的形式包容旧律的本质，还是较多地吸取西方法律精神，对旧律进行较多的改造，并将法律与道德、刑事制裁和行政处分作必要的区分。法理派与礼教派争论的焦点主要集中在：其一，关于"干名犯义"条的存废；其二，关于"存留养亲"是否应编入刑律；其三，关于"无夫奸"及"亲属相奸"等；其四，关于"子孙违反教令"；其五，关于子孙卑幼能否对尊长行使正当防卫权。

（2）结果：在礼教派的弹劾下，沈家本被迫辞去了修订法律大臣及资政院副总裁的职务。清末修律中的礼法之争及结局，说明了保守势力的强大以及清政府的顽固立场，也说明了法理派常借"外人着眼之处"抨击礼教派的软弱性及在实质问题上一再退让的妥协性。但是，这场争论，客观上对传播近代法律思想和理论起到了一定的积极作用，对此后的近代法制建设具有重要影响。

4. 参考答案：清末诉讼审判制度变革的主要内容是：（1）确立了司法独立原则。建立各级审判厅，实行四级三审制。（2）区分刑事、民事诉讼。在诉讼和审判中终结了刑、民不分的历史传统。（3）承认了律师活动的合法性。（4）初步规定了法官及检察官考试任用制度。（5）改良了监狱及狱政管理制度。

三、论述题

参考答案：清末修律的主要背景、特点与影响如下：

（1）主要背景：1840 年鸦片战争以后，中国由一个封建社会逐渐沦为半殖民地半封建社会，进入 20 世纪以后，迫于革命的压力和粉饰立宪骗局的需要，清政府设立修订法律馆，模仿资本主义国家的法律，制定了刑律、民律和诉讼法草案，从而打破了中国固有的"诸法合一"的立法形式，中华法系逐渐解体，半殖民地半封建社会法制形成。

（2）特点。

1）在立法指导思想方面表现为：仿效外国资本主义法律形式及固守中国法制传统，既主张"参酌各国法律"，又强调"不戾乎中国数千年相传之礼教民情"。

2）在内容方面表现为：专制主义传统和西方资本主义法学最新成果的混合。

3）在形式方面表现为：区分法律部门、区分实体法与程序法，形成了近代法律体系的雏形。

4）在立法程序方面表现为：没有真正的民主形式，不能反映人民群众的要求和愿望。

（3）影响与评价。

这场运动虽未能改变清王朝退出历史舞台的命运，但修律过程中引进和传播了西方近代的法律学说和法律理念，为中国法律近代化开创了新的局面。

1）清末修律导致中华法系逐渐解体，使中国近代法走上半殖民地半封建道路。

2）清末修律为中国法律近代化奠定了基础。

3）清末修律引进和传播了西方近现代的法律学说和法律制度。

4）清末修律在客观上有助于推动中国资本主义的发展和法律教育制度近代化。

四、拓展延伸阅读

（一）著作

1. 怀效锋. 清末法治变革史料. 北京：中国政法大学出版社，2010.

2. 朱寿明. 光绪朝东华录. 张静庐，等点校. 北京：中华书局，2016.

3. 故宫博物院明清档案部编. 清末筹备立宪档案史料. 北京：中华书局，1979.

4. 沈家本. 寄簃文存. 北京：修订法律馆，1907.

5. 杨鸿烈. 中国法律发达史. 北京：商务印书馆，1930.

6. 陈旭麓. 近代中国社会的新陈代谢. 上海：上海人民出版社，1992.

7. 谢振民. 中华民国立法史. 北京：中国政法大学出版社，2000.

8. 王健. 西法东渐：外国人和中国法的近代变革. 南京：译林出版社，2020.

（二）论文

1. 陈新宇. 法律转型的因应之道：沈家本与晚清刑律变迁，现代法学，2021（2）.

2. 李贵连. 20 世纪初期的中国法学. 中外法学，1997（2）.

3. 梁治平. "事律"与"民法"之间：中国"民法史"研究再思考. 政法论坛，2017（6）.

4. 王申. 法律文化层次论：兼论中国近代法律文化演进的若干特质. 学习与探索，2004（05）.

5. 眭鸿明. 清末民初民俗习惯的社会角色及法律地位. 法律科学，2011（4）.

第十四章 民国前期 (1912—1927 年) 的法制

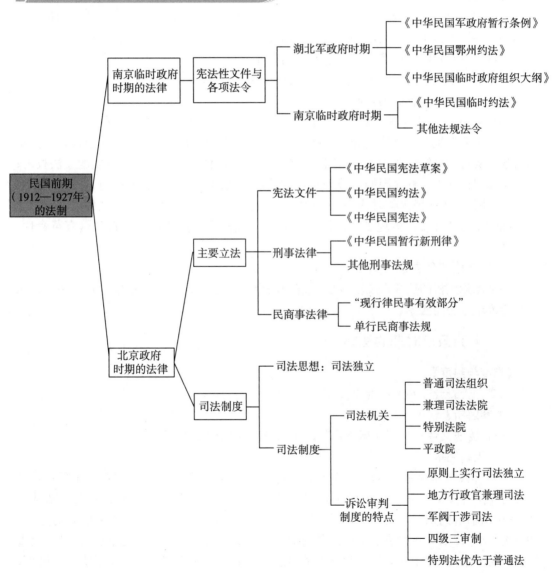

第二部分　本章核心知识要点解析

一、南京临时政府时期的法律

【难度与热度】

难度：☆☆　热度：☆☆☆

【内容解析】

（一）《中华民国临时政府组织大纲》

武昌起义爆发之后，全国先后有十五省宣布独立，为统一革命力量，1911年12月各省代表决议通过了《中华民国临时政府组织大纲》，该大纲共分为4章21条（最后修正案），基本上采用总统制共和政体，实行资产阶级三权分立原则，采取一院制的议会政治体制，参议院是国家立法机关。虽然在制度内容上并不十分完备，但是它第一次以法律形式宣告废除帝制，以美国的国家制度为蓝本，确立了中华民国的基本政治制度，适应了革命形势发展的需要，为建立统一的资产阶级共和国奠定了法制基础。

（二）《中华民国临时约法》

1912年3月8日，临时参议院完成对《中华民国临时约法》的三读程序，由临时大总统孙中山公布施行。该约法分为7章56条，主要是为了限制袁世凯个人独裁，将南京临时政府实行的总统制改为责任内阁制；在三权分立的体制中，加强参议院的立法权力；最后又以严格的修订程序限制总统任意修改约法，使约法成为限制独裁的、长久且有效的制度保障。《中华民国临时约法》是中国历史上最初的资产阶级宪法性文件，具有中华民国临时宪法的性质，体现了资产阶级的意志，代表了资产阶级的利益，具有革命性、民主性。

（三）其他革命法令

一是保障民权的法令；二是发展经济的法令；三是有关文化、教育方面的法令；四是社会改革方法的法令。

二、北京政府时期的法律

【难度与热度】

难度：☆☆☆　热度：☆☆☆

【内容解析】

（一）宪法文件：从"天坛宪草"到1923年《中华民国宪法》

1."天坛宪草"

1913年4月国会召开以后，多数委员认为《中华民国临时约法》内容过于简单，又属临时宪法性文件，故而主张尽快制定一部正式的宪法。时任大总统的袁世凯则认为《中华民国临时约法》对总统的权力束缚过多，也希望制定一部扩大总统权力的宪法。1913年7月12日，国会参、众两院各选举三十名议员组成了"宪法起草委员会"，负责拟定宪法草案。7月下旬，宪法起草委员会的起草工作改在北京天坛祈年殿进行，因而，后来完成的宪法草案被称作"天坛宪草"。该草案继承了《中华民国临时约法》的基本原则和主要制度，但其在内容上更加完备，最后虽被袁世凯废弃，但它是中国近代第一部较为完善的资产阶级共和国性质的宪法草案，成为北京政府以后修宪的基础。

2. 袁世凯独裁与《中华民国约法》（"袁记约法"）

1914年1月国会被解散之后，袁世凯独裁的政治局面形成了。为了使总统独裁"合法化"，1914年3月，袁世凯提出了《增修临时约法大纲案》。为确保"合法"地增修约法，由各省及主要社会团体推选出五十名代表组成约法会议，会议依照袁世凯的授意议定了《中华民国约法》，并于1914年5月1日公布。《中华民国约法》相比《中华民国临时约法》，具有以下特点：在形式上确立共和国体，采取三权分立原则，但在实际上总统独揽国家统治权；增修约法和未来制定宪法的权力都掌握在总统手中。

3. 曹锟贿选与1923年《中华民国宪法》（"贿选宪法"）

1923年6月，在直奉战争中取胜的直系军阀曹锟"合法"当选为总统，命令直系军人暗中运动，凡参加总统选举的议员，每人奉送五千元支票。同年10月5日，参、众两院议员召开总统选举会，议员五百九十三人出席，曹锟以四百八十票被贿选为总统。10月10日，曹锟就任大总统，同日公布在"天坛宪草"基础上修订完成的《中华民国宪法》，因该宪法由曹锟贿选产生，所以又被称为"贿选宪法"。该部宪法是中国近代史上第一部正式宪法，从形式上看，其是北京政府时期最民主、在立法技术上最成熟的一部宪法，且在名义上实行地方自治，但实则确认了大小军阀各自为政的利益格局。

（二）刑事法律

北京政府成立之初，即将《钦定大清刑律》略加修改，改称《中华民国暂行新刑律》，1914年12月公布《暂行新刑律补充条例》十五条，进一步强化袁世凯的专制独裁。1915年和1919年，北京政府分别完成刑法修正案，但都没有正式颁行。同时，北京政府以《中华民国暂行新刑律》为刑事基本法，通过颁行各种刑事特别法，来弥补刑事基本法的不足。大量适用刑事特别法，是这一时期刑事法律的主要特点。

（三）民商事法律

北京政府时期的民事法律体系主要包括以下四种法律形式：制定法（作为民事基本法的"现行律民事有效部分"，以及各种单行民事法令），大理院的民事判例、解释例，民事习惯，条理。在多种民事法律之中，大理院的民事判例、解释例发挥着较为重要的整合作用。同时，北京政府曾计划编纂民商统一的法典，但为了迅速编订完成，以利于收回领事裁判权，其最终放弃了民商法合编的计划，转而分别编纂民、商法典。

（四）司法制度

1. 司法机关

北京政府成立之初，对清末颁行的《法院编制法》略加删改，更名为《暂行法院编制法》，继续援用。1914年3月，其又公布《平政院编制令》，从而形成了二元的裁判体制：由普通法院系统负责民事、刑事案件裁判，由平政院职掌行政案件的裁判。普通法院实行四级三审制，在中央设立大理院为最高法院，在地方分设高等审判厅、地方审判厅和初级审判厅，同时实行审检分立制度，各级审判机关对应设立检察厅。

2. 诉讼审判的特点

在原则上实行司法独立；地方行政官兼理司法；军阀干涉司法。

第三部分　典型案例与同步练习

第一节　典型案例

一、姚荣泽案——"民国第一案"

【案件史料】

1911 年 11 月，南社社员、同盟会会友周实（又名周实丹）、阮式（阮梦桃），为革命事业奔走多年，为响应武昌起义，在江苏淮安（原山阴县）宣布独立。独立之日，原前清山阴县令姚荣泽匿不到会，阮式曾当众斥责其有骑墙观望之意，后姚荣泽出任县司法长（一说为民政长），但对阮式怀恨在心，伺机报复。11 月 17 日，姚荣泽派人以议事为名，将二人骗至府学魁星楼下杀害，周实连中七枪毙命，阮式被剖腹剖心，残害而死。南京临时政府成立后，孙中山最初指令在原案发地江苏审理，后因被害人家属及南社等团体向沪军都督陈其美告发，孙中山遂同意改在上海讯办，几经交涉，犯罪嫌疑人姚荣泽于 1912 年 2 月被提解到上海，开始了民国第一大案的审判。在审判中，司法总长伍廷芳与沪军都督陈其美，就裁判官的选任、法庭的组成、案件的审判方式等具体的诉讼审判问题，发生激烈的争执，双方前后开展了五次大辩论，使本案广为人知。最初，法庭判决姚荣泽死刑，但姚荣泽却在袁世凯的大赦令中获释，改为判处监禁十年，附加罚金而结案。

——整理自赵晓耕主编《中国法制史教学案例》（第二版）、《伍廷芳集》、《伍先生（秩庸）公牍》等

【案件评析】

姚荣泽案发生在辛亥革命胜利、民国初建的特定时期，旧秩序被打破，新秩序亟待建立，社会整体处于从无序到有序的嬗变之中，以孙中山为首的资产阶级革命派，按照三权分立原则，建立中国第一个资产阶级民主共和国，提倡司法独立、以法治国，但民国初年政局动荡、危机四伏，有法不依，以权犯法的现象频频发生，而姚荣泽案就是典型，其中涉及的一系列法律理念、制度变革及关键人物的思想背景，都与案件的发生、变化有着密不可分的关系。

1. 案件发生时的法治背景

（1）司法独立原则的确立及法律依据。

民国初年，《中华民国临时政府组织大纲》及《中华民国临时约法》都确立了以三权分立为原则的资产阶级民主共和政体。临时大总统代表政府总揽政务，颁布法律，行使行政权；参议院议决一切法律案，行使立法权；法院依法审判民事、刑事案件，行使司法权。由此，立法、司法、行政三权分立，相互监督，彼此制约，该原则以根本大法的形式被固定下来。司法独立具体包括三个方面的内容：第一，司法机关自成体系，组织机构相对独立。依《中华民国临时政府组织大纲》的规定，临时政府成立临时中央裁判所，作为最高审判机构，但实际上直至《中华民国临时约法》颁布，该机构始终没有设

立，审判事务其实是由司法部负责的。第二，法院行使审判权独立，审判权只能由法院及法定的机关行使，法官审判案件时只服从法律，不受其他机关及人员的干涉。《中华民国临时约法》第51条规定：法官独立审判，不受上级官厅之干涉。第三，为保证法院独立行使审判权，规定对法官的身份保障。《中华民国临时约法》第52条规定：法官在任中不得减俸或转职，非依法律受刑罚宣告或应免职之惩戒处分，不得解职。民国初期的司法独立，在理论上极富吸引力，但在事实上又受到行政权的制约，在临时政府特殊的时代背景下，财政经费的短缺、行政权对司法权的钳制、军事对司法的干扰以及国民（包括政要）法律意识的极度淡薄，严重破坏了法律的权威性，使司法独立仅仅停留在制度层面上，而不可能真正得到贯彻实施。

（2）文明审判原则的确立及法律依据。

文明审判，即改革传统的诉讼审判方式，废止传统法律中的重刑主义和有罪推定，建立保障当事人诉讼权利的禁刑讯、无罪推定、公开审判、律师辩护和陪审制度。具体而言，就是为保证客观、公正地审理案件，保护当事人合法的诉讼权利，除简单、轻微的案件采用法官独任制外，对重大案件的审理一律采用合议制，在审级上实行三审终审，在审判方式上采用公开审判，被告人享有辩护权，由陪审团参与罪案的审判等。临时政府虽没有制定具体的诉讼法规，但以清末法制改革所制定的一系列新式法规为依据，并加以援用，也算是有法可依。

（3）关键人物的思想背景。

司法总长伍廷芳曾求学西方，是非常理想化的、追求西方民主和法治的代表人物，其行为思想观念折射出的是西化重于传统，而中国几千年来行政司法不分、行政干预司法的现状，使其处在理想与现实之间，法制变革的过程异常艰难与曲折。尽管由于客观历史环境的制约，其法制思想未能完全付诸实施，但其针对本案所作的法理解释，却闪耀着司法独立、文明审判、依法治国的理想火花。沪军都督陈其美，是中华民国的缔造者之一，深得孙中山的信赖，但其洒脱不羁的生活经历和叛逆者的个性，又使其成为民国大业的破坏者，其藐视法律，胆大妄为，在民国成立后，仍继续按照旧的思维模式处理内政外交，为替死去的革命同志报仇，以情代法，以长官命令凌驾法律，蔑视法律的权威和程序，而这与视法律尊严为天条的伍廷芳水火不容。

2. 案件的具体争执点

（1）审判权之争——司法独立原则。

陈其美是否有权干涉姚荣泽案？这是本案最初的争执点，依据司法独立原则，本案应交由司法机关来处理，但临时政府司法机关的设置不够完备，这使相当一部分案件实际上由各地军政府处理，此案也不例外。案件最初是交由案发地江苏都督庄蕴宽和南通民军总司令张詧办理，这符合案件管辖的一般规定，但应陈其美的要求，孙中山以"该案系在沪军都督告发"为由，电令将此案"解送沪军都督讯办"，并电令陈其美"秉公讯办"。其实，无论是陈其美的要求或是孙中山的电令都属于典型的行政干预司法行为，并且其移送管辖的理由并不充分，忽视了依法办事、司法独立的原则。因此，伍廷芳对此事甚为关注，致电孙中山，对此案交由沪军都督讯办提出反对意见，认为民国既立，对一切诉讼应采文明办法，且此案情节重大，审理必须尊重法律，并提出了详细、具体的审判方案，强调由司法机关严格按照法律程序审理，体现近代诉讼审判的基本原则。对此，孙中山欣然同意，而当伍廷芳欲将这些主张付诸实施时，却与陈其美发生了激烈冲突。

（2）裁判官之争——审判组织和审判程序。

司法部既然掌管所有对民刑事案件的处理，故伍廷芳主张应该由司法部负责审理此案，但陈其美却不以为然。1912年2月29日，陈其美单方面决定，委任临时庭长和裁判官。对陈其美的越权行为，伍廷芳极为不满，3月2日，致书陈其美，反对其做法，并且对审理姚案的审判组织及具体审判程序作了极为详细的阐述。为此，伍廷芳决定委派陈贻范为所长，丁榕、蔡寅为副，但陈其美坚持不退让。为早日开庭，伍廷芳采取变通策略，后提出撤销正、副裁判所长之称谓，组成此裁判所之三人统称为裁判官，只规定座次，对此，陈其美表示同意。这样，裁判官的任命终于在伍廷芳的妥协与斡旋下获得解决，同时又坚持了司法独立的主张。

（3）外国律师能否出庭辩护之争——律师辩护制度。

在此问题上，双方分歧严重，争辩趋向高潮。最初，伍廷芳就提出了一整套文明审判的方法，其中就包括选任陪审员，聘请辩护士到堂的内容。伍廷芳提出，若姚荣泽欲聘用外国律师，应"准其任便聘用"，陈其美对此坚决反对，认为此案两方均系华人，且审判地点亦在华界，并非华洋交涉案件，与外人决不相干，不得聘用外国律师。伍廷芳认为，此案已经中外皆知，并闻有外国人到堂作证，即借此机会，为以后中国律师进入租界办案，借以收回领事裁判权提供张本。为此，两人多次辩论，但在后来的审判过程中，姚荣泽并未提出聘请外国律师，这一争论便无果而终。

3. 案件审理及判决

（1）案件的开庭审理——庭审程序。

前后经过双方五次争辩，该案历经裁判所三次开庭审理。作为民国第一大案，其在审判程序上完全依照近代西方审判制度而进行，由三人充任裁判官，组成临时合议庭，由7名"通达事理、公正和平、名望素著者"组成陪审团，开庭前一周公开登报，通告裁判地点、日期，允许被告聘请律师出庭辩护，允许所涉外国人出庭指证，经三次开庭审理，判处死刑，三个星期内执行，尤其是在终审判决后，法庭"特假五分钟，准姚犯发言"。相比传统的纠问式诉讼，无视被告人权利，案由供定，这无疑是一个重大的革命。在西方审判制度中，赋予被告人的权利包括：与控诉人享有平等的诉权，被告人在被控诉后，可以自己或委托辩护人进行辩护和反驳，辩论不受限制，并且被告在庭审程序最后还可为自己作最后陈述。姚荣泽这最后五分钟的发言，无疑就属于一种自我辩护和被告人的最后陈述，而就凭这五分钟，姚荣泽获得同情，最后逃过一命。

（2）案件的判决及执行——大赦令。

在审判最后5分钟的申辩中，姚荣泽称杀死周、阮两人"系受绅团逼迫，非出己意，哀求轻减"，7名陪审员"共表同情"，认为姚荣泽案发生在光复未定，秩序扰乱之际，与平静之时不同，姚荣泽"罪有应得，情尚可原"，遂经承审官认可，由陪审员集体禀请大总统"恩施轻减"，拟请由伍廷芳电告时任大总统的袁世凯，伍廷芳以已辞去司法总长职务不能再发印电为由拒绝，后由通商交涉使温宗尧代达，姚荣泽最后在袁世凯的大赦令中获释，改为判处监禁十年，附加罚金而结案。

4. 参考结论

本案的争执点在于"权大"还是"法大"，即是否应该真正按照司法独立和文明审判原则来断案，而并不在于案情虚实与否。在双方长达三个月的争辩中，权法之辩演化成意气之争，法理之辩变成人身攻击，但两者争辩的目的也有一致性，都是出于对民国大业的考虑，区别在于两者完全不同的治国理念：一个是坚持法律之上，严格按照三权分立原则治理国家，要求绝对无条件地皈依在法律之下；另一个是坚持现实主义态度，在民国虽建、法制未全、社会动荡的现实下，采取变通办法，惩恶扬善，即使有违法律也在所不辞。在具体评判时，应坚持两种标准，依据当时的历史条件，陈其美坚持惩办凶手，为惨死的革命烈士沉冤昭雪，这完全是可以理解的，而伍廷芳在对案件的具体处理上，从维护民国大业，推进中国法制建设来看，也无疑是正确的，其有先见之明，认为民国既以民权得人心，就应该以民权治天下。总之，姚荣泽案充分说明，旧制度、旧观念的废除，新制度、新观念的建立和实施，并非一个简单的破旧立新的过程，旧制度可以一朝去掉，但旧的思想残余还存留在人们头脑中，新制度的建立还需要一个较长的演变过程。理想和现实的巨大反差充分说明，在由传统的人治向现代的法治转变的过程中，依法行事理念转变的艰巨性。民主法治思想的深入人心和现代法治国家的建立，绝非一系列法律法规的出台就能简单实现的，必须深入发掘制度思想背后深层次的原因，找出问题的根结。

二、分家析产纠纷案

【案件史料】

1920年安徽某县内有某甲，甲有子乙丙两人。丙于完婚后染精神病，迄今（1920年）四十年未愈。甲于二十年前，将所有家产，分给乙丙各执。因丙有精神病，所分之产，历年以来，俱由甲为之管理。又因丙妻丁，前生一子夭亡，为丙纳孀妇戊为妾。戊过门之后，丁复生一子己，戊亦生一子庚。现己已成年，庚仅五岁。甲因年逾九旬，丙既丧失精神，丁又长厚，虑戊照护其前夫子女，丁不能制，危及丙之财产。趁自己生存时，请凭亲族，书立遗嘱，将前分给丙之家产，作为十一股，以六股分于己，四股分于庚。余一股作为丙生养死葬之费。令丙与己合度，由己扶养，丙故之后，所余膳产，即归己有，至庚所分之产，因庚系幼童，防戊滥用，甲仍照旧管理，言明每年凭族结算账目一次。戊不遵遗嘱，赴县告诉。经县传同甲戊，及族证等讯明，判令照甲所立遗嘱办理，驳回戊之请求。戊仍不遵，乘县令更换之后，复行具诉该县，再为判决。认甲之遗嘱无效，断令平分，且以甲年老，不准管理庚之财产。某甲不服，声明控诉。查一事不能再理，该县第一次判决，无论是否确定，其第二次判决，俱属根本无效。惟若第一次判决，应认为未确定时，则应以戊为控诉人。戊为丙妾，与丙并无夫妇关系，丙因患精神病，无处分及管理财产之能力，依大理院三年八月十八日上字第六六九号、三年八月三日上字第六零三号等判例，类推解释。系争财产，应由丁依法管理，惟丙之父甲尚在，财产向为甲管，则丁之管理权，不无限制。兹甲继续管理，丁亦同意，戊以妾之身份，自无否认之理，又依民事法理，祖若父，就所有家财，有自由处分之权，并得以遗嘱为死后之处分。至兄弟分析遗产，系在直系尊亲属死亡之后，则无论为嫡子，或为庶子，只应按人数均分，嫡子不能无故主张多分，自无可疑。若其祖于生存时，以遗嘱为嫡庶不平均之分析，并已得其母之同意，应否依直系尊亲属得自由处分财产之原则，认遗嘱为有效？如应认为无效，则庚既系幼童，丙丁俱存，戊为丙妾，能否出头告争，不无疑义，应请解释等因到院。查丙既有精神病，其所分财产，又向由甲管理，自可认甲为丙之保护人。甲以丙保护人资格，为丙子分析家财，自属有效。至分析家财，除各该地方有长子，因特种费用（如别无祭资，应由长子负担之类），得酌量多给，以资抵补之习惯外，依律自应按子数均分，不得偏颇。己庚既已分财易居，戊为生母，如无过误将因管理而危及庚之财产，自应仍由戊管理。甲遽收归自管，亦未尽合，又戊为所生子之分产，出而告争，亦属有权，相应函复查照，此复。

　　——选自大理院解释例统字第一二九五号　民国九年五月十七日大理院覆安徽高等审判厅函（郭卫．大理院解释例全文．上海：会文堂新记书局，1932：754-755.）

【案件评析】

　　本案是分家析产纠纷，安徽高等审判厅在审理案件过程中对法律的适用遇到了困惑，故请求大理院解释。大理院在分析案件之后，作出了回复。我们通过对案情进行梳理，可知本案的焦点是甲对争议财产的处分行为是否合法有效。以下是根据北京政府时期的相关法律规定进行的分析。

　　1. 关于大理院在判案中的依据及其适用顺序

　　根据上文"案件史料"中所载的内容："依大理院三年八月十八日上字第六六九号、三年八月三日上字第六零三号等判例"，"又依民事法理"，"除各该地方有长子，因特种费用（如别无祭资，应由长子负担之类），得酌量多给，以资抵补之习惯外"，"依律自应按子数均分，不得偏颇"。我们大致推断出在北京政府时期，司法机关在审理家产分配纠纷案件时的依据大致有四，即"判例"、"法理"、"习惯"和"律"。当时大理院确实也以判例的形式规定了判决民事案件的依据和其适用顺序。民国二年上字第六十四号判例规定：判断民事案件，应先依法令所规定。法令无明文者，依习惯法。无习惯法者，依条理。

　　2. 关于甲对争议财产的处分行为的合法性

　　甲对争议财产的处分行为是否合法有效是本案的焦点所在。为解决这一问题，首先需要对这一处分行为进行定性。

　　安徽高等审判厅认为，依大理院三年八月十八日上字第六六九号等判例进行类推解释，争议财产，本应由丁以类似遗嘱执行人的身份依法管理，只是因为该财产向来由丙的父亲甲管理，丁也同意，所以可由甲管理。其内在逻辑是：二十年前甲将家产一分为二给乙和丙，乙自行管理分得的那份家产，丙因是精神病人，家产本应由丁来管理，但由于甲仍以家长的身份进行管理，丁也同意，且长期以来已为既成事实，所以甲对争议财产的处分行为是直系尊亲属自由处分财产的行为。安徽高等审判厅还进一步认为，该直系尊亲属自由处分财产的行为是一个立遗嘱的行为。在这样的前提下，高等审判厅产生了疑问，即：如果直系尊亲属死亡而未立遗嘱，兄弟继承遗产，依据法律无论是嫡子还是庶子，都应按人数均分，嫡子不能无故主张多分。但是本案案情是甲尚生存，立有遗嘱，且遗嘱的内容与法律相违，在这种情况下，遗嘱是否有效？一说认为有效，理由是直系尊亲属可以自由处分财产；另一说认为无效，理由是内容违法。

　　然而，大理院的态度不同于安徽高等审判厅。首先，对甲管理丙之财产的行为，大理院认为是因丙有精神病，不能管理家产，所以，作为丙的父亲，甲成了丙的保护人，替丙管理家产。也就是说，大理院否认了甲对丙的家产的处分行为是立遗嘱行为，而定性为分家析产行为。在这样的前提下，甲作为丙的保护人，只能在法律允许的限度内，为丙的利益计，来处分丙的家产。而依据《大清现行刑律·户役》"卑幼私擅用财"条及该条条例的规定："凡同居卑幼，不由尊长，私擅用本家财物者，十两笞二十，每十两加一等。罪止杖一百。若同居尊长，应分家财不均平者，罪亦如之。""嫡、庶子男，（除有官荫袭，先尽嫡长子孙，其）分析家财田产，不问妻妾（婢）生，止以子数均分。"可知：甲若要为丙分家析产，只能按照子数均分，而不能依自己的意思随意变更嫡子和庶子的应得份额。当然，如果当地有长子因需负担祭资等特种费用，需斟酌数量多分给一些的习惯，又既然甲已代替丙将丙之家产予以分析，那么分析后的家产自应由丙之嫡子和庶子各自管理。

3. 关于妾戊能否提起家产争议之诉

本案安徽高等审判厅还有一疑问，即庚尚未成年，庚之父丙和嫡母丁仍健在，戊只是丙的妾，戊能否出面提起诉讼？这一疑问的出现当归因于大理院先前作出的判例。五年上字第八四三号："妾生之子，父故后，由嫡母行使亲权，无嫡母时，由生母行使亲权。无由父之别妾（慈母除外）行使亲权之理。"五年上字第一二〇九号："妾虽不改嫁，而其未成年子女之财产，当父亡故时，依法应由其母代为管理，而嫡母在，法律上同于亲母，且以嫡母之顺序推之（除嫡母管理失当或明明表示偏见危及其子女之财产外），当然应认嫡母有优先管理权。"九年抗字第六九号："庶子未成年，其法定代理之顺序，嫡母应优先于生母，苟未经依法剥夺其嫡母之亲权自不能径由其生母擅代其子为法律行为。"综合以上三个判例可知：一家之内，若父亡故，则是嫡母（妻）行使亲权，为尚未成年的嫡子和诸庶子的法定代理人。无嫡母时才能由作为生母的妾行使亲权，充当尚未成年的生子的法定代理人，从事法律行为。这里应当特别注意的是，依照上述顺序的前提是在一家之内。而本案中，丙之嫡子己和庶子庚已经分财易居。丙之妻丁与其子己同居一家，而庚与其生母戊同处一室，所以，在庚之家，已无嫡母，应由其生母戊行使亲权，是其法定代理人，代其为法律行为。正是因为此，大理院才认定，戊作为生母，得行使亲权，管理庚的家产，当然，前提是戊不会因为过错而危及庚的利益。同样，作为庚的法定代表人，戊代其生子提起诉讼，也就有了法律依据，所以应予受理。

4. 参考结论

第一，本案反映了在北京政府时期，中国民事固有法逻辑与西方民事法理交相作用，共同影响着司法实践。民国初期，由于民法典的编纂难以仓促成事，北京政府司法部曾提请临时大总统咨由参议院援用《大清民律草案》权宜一时。但参议院没有议准这一咨文，认为"民律草案，前清时并未宣布，无从援用。嗣后凡关民事案件，应仍照前清现行律中规定各条办理"。此后，1914年大理院上字第三〇四号判例对这一问题作了专门的解释："民国民法典尚未颁布，前清之现行律除制裁部分及与国体抵触者外，当然继续有效。至前清现行律虽名为现行刑律，除刑事部分外，关于民商事之规定，仍属不少，自不能以名称为刑律之故，即误会其为已废。"这一时期大理院及各级审判机关皆援用"现行律民事有效部分"作为民事审判的主要依据，直至南京国民政府的民法典公布施行，才当然废止。故"现行律民事有效部分""实为民国以来之实质民法"。

从历史的视角看，参议院拒绝援用《大清民律草案》的决议是慎重的。因为民法是私法，关系到每个人日常生活的方方面面，千百年来形成的民事传统、风俗习惯不可能伴随着国体和政体的巨大变革而发生质的革命。《大清民律草案》的制定仿于德、日，多继受外国法，而对本国的固有礼、法，未能很好地调查研究，吸收采纳。在北京政府时期，中国的民法得以在固有法"现行律民事有效部分"的基础之上通过大理院的解释例和判例，发展演变，逐渐将西方的法理融入其中。本案中，两级审判机关对"甲对争议财产的处分行为"的定性过程就闪烁出固有法基调下西方民法理论的光辉。安徽高等审判厅依据中国的固有法逻辑，认为甲是丙的父亲，是家中的尊长，他处分丙的家产的行为等同于处理自己的家产，进而认为甲对家产的处分行为是立遗嘱行为，应该讨论遗嘱有效与否。而大理院在此方面，更多的是采用了西方的法定代理理论，认为因丙有精神病，不能管理家产，所以，作为丙的父亲，甲成为丙的保护人，替丙管理家产。甲的行为是代理丙分家析产的行为。最后，两级审判机关都又回归到了固有的"现行律民事有效部分"的规定，或产生疑问，或得出结论。

第二，本案有关妾的判例反映出在社会大变革时期，北京政府大理院在既有法的框架下尊重社会现实所作出的努力。本案的发生在相当程度上源于一个特殊的主体——妾戊。本案，大理院支持了妾代子告争之权。审视大理院之前和之后作出的有关妾的判例，可以看出，虽然近代以来，社会上许多志士仁人极力要求取缔妾制，主张绝对的一夫一妻制，而这确实也代表了社会前进的方向，但是作为最高审判机关的大理院还是较好地抵御了社会舆论的干扰，并没有无视作为当时弱势群体的妾的存在，没有对广泛存在的、无助的妾的利益置之不理，而主要还是循着既有法律，根据最广大的社会现实，从尊重社会存在的角度出发，进行裁判。一方面，大理院也肯定了妾的地位不同于妻，她与同居男子的关系不是夫妻关系，不能成为家的尊长。但另一方面，大理院从保障她们生存的角度，将其与同居男子的关系定性为家属与家长的关系，保障她作为家属一员应受养赡的权利，承认她之于亲生子女的生母地位。这样，虽然在人格上，妾的地位是有缺陷的，但至少他们的生活还是有保障的，而后者在当时"民以食为天"的社会大环境下更来得实在。

相比较，在1994年以后的相当长时间里，司法实践中对事实婚姻的认定就流于严苛。凡是1994年2月1日民政部《婚姻登记管理条例》公布实施后不补办结婚登记手续的，都不承认是事实婚姻；对1994年2月1日前的，也限定好几个阶段，区分为非法同居和事实婚姻。事实上，我国有很多不办理结婚登记的事实婚姻，结婚的实质要件都符合，只是欠缺登记的形式要件。在这样的国情下，一概否定他们婚姻的合法性是极其不合适的。因为如果其关系不被认定为事实婚姻，对当事人就不能按离婚处理，只能按解除非法同居处理，他们的子女是非婚生子女，这对弱者一方的打击是巨大的，甚至是致命的。2004年12月《婚姻法》（已失效）的第一个司法解释扩大了对事实婚姻的承认范围，这是可取的。千百年来形成的民事习惯不可能在朝夕之间脱胎换骨，而是具有很强的延续性。在此情况下，法律与司法实践如何恰如其分地处理传统与现代的关系是一个很值得探索的课题。①

---

① 赵晓耕. 中国法制史教学案例. 2版. 北京：清华大学出版社，2016：223-229.

第二节　　同步练习

一、选择题

（一）单项选择题

1. 《中华民国临时政府组织大纲》制定于（　　）时期。

A. 南京临时政府　　　　　　　　　B. 南京国民政府

C. 北京政府　　　　　　　　　　　D. 工农民主政府

2. 第一次以法律的形式宣告废除帝制，确立总统制共和国的法律是（　　）。

A. 《中华民国临时政府组织大纲》　　B. 《中华民国临时约法》

C. 《宪法大纲》　　　　　　　　　　D. 《中华民国宪法》

3. 《中华民国临时政府组织大纲》规定，临时政府的最高审判机关的是（　　）。

A. 司法所　　　　　　　　　　　　B. 大理院

C. 临时中央审判所　　　　　　　　D. 最高法院

4. 中国近代唯一一部资产阶级民主共和国性质的宪法性文献是（　　）（2014年法硕）。

A. 《中华民国临时政府组织大纲》　　B. 《中华民国临时约法》

C. 《中华民国宪法》　　　　　　　　D. 《中华民国国会组织法》

5. 《中华民国临时约法》规定，临时大总统、副总统的产生，通过（　　）。

A. 各省推荐　　　B. 大选　　　C. 内阁推举　　　D. 参议院选举

6. 南京临时政府根据"天赋人权"理论，制定一系列法令，其中意义最为深远的是（　　）。

A. 禁赌法令　　　　　　　　　　　B. 禁止买卖人口令

C. 权利平等令　　　　　　　　　　D. 禁烟法令

7. 《中华民国临时约法》规定，临时政府的司法权由（　　）行使。

A. 临时中央审判所　　　　　　　　B. 临时大总统

C. 参议院院长　　　　　　　　　　D. 法院

8. 中华民国北京政府时期第一部宪法草案是（　　）。

A. "袁记约法"　　B. "天坛宪草"　　C. "贿选宪法"　　D. "段记宪草"

9. "袁记约法"规定，立法院未成立之前，代行其职权的机构是（　　）。

A. 参政院　　　B. 大理院　　　C. 众议院　　　D. 下议院

10. 中国历史上第一部正式宪法是由哪个政权公布的？（　　）。

A. 孙中山政权　　B. 蒋介石政权　　C. 袁世凯政权　　D. 曹锟政权

11. 中华民国北京政府的最高审判机关是（　　）。

A. 高等审判厅　　B. 大理院　　C. 最高法院　　D. 刑部

12. 北京政府时期审判行政诉讼案件的机构是（　　）。

A. 参政院　　　B. 行政院　　　C. 平政院　　　D. 大理院

13. "天坛宪草"、"袁记约法"及1923年《中华民国宪法》的相同点是（　　）。

A. 均采用责任内阁制

B. 均采用国会制

C. 均设"国民"或"人民"专章并放置于国体章之后，国家各政权组织章之前

D. 均赋予国会较大的权力

14. 中华民国北京政府始终肯定并沿用的是（　　）。

A. 清末法律　　　　　　　　　　B. 湖北军政府时期的立法

C. 南京临时政府法令　　　　　　D.《中华民国临时约法》

15. 中华民国北京政府确认（　　）的判例和解释例具有法律效力。

A. 大理院　　　　B. 司法部　　　　C. 平政院　　　　D. 法院

16. 根据《中华民国临时约法》的规定，通过约法修正案的赞成票应占出席议员的比例是（　　）。（2010年考研）

A. 1/2以上　　　　B. 2/3以上　　　　C. 3/4以上　　　　D. 4/5以上

17. 中国近代史上规定"大总统任期十年，得连任"的法律文件是（　　）。（2011年考研）

A.《中华民国约法》　　　　　　B. 1923年《中华民国宪法》

C.《中华民国宪法草案》　　　　D.《修正大总统选举法》

18. 下列关于北京政府立法活动的表述，不正确的是（　　）。（2018年考研）

A. 采用、删改清末新定之法律

B. 制定颁布了众多的单行法规

C. 判例和解释例成为重要的法律渊源

D. 拒绝采用西方资本主义国家的立法原则

19. 清末和民国时期的旧中国曾经进行频繁的立宪活动，下列关于该时期宪法文件，说法错误的是（　　）。（2019年法考）

A.《钦定宪法大纲》为中国近代史上第一个宪法性文件，是由宪政编查馆编订，于1908年公布的

B. 1912年《临时约法》是由孙中山主导创制的中国第一部资产阶级共和国性质的宪法文件

C. 北京政府时期的第一部宪法草案为"天坛宪草"，采用资产阶级三权分立的宪法原则，确认民主共和制度

D.《中华民国宪法》（1947年）是中国近代史上首部正式颁行的宪法

20. 下列宪法或宪法性文件中，对"国权"和"地方制度"分别作出专章规定的是（　　）。（2023年考研）

A.《钦定宪法大纲》　　　　　　B.《中华民国临时约法》

C.《中华民国约法》　　　　　　D. 1923年《中华民国宪法》

（二）多项选择题

1. 湖北军政府时期的主要立法包括（　　）。

A.《中华民国临时政府组织大纲》　　B.《禁止买卖人口文》

C.《中华民国鄂州约法》　　　　　　D.《中华民国军政府暂行条例》

2. "五权宪法"是孙中山法律思想的重要组成部分，孙中山先生认为的"五权"，包括（　　）。

A. 行政权　　　　　B. 考试权　　　　　C. 监察权　　　　　D. 选举权

3. 《中华民国临时约法》为了限制袁世凯的独裁专制，规定（　　）。

A. 总统制　　　　　　　　　　　B. 严格的修改程序

C. 进一步扩大参议院的权力　　　D. 责任内阁制

4. 下列关于《中华民国临时约法》内容的表述，正确的有（　　）。

A. 采用责任内阁制

B. 规定人民享有广泛的权利

C. 实行三权分立的原则

D. 确立了资产阶级民主共和国的政治体制和国家制度

5. 根据《中华民国临时约法》，参议院享有下列哪项权力？（　　）。

A. 立法权　　　　　　　　　　　B. 对总统决定重大事件的同意权

C. 对总统、副总统的审判权　　　D. 对总统、副总统的弹劾权

6. 南京临时政府时期诉讼审判制度的改革包括（　　）。

A. 禁止刑讯、体罚　　　　　　　B. 律师与法官考试制度

C. 审判公开及陪审制　　　　　　D. 司法独立

7. 中华民国北京政府时期制定的重要宪法文件有（　　）。

A. 《中华民国临时约法》　　　　B. "天坛宪草"

C. "袁记约法"　　　　　　　　　D. "贿选宪法"

8. 下列属于中华民国北京政府时期在司法方面的特点有（　　）。

A. 广泛引用判例与解释例　　　　B. 行政诉讼相对独立

C. 普通法院实行四级三审制　　　D. 县知事兼理司法

9. 下列关于《中华民国临时政府组织大纲》内容的表述，正确的有（　　）。（2009 年考研）

A. 实行三权分立的原则

B. 立法权由参议院和众议院共同行使

C. 以临时中央裁判所作为行使最高司法权的机关

D. 以英国的国家制度为蓝本，确立中华民国的基本政治体制

10. 北京政府时期立法活动的主要特点包括（　　）。（2012 年考研）

A. 采用、删改清末新订法律

B. 制定和颁布大量的单行法规

C. 判例和解释例成为重要的法律渊源

D. 采取"隆礼"和"重刑"并重的立法指导原则，全面复活封建法制

（三）不定项选择题

1. 《中华民国临时政府组织大纲》确立的政体是（　　）。

A. 帝制　　　　　B. 立宪制　　　　　C. 总统制　　　　　D. 责任内阁制

2. 中华民国北京政府的立法活动包括（　　）。

A. 制定、颁布了大量单行法规　　　B. 大量援用清末法律

C. 确认判例和解释例的效力　　　　　　D. 恢复传统刑罚

3. 中华民国北京政府时期所制定的有关民商事方面的法规主要有（　　）。

A.《戒严法》　　　　B.《公司条例》　　　C.《商人通例》　　　D.《证券交易法》

4. 中华民国北京政府时期的审判机构除有特别法院、普通法院外，还有（　　）。

A. 最高法院　　　　　　　　　　　　　B. 平政院

C. 军事法院　　　　　　　　　　　　　D. 兼理司法法院

5. 实行四级三审制的政权有（　　）。

A. 清末政府　　　　　　　　　　　　　B. 中华民国北京政府

C. 南京临时政府　　　　　　　　　　　D. 抗日民主政权

二、简答题

1. 简述《中华民国临时约法》对于审判公开和司法独立原则的规定。

2. 简述《中华民国临时政府组织大纲》的性质及其历史意义。

3. 简述"袁记约法"的实质。

4. 简述中华民国北京政府的司法机构。

5. 简述北京政府立法活动的特点。

三、论述题

1. 论述《中华民国临时约法》的特点及历史意义。

2. 论述中华民国北京政府的立宪活动及宪法文件。

参考答案及解析

一、选择题

（一）单项选择题

1. 答案：A

解析：《中华民国临时政府组织大纲》于 1911 年 12 月 3 日通过，在时间上应属于中华民国南京临时政府时期。

2. 答案：A

解析：《中华民国临时政府组织大纲》第一次以法律的形式确认了共和政体的诞生，宣告了专制体制的灭亡，具有进步意义。但该组织大纲对人民的民主权利没有任何反映，显示出《中华民国临时政府组织大纲》及依据该大纲产生的中华民国的资产阶级性质。

3. 答案：C

解析：《中华民国临时政府组织大纲》规定，临时中央审判所作为行使最高司法权的机关，由临时大总统取得参议院同意后设立。

4. 答案：B

解析：《中华民国临时约法》具有中华民国临时宪法的性质，在正式宪法实施以前，具有与宪法同等的效力。《中华民国临时约法》作为具有一部资产阶级民主共和国性质的宪法文件，从主流上说，它体现了资产阶级的意志，代表了资产阶级的利益，具有革命性、民主性。

5. 答案：D

解析：《中华民国临时约法》肯定了资产阶级共和国的政治体制和组织原则。依照资产阶级三权分立原则，《中华民国临时约法》采用责任内阁制，规定临时大总统、副总统和国务院行使行政权力，参议院是立法机关，法院是司法机关，并规定了其他相应的组织与制度。由参议院选举临时大总统、副总统。

6. 答案：C

解析：根据资产阶级"天赋人权"和法律面前人人平等的原则，南京临时政府除在《中华民国临时约法》中以根本法的形式确认各族人民一律享有各种公权、私权以外，还颁布了一系列法规、法令，以切实保障人民的民主权利，其中最重要的是权利平等令。

7. 答案：D

解析：《中华民国临时约法》规定，中华民国的国家机构采取"三权分立"原则。总纲规定："中华民国以参议院、临时大总统、国务员、法院行使其统治权。"参议院行使立法权，临时大总统、副总统和国务员行使行政权，法院行使司法权。

8. 答案：B

解析：在中华民国北京政府时期，先后进行过五次制宪活动，产生了四个宪法文件，这五次制宪活动具体是：第一，1913年10月31日完成的《中华民国宪法（草案）》，即"天坛宪草"；第二，1914年5月1日袁世凯公布的《中华民国约法》，即"袁记约法"；第三，1916年至1920年段祺瑞任国务院总理期间进行的"天坛宪草续议"；第四，1923年10月10日曹锟、吴佩孚政府公布的《中华民国宪法》，即"贿选宪法"；第五，1925年段祺瑞政府完成的《中华民国宪法草案》，即"段记宪草"。

9. 答案：A

解析："袁记约法"规定，废除国会制，设立立法院。立法院未成立之前，代行其职权的机构为参政院。

10. 答案：D

解析：中华民国北京政府于1923年10月10日公布的《中华民国宪法》，因系曹锟为掩盖"贿选总统"丑名，继续维持军阀独裁专政而授意炮制，故俗称"贿选宪法"。它是中国近代史上公布的第一部正式的"宪法"。

11. 答案：B

解析：中华民国北京政府时期的审判机关分为四级。中央设大理院，是最高审判机关，设院长一人，总理全院事务。其下设民事庭和刑事庭，各设庭长一人，推事若干人。审判案件时，由推事五人组成合议庭，以庭长为审判长。

12. 答案：C

解析：大理院是最高审判机关，而平政院职掌行政诉讼的裁判，《平政院编制令》规定：平政院察理行政官吏之违法不正行为，就行政诉讼及纠弹事件行使审判权。

13. 答案：C

解析："天坛宪草"在结构上分为国体、国土、国民、国会、国会委员会、大总统、国务院、法院、法律、会计、宪法之修改及解释，共11章113条。《中华民国约法》即"袁记约法"分为10章68条：国家、人民、大总统、立法、行政、司法、参政院、会计、制定宪法程序、附则。1923年《中华民国宪法》共13章141条：国体、主权、国土、国民、国权、国会、大总统、国务院、法院、法律、会计、地方制度、宪法之修正解释及效力。故它们的相同点是均设"国民"或"人民"专章放置于国体章之后，国家各政权组织章之前。采用责任内阁制，赋予国会较大的权力，规定国会制的是"天坛宪草"和1923年《中华民国宪法》；"袁记约法"采用的是总统制，并且解散了国会。

14. 答案：A

解析：中华民国北京政府的立法活动，是以沿袭清末立法为始点的。

15. 答案：A

解析：中华民国北京政府时期大理院为最高审判机关，中华民国北京政府确认大理院的判例与解释例具有法律效力，在司法审判中，大量运用判例和解释例。从1912年至1927年的15年中，其单从《大清律例》中就抄袭了1 892条。截至1927年，大理院汇编的判例达3 900条，解释例达两千多条。平政院为专门受理行政诉讼案件的行政诉讼机关，司法部专司司法行政事务。法院名称太过笼统。

16. 答案：C

解析：《中华民国临时约法》规定，约法的增删修改，须由参议院议员2/3以上或临时大总统之提议，经参议员4/5以上之出席，出席议员3/4以上之赞成方可进行，以防止袁世凯擅自修改变更约法。因此本题选C项。

17. 答案：D

解析：1914年12月，参政院炮制了《修正大总统选举法》，规定大总统的任期为10年，可连选连任。现任大总统可以推荐继承人，不限制荐贤、荐子。这实际上承认总统可以世袭。这部法律的制定和公布为袁世凯复辟帝制提供了跳板。因此本题选D项。

18. 答案：D

解析：北京政府立法多以清末新定的法律为蓝本，制定颁布了众多单行法规，其中大部分属于特别法。北京政府时期，判例和解释例成为重要的法律渊源，以补充成文法的不足。A、B、C项表述正确。北京政府立法采用西方资本主义国家的某些立法原则。北洋军阀统治者为了求得自身的生存和发展，不得不采取民主共和制形式与西方资本主义国家法律的一些原则和内容。D项表述错误，本题选D项。

19. 答案：D

解析：中国近代史上首部正式颁行的宪法是1923年的《中华民国宪法》（"贿选宪法"）。据此D项入选。A、B、C项均属史实，正确，不选。故本题答案为D项。

20. 答案：D

解析：1923年《中华民国宪法》（"贿选宪法"）为了平衡各派军阀和大小军阀之间的关系，巩固曹锟、吴佩孚控制的中央大权，对"国权"和"地方制度"分别作出专章规定，因此本题选D项。

（二）多项选择题

1. 答案：ACD

解析：湖北军政府时期的主要立法包括《中华民国军政府暂行条例》、《中华民国鄂州约法》和《中华民国临时政府组织大纲》。

2. 答案：ABC

解析："五权宪法"是孙中山法律思想的重要组成部分，是他在研究各国宪法的基础上，并结合中国的历史与国情加以思考的产物。孙中山的"五权"，就是在行政权、立法权、司法权之外，再加上考试权和监察权。

3. 答案：BCD

解析：《中华民国临时约法》为了限制袁世凯的独裁专利，进行了三个方面的努力：首先，削弱了总统的权力，将总统制改为责任内阁制；其次，进一步扩大参议院的权力，增加了制衡力量；最后，规定了严格的修改程序。

4. 答案：ABCD

解析：《中华民国临时约法》是一部具有资产阶级民主共和国性质的宪法文件，具有资产阶级革命性和民主性。其内容包括：明确宣示中华民国为统一的民主共和国；确立了资产阶级民主共和国的政治体制和国家制度；实行三权分立的政府组织原则；采用责任内阁制等；规定人民享有广泛的权利；确认了保护私有财产的原则。

5. 答案：ABD

解析：根据《中华民国临时约法》，参议院有权议决一切法律案，预算、决算、税法、币值、度量衡之准则，公债之募集及国库有负担之契约；并对总统、副总统有弹劾的权力。

6. 答案：ABCD

解析：南京临时政府时期进行了大规模的诉讼审判制度的改革，包括：禁止刑讯、体罚，推行资产阶级的人道主义；引入审判公开及陪审制；以法律的形式对司法独立进行宣告；引入律师与法官考试制度。

7. 答案：BCD

解析：1913年10月31日完成的《中华民国宪法（草案）》，即"天坛宪草"；1914年5月1日袁世凯公布的《中华民国约法》，即"袁记约法"；1923年10月10日曹锟、吴佩孚政府公布的《中华民国宪法》，即"贿选宪法"。

8. 答案：ABCD

解析：中华民国北京政府时期的司法特点有：普通法院实行四级三审制，轻微案件由初等审判厅作为第一审，稍重的案件由地方审判厅作为第一审，高等审判厅不受理第一审案件，大理院可以作为"内乱"及"妨碍国交"、"外患"等罪的第一审及终审机关；在未设立初等审判厅的地方，就由县知事兼理司法；中华民国北京政府采取欧洲大陆司法制度，把行政诉讼与普通民事、刑事诉讼分开，实行普通法院与平政院双规平行的诉讼体制；为了解决司法实践中可援引法律严重不足的局面，司法实践中大量引用大理院通过司法创制形式确立的判例与解释例，作为审判的依据，此外，该时期的司法还有特别法优于普通法、军事审判专横武断等特点。

9. 答案：AC

解析：《中华民国临时政府组织大纲》第一次以法律形式宣告废除帝制，以美国的国家制度为蓝本，确立了中华民国的基本政治体制，实行三权分立原则；临时政府为总统制共和政体，临时大总统为国家元首和政府首脑，统率军队并行使行政权力；立法权由参议院行使，参议院由各省都督府委派3名参议员组成。在参议院成立以前，暂时由各省都督府代表会议代行其职权；临时中央裁判所作为行使最高司法权的机关，由临时大总统取得参议院同意后设立。因此，A、C 项正确。

10. 答案：ABC

解析：北京政府采取"隆礼"与"重刑"并重的立法指导原则。所谓"隆礼"是通过倡导伦理纲常维护其政治权力；所谓"重刑"，即实行严刑峻法。北京政府立法活动的特点包括：第一，采用、删改清末修订之法律；第二，采用西方资本主义国家的某些立法原则；第三，制定颁布众多单行法规；第四，判例和解释例成为重要的法律渊源。北京政府时期立法活动并没有全面复活封建法制。因此，A、B、C 项正确，D 项错误。本题选 A、B、C 项。

（三）不定项选择题

1. 答案：C

解析：《中华民国临时政府组织大纲》是辛亥革命胜利后各省都督府代表会议通过的关于筹建中华民国临时政府的纲领文件，于 1911 年 12 月 3 日通过，共 4 章 21 条。它第一次以法律形式宣告废除帝制，并以美国的国家制度为蓝本，确立了总统制共和政体，规定实行三权分立原则。这个大纲成为以后制定《中华民国临时约法》的基础。

2. 答案：ABC

解析：中华民国北京政府的立法活动包括大量援用清末法律，承认其效力，同时制定、颁布了大量单行法规，并确认判例和解释例的效力。

3. 答案：BCD

解析：中华民国北京政府时期在援用清末法律的同时，也制定了一些有关民商事方面的法规，主要有《商人通例》《公司条例》《证券交易法》《矿业条例》等，而《戒严法》则属于有关刑事立法的内容。

4. 答案：BCD

解析：中华民国北京政府的司法机关体系庞杂：在中央设大理院，其是最高审判机关；兼理司法法院是在未设普通法院的各县所设的组织；军事法院审理军人犯罪的案件；平政院主管行政诉讼。

5. 答案：AB

解析：清末的《大理院审判编制法》，引入资产阶级的"司法独立"原则，确立了四级三审制；中华民国北京政府的诉讼制度，在审判管辖上，实行四级三审制；南京国民政府实行的是三级三审制；抗日民主政权时期的审级制度基本上是二级终审制。

二、简答题

1. 参考答案：（1）司法独立的原则。《中华民国临时约法》第 51 条规定：法官独立审判，不受上级官厅之干涉。为了保证法官独立行使审判权，第 52 条又专门规定：法官在任中不得减俸或转职，非依法律受刑罚宣告，或应免职之惩戒处分，不得解职。

（2）公开审判原则。《中华民国临时约法》第 50 条规定：法院之审判，须公开之；但有认为妨害安宁秩序者，得秘密之。湖北军政府《临时上诉审判所暂行条例》也规定：诉令之辩论及判断之宣告，均公开法庭行之。但有特别事件，可宣示理由，停止公开。

2. 参考答案：《中华民国临时政府组织大纲》是资产阶级共和国的第一部宪法性文件，其历史意义在于：用法律的形式肯定了辛亥革命的成果，为以孙中山为首的中华民国南京临时政府的成立提供了法律依据。《中华民国临时政府组织大纲》虽然在形式上并不十分完备，但它第一次以法律的形式确认共和政体的诞生，宣告废除帝制，因而具有进步意义，并成为制定《中华民国临时约法》的基础。

3. 参考答案：中华民国北京政府于1914年5月1日公布的《中华民国约法》，因系袁世凯一手操纵、炮制出来的，故又被称为"袁记约法"，共10章68条。它是军阀专制全面确立的标志。

《中华民国约法》与《中华民国临时约法》有着根本性的差别，它的实质主要表现在：

（1）《中华民国约法》是对《中华民国临时约法》的反动。它以根本法的形式彻底否定了《中华民国临时约法》所确立的民主共和制度，而代之以袁世凯的个人独裁。它的出台使辛亥革命的成果丧失殆尽，成为军阀专制全面确立的标志。

（2）《中华民国约法》完全否定和取消了《中华民国临时约法》所规定的责任内阁制，实行总统独裁的政治体制，并赋予总统形同帝王一样的、至高无上的地位和巨大权力。

（3）《中华民国约法》取消了《中华民国临时约法》规定的国会制，规定设立有名无实的立法院。在立法院成立前，由纯属总统咨询机关的参政院代行立法院职权，并设立国务卿协助总统掌握行政，为袁世凯复辟帝制做准备。

（4）《中华民国约法》为限制、否定《中华民国临时约法》所规定的人民的基本权利提供了宪法依据。

4. 参考答案：中华民国北京政府的司法机关体系庞杂，法院有普通法院、兼理司法法院、特别法院和平政院之分。

（1）普通法院组织。中央设大理院，其是最高审判机关。省设高等审判厅，在城市设置地方审判厅，县一级设初级审判厅。关于检察机关，设置总检察厅、高等检察厅、地方检察厅、初级检察厅，其皆设于各该级审判厅官署内，由检察长、检察官组成，独立行使检察职权。

（2）兼理司法法院。兼理司法法院是在未设普通法院的各县所设的组织。

（3）特别法院。特别法院军事审判机关和地方特别审判机关两类。后者是指临时在少数民族聚居地区或特别区域设立的司法组织。

（4）平政院。平政院主管行政诉讼，察理行政官吏之违法不正行为，就行政诉讼及纠弹事件行使审判权。

5. 参考答案：北京政府立法活动的特点有：（1）保留了清末法律改革的重要成果，其立法多以清末新制定的法律为蓝本。（2）采用西方资本主义国家的某些立法原则，继续在清末法律改革未及之领域进行新的立法。（3）制定颁布众多单行法规，其中大部分为特别法。（4）判例和解释例成为重要的法律渊源，以补充成文法的不足。

三、论述题

1. 参考答案：

特点：（1）在国家政权体制问题上，《中华民国临时约法》改总统制为责任内阁制，以限制袁世凯的权力。（2）在权力关系的规定上，《中华民国临时约法》扩大参议院的权力以抗衡袁世凯的权力。（3）在程序性条款上，《中华民国临时约法》规定特别修改程序以制约袁世凯的权力。

历史意义：（1）它是中国历史上第一部具有资产阶级共和国性质的宪法文件。（2）它肯定了辛亥革命的成果，否定了中国数千年来的帝制专制制度，肯定了资产阶级民主共和制度和资产阶级民主自由原则，在全国人民面前树立起"民主""共和"的形象。（3）它所反映的资产阶级的愿望和意志，在当时条件下是符合中国社会发展趋势的，也在一定程度上反映了广大人民群众的民主要求。

2. 参考答案：在中华民国北京政府期间，先后进行过五次制宪活动，产生了四个宪法文件，这五次制宪活动具体是：第一，1913 年 10 月 31 日完成的《中华民国宪法（草案）》，即"天坛宪草"；第二，1914 年 5 月 1 日袁世凯公布的《中华民国约法》，即"袁记约法"；第三，1916 年至 1920 年段祺瑞任国务院总理期间进行的"天坛宪草续议"；第四，1923 年 10 月 10 日曹锟、吴佩孚政府公布的《中华民国宪法》，即"贿选宪法"；第五，1925 年段祺瑞政府完成的《中华民国宪法草案》，即"段记宪草"。

（1）《中华民国宪法（草案）》。

《中华民国宪法（草案）》是中华民国北京政府时期的第一部宪法草案，于 1913 年 10 月 31 日由国会宪法起草委员会三读通过。由于宪法起草委员会主要是在北京天坛祈年殿进行的起草活动，故又称这部宪法草案为"天坛宪草"。1914 年袁世凯解散国会，"天坛宪草"遂成废纸。

"天坛宪草"共 11 章 113 条。它采用资产阶级三权分立的宪法原则，确认了民主共和制度。由于屈从于袁世凯的压力，"天坛宪草"在某些问题上作了妥协和让步，所规定的总统的权力比《中华民国临时约法》有所扩大。但总的看来，"天坛宪草"体现了国民党等在野派势力企图通过制宪限制袁世凯的权力的意图。首先，在政权体制上，"天坛宪草"继续肯定了《中华民国临时约法》中的责任内阁制。其次，"天坛宪草"规定了国会对总统行使诸如解散国会、任命总理等重大权力的牵制权，并规定成立国会委员会，作为国会的常设机构，对总统行使的"发布紧急命令"和"财政紧急处分"两项职权实行议决，加强对总统权力的制约。最后，"天坛宪草"限制总统任期，规定总统任期五年，只能连选连任一次。这些限制使袁世凯气急败坏，竭力破坏宪法草案的制定工作，并于 1914 年 1 月解散国会，"天坛宪草"也因未能在国会正式通过而成废纸。

（2）《中华民国约法》。

中华民国北京政府于 1914 年 5 月 1 日公布的《中华民国约法》，因系袁世凯一手操纵、炮制出来的，故又被称为"袁记约法"，共 10 章 68 条。它是军阀专制全面确立的标志。

《中华民国约法》与《中华民国临时约法》有着根本性的差别，其主要表现在：《中华民国约法》是对《中华民国临时约法》的反动。它以根本法的形式彻底否定了《中华民国临时约法》所确立的民主共和制度，而代之以袁世凯的个人独裁，成为军阀专制全面确立的标志。《中华民国约法》完全否定和取消了《中华民国临时约法》所规定的责任内阁制，实行总统独裁的政治体制，并赋予总统形同帝王一样的地位和巨大权力。《中华民国约法》取消了《中华民国临时约法》规定的国会制，规定设立有名无实的立法院。在立法院成立前，由纯属总统咨询机关的参政院代行立法院职权，并设立国务卿协助总统掌握行政，为袁世凯复辟帝制做准备。为限制、否定《中华民国约法临时约法》所规定的人民的基本权利提供了宪法根据。

（3）《中华民国宪法》。

中华民国北京政府于 1923 年 10 月 10 日公布的《中华民国宪法》，因系曹锟为掩盖"贿选总统"丑名，继续维持军阀专政而授意炮制，故俗称"贿选宪法"，是中国近代史上公布的第一部正式的"宪法"。

《中华民国宪法》的特点主要表现在：

第一，《中华民国宪法》用虚伪的民主形式掩盖实行军阀专制的本质，如为标榜反对帝制复辟、赞成共和而规定"中华民国永远为统一民主国""中华民国主权属于全体国民"；在政治体制上，表面上仍肯定内阁制和议会制，但是，在这一切的背后，却是军阀独裁制度的法律化。

第二，《中华民国宪法》为了平衡各派军阀和大小军阀之间的关系，巩固曹、吴控制的中央大权，对"国权"和"地方制度"作了专门规定。

四、拓展延伸阅读

（一）著作

1. 孙中山全集．北京：中华书局，1981.

2. 谢振民．中华民国立法史．北京：中国政法大学出版社，2000.

3. 王健．中国近代的法律教育．北京：中国政法大学出版社，2001.

（二）论文

1. 张生．中国近代民法编纂的历史反思：以传统法的体系化改造为中心．社会科学家，2020（8）.

2. 张仁善．论近代"法统"理念的构建与袁世凯对民初"法统"的改造．法治研究，2015（3）.

3. 聂鑫．民初选举诉讼中的"法官造法"．中外法学，2018（3）.

4. 聂鑫．平政院裁判与近代中国文官保障制度的司法实践．华东政法大学学报，2017（2）.

第十五章　民国后期（1928—1949 年）的法制

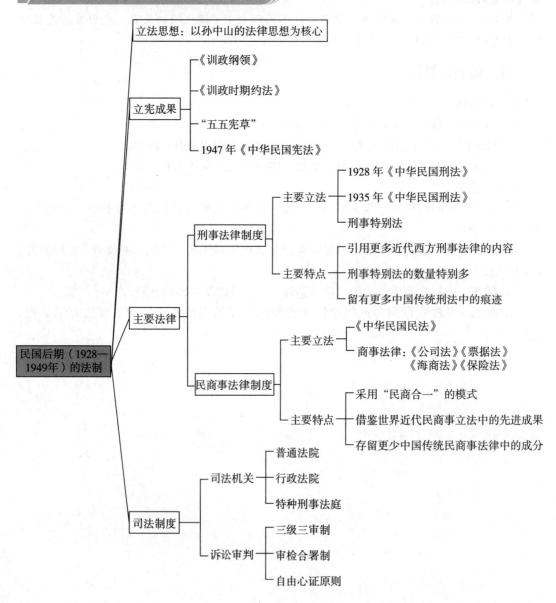

》第二部分　本章核心知识要点解析

一、立法思想与立法活动

【难度与热度】

难度：☆☆☆　热度：☆☆☆

【内容解析】

（一）立法思想

孙中山的三民主义是南京国民政府立法指导思想的核心，以蒋介石为首的南京国民政府在形式上依照"权能分治""五权宪法""建国三时期"等政治设想，建立政治体制和法律制度。孙中山参照西方宪制理论和中国传统历史国情建构起其宪法思想体系。他认为西方代议制的症结在于人民权利和政府权力的矛盾，为解决这一矛盾，他提出了权能分治理论："权"即政权，是人民管理政府的力量，包括选举、罢免、创制、复决四项权利；"能"即治权，是政府管理国家事务的权能，包括行政、立法、司法、考试、监察五项权能。权能分治，就是要实现人民有权、政府有能的宪政体制，国家一切重要事项由人民来决断，然后由政府在人民的监督下执行。根据权能分治理论，孙中山设计出五权宪法的政府组织方案：人民选举的国民大会是全国最高政权机关，统一行使国家四项政权，组成并监督政府；政府则由行政、立法、司法、考试、监察五院组成，各院依照宪法行使不同的权能，互相制衡。出于对革命形势和人民智识水平的判断，孙中山认为确立宪政体制，实现全民政治，要经由一个渐进的过程，为此他提出"建国三时期"说：第一阶段是军政时期，以革命武装力量扫荡反革命势力，实行军法之治；第二阶段是训政时期，以国民党训练人民行使政权，并制定自治之法；第三阶段是宪政时期，按照五权宪法的方案组织政府，行使国家各项权力。训政时期，不成立国民大会，由国民党全国代表大会代替国民大会行使政权，由国民党中央督导五院政府。这也成为日后国民党长期实行训政的主要理论支撑。

（二）法律体系与"六法全书"

南京国民政府建立之初即开始仿照大陆法系国家建构中国的、以法典为核心的法律体系。1928至1937年期间，国民政府先后公布实施了六个门类的法律法规：宪法（《训政时期约法》）、民法、民事诉讼法、刑法、刑事诉讼法、行政法，建立起国民政府法律体系的基本框架。以这些门类的法律法规中的基本法典（行政法除外）为中心，各有一整套的关系法规，即低位阶的法律、条例、通则、规程、规则、细则、办法、纲要、标准、准则以及判例、解释例等，组成了一个严密的、层次分明的法律系统。国民政府采取"以法典为纲、以相关法规为目"的方式，将法典及相关法规汇编成《六法全书》。《六法全书》的编纂标志着国民政府六法体系的建构完成，实现了法律形式上的近代化。所以长期以来，人们习惯上把南京国民政府时期的法律制度简称为"六法全书"或"六法"。

"六法体系"包括以下几个层次：

其一，基本法典。构成"六法体系"核心的是宪法、民法、刑法和程序法等基本法典（行政法除外）。

其二，相关法规。也即围绕基本法典而制定的低位阶法规，如条例、命令、细则、办法等。这些相关法规作为补充，与各部门的基本法典一起构成了完整的法律部门。

其三，判例、解释例。也即最高法院依照法定程序作成的判例和司法院大法官会议作出的解释例和决议。把判例和解释例作为重要的法律渊源，是南京国民政府对北京政府法律遗产的继承和发展，它们是成文法的重要补充，可以对成文法加以引申或进行实质意义上的修正。最高法院的判决例，经"采为判例，纳入判例要旨"，并报司法院核定者，具有法律效力。若最高法院各庭之间就某一判例有争议，则由司法院之变更判例会议作出决定。司法院大法官会议则拥有解释宪法、法律的权力，其作出的解释例或决议，具有与宪法或法律同等的效力。

（三）法律制度的主要特点

1. 以孙中山的"遗教"为立法的根本原则

《中国国民党训政纲领》（以下简称《训政纲领》）开宗明义地说，"实施总理三民主义，依照建国大纲"是纲领的制定宗旨。《中华民国训政时期约法》（以下简称《训政时期约法》）也标榜，"国民政府本革命之三民主义、五权宪法，以建设中华民国"。《中华民国宪法》更声称，"中华民国国民大会受全体国民之付托，依据孙中山先生创立中华民国之遗教，为巩固国权，保障民权，奠定社会安宁，增进人民福利，制定本宪法，颁行全国永矢咸遵"。

2. 特别法多于普通法，其效力往往也高于普通法

国民政府鉴于制定特别法简单方便，因而大量颁行特别法，尤其是刑事特别法。这些特别法破坏了国民党在普通成文法典立法中所树立的建设民主、法制国家的形象，使国家法律在实质和形式意义上产生强烈的反差与冲突。

3. 形成了以《六法全书》为标志的国家成文法律体系

国民政府的立法是清末政府和北京政府立法的继续和发展，它采用大陆法系以成文法为主的法律体系，同时也是中国法律文化在继受外来法和保留固有法道路上寻求妥协和调和的进一步探索。"六法体系"的建立，标志着中国法律近代化在形式上达到了顶点。

4. 不成文法在法律体系中占据重要地位

国民政府最高法院的判例、司法院的解释例、司法机关认可的习惯以及法理，都可作为司法机关行使审判权的依据。

总之，南京国民政府延续了清末以来的法律改革，进一步把西方资本主义国家的部分法律原则、法律体系和法律制度引入中国，并结合中国的实际情况加以吸收、发展，最终形成了以《六法全书》为代表的法律体系。

二、立宪成果

【难度与热度】

难度：☆☆☆　热度：☆☆☆

【内容解析】

（一）《训政纲领》

1928年10月3日，国民党中央常务会议通过了《训政纲领》。该纲领对国民党代表

大会代表国民大会行使政权，国民政府行使行政、立法、司法、考试、监察五项治权，国民党中央执行委员会指示、监督国民政府重大国务的施行等一些重大问题作了规定。《训政纲领》是制定《训政时期约法》的基础。

（二）《训政时期约法》

1931 年 6 月 1 日南京国民政府正式公布、施行《训政时期约法》。此约法分为总纲、人民之权利与义务、训政纲要、国民生计、国民教育、中央与地方之权限、政府之组织和附则 8 章，共计 89 条。至 1947 年 12 月 25 日《中华民国宪法》生效，《训政时期约法》共施行了 16 年。其中主要规定了国民党一党专政的国家体制、五院制政府体制、人民的权利和义务、以发展国家资本主义为核心的经济政策以及中央与地方的权限划分。其中对国民党一党专政的国家体制的规定，确立了国民党的权威，为树立蒋介石的个人独裁统治开辟了道路，建立的是"政治制度上国民党一党派、一阶级的反动独裁政体"。另外，以《训政时期约法》为根本法，南京国民政府逐渐建立、完善"六法体系"，使中国逐步实现了法制近代化。

（三）"五五宪草"

1932 年年底，迫于各方面的压力，国民党四届三中全会宣布准备"制宪"。自次年 1 月起，国民政府立法院组成宪法起草委员会负责宪法的起草工作，草案完成后于 1936 年 5 月 5 日经国民党中央审查和蒋介石批准，由政府公布，故这部《中华民国宪法草案》又称"五五宪草"。该宪法草案共 8 章 148 条，因时局变化未付诸议决，但却成为后来 1947 年《中华民国宪法》的蓝本。"五五宪草"继承了《训政时期约法》的精神，但也有变化，主要表现为确立总统制、国民大会制和五院制衡机制，而实质上仍然集权于总统，无法真正实现"还政于民"。

（四）1947 年《中华民国宪法》

《中华民国宪法》于 1947 年 1 月 1 日由南京国民政府公布，并于同年 12 月 25 日实施。为了区别于北京政府制定的《中华民国宪法》（又称"贿选宪法"），故把该宪法称为 1947 年《中华民国宪法》（以下简称《中华民国宪法》）。《中华民国宪法》共 14 章，依次分别是：总纲、人民之权利义务、国民大会、总统、行政、立法、司法、考试、监察、中央与地方之权限、地方制度、选举罢免创制复决、基本国策、宪法之施行及修改，共计 175 条。与以往南京国民政府所制定的宪法性文件和宪法草案相比较，《中华民国宪法》的内容更为系统、完整，但其局限性也很突出，主要表现为以下三方面：首先，《中华民国宪法》在形式上规定中华民国是民主共和国，实行民主共和制，但在实质上却是总统集权制，这与民主共和制相悖。其次，《中华民国宪法》在"人民之权利义务"中对人民的民主自由权作了充分规定，然而，这些民主自由权利都受到严格限制，以致人民无法全面享有。最后，《中华民国宪法》在形式上强调平均地权和节制资本，以此来发展中国经济，保障民生。然而，一些直接的具体条文却从实质上保护地主剥削和加强官僚垄断经济，使形式上规定的平均地权和节制资本束之高阁，无法实现。

《中华民国宪法》是中国近代立宪史上内容较为系统、完整的一部宪法。然而，《中华民国宪法》的代表性不足，其是在没有中国共产党、民主党派和无党派人士参加的情况下制定的，不能体现广大民众的意愿。

三、刑事法律制度

【难度与热度】

难度：☆☆☆　热度：☆☆

【内容解析】

关于1935年《中华民国刑法》。该刑法典因在1935年颁行而得名，相对于1928年《中华民国刑法》（"旧刑法"）而言被称为"新刑法"。"新刑法"分为总则和分则两编，共47章，357条。它在修订过程中参考、借鉴了更多的外国近代刑法典，其中包括1932年的《波兰刑法典》、1931年的《日本刑法修正案》、1930年的《意大利刑法典》、1928年的《西班牙刑法典》和1927年的《德国刑法典》等，比如，其引进了"保安处分"等制度。同时，"新刑法"还吸收了一些国内刑事特别法的规定，使之成为民国法典中的内容，比如，加大了对内乱、外患等行为的处罚力度等。

四、民商事法律制度

【难度与热度】

难度：☆☆　热度：☆☆

【内容解析】

（一）商事法律

南京国民政府没有制定过商法典，因此没有独立的商法总则。这一时期的商事法律仅以商事单行法规形式出现。其中，主要的商事法规有：《公司法》《票据法》《海商法》《保险法》等。

（二）"民商合一"

"民商合一"模式是一种把商事法律作为民事法律的特殊表现形式，只设民法典不设商法典的模式。中国自清末进行法律改革后，至民国后期以前，采用的是民商分立模式。清末法律改革，把民、商事法律分立，而且商法典草案的制定还早于民法典草案的制定。在北京政府时期，虽有学者主张"民商合一"，但这并未改变北京政府民商分立的立法计划。南京国民政府则摒弃了民商分立模式，采用"民商合一"模式。

五、司法制度

【难度与热度】

难度：☆☆☆　热度：☆☆

【内容解析】

（一）司法机关

（1）普通法院：这是审判一般民事、刑事案件的法院。根据《法院组织法》的规定，普通法院分为地方法院、高等法院和最高法院三级，它们都有自己的审判管辖范围。地方法院一般采用独任制，高等法院和最高法院则采用合议制。普通法院实行三级三审制，但第三审仅为法律审。

（2）行政法院：这是专门受理行政诉讼案件的法院。全国仅设一所行政法院，而且行政诉讼仅以一审为限。

（3）特种刑事法庭：这是专门审理特种刑事案件的法庭。特种刑事法庭实行合议庭制，对其裁判结果不得上诉或控告。

（二）诉讼审判制度

（1）三级三审制。三级三审制即指法院的设立分为最高法院、高等法院、地方法院三个层次，分别执行终审、再审、初审职权，以此标榜人民有三次上诉权，可杜绝错判的发生。

（2）审检合署制。审检合署制是指将各级检察机构设于法院内，最高法院内设检察署，其他各级法院内置检察官若干人，以其中一人为首席检察官，而当检察官只有一人时，不置首席检察官。

（3）自由心证原则：一种由法官来确定证据的取舍与证明力的原则。1935年修改后重新颁布的《新刑诉法》在"第一审"部分中明文规定：证据之证明力，由法院自由判断之。同样于1935年颁布的《新民诉法》在"总则"部分也明文规定：法院为判决时，应斟酌全辩论意旨及调查证据之结果，依自由心证判断事实之真伪。

▷▷ 第三部分 典型案例与同步练习

第一节 典型案例

王孝和烈士案

【案件史料】

王孝和，原籍浙江鄞县，1924年生于上海。1941年加入中国共产党，1943年进入上海杨浦发电厂工作，1948年1月，王孝和当选为发电厂工会常务理事。1948年2月，"申九惨案"发生后，发电厂工人在王孝和的带领下，在同国民党上海反动当局的斗争中发挥了重要作用。4月21日，由于叛徒的出卖，王孝和被国民党反动军警以"蓄意破坏发电机制造事故"的罪名逮捕，被关押到"警备司令部稽查大队"，为迫使其承认破坏发电厂的罪名，国民党对其施尽了"老虎凳""磨排骨"等各种酷刑，但都没有得逞，于是伪造了一份"王孝和的自白书"，在报纸上加以刊登宣扬。第一审中，法庭将这份伪造的"自白书"作为判罪的主要依据，并买通证人作伪证。6月28日，上海高等特种刑事法庭判决王孝和破坏发电厂，触犯《戡乱时期危害民国紧急治罪条例》，判处死刑。上海杨浦发电厂党组织指定专人帮助王妻，依法向中央特刑庭申请复判，各界人士纷纷向上海高等特种刑事法庭寄送抗议信，但是复判书被批驳回来。南京中央特刑庭于23日复判，核准原判决。9月30日上午，王孝和在押赴刑场时，高呼"特刑庭乱杀人"，英勇就义，时年24岁。

——整理自徐国梁《上海革命烈士风范》，柯蓝、赵白《不死的王孝和》

【案件分析】

（1）特殊时代背景下的特殊法令。1946年全面内战爆发，国民党在军事上遭到严重的打击，加上在政治上空前的独立，国统区内人民掀起了以反迫害为主要内容的民主运动。为挽救危机和失败的命运，国民党在政治上进一步加强法西斯统治，对民主爱国运动进行了疯狂的镇压，"申九惨案"和"王孝和之死"就是其镇压行为的表现。1947 年 7 月，南京政府公布《动员戡乱完成宪政实施纲要》，规定凡怠工、罢工、停业、关厂及其他妨碍生产及社会秩序之行为，均应依法惩处；对"煽动叛乱"之集会及其言论行为，应依法惩处；为达到"戡乱"之目的，依《国家总动员法》的规定，可随时发布命令等。在此之后，其又陆续颁布了《后方共产党处置办法》、1947 年《戡乱时期危害国家紧急治罪条例》、1948 年《特种刑事法庭组织条例》《特种刑事法庭审判条例》《戒严法》等一系列镇压人民的反动法令。

(2) 特殊的审判机构。作为特殊的审判机构，特种刑事法庭的产生有其特定的历史背景，充分反映了国民党政府司法机关迫害共产党人、爱国进步人士和其他革命者的反动本质。南京国民政府将危害其政权的刑事案件列为"特别刑事案件"，主要是针对共产党人和革命群众为反抗内外反动势力所进行的革命活动的案件，采取不同于一般刑民事案件的特别诉讼程序，以加强镇压。1927 年设立特种刑事临时法庭，分中央、地方两级。地方特种刑事临时法庭为"特别刑事案件"的初审机关，中央特种刑事法庭为终审机关，各设庭长 1 人和审判员若干人。1928 年，此类案件改由军法机关来审理，特种刑事临时法庭也暂时被裁撤。1948 年，南京国民政府依据《戡乱时期危害国家紧急治罪条例》制定了《特种刑事法庭组织条例》，而后依据《特种刑事法庭组织条例》又制定了《特种刑事法庭审判条例》。设立了特种刑事法庭，包括中央特种刑事法庭和高等特种刑事法庭两类，前者主要复判高等特种刑事法庭判决的案件，后者主要受理《戡乱时期危害国家紧急治罪条例》所规定的案件。

(3) 特殊的审判程序。依据《刑事诉讼法》的规定，被告人有上诉权，而在特种刑事法庭的审判程序中，被告人的此项权利被剥夺。依据《特种刑事法庭审判条例》第 5 条的规定，由特种刑事法庭审判的案件，不得上诉或抗告，但对处五年以上有期徒刑之判决，得申请中央特刑庭复判。特种刑事法庭的组成也相对简单，审判案件由审判长及审判官二人合议即可，但所犯最轻之罪为无期徒刑以上的，需组成审判长及审判官四人合议庭。本案的审理公然违反审判公开原则，秘密开庭，不允许家属旁听，并且特种刑事法庭拒绝被告律师出庭，公然剥夺被告人应该享有的诉讼权利。

【参考结论】

本案是在特定时期（戡乱时期），针对特定的主体和行为，依据特别的法律，特殊的法庭采用特殊的审判程序来审理的案件，充分体现了南京国民政府刑事司法中"特别法优于普通法"的司法原则和特点。国民党以蓄意破坏发电机、制造事故的罪名逮捕了王孝和，在狱中用尽各种非法手段、刑讯逼供，并公然违反《刑法》《刑事诉讼法》的相关规定，剥夺当事人的上诉权，违反程序正义，这反映了新中国成立前夕，国统区内复杂的政治形势和残暴、黑暗的统治。

——选自赵晓耕主编《中国法制史教学案例》（第二版）

第二节 同步练习

一、选择题

（一）单项选择题

1. 中华民国南京国民政府时期的"六法"包括（ ）。

A. 宪法、民法、商法、刑法、民事诉讼法、刑事诉讼法

B. 宪法、民法、刑法、行政法、民事诉讼法、刑事诉讼法

C. 宪法、民法、军法、行政法、民事诉讼法、刑事诉讼法

D. 宪法、民法、刑法、经济法、民事诉讼法、刑事诉讼法

2. 最初确立国民党一党专制和蒋介石个人独裁的宪法性法律文件是（ ）。

A. "五五宪草" B. "贿选宪法"

C. 《中华民国宪法》 D. 《中华民国训政时期约法》

3. 依照《中华民国训政时期约法》的规定，训政时期中华民国最高的训政者是（ ）。

A. 国民大会 B. 立法院 C. 国民全体 D. 国民党

4. 中华民国南京国民政府时期，实施时间最长的宪法性文件是（ ）。（2015年考研）

A. 《中华民国训政时期约法》 B. 《中华民国宪法草案》

C. 《中国国民党训政纲领》 D. 《中华民国宪法》

5. 《中华民国训政时期约法》的制定机关是（ ）。

A. 国民党中央执行委员会 B. 立法院

C. "国民会议" D. 国民党中央政治会议

6. 中华民国南京国民政府对民法的立法体系原则是（ ）。

A. 民商合一 B. 只制定民法典

C. 民商分立 D. 制定商法典

7. 中华民国南京国民政府实质上的最高立法机关是（ ）。

A. 司法院 B. 行政院 C. 立法院 D. 中央政治会议

8. 中华民国南京国民政府时期，拥有解释宪法、法律的权力，并有权作出解释例或决议的机关是（ ）。

A. 立法院 B. 司法院 C. 行政院 D. 法院

9. 我国历史上第一部以"刑法"命名的刑法典是（ ）。

A. 《大清新刑律》

B. 《暂行新刑律》

C. 中华民国南京国民政府1935年刑法

D. 中华民国南京国民政府1928年刑法

10. 下列关于1935年《中华民国刑法》内容与特点的表述，不正确的是（ ）。（2015年考研）

A. 继受了西方国家通行的刑法原则

B. 采取社会防卫主义，增设保安处分

C. 在时间效力上取"从新从重主义"

D. 对侵害直系尊亲属的犯罪行为采取加重处罚原则

11. 中华民国南京国民政府 1935 年"新刑法"在空间效力上（　　）。

A. 以属地主义为原则，属人主义作补充

B. 以属人主义为主原则

C. 采属地、属人相结合的原则

D. 具体情况具体分析

12. 下列刑法典中，规定有"保安处分"的是（　　）。

A.《大清新刑律》

B.《暂行新刑律》

C. 中华民国南京国民政府 1928 年"旧刑法"

D. 中华民国南京国民政府 1935 年"新刑法"

13. 中华民国南京国民政府民法典采纳的立法原则是（　　）。

A. 国家本位主义　　　　　　　　B. 社会本位主义

C. 个人本位主义　　　　　　　　D. 社会本位主义为主，兼采个人本位主义

14. 中华民国南京国民政府民法典的最后一编是（　　）。

A. 亲属　　　　B. 继承　　　　D. 债　　　　C. 总则

15. 中华民国南京国民政府奉行"特别法优于普通法"的原则，沿袭的是（　　）。

A. 英美法的传统　　　　　　　　B. 清末的传统

C. 大陆法的传统　　　　　　　　D. 北京政府的传统

16. 中华民国南京国民政府的《刑事诉讼法》在证据制度方面采取（　　）。

A. 自己举证原则　　　　　　　　B. 证据法定原则

C. 口供为主原则　　　　　　　　D. 自由心证原则

17. 有关中华民国南京国民政府司法院的叙述不正确的有（　　）。

A. 司法院是南京国民政府最高司法机关

B. 司法院掌职司法审判

C. 司法院同时也是南京国民政府最高法院

D. 司法院掌职司法行政官吏惩戒及行政审判

18. 1932 年 10 月颁布的《中华民国法院组织法》规定，普通法院的审级是（　　）。（2016 年考研）

A. 三级三审制　　B. 四级三审制　　C. 三级二审制　　D. 四级二审制

19. 下列关于《中华民国训政时期约法》主要内容的表述，最能够体现其本质特点的是（　　）。（2008 年考研）

A. 确认中华民国主权属于国民全体

B. 确认国民党为最高训政者，代行国民大会的统治权

C. 规定五院制的政府组织形式

D. 规定公民享有一系列的权利自由及应尽的义务

20. 颁行中国历史上第一部正式民法典的政权是（　　）。（2010 年考研）

A. 晚清政府　　B. 南京临时政府　　C. 南京国民政府　　D. 北京政府

（二）多项选择题

1. 中华民国南京国民政府于 1947 年公布和实施《中华民国宪法》。下列哪些是对这部宪法的正确表述？（　　）（2003 年法考）

A. 该法规定了选举、罢免、创制、复决等制度

B. 该法的基本精神沿袭《训政时期约法》和"五五宪草"

C. 该法体现了《动员戡乱时期临时条款》的立法原则

D. 该法确立的政权体制既不是内阁制，也不是总统制

2. 在中华民国南京国民政府"六法"体系中，有基本法典的法律部门有（　　）。

A. 刑法　　　　　B. 民事诉讼法　　　C. 民法　　　　　D. 行政法

3. 南京国民政府的成文法主要由六部法律及其相关单行法律构成，人们习惯将这一法律称为六法体系，下列关于六法体系的表述，正确的是（　　）。（2016 年考研）

A. 六法体系的构建实现了中国法律形式的近代化

B.《六法全书》的编纂标志着南京国民政府六法体系构建的完成

C. 六法体系采取"以法典为纲，以相关法规为目"的编纂方式

D. 六法体系是仿照大陆法系国家构建的以法典为核心的法律体系

4. 中华民国南京国民政府颁行的民法典除总则编外，还包括下列篇目（　　）。

A. 继承编　　　　B. 亲属编　　　　C. 物权编　　　　D. 债编

5. 下列关于《中华民国民法》内容与特点的表述，正确的有（　　）。（2015 年考研）

A. 婚姻家庭制度体现了浓厚的固有法色彩

B. 采用个人本位的立法原则

C. 采取民商分立的编纂体例

D. 吸纳并整合德、日等国有关民法最新的学理与立法经验

6. 中华民国南京国民政府普通法院的审判机构设（　　）。

A. 最高法院　　　　　　　　　　B. 地方法院

C. 高等法院　　　　　　　　　　D. 特种刑事法庭

7. 下列关于中华民国南京国民政府检察体制的说法，正确的有（　　）。

A. 检察机关实行垂直领导

B. 取消中华民国北京政府所设置的各级检察厅，将各级检察机构设于法院内

C. 最高法院内设检察署，其他各级法院内置检察官若干人，以一人为首席检察官

D. 审检合署制

8. 南京国民政府的民事立法采用民商合一的体例，即只编纂民法典，不单独编纂商法典。这种立法体例所参酌效仿的国家包括（　　）。（2020 年考研）

A. 德国　　　　　B. 瑞士　　　　　C. 日本　　　　　D. 苏俄

9. 下列关于 1935 年《中华民国刑法》的表述，正确的有（　　）。（2019 年考研）

A. 分总则和分则两编　　　　　　B. 确立罪刑法定主义

C. 增设保安处分　　　　　　　　D. 侵害直系尊亲属犯罪加重处罚

10. 1935 年南京国民政府颁布《中华民国刑法》采取社会防卫主义，增设保安处分。保安处分的适用对象有（　　）。（2022 年考研）

A. 未成年犯罪之人　　　　　　　B. 已经构成犯罪之人

C. 有潜在犯罪危险之人　　　　　　　D. 有犯罪或妨碍社会秩序嫌疑之人

（三）不定项选择题

1. 中华民国南京国民政府的法律体系由下列哪些部分构成？（　　　）

A. 关系法规　　　　　　　　　　　　B. 判例

C. 解释例　　　　　　　　　　　　　D. 六大基本法典（行政法除外）

2. 中国近代以来首次确认无过错责任的民事法律文件是（　　　）。

A.《钦定大清商律》　　　　　　　　B.《大清民律草案》

C.《第二次民律草案》　　　　　　　D.《中华民国民法》

3. 下列法规中，属于商法的是（　　　）。

A.《公司法》　　　B.《票据法》　　　C.《保险法》　　　D.《海商法》

4. 中华民国南京国民政府时期采用"自由心证"原则的基本法典是（　　　）。

A. 刑法　　　　　B. 刑事诉讼法　　　C. 民法　　　　　　D. 民事诉讼法

5. 中华民国南京国民政府普通法院实行三级三审制，其中第三审为（　　　）。

A. 秘密审　　　　B. 事实审　　　　　C. 法律审　　　　　D. 证据审

二、简答题

1. 简述 1935 年《中华民国刑法》（"新刑法"）的特点。

2. 简述中华民国南京国民政府时期普通法院诉讼审判制度。

3. 简述《中华民国训政时期约法》的主要内容。

三、论述题

论民国时期的宪政活动与主要的宪法文件。

参考答案及解析

一、选择题

（一）单项选择题

1. 答案：B

解析：在中华民国南京国民政府统一全国以后，其立法活动也相对频繁，制定了民法典和刑法典，并且通过了宪法，编修了诉讼法，逐渐形成了形式上比较完备的法律体系。现在人们习惯上把中华民国南京国民政府的法律制度简称为"六法全书"或"六法"。实际上它是指，中华民国南京国民政府的法律体系的基本框架是由六大类基本法典所构成的，即宪法、民法、刑法、行政法、民事诉讼法和刑事诉讼法。当时立法者接受了"民商合一"的观念，所以商法没有被独立纳入六法体系。在这些基本法典之下，又有一整套的关系法规，形成了严密的、层次分明的法规系统。

2. 答案：D

解析：《中华民国训政时期约法》于 1931 年 5 月 12 日由蒋介石集团包办的"国民会议"通过，同年 6 月 1 日由南京国民政府公布施行，共 8 章 89 条。其确立了国民党一党专政的国家制度。从其内容可以看出，《中华民国训政时期约法》是蒋介石集团为巩固其独裁统治的需要而制定的。用根本法的形式确立国民党一党专制和蒋介石个人独裁的政治制度，乃是该约法的突出特点。

3. 答案：D

解析：训政时期中华民国最高的训政者是国民党。

4. 答案：A

解析：《中华民国训政时期约法》于1931年5月12日由蒋介石集团包办的"国民会议"通过，同年6月1日由中华民国南京国民政府公布施行，共8章，89条。用根本法的形式确立国民党一党专政和蒋介石个人独裁的政治制度，乃是该约法的突出特点。1936年5月5日，经国民党中央审查和蒋介石批准，南京国民政府公布《中华民国宪法草案》，即"五五宪草"。该宪草共8章148条，因时局变化未付诸议决，更谈不上实施了。所以《中华民国训政时期约法》成为南京国民政府时期实施时间最长的宪法性文件。

5. 答案：C

解析：《中华民国训政时期约法》于1931年5月12日由蒋介石集团包办的"国民会议"通过，同年6月1日由中华民国南京国民政府公布施行，共8章89条。

6. 答案：A

解析：1927年中华民国南京国民政府成立以后，南京国民政府对民法的立法确立了"民商合一"的体系原则。

7. 答案：D

解析：1932年6月，国民党中央常委会议通过《立法程序纲领》。该纲领规定：国民党中央政治会议有向立法院提出法律案的优先权；立法院对中央政治会议所定原则不得更改；立法院通过的法律案，在未公布以前，中央政治会议认为有修改必要时，以决议案交立法院令其修改之。因此，立法院实质上只是国民党中央政治会议控制下执行立法程序的办事机构。

8. 答案：B

解析："六法"体系中的重要层次之一，是"最高法院"依照法定程序作成的判例和"司法院大法官会议"作出的解释例和决议。中华民国南京国民政府时期的法律制度属于大陆法系，以成文法作为基本法律渊源。依照"宪法""法院组织法""司法院大法官会议法"及其他相关法规的规定、"最高法院"的判决例，经"采为判例，纳入判例要旨"，并报"司法院"核定者，具有法律效力。若"最高法院"各庭之间就某一判例有争议，则由"司法院"之"变更判例会议"作出决定。"司法院大法官会议"则拥有解释宪法、法律的权力，其作出的解释例或决议，具有与宪法或法律同等的效力。从历史上看，中华民国南京国民政府法律体系中，"司法院大法官会议"作出的解释例在修补法律漏洞方面所起的作用是很大的。

9. 答案：D

解析：1928年3月10日，国民政府正式公布1928年刑法，这是我国历史上第一部以"刑法"命名的刑法典。该刑法分总则和分则两编，总则有14章，分则有34章，共387条。从该刑法的内容体系来看，它虽然是资本主义法典，但仍包含着不少封建性和法西斯思想的内容。1935年1月1日，国民党政府公布修正后的《中华民国刑法》，人们通常称这部刑法为"新刑法"，将1928年刑法称为"旧刑法"。

10. 答案：C

解析：1935年"新刑法"的主要特点是：其一，继受西方国家通行的刑法原则，注重采纳与传统宗法伦理原则相适应的法律制度；其二，在时间效力上取"从新从轻主义"，但保安处分取"从新主义"和裁判后的"附条件从新主义"；其三，采取社会防卫主义，增设保安处分。

11. 答案：A

解析：1935年1月1日南京国民政府公布修订第二部《中华民国刑法》，在空间效力上其以属地主义为主，属人主义为辅，兼取特定犯罪的保护主义和世界主义。

12. 答案：D

解析：1935年1月1日公布修订第二部《中华民国刑法》，通称中华民国南京国民政府"新刑法"。与1928年刑法即中华民国南京国民政府"旧刑法"相比，其不同点是：由"客观主义"改为侧重于"主观主义"，强调犯罪性质而非客观后果；由"报应主义"改为侧重于"防卫社会主义"，强调"保全与教育机能"，从而引进保安处分制度。

13. 答案：A

解析：中华民国南京国民党政府民法典采纳"国家本位主义"原则，强调对私人利益的保护是有条件的，即只有在不违背国家利益的情况下，法律才保护私人利益。

14. 答案：B

解析：《中华民国民法》是分编草拟、分期公布的。总则编于1929年5月公布；债及物权两编于同年11月公布；亲属和继承两编于1930年12月公布。第一编总则，分法例、人、物、法律行为、期日及期间、消灭时效、权利之行使，共七章；第二编债，分通则、各种之债，共两章；第三编物权，分通则、所有权、地上权、永佃权、地役权、抵押权、质权、典权、留置权、占有，共十章；第四编亲属，分通则、婚姻、父母子女、监护、扶养、家、亲属会议，共七章；第五编继承，分遗产继承人、遗产之继承、遗嘱，共三章。法典由5编29章1225条组成，是中国历史上第一部正式颁行的民法典。

15. 答案：D

解析：中华民国南京国民政府奉行"特别法优于普通法"的原则，沿袭的是北京政府的传统。

16. 答案：D

解析：中华民国南京国民政府的《刑事诉讼法》规定，在证据制度中采取自由心证原则。

17. 答案：C

解析：1928年《中华民国国民政府组织法》规定：司法院为国民政府最高司法机关，掌理司法审判，司法行政官吏惩戒及行政审判之职权。司法院院长总理全院事务，经最高法院院长及所属各庭庭长会议议决后，统一行使解释法令及变更判例之权。1947年《中华民国宪法》规定：司法院为国家最高司法机关，有掌握民事、刑事、行政诉讼之审判及公务员之惩戒、解释宪法，并有统一解释法律及命令之权。法院是据1932年《法院组织法》建立起来的，有普通法院、特别法庭之分。前者分地方、高等、最高法院三级，行三级三审制。最高法院设于国民政府所在地，管辖不服高等法院及其分院的一审民、刑事案件判决，不服高等法院及其分院裁定而抗诉的案件，非上诉案件。

18. 答案：A

解析：南京国民政府成立初期，沿用北京政府的法院组织体系，实行四级三审制。1932年10月公布的《中华民国法院组织法》（1935年施行），将其改为三级三审制，第三审为"法律审"。

19. 答案：B

解析：《中华民国训政时期约法》主要内容是：以根本法的形式确认《训政纲领》的"党治"原则，建立国民党一党专政的国家制度；规定五院制的政府组织形式；罗列一系列公民权利与自由，但又多加限制；利用国家的名义，发展官僚资本。A、D项是《中华民国临时约法》的内容；C项表述正确，但不能体现其本质特点；B项最能体现其本质特点，即一党专政。本题选B项。

20. 答案：C

解析：南京国民政府颁行的《中华民国民法》是中国历史上第一部正式颁行的民法典。C项正确。

（二）多项选择题

1. 答案：ABD

解析：《中华民国宪法》共有十四章，"选举罢免创制复决"为其中一章。孙中山曾经认为人民是政权的享有者，拥有选举、罢免、创制、复决四项权利，这是人民的"直接民权"。中华民国南京国民政府继承了这种民权的说法，所以A项是正确的。1931年国民政府颁布了《训政时期约法》，它确立的是国民党独揽国家一切大权的专政制度以及蒋介石的个人独裁。1936年5月5日，国民政府颁布了宪法草案，史称"五五宪草"，这一宪法草案的特点仍然是总统独裁、人民无权。到了1947年《中华民国宪法》，中华民国南京国民政府依然在"三民主义"的口号下，实行一党专政、中央集权，并限制人民自由，巩固和发展地主和官僚资本主义的统治。所以，从《训政时期约法》到"五五宪草"，再到《中华民国宪法》，国民党的立宪精神都是一脉相承的。故B项是正确的。《动员戡乱时期临时条款》制定于1948年，它实际上是一部特别法，针对当时全面内战的状况，这部特别法主要规定了加重对共产党和革命人民的迫害的内容。这部特别法在效力上是高于普通法的，这正是国民政府立法的一大特点，即特别法多于普通法，亦优于普通法，其目的是强化国民党的法西斯统治。这部法产生于《中华民国宪法》之后，所以《动员戡乱时期临时条款》是《中华民国宪法》立法原则的体现，C项在两者前后关系的叙述上正相反，所以是错误的。D项考查的是《中华民国宪法》的政权体制。《中华民国宪法》的政权体制规定得非常矛盾，它既采纳国会制、内阁制的某些原则，又实行总统制的一些制度，所以不伦不类，不属于任何一种完全意义上的国会制、内阁制或总统制。蒋介石实际上是用这种混乱的形式来掩盖他个人独裁的实质。所以D项也是正确的。

2. 答案：ABC

解析：民法、民事诉讼法和刑法分别有对应的《中华民国民法》、《中华民国民事诉讼法》和《中华民国刑法》，而行政法则没有相应的法典。

3. 答案：ABCD

解析：南京国民政府建立之初，即开始仿照大陆法系国家的法律体系建构中国的以法典为核心的法律体系。南京国民政府采取"以法典为纲，以相关法规为目"的方式，将法典及相关法规汇编成《六法全书》。《六法全书》的编纂标志着南京国民政府六法体系建构的完成，实现了法律形式上的近代化。

4. 答案：ABCD

解析：《中华民国民法》第一编为总则，第二编为债，第三编为物权，第四编为亲属，第五编为继承。法典由5编29章1 225条组成，是中国历史上第一部正式颁行的民法典。

5. 答案：AD

解析：《中华民国民法》采取社会本位的立法原则以及民商合一的编纂体例。

6. 答案：ABC

解析：中华民国南京国民政府的司法机构分为普通法院系统和特种刑事法庭两类。普通法院的审判机构分为地方法院、高等法院和最高法院。

7. 答案：ABCD

解析：中华民国南京国民政府实行审检合署制，取消了中华民国北京政府所设置的各级检察厅，将各级检察机构设于法院内。最高法院内设检察署，其他各级法院内置检察官若干人，以一人为首席检察官。当其检察官只有一人时，不置首席检察官。检察机关实行垂直领导。

8. 答案：BD

解析：南京国民政府成立后，继续推动民法典的编纂，1929年国民党中央政治会议通过"民商合一"的制定原则，这是中国近代民商事立法首次采用这一模式，与德国、法国、日本民商法体制及清末单独制定商法典的做法有显著区别。当时，采用民商合一立法模式也是为了紧随世界民法的立法潮流，时任立法院院长胡汉民和副院长林森认为："现世各国，如美、英、瑞士等均无商法法典，而暹罗、苏俄等国新订法典，又均将民商二法合并。是统一民商二法已成为现代立法之趋势矣。"B、D项正确。A、C项不是采用"民商合一"的体制。本题选B、D项。

9. 答案：ABCD

解析：1935年《中华民国刑法》继受西方国家通行的刑事法律原则，注重采纳与传统宗法伦理原则相适应的法律制度。在立法原则方面，该法继受了罪刑法定、罪刑相适应以及刑罚人道主义等原则，B项正确。为继承传统的宗法伦理精神，该法保留了更多传统中国刑法的痕迹，如对侵害直系尊亲属的犯罪行为，采取加重处罚原则，D项正确。该法分总则、分则两编，共357条，A项正确。该法采取社会防卫主义，增设保安处分，C项正确。因此本题A、B、C、D项全选。

10. 答案：ACD

解析：保安处分是用来补充或者替代刑罚以预防犯罪、维护社会秩序的强制性措施，其适用对象是未成年的少年犯及有犯罪或妨碍社会秩序嫌疑之人，特别是那些有潜在犯罪危险，而不是已经构成犯罪的人员。B项错误。A、C、D项正确。综上，本题选择A、C、D项。

（三）不定项选择题

1. 答案：ABCD

解析：中华民国南京国民政府法律体系的基本框架是由"六法"即六大类基本法典所构成的。虽然在学术界关于"六法"的具体分类组合不尽相同，但最后大体上统一到宪法、民法、民事诉讼法、刑法、刑事诉讼法、行政法等六大类。以这些大类法规中的基本法典（行政法除外）为中心，尚各有一整套的关系法规，即低位阶的法律、条例、通则、规程、规则、细则、办法、纲要、标准、准则以及判例、解释例等不同层次和性质的法规，它们组成了一个严密的、层次分明的法规系统。

2. 答案：D

解析：中国近代以来首次确认无过错责任的民事法律文件是《中华民国民法》。

3. 答案：ABCD

解析：从1929年10月起，中华民国南京国民政府陆续颁布了一系列的商事法规，单行商事法规系统基本建立。《公司法》、《票据法》、《保险法》和《海商法》均为正确答案。

4. 答案：BD

解析：中华民国南京国民政府的《民事诉讼法》和《刑事诉讼法》都规定，在证据制度中采取"自由心证"的原则。

5. 答案：C

解析：中华民国南京国民政府普通法院诉讼审判制度实行三级三审制，地方法院及其分院为审判刑、民案件的一审，高级法院既为地方法院的上诉审，又是所谓的"妨害国交罪""内乱罪""外患罪"的第一审。最高法院名为三审，实为法律审，即只受理审判违反法律的案件。

二、简答题

1. 参考答案：1935年《中华民国刑法》的特点有：（1）在原则、体例上均效法西方刑法。（2）把"罪刑法定"原则同古代刑法的落后性和法西斯主义刑法的恐怖性融为一体。（3）在时间效力上一般取"从新从轻主义"，但保安处分上取"从新主义"，裁判后取"附条件从新主义"。（4）在空间效力上以属地主义为主，以属人主义为辅，并兼取特定犯罪的保护主义和世界主义。（5）刑罚分主刑、从刑，另有保安处分。主刑为死刑、无期徒刑、有期徒刑；从刑为褫夺公权、没收。富有弹性的保安处分规定在"新刑法"中的专门一章，适用对象是未成年的少年犯及有犯罪或妨碍社会秩序嫌疑之人，有拘禁（拘于一定场所"感化教育"）和非拘禁（监视、限制活动自由）两种方式。作为刑罚的补充，实施保安处分无须基于犯罪事实、经诉讼程序和判决，因此成为迫害共产党人及革命人民的主要方式之一。（6）设定多种罪名镇压共产党及民众的反抗行为。（7）维护传统夫权和家庭伦理关系，从定罪和处刑的不同角度维护尊卑等级制度。

2. 参考答案：中华民国南京国民政府时期普通法院诉讼审判制度包括以下内容：（1）三级三审制。中华民国南京国民政府普通法院诉讼审判制度实行三级三审制，地方法院及其分院为审判刑、民案件的第一审，高级法院既为地方法院的上诉审，又是"妨害国交罪""内乱罪""外患罪"的第一审。最高法院名为第三审，实为法律审，即只受理和审判违反法律的案件。（2）公开审判制。但其只是在形式上规定公开审判，在司法实践中，秘密审判也大量存在。（3）陪审与辩护制。陪审员必须是法院所在地的年龄25

岁以上的国民党员，并且由该地国民党高级党部指派充任，由 6 名国民党员组成的陪审团有权评议并决定被告人是否有"罪"。刑事诉讼法中规定，除有特别规定的以外，审判须经过"当事人之言词辩论为之"。律师在行使辩护权时，必须严格遵守国民政府的规定，否则要受到惩处。（4）审检合署制。各级检察机构设于法院内。

3. 参考答案：《中华民国训政时期约法》于 1931 年 5 月 12 日由"国民会议"通过，同年 6 月南京国民政府公布施行。《中华民国训政时期约法》共 8 章 89 条。其内容主要有以下几个方面。

（1）以根本法的形式确认了"党治"原则，规定国民党全国代表大会和中央执行委员会为最高权力机关，建立国民党一党专制的体制。（2）规定了"五院制"的政府组织形式。（3）仿照资产阶级宪法形式，写进了一些"民主"的条文规定了一系列公民权利与自由，但同时对公民权利与自由多加限制。（4）规定了以国家资本主义为核心的基本经济制度。利用国家的名义，发展官僚资本。

三、论述题

参考答案：（1）《训政纲领》。

《训政纲领》于 1928 年 10 月由国民党中央常务会议通过，是中华民国南京国民政府进入"训政"时期以后的纲领性文件。其规定在"训政时期"，由中国国民党全国代表大会代表国民大会，领导国民行使"政权"；在国民党全国代表大会闭会期间，则由国民党中央执行委员会行使政权。《训政纲领》的特点是，确认国民党为最高"训政"者，把国民党全国代表大会及国民党中央执行委员会规定为国家最高权力机关，把国民党中央政治会议变为政府的直接领导机关，从而建立起了国民党一党专制且在实质上为蒋介石个人独裁的政治制度。

（2）《中华民国训政时期约法》。

《中华民国训政时期约法》于 1931 年 5 月 12 日由蒋介石集团包办的"国民会议"通过，并于同年 6 月 1 日由中华民国南京国民政府公布施行，共 8 章 89 条。其主要内容是：确立国民党一党专制的国家制度；规定"五院制"的政府组织形式；罗列一系列公民权利与自由；利用国家的名义，发展官僚资本。

从其内容可以看出，《中华民国训政时期约法》是蒋介石集团为巩固其独裁统治的需要而制定的。用根本法的形式确立国民党一党专制和蒋介石个人独裁的政治制度，乃是该约法的突出特点。

（3）"五五宪草"。

1936 年 5 月 5 日，经国民党中央审查和蒋介石批准，政府公布《中华民国宪法草案》，即"五五宪草"。该宪草共 8 章 148 条，因时局变化未付诸议决，却成为 1947 年《中华民国宪法》的蓝本。它在形式和文字上具有资产阶级民主色彩，而实质上是在维护国民党一党专制，维护蒋介石个人独裁，是一部反民主、反人民的宪法草案。

（4）1947 年《中华民国宪法》。

1946 年 11 月，蒋介石撕毁"双十协定"和政协决议，非法召开国民大会，于 12 月25 日通过《中华民国宪法》，并定于 1947 年 1 月 1 日公布，自 12 月 25 日起施行。该法共 14 章 175 条。依次是总纲、人民之权利义务、国民大会、总统、行政、立法、司法、考试、监察、中央与地方之权限、地方制度、选举罢免创制复决、基本国策和宪法之施行及修改。

1947年《中华民国宪法》的主要特点如下：

第一，表面上的"民有、民治、民享"和实质上的个人独裁，即人民无权，独夫集权。1948年5月10日颁布的《动员戡乱时期临时条款》使这一特点更加具体化和法律化。

第二，政权体制不伦不类。其既非国会制、内阁制，又非总统制。实际上其是用不完全责任内阁制与实质上的总统制的矛盾条文，掩盖总统即蒋介石的个人独裁统治的本质。

第三，罗列的人民各项民主自由权利，比以往任何宪法文件都充分，但依据《中华民国宪法》第3条颁布的《维持社会秩序临时办法》《戒严法》《紧急治罪法》等，把宪法抽象的民主自由条款加以了具体、切实的否定。

第四，以"平均地权""节制资本"之名，行保护地主剥削、加强官僚垄断经济之实。

四、拓展延伸阅读

（一）著作

1. 伍廷芳集．北京：中华书局，1993.

2. 侯新一．百年法治进程中的人和事．北京：商务印书馆，2020.

3. 聂鑫．近代中国的司法．北京：商务印书馆，2019.

（二）论文

1. 张仁善．论民族主义与近代中国司法主权意识的觉悟．河南财经政法大学学报，2013（1）.

2. 张中秋．从礼法到政法：传统与现代中国法的结构与哲学及改造提升．法制与社会发展，2018（4）.

3. 李启成．法律继受中的"制度器物化"批判：以近代中国司法制度设计思路为中心．法学研究，2016（2）.

第十六章　新民主主义革命时期民主政权的法制

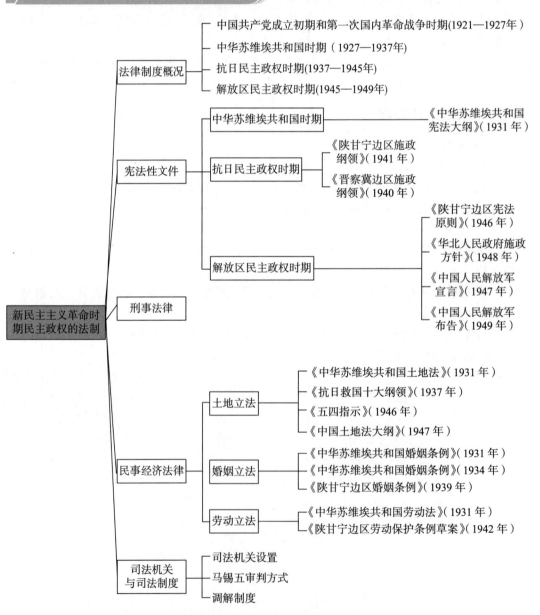

》 第二部分 本章核心知识要点解析

一、法律制度概况

【难度与热度】

难度：☆☆ 热度：☆☆☆

【内容解析】

新民主主义革命时期法律制度的设立，大体而言可分为以下几个阶段。

（一）中国共产党成立初期和第一次国内革命战争时期（1921—1927年）

1921年中国共产党成立后，领导了省港大罢工（1925年6月）等工农运动。在第一次国内革命战争中，中国共产党领导革命群众，建立了具有政权性质的革命组织，制定了一系列规约禁令，保护人民权利，对反革命分子实行专政，这些规约禁令成为人民民主法制的最早萌芽。

（二）中华苏维埃共和国时期（1927—1937年）

1927年大革命失败后，中国共产党进入了创建红军和建立农村革命根据地的新时期。在该时期制定法律可以划分为三个阶段：初期（1927—1931年），各根据地根据中央的方针，并结合本地区的实际情况，制定了地区性的法规，如《井冈山土地法》《婚姻法闽西第一次工农兵代表大会》等。中期（1931—1935年），建立统一的中央工农民主政府，制定了《中华苏维埃共和国宪法大纲》《选举法》《中华苏维埃共和国土地法》《惩治反革命条例》等法规，初步形成了新民主主义的法律体系。后期（1935—1937年），根据抗日民主统一战线的要求，及时调整相关政策和法律。

（三）抗日民主政权时期（1937—1945年）

抗战时期的法制建设，一方面继承了工农民主政权法制建设的优秀成果和革命经验，及时纠正了"左"倾错误；另一方面又结合抗战时期的新形势、新任务，创造性地发展和建设有根据地特色的法律体系，制定了以"三三制"原则、"减租减息"政策、"马锡五审判方式"和人民调解制度为主要特色的法律内容。

（四）解放区民主政权时期（1945—1949年）

这一时期在总结以前法制建设经验的基础上，创制出了新的法规，如《陕甘宁边区宪法原则》《中国土地法大纲》《华北人民政府施政方针》等。

二、宪法性文件

【难度与热度】

难度：☆☆ 热度：☆☆☆

【内容解析】

本部分可重点掌握各个时期宪法性文件的主要内容、意义和存在的历史局限。

第一，在中华苏维埃共和国时期，具有代表性的宪法性文件为《中华苏维埃共和国宪法大纲》。1931年11月7日，经第一次全国工农兵代表大会通过，1934年1月经第二次代表大会修正，《中华苏维埃共和国宪法大纲》的主要内容是：（1）规定了苏维埃国家的国体和政体，苏维埃国家的性质是"工人和农民的民主专政国家"，苏维埃国家的政治制度是工农兵代表大会制度，它保证了工农大众参加国家管理，便于工人阶级及其政党的领导，实行民主集中制和议行合一原则，它是根据革命实践及苏联经验建立的新式民主制度。（2）规定了苏维埃国家公民的权利和义务。工农兵及一切劳苦民众享有广泛的民主权利，这体现在政治、经济、文化等各个方面，各级政府应采取切实、有效的措施，提供力所能及的物质保障条件。（3）规定了苏维埃国家的外交政策。宣布中华民族完全自由独立，不承认帝国主义在中国的特权及不平等条约。与世界无产阶级和被压迫民族站在一起，对受迫害的世界革命者给予保护。对居住在苏区从事劳动的外国人给予法定的政治权利。《中华苏维埃共和国宪法大纲》是第一部由劳动人民制定，确保人民民主制度的根本大法，是中国共产党领导人民进行反帝反封建的工农民主专政的伟大纲领，肯定了革命胜利成果，提出了斗争的方向。它的颁行调动了苏区人民的积极性，为以后制定民主宪法提供了宝贵经验，尽管受到"左"的影响，但其仍是一份划时代的宪法性文件。

第二，在抗日民主政权时期，具有代表性的宪法性文件为《陕甘宁边区施政纲领》。该施政纲领于1941年11月由陕甘宁边区第二届参议会通过，其主要内容是：（1）保障抗战。团结边区内各阶级、党派，发动一切人力、物力、财力进行抗战。严厉镇压汉奸及反共分子。（2）加强团结。坚持抗日民族统一战线方针，团结边区内各抗日阶级、工人、农民、地主和资本家。（3）健全民主制度。保证全国人民的高度团结。具体措施为：其一，实以行以普遍、直接、平等、无记名投票为原则的选举制度。其二，保障一切抗日人民的选举权与被选举权。其三，"三三制"政权组织原则，即共产党员、党外进步分子、中间派各占三分之一。其四，保障一切抗日党派、团体、人民的人权、财权及各项自由。其五，人民享有用任何方式控告任何公务人员的非法行为的权利。其六，男女平等，提高妇女地位，保护其特殊利益。其七，反对民族歧视，实行民族平等、自治，尊重宗教信仰、风俗习惯。（4）发展经济。从"发展经济，保障供给"总方针出发，发展农业、林业、牧业、手工业和工业，奖励扶助私人企业，保障经营自由；实施外贸统治；贯彻统筹统支的财政制度；征收统一累进税，巩固边币，维护法币。（5）普及文化教育。举办各类学校，普及免费义务教育；尊重知识分子，提高边区人民政治文化水平。《陕甘宁边区施政纲领》全面、系统地反映了抗日民族统一战线的要求和抗战时期的宪政主张，是实践经验的科学概括与总结。此外，其他抗日根据地也制定了施政纲领，如1940年《晋察冀边区施政纲领》等。

第三，在解放区民主政权时期，具有代表性的宪法性文件有《陕甘宁边区宪法原则》《华北人民政府施政方针》《中国人民解放军宣言》《中国人民解放军布告》。

1946年4月，《陕甘宁边区宪法原则》由陕甘宁边区第三届参议会通过，其主要内容包括：（1）确立区、县、乡人民代表会议为管理政权机关，各级权力机关开始由抗战时期的参议会过渡为人民代表会议，为新中国基本政治制度奠定了初步基础。（2）规定人民在政治上行使的各项自由权利，受政府指导与物质帮助。边区人民不分民族一律平等。（3）规定除司法机关、公安机关依法执行职务外，任何机关、团体不得有逮捕、审讯行为。司法独立不受任何干涉。（4）经济上采取公营、合作、私营三种方式，组织一切人力、财力促进经济繁荣，为消灭贫穷而斗争；做到劳动者有职业，企业者有发展机会；普及和提高人民文化水平；确立"耕者有其田"的原则。

1948 年 8 月，《华北人民政府施政方针》由华北临时人民代表大会通过，规定了人民政府的基本任务及有关各项政策，是当时具有宪法性质的代表性文件。其主要内容有：（1）规定华北人民政府的基本任务是继续进攻敌人，支援前线，争取全国胜利；有计划、有步骤地进行建设和恢复发展生产；继续建设为战争和生产服务的民主政治；培养干部，吸收人才，奠定新中国的基础。（2）规定了政治、经济、文化教育方面的方针政策。在政治方面，健全人民代表大会制度；保障人民民主权利、自由与安全；破除迷信；保护守法的外国人及合法的文化宗教活动。在经济方面，发展农业，颁发土地证确认地权；建立农民生产合作互助组织；促进城乡经济交流；发展工商业，贯彻"公私兼顾、劳资两利"方针。在文化教育方面，建立正规教育制度，提高大众文化水平；建立广泛的文化统一战线，团结知识分子为建设事业服务。

1947 年 10 月 10 日，人民解放军发布《中国人民解放军宣言》（又称《双十宣言》），提出了"打倒蒋介石，解放全中国"的政治任务，并宣布了实现这一任务的八项基本政策。宣言发表后，该宣言成为解放军的行动纲领，敲响了国民党南京国民政府的丧钟。

1949 年 4 月，人民解放军又发布了《中国人民解放军布告》，该布告共八章，主要内容为：第一，对国民党军政人员区别对待；第二，消灭封建剥削制度的步骤和政策；第三，保护人民合法利益的具体措施；第四，保护外侨政策。该布告成为推进革命取得全国胜利的一个纲领性文件。

三、刑事法律

【难度与热度】

难度：☆　热度：☆☆☆

【内容解析】

新民主主义革命时期的刑事法律是为惩治贪污犯、汉奸、盗贼等犯罪分子而进行的专门立法。

第一，在第一次国内革命战争时期，1927 年，湖南省制定了《湖南省惩治土豪劣绅暂行条例》，湖北省制定了《湖北省惩治土豪劣绅暂行条例》，对有特定罪行的土豪劣绅规定了各种刑罚。这些条例的制定为其后的刑事立法提供了重要的历史经验。

第二，在抗日民主政权时期，为打击、镇压反革命分子和其他刑事犯罪分子，维持社会秩序，巩固工农民主政权，各地苏维埃政府先后颁布了惩治反革命条例和一般刑事法规。1934 年 4 月颁行的《中华苏维埃共和国惩治反革命条例》是这一时期代表性的法规。该条例规定了犯罪、刑罚的种类和适用等内容，但其也存在不足，例如对有功绩之人依照规定减轻处罚的条文，直至抗日战争时期通过对黄克功案的处理才得到纠正。

此外，陕甘宁边区制定的刑事法规主要有 1939 年《抗战时期惩治汉奸条例》《抗战时期惩治盗匪条例》《惩治贪污条例》《禁烟禁毒条例》，以及 1941 年《破坏金融法令惩罚条例》等。

第三，在解放区民主政权时期，主要任务是打击反动阶级的破坏活动。各边区、大行政区、各地军事管制委员会及人民政府先后制定了刑事法规，确定了"首恶必办，胁从者不问，立功者受奖"的刑事立法原则。这一时期的主要刑事法规有：《苏皖边区惩治叛国罪（汉奸罪）暂行条例》《东北解放区惩治贪污暂行条例》《惩治战争罪犯的命令》等。

四、民事经济法律

【难度与热度】

难度：☆☆　热度：☆☆

【内容解析】

掌握新民主主义革命时期的民事经济法律，可重点关注有关土地、婚姻和劳动的立法。

（一）中华苏维埃共和国时期的民事经济法律

（1）土地立法。1931年中华工农兵苏维埃第一次全国代表大会通过了《中华苏维埃共和国土地法》。该法规定，没收一切封建地主、豪绅、军阀、官僚的土地和财产，废除高利贷，将没收土地分配给贫农、中农及劳动贫民耕作，并取得土地所有权。但该法中"地主不分田，富农分坏田"等规定，也给根据地的革命和生产造成了不良后果。

（2）婚姻立法。1931年《中华苏维埃共和国婚姻条例》及1934年《中华苏维埃共和国婚姻法》两部法律规定了结婚、离婚的要件及程序，确立了男女婚姻自由，严禁强迫、包办、买卖婚姻，废除童养媳和强迫守寡的制度，实行一夫一妻、严禁蓄婢纳妾等婚姻立法的基本原则。

（3）劳动立法。1931年制定的《中华苏维埃共和国劳动法》及随后重新修订并颁布的第二个劳动法，确定了八小时工作制、女工休产假制等维护工人权益的若干原则和措施，但也有些政策规定过于机械、僵化，在实施过程中影响了苏区经济发展。

（二）抗日民主政权时期的民事经济法律

（1）土地立法。1937年的《抗日救国十大纲领》改变了之前的"没收地主土地"的政策，确立了"减租减息"政策。1939年《陕甘宁边区土地条例》、1942年《陕甘宁边区土地租佃条例草案》、1944年《陕甘宁边区地权条例》等立法对土地权属、减租交租和保障佃权都有规定。这一时期的土地立法对激发农民抗日积极性，调整农村阶级关系，加强各革命阶级团结，发挥了重要的作用。

（2）婚姻立法。1939年《陕甘宁边区婚姻条例》、1944年《修正陕甘宁边区婚姻条例》、1943年《陕甘宁边区抗属离婚处理方法》进一步继承和发展婚姻法的内容，提出了男女平等、婚姻自由、保护抗日军人的婚约与婚姻的原则。各地区根据实际情况确定立法原则，例如一夫一妻制、保护妇女儿童，以及婚姻成立的具体规定，例如婚龄、离婚的条件、订婚非结婚必经程序等。

（3）劳动立法。1942年《陕甘宁边区劳动保护条例草案》、1941年《晋冀鲁豫边区劳动保护暂行条例》等劳动立法，充分体现了"调解劳资双方利益，团结资本家抗日"的原则。

（三）解放区民主政权时期的民事经济法律

（1）土地立法。1946年5月4日，中共中央发表《关于土地问题的指示》（《五四指示》），决定实施"改减租减息为没收地主土地"政策，揭开了解放区土地立法的序幕。1947年10月公布的《中国土地法大纲》，实行"耕者有其田"的制度，规定没收地主的土地，按乡村人口平均分配，并承认其土地所有权，对地主与富农也分给土地。《中国土地法大纲》总结了中共二十多年土地革命的经验教训，纠正了过去分田中过"左"的政策，体现了土地改革总路线，为新中国的土地制度改革提供了宝贵的经验。

（2）婚姻立法。在解放区民主政权时期，各地区继续实行抗日战争时期的婚姻立法，这一时期颁布的法律文件有：1946年《陕甘宁边区婚姻条例》、1948年《华北人民政府司法部关于婚姻问题的解答》、1949年《修正山东省婚姻暂行条例》等，其在离婚、军人婚姻以及干部婚姻等方面有许多新的规定。总体而言，这些法律文件延续了多年来确定的婚姻家庭立法的原则，即男女平等、婚姻自由、一夫一妻、保护妇女儿童和老人等。

五、司法机关与司法制度

【难度与热度】

难度：☆☆　　热度：☆☆☆☆

【内容解析】

了解各个时期司法机关的设置情况，重点掌握司法审判制度中马锡五审判方式、人民调解制度的具体内容。

新民主主义革命时期的司法机构经历了萌芽、发展和变化几个时期。（1）在早期的工农民主运动中，省港大罢工曾设有会审处、军法处和特别法庭，农民运动中设有审判土豪劣绅委员会等司法机构的萌芽。（2）中华苏维埃共和国设有临时最高法庭、裁判部、军事裁判所、肃反委员会、政治保卫局等机构。（3）边区政府设立高等法院，作为边区最高司法机关；设立高等法院分庭，作为高等法院派出机关，审理对所辖区县司法处的一审上诉案件；设立县司法处，审理第一审民、刑事案件。（4）解放区内，普遍设立了大行政区、省、县三级司法机关（后一律改称人民法院），以及保证土地改革的人民法庭。实行"审检合一"，检察机关附设于审判机关内，审判权和司法行政权在中央是分立的，在地方则采用"合一制"。高等法院内设立检察处，独立行使检察权。

新民主主义时期的司法审判制度，在实践中不断地吸取有益的经验，吸收先进的司法原则，形成了一系列较为完备的审判原则和制度，其中比较重要的有以下两点。

（1）马锡五审判方式。马锡五审判方式是在巡回审判基础上发展起来的，主要内容是：深入农村，调查研究，实事求是地了解案情；依靠群众，教育群众，尊重群众意见；方便群众诉讼，手续简便，不拘形式。马锡五审判方式的出现和推广，把群众路线的工作方法创造性地运用到司法审判工作中，使人们的合法权益得到了保障，因而受到群众的欢迎。

（2）人民调解制度。调解制度在初期仅适用于某些民事案件，在总结经验后，民事纠纷中除法律另有规定外，均可调解，轻微刑事案件也可调解，但社会危险性较大的刑事案件不属调解范围。调解的原则是：1）须双方自愿，不得强迫命令或威胁。2）须以法律为准绳，照顾善良风俗，而不是无原则、无条件的息事宁人。对违背法令、不利抗战的调解，政府有权宣布撤销。3）调解不是诉讼必经程序。任何个人、机关不得剥夺当事人的起诉权。司法机关不得以未经调解而拒绝受理。调解制度有利于解决矛盾，增强民间和睦团结，有利于抗日民族解放事业，有利于增强民众法律意识，有利于司法机关集中精力处理重大刑事案件，提高办案质量。总之，新民主主义革命时期的人民调解制度为解放战争时期和新中国人民调解工作提供了丰富的历史经验，是人民司法的一大特色。

第三部分　典型案例与同步练习

第一节　　典型案例

封捧儿案

【案例史料】

陇东华池县温台区四乡的居民封彦贵，有个女儿叫封捧儿。1928 年，4 岁封捧儿被父亲许配给张金才的次子张柏，定下了娃娃亲，但尚未过门。1942 年，待女儿已经成年，而那时聘礼大为增加，封彦贵遂企图赖婚。一面教唆女儿以"婚姻自主"为借口，提出与张家解除婚约，一面以法币 2 400 元、银洋 48 块的彩礼暗自把女儿许配给城壕南塬的张宪芝之子为妻。被张家得悉告发，华池县府判决撤销后一个婚约。

1943 年 2 月，封捧儿到一亲戚家吃喜酒，与张柏第一次见面，由第三人介绍，虽未当面谈话，封捧儿表示愿意与张柏结婚。但同年三月，封彦贵又以法币 8 000 元、银元 20 块，4 匹哔叽布的彩礼，把女儿许配给庆阳的朱寿昌为妻。张金才得悉后，纠集 20 多人携棍棒为武器，深夜闯入封彦贵家，登门抢亲，连夜成婚。随后，封彦贵把张家告到县里，县里判决张金才徒刑 6 个月，张柏与封捧儿的婚姻无效。当时张柏与封捧儿均不同意，附近群众议论纷纷。

适逢马锡五到华池县巡视工作，封捧儿便向马专员口头上诉。受理后，马锡五首先详询当地干部，了解实际情况。其次，了解当地的舆论详情，与平日接近封捧儿的人谈话，并征求了封捧儿本人的意见。马锡五在审明案情，听取意见之后，将与本案有关的人召集，在当地群众面前进行公开审判：第一，封彦贵违反边区《婚姻法》，屡卖女儿，所得彩礼全部予以没收，并科以劳役半年，以示警诫。第二，张家黑夜聚众抢亲，惊扰四邻，有碍社会秩序，判处为首者张金财徒刑，其他附和者给以严厉批评教育。第三，封捧儿和张柏基于自由恋爱而自愿结婚，按照边区《婚姻法》规定，其婚姻有效。

——案件来源：《马锡五同志的审判方式》，载《解放日报》1944 年 3 月 13 日

【案例分析】

封捧儿案是闻名全国的戏剧《刘巧儿》的原型，马锡五的判决是非分明，既惩罚了违法者，又打击了买卖婚姻，保护了正确的婚姻关系，判决结果受到群众一致拥护，受罚者也认为自己罪有应得，表示服判，封捧儿和张柏更是皆大欢喜。马锡五的判决，正确宣传了《婚姻法》，也以言传身教的典型案例提高了司法干部的政策思想水平和工作经验。

具体而言，该案体现了如下的法律内容。

（1）新民主主义革命时期的婚姻立法的特点。由人民民主政权制定的婚姻法律制度，废除了强迫包办的、早婚的旧式婚姻制度，建立了以男女平等、自主自愿、一夫一妻制、

保护妇女儿童为基本原则的新民主主义婚姻家庭制度。在该案中，封捧儿的父亲屡次代订婚姻、买卖婚姻，违反了"婚姻自由，禁止包办买卖婚姻"的婚姻法基本原则。华池县司法处在初审时没有深入了解抢亲的内幕，仅以封捧儿与张柏的婚姻在形式上不合法为由（以抢亲的方式结合，惊扰四邻、有碍社会秩序、侵犯人权等），判决封、张二人婚姻无效，并未真正领会婚姻法的基本原则和精神，以致出现了有法不依、执法不严的现象。而在二审时，马锡五抓住"自主自愿"的婚姻法基本原则，在充分调查案件事实和当事人意愿的基础上，判决二人婚姻有效。案件宣判后，受罚者认为自己罪有应得，心服口服，群众认为马锡五是非分明，对其热烈拥护。封捧儿与张柏的婚姻受到法律保障，判决受到广泛的认可和拥护。

（2）马锡五审判方式的成功运用。马锡五审判方式是在巡回审判基础上发展起来的，主要内容是：深入农村，调查研究，实事求是地了解案情；依靠群众，教育群众，尊重群众意见；方便群众诉讼，手续简便，不拘形式。本案的最终圆满解决充分证明马锡五审判方式的特点和优点。马锡五征询在场群众的意见，在审明案情、听取意见之后，依法断案，对华池县司法处以前的错误判决，他还主动承担了责任。就地审判，既便于了解案情，方便断案，又能密切联系群众，进行宣传教育。马锡五在裁判过程中既批判了旧思想、旧风俗，既打击了买卖婚姻，保护了合法的婚姻关系，又宣传了婚姻法，圆满解决了人民群众的纠纷。

马锡五审判方式的出现和推广，培养了大批优秀司法干部，解决了积年疑难案件，减少争讼、促进团结，利于生产、保证抗日，使新民主主义司法制度落到了实处。这是把群众路线的工作方法，创造性地运用到审判工作中去的司法民主的崭新形式，也是从一系列司法案件中总结、归纳出的经验成果。

第二节　　同步练习

一、选择题

（一）单项选择题

1. 下列关于抗日民主政权时期的人民调解制度的表述，正确的是（　　）。
A. 调解为诉讼的必经程序　　　　　　B. 调解可以以强制方式进行
C. 刑事案件均可调解结案　　　　　　D. 调解应以法律为准绳，照顾善良风俗
2. 关于抗日民主政权时期的婚姻立法，下列表述不正确的是（　　）。
A. 实行一夫一妻制　　　　　　　　　B. 规定了保护妇女儿童原则
C. 确立了婚姻自由原则　　　　　　　D. 明确了登记结婚以订婚为必经程序
3. 根据1941年颁布的《陕甘宁边区施政纲领》的规定，在抗日根据地民主政权时期的人员构成中，共产党员所占的比例是（　　）。
A. 1/3　　　　　B. 1/2　　　　　C. 2/3　　　　　D. 3/4
4. 下列关于《中华苏维埃共和国土地法》的说法，不正确的是（　　）。
A. 制定于第一次国内革命战争时期

B. 规定废除高利贷

C. 规定将没收土地分配给贫农、中农及劳动贫民耕作

D. 某些规定存在"左"的错误

5. 《中国土地法大纲》颁布于（　　）。

A. 土地革命时期　　　　　　　　　B. 抗日战争时期

C. 解放战争时期　　　　　　　　　D. 新中国成立初期

6. 为新中国基本政治制度奠定初步基础的文件是（　　）。

A. 《陕甘宁边区施政纲领》　　　　B. 《陕甘宁边区宪法原则》

C. 《华北人民政府施政方针》　　　D. 《中国人民解放军宣言》

7. 明确提出"首恶者必办，胁从者不问，立功者受奖"这一刑法原则是在（　　）。

A. 土地革命时期　　　　　　　　　B. 抗日战争时期

C. 解放战争时期　　　　　　　　　D. 新中国成立时期

8. 下列土地立法由解放区民主政权制定的是（　　）。

A. 《陕甘宁边区地权条例》　　　　B. 《陕甘宁边区土地条例》

C. 《五四指示》　　　　　　　　　D. 《中华苏维埃共和国土地法》

9. （　　）提出了"打倒蒋介石，解放全中国"的政治任务。

A. 《华北人民政府施政纲领》　　　B. 《中国人民解放军宣言》

C. 《华北人民政府施政方针》　　　D. 《中国人民解放军布告》

10. 评剧《刘巧儿》的故事，源于封芝琴（乳名捧儿）与张柏的婚姻纠纷案件。该案的审理是陕甘宁边区司法民主崭新形式的典型体现。主持这一案件审理的法官是（　　）。（2023年考研）

A. 董必武　　　　B. 林伯渠　　　　C. 马锡五　　　　D. 雷经天

11. 《陕甘宁边区施政纲领》是抗日民主政权制定的最具代表性的宪法性文件。下列属于该文件内容的是（　　）。（2022年考研）

A. 采取人民代表会议制的政权组织形式

B. 组成民族统一战线下的民主联合政府

C. 确立工农兵苏维埃代表大会制度

D. 根据地政权的人员构成实行"三三制"原则

12. "马锡五审判方式"是群众路线在司法实践中的具体运用，其产生于（　　）。

A. 工农民主政权时期　　　　　　　B. 抗日民主政权时期

C. 人民民主政权时期　　　　　　　D. 中华人民共和国成立初期

13. 在革命根据地时期，贯彻"地主不分田，富农分坏田"政策的土地立法是（　　）。（2020年考研）

A. 《兴国土地法》　　　　　　　　B. 《井冈山土地法》

C. 《中国土地法大纲》　　　　　　D. 《中华苏维埃共和国土地法》

14. 人民民主政权时期，在解放军区的刑事立法中创设的新刑种是（　　）。

A. 管制　　　　B. 拘役　　　　C. 没收　　　　D. 罚金

15. 革命根据地时期，工农民主政权制定的、适用地区最广的土地法是（　　）

A. 中国土地法大纲　　　　　　　　B. 兴国土地法

C. 井冈山土地法　　　　　　　　　　D. 中华苏维埃共和国土地法

16. 抗日战争期间，规定"三三制"的宪法性文件是（　　　）。

A.《陕甘宁边区施政纲领》　　　　　　B.《陕甘宁边区宪法原则》

C.《中华苏维埃共和国宪法大纲》　　　D.《华北人民政府施政方针》

17. 人民代表会议制是人民代表大会制度的历史渊源，该政权组织形式确立于（　　　）。

A. 土地革命时期　　　　　　　　　　B. 抗日战争时期

C. 解放战争时期　　　　　　　　　　D. 中华人民共和国成立以后

18. 革命根据地时期，工农民主政权制定的第一部土地法是（　　　）。

A.《中华苏维埃共和国土地法》　　　　B.《兴国土地法》

C.《井冈山土地法》　　　　　　　　　D.《中国土地法大纲》

19.《陕甘宁边区宪法原则》规定的政权组织形式是（　　　）。

A. 参议会　　　　　　　　　　　　　B. 人民代表会议制

C. "三三制"　　　　　　　　　　　　D. 工农兵苏维埃代表大会

20. 下列关于《陕甘宁边区施政纲领》的说法，不正确的是（　　　）。

A. 颁布于解放区民主政权时期

B. 实行"三三制"政权组织原则

C. 规定健全民主制度，保证全国人民高度团结

D. 全面、系统地反映了抗日民族统一战线的要求

（二）多项选择题

1. 解放战争时期土地改革的原则是（　　　）。

A. 依靠贫、雇农　　　　　　　　　　B. 团结中农

C. 正确对待地主富农　　　　　　　　D. 保护工商业者

2. 抗日根据地时期，边区政权创造性地发展了新民主主义刑法原则，包括（　　　）。

A. 镇压与宽大相结合的原则

B. 保障人权原则

C. 反对威吓报复，实行感化教育的原则

D. "首恶者必办，胁从者不问，立功者受奖"的原则

3. 下列关于《中华苏维埃共和国劳动法》，说法正确的有（　　　）。

A. 于1931年制定，1933年修正　　　B. 确定了八小时工作制

C. 存在"左"的错误　　　　　　　　D. 规定了女工休产假时长为六至八周

4. 以下哪些属于《中国土地法大纲》规定的内容？（　　　）

A. 确定"减租减息"政策

B. 宣布废除封建性、半封建性剥削的土地制度

C. 实行耕者有其田的制度

D. 确认保护工商业原则

5. 关于《中华苏维埃共和国宪法大纲》，下列说法正确的有（　　　）。

A. 是革命根据地第一个宪法性文件

B. 确定了苏维埃国家的政治制度是工农兵代表大会制度

C. 确定了苏维埃国家的政权机关人员实行"三三制"政策

D. 受到"左"的影响

6. 以下立法制定于第一次国内革命战争时期的有（　　）。

A.《湖南省惩治土豪劣绅暂行条例》　　　B.《湖北省惩治土豪劣绅暂行条例》

C.《惩治贪污条例》　　　　　　　　　　D.《禁烟禁毒条例》

7. 下列关于"马锡五审判方式"的表述，正确的有（　　）。

A. 重视深入实际，调查研究，调解息讼

B. 注重诉讼程序的正规化、法典化建设

C. 开创了抗日民主政权司法民主的崭新形式

D. 创造性地把中国共产党群众路线的工作方针运用于审判实践

8. 下列关于《中国土地法大纲》主要内容的表述，不正确的是（　　）。

A. 实行"地主不分田、富农分坏田"的政策

B. 规定土地改革的执行机关仅为县、乡人民政府

C. 确定以乡村为单位、按人口平均分配土地的原则

D. 废除封建土地制度，但农民对所分得的土地只享有使用权

9. 以下土地立法中，制定于革命根据地时期的有（　　）。

A.《中华苏维埃共和国土地法》　　　　B.《兴国土地法》

C.《井冈山土地法》　　　　　　　　　D.《中国土地法大纲》

10. 下列关于管制的说法，错误的有（　　）。

A. 创始于革命根据地时期

B. 创始于人民民主政权时期

C. 其执行时对犯罪分子不予关押，但限制其一定自由

D. 当地政府和群众无权监督管制的执行情况

（三）不定项选择题

1. 下列关于抗日民主政权时期劳动立法内容的表述，正确的有（　　）。

A. 工人有组织工会的权利　　　　　　B. 实行安全生产防护

C. 雇主可以自行开除工人　　　　　　D. 雇主安排加班应征得工人同意

2. 关于各个时期的宪法性文件，下列说法错误的有（　　）。

A.《陕甘宁边区宪法原则》规定了"三三制"的政权组织形式

B.《陕甘宁边区施政纲领》是第一部由劳动人民制定的宪法性文件

C.《陕甘宁边区宪法原则》颁布于解放区民主政权时期

D.《陕甘宁边区施政纲领》全面、系统地反映了抗日民族统一战线的要求

3. 下列关于《中国人民解放军布告》的说法，正确的有（　　）。

A. 提出了"打倒蒋介石，解放全中国"的政治任务

B. 提出了对国民党军政人员一视同仁的方针

C. 提出了保护外侨政策

D. 发布于《华北人民政府施政方针》通过之前

4. 下列关于新民主主义革命时期刑事法律的说法，正确的有（　　）。

A. 主要是对贪污犯、汉奸、盗贼等犯罪进行专门立法

B.《中华苏维埃共和国惩治反革命条例》是抗日民主政权时期具有代表性的刑事

法律

C. 解放区民主政权时期确定了"首恶必办，胁从者不问，立功者受奖"的刑事立法原则

D. 《抗战时期惩治汉奸条例》是抗日民主政权时期陕甘宁边区制定的刑事法律

5. 下列婚姻立法中，制定于抗日民主政权时期的有（　　　）。

A. 《中华苏维埃共和国婚姻条例》　　　B. 《陕甘宁边区婚姻条例》

C. 《陕甘宁边区抗属离婚处理方法》　　　D. 《修正山东省婚姻暂行条例》

二、简答题

1. 简述《中华苏维埃共和国宪法大纲》的内容、特点及意义。

2. 简述《华北人民政府施政方针》的主要内容。

3. 简述《陕甘宁边区宪法原则》的主要内容。

三、论述题

请结合具体案例，论述"马锡五审判方式"取得成功的原因。

参考答案及解析

一、选择题

（一）单项选择题

1. 答案：D

解析：调解不是诉讼必经程序，A 项错误。调解须双方自愿，B 项错误。调解以法律为准绳，照顾善良风俗，D 项正确。轻微的刑事案件可以调解，严重的刑事案件不可以调解，C 项错误。

2. 答案：D

解析：抗日民主政权时期的婚姻立法，提出男女平等、婚姻自由、保护抗日军人的婚约与婚姻原则。各地区之间亦根据实际情况确定立法原则，例如一夫一妻制、保护妇女儿童，以及婚姻成立的具体规定，例如婚龄、离婚的条件、订婚非结婚必经程序等。订婚并非结婚的必经程序，故 D 项错误，可选。

3. 答案：A

解析：《陕甘宁边区施政纲领》为健全民主制度，保证全国人民的高度团结，规定了"三三制"政权组织原则，即共产党员、党外进步分子、中间派各占三分之一。A 项正确。

4. 答案：A

解析：1931 年中华工农兵苏维埃第一次全国代表大会通过《中华苏维埃共和国土地法》，故该法制定于中华苏维埃共和国时期。第一次国内革命战争时期是从 1921 年到 1927 年，时间不符，故 A 错误，可选。该法规定没收一切封建地主、豪绅、军阀、官僚的土地和财产，废除高利贷，将没收土地分配给贫农、中农及劳动贫民耕作，并取得土地所有权。但该法中"地主不分田，富农分坏田"等过激规定，存在"左"的错误，也

给根据地的革命和生产造成了不良后果。故 B、C、D 项正确，不选。

5. 答案：C

解析：《中国土地法大纲》于 1947 年 10 月公布，此时属于解放战争时期，故 C 选项正确。

6. 答案：B

解析：《陕甘宁边区宪法原则》于 1946 年 4 月由陕甘宁边区第三届参议会通过。其确立区、县、乡人民代表会议为管理政权机关，各级权力机关开始由抗日时的参议会过渡为人民代表会议，为新中国基本政治制度奠定了初步基础，故选 B。《华北人民政府施政方针》，于 1948 年 8 月由华北临时人民代表大会通过，该施政方针在解放战争时期是比较典型的人民民主政治纲领，其主要内容有：（1）确定华北人民政府的主要任务是"继续以人力、物力、财力支援前线"，争取人民解放战争在全国的胜利。（2）确立各级人民代表会议制度。（3）着重阐明经济政策。（4）宣布对新解放区与新解放城市的政策。虽然其亦对基本政治制度有规定，但题目中问的是"初步"基础，相较之下，B 作为答案更合适。《中国人民解放军宣言》是毛泽东为中国人民解放军总部所起草的政治宣言，于 1947 年 10 月 10 日公布（也称《双十宣言》）。这个宣言分析了当时的国内政治形势，提出了"打倒蒋介石，解放全中国"的口号，宣布了中国人民解放军的也就是中国共产党的八项基本政策，但其并未对基本政治制度作出具体规定，故 D 项不选。《陕甘宁边区施政纲领》，于 1941 年 11 月由陕甘宁边区第二届参议会通过，为健全民主制度，保证全国人民的高度团结，规定了几项重大措施，最为重要的即实行"三三制"政权组织原则，故 A 项不选。

7. 答案：C

解析：解放战争时期，主要任务是打击反动阶级的破坏活动。为此各边区、大行政区、各地军事管制委员会及人民政府先后制定了刑事法规。对刑法原则的重大发展是明确规定"首恶必办，胁从者不问，立功者受奖"的方针。

8. 答案：C

解析：解放区民主政权时期为自 1945 年到 1949 年，1946 年 5 月 4 日，中共中央发表《关于土地问题的指示》（《五四指示》），决定"改减租减息为没收地主土地"政策，揭开了解放区土地立法的序幕，故 C 项正确。1942 年《陕甘宁边区土地租佃条例草案》、1944 年《陕甘宁边区地权条例》这两部立法由抗日民主政权制定，故 A、B 项不选。《中华苏维埃共和国土地法》由中华工农兵苏维埃第一次全国代表大会通过，此时不属于解放区民主政权时期，D 项不选。

9. 答案：B

解析：1947 年 10 月 10 日，人民解放军发布《中国人民解放军宣言》（又称《双十宣言》），提出了"打倒蒋介石，解放全中国"的政治任务，并宣布了实现这一政治任务的八项基本政策。宣言发表后，其成为解放军的行动纲领，敲响了国民党南京国民政府的丧钟，故正确答案为 B 项。

10. 答案：C

解析：马锡五审判方式是在巡回审判基础上成长起来的。其主要内容是：深入农村，调查研究，实事求是地了解案情；依靠群众，教育群众，尊重群众意见；方便群众诉讼，手续简便，不拘形式。马锡五审判方式的出现和推广，把群众路线的工作方法创造性地运用到司法审判工作中，使人们合法权益得到保障，因而受到群众的欢迎。评剧《刘巧儿》的故事原型，即封芝琴（乳名捧儿）与张柏的婚姻纠纷案件，对该案的审理是马锡五审判方式的典型体现。因此，本题选C项。

11. 答案：D

解析：《陕甘宁边区施政纲领》强调健全民主制度，主要措施有：其一，实行以普遍、直接、平等、无记名投票为原则的选举制度。其二，保障一切抗日人民的选举权与被选举权。其三，实行"三三制"政权组织原则，即共产党员、党外进步分子、中间派各占三分之一。其四，保障一切抗日党派、团体、人民的人权、财权及各项自由。其五，人民享有用任何方式控告任何公务人员非法行为的权利。其六，男女平等，提高妇女地位，保护其特殊利益。其七，反对民族歧视，实行民族平等、自治，尊重宗教信仰、风俗习惯。本题考查的是"三三制"政权组织原则，D选项正确。1946年4月陕甘宁边区第三届参议会通过了《陕甘宁边区宪法原则》，规定采取人民代表会议制的政权组织形式，A选项错误。民主联合政府是毛泽东在中共七大的主报告《论联合政府》中提出的，B选项错误。1931年11月召开的第一次全国工农兵代表大会通过了《中华苏维埃共和国宪法大纲》，规定苏维埃国家政治制度是工农兵苏维埃代表大会制度，C选项错误。

12. 答案：B

解析：抗日民主政权时期，马锡五在担任陕甘宁边区陇东专区专员兼边区高等法院陇东分庭庭长期间，依靠群众纠正错案，解决疑难案件。他的审判工作经验被总结为"马锡五审判方式"。故本题选B项。

13. 答案：D

解析：1931年，中华工农兵苏维埃第一次全国代表大会通过了《中华苏维埃共和国土地法》。该法受"左"倾思想干扰很大，确立了"没收地主阶级的土地和富农全部土地"的政策，实行"地主不分田，富农分坏田"的政策。因此，本题答案为D选项。

14. 答案：A

解析：人民民主政权时期，根据形势需要创制了管制。所谓管制，即对犯罪分子不予关押，但限制其一定自由，是在当地政府和群众监督下进行劳动改造的刑罚手段。故本题答案为A选项。

15. 答案：D

解析：1931年中华苏维埃共和国成立，制定《中华苏维埃共和国土地法》，该法是工农民主政权时期适用时间最长、适用地区最广、影响最大的土地法。《中国土地法大纲》颁布于1947年，为解放区民主政权制定的，A选项错误。故本题答案为D选项。

16. 答案：A

解析：1941年颁行的《陕甘宁边区施政纲领》，规定了实行"三三制"政权组织原则，即各级民意机关及政府在人员分配上，共产党员、党外进步分子、中间派各占三分之一。故本题答案为A选项。

17. 答案：C

解析：1946年4月，《陕甘宁边区宪法原则》由陕甘宁边区第三届参议会通过，确立了区、县、乡人民代表会议为管理政权机关，各级权力机关开始由抗日时的参议会过渡为人民代表会议制度，为新中国基本政治制度奠定了初步基础。故本题正确答案为C项。

18. 答案：C

解析：革命根据地时期，各根据地政权陆续制定了一些有关土地问题的决议和土地法规。具有代表性的有：1928年制定的《井冈山土地法》，1929年制定的《兴国土地法》，1931年制定的《中华苏维埃共和国土地法》，等等。其中，《井冈山土地法》是由毛泽东主持制定的工农民主政权第一部土地法规。因此，本题正确答案为C项。

19. 答案：B

解析：1946年4月，《陕甘宁边区宪法原则》由陕甘宁边区第三届参议会通过，确立了区、县、乡人民代表会议为管理政权机关，各级权力机关开始由抗日时的参议会过渡为人民代表会议制度，为新中国的基本政治制度奠定了初步基础。故本题正确答案为B项。

20. 答案：A

解析：《陕甘宁边区施政纲领》颁布于抗日民主政权时期。A选项错误。1941年颁行的《陕甘宁边区施政纲领》规定，健全民主制度，保证全国人民高度团结。实行"三三制"政权组织原则，即各级民意机关及政府在人员分配上，共产党员、党外进步分子、中间派各占三分之一。B、C选项正确，不选。《陕甘宁边区施政纲领》全面、系统地反映了抗日民族统一战线的要求，是对实践经验的科学概括与总结。故D选项正确，不选。

（二）多项选择题

1. 答案：ABCD

解析：解放战争时期，中共中央召开全国土地会议，制定并公布了《中国土地法大纲》，规定废除封建性及半封建性剥削的土地制度，实行耕者有其田制度。《中国土地法大纲》规定，土地改革须遵守的原则是依靠贫、雇农，团结中农，保护工商业者，正确对待地主富农。因此答案为A、B、C、D项。

2. 答案：ABC

解析："首恶者必办，胁从者不问，立功者受奖"是解放战争时期的刑法原则，故D项不选。

3. 答案：ABCD

解析：1931年制定的《中华苏维埃共和国劳动法》及1933年重新修订颁布的第二个劳动法，确定了八小时工作制、女工休产假时长为六至八周等维护工人权益的若干原则和措施，但也有些政策规定过于机械、僵化，在实施过程中影响了苏区经济发展。

4. 答案：BCD

解析：1937年的《抗日救国十大纲领》改变了之前的"没收地主土地"的政策，确立了"减租减息"政策，但这并非《中国土地法大纲》的内容，故A项不选。

5. 答案：ABD

解析：确定对政权机关人员实行"三三制"的是1941年的《陕甘宁边区施政纲领》，故C项不选，正确答案为A、B、D项。

6. 答案：AB

解析：在第一次国内革命战争时期，1927年农民运动高涨时，湖南省制定了《湖南省惩治土豪劣绅暂行条例》，湖北省制定了《湖北省惩治土豪劣绅暂行条例》，条例对有特定罪行的土豪劣绅规定了各种刑罚，为其后的刑事立法提供了重要的历史经验，故 A、B 项正确。《惩治贪污条例》和《禁烟禁毒条例》是 1939 年陕甘宁边区制定的刑事法规，故 C、D 项不选。

7. 答案：ACD

解析：抗日民主政权时期，马锡五在担任陕甘宁边区陇东专区专员兼边区高等法院陇东分庭庭长期间，依靠群众纠正错案，解决疑难案件。他的审判工作经验被总结为"马锡五审判方式"，其主要内容：深入农村，调查研究，实事求是地了解案情；依靠群众，教育群众，尊重群众意见；方便群众诉讼，手续简便，不拘形式。故本题 B 选项说法不正确，应选 A、C、D 选项。

8. 答案：ABD

解析：1947 年 10 月公布《中国土地法大纲》，规定实行"耕者有其田"的制度，规定没收地主的土地，按乡村人口平均分配，并承认其土地所有权，地主与富农也分给一份土地。《中国土地法大纲》总结了中共二十多年土地革命的经验教训，纠正了分田中的过"左"政策，体现了土地改革总路线，为新中国的土地制度改革提供了宝贵的经验。故 C 选项说法正确，A、D 选项说法错误。《中国土地法大纲》规定，乡村无地少地的农民组织的贫农团大会及其选出的委员会，为改革土地制度的合法执行机关之一。故 B 选项说法不正确。本题选 A、B、D 选项。

9. 答案：ABC

解析：革命根据地时期，各根据地政权陆续制定了一些有关土地问题的决议和土地法规。具有代表性的有：1928 年制定的《井冈山土地法》、1929 年制定的《兴国土地法》、1931 年制定的《中华苏维埃共和国土地法》。《中国土地法大纲》于 1947 年 10 月公布，此时属于解放战争时期，D 选项不选。故本题答案为 A、B、C 项。

10. 答案：AD

解析：人民民主政权时期，根据形势需要创制了管制。所谓管制，即对犯罪分子不予关押，但限制其一定自由，是在当地政府和群众监督下进行劳动改造的刑罚手段。故本题答案为 A、D 选项。

（三）不定项选择题

1. 答案：ABD

解析：根据《晋冀鲁豫边区劳工保护暂行条例》（1941 年）、《陕甘宁边区劳动保护条例草案》（1942 年）的规定：工人有组织工会的权利。劳动者须与资方订立劳动合同，订立劳动合同必须以双方自愿为原则，不得强迫。劳动合同签订后必须实际履行，提前解除合同须经双方同意，不得无故退工或解雇工人。工人每天劳动时间实行八至十小时工作制；工人劳动须有工作服和其他必需的安全、卫生劳动保护用具；工人受工伤的，医疗费由企业主负责。因此，C 选项错误，答案为 A、B、D 选项。

2. 答案：AB

解析：1941 年颁行的《陕甘宁边区施政纲领》，规定了实行"三三制"政权组织原则，即各级民意机关及政府在人员分配上，共产党员、党外进步分子、中间派各占三分之一，故 A 选项的说法不正确。《中华苏维埃共和国宪法大纲》是第一部由劳动人民制定，确保人民民主制度的根本大法，是中国共产党领导人民反帝反封建的工农民主专政的伟大纲领，肯定了革命胜利成果，提出了斗争的方向，故 B 选项的说法不正确。1946年 4 月，《陕甘宁边区宪法原则》由陕甘宁边区第三届参议会通过，故 C 选项正确，不选。《陕甘宁边区施政纲领》全面、系统地反映了抗日民族统一战线的要求，是对实践经验的科学概括与总结。故 D 选项正确，不选。

3. 答案：C

解析："打倒蒋介石，解放全中国"是在《中国人民解放军宣言》中提出的，A 选项错误。1949 年 4 月，人民解放军又发布了《中国人民解放军布告》，该布告共八章，主要内容为：第一，对国民党军政人员区别对待；第二，消灭封建剥削制度的步骤和政策；第三，保护人民合法利益的具体措施；第四，保护外侨政策。该布告成为推进革命取得全国胜利的一个纲领性文件。故 B 选项错误。《华北人民政府施政方针》于 1948 年通过，在《中国人民解放军布告》之前，故 D 选项错误。

4. 答案：ABCD

解析：新民主主义革命时期刑事法律主要针对贪污犯、汉奸、盗贼等犯罪分子进行专门立法。A 选项正确。1934 年 4 月颁行的《中华苏维埃共和国惩治反革命条例》是抗日民主政权时期代表性的法规。该条例规定了犯罪、刑罚的种类和适用等内容，但其也存在不足，例如对有功绩之人依照规定减轻处罚的条文，直至抗日战争时期通过对黄克功案的处理才得到纠正。B 选项正确。解放区民主政权时期，确定了"首恶必办，胁从者不问，立功者受奖"的刑事立法原则。C 选项正确。抗日民主政权时期，陕甘宁边区制定的刑事法规主要有：1939 年《抗战时期惩治汉奸条例》《抗战时期惩治盗匪条例》《惩治贪污条例》《禁烟禁毒条例》，1941 年《破坏金融法令惩罚条例》等。故 D 选项正确。

5. 答案：BC

解析：中华苏维埃共和国时期的婚姻立法主要有：1931 年《中华苏维埃共和国婚姻条例》及 1934 年《中华苏维埃共和国婚姻法》，两部法律规定了结婚、离婚的要件及程序，确立了男女婚姻自由，严禁强迫、包办、买卖婚姻，废除童养媳和强迫守寡，一夫一妻、严禁蓄婢纳妾等婚姻立法的基本原则。抗日民主政权时期的婚姻立法有：1939年《陕甘宁边区婚姻条例》、1944 年《修正陕甘宁边区婚姻条例》、1943 年《陕甘宁边区抗属离婚处理办法》。解放区民主政权时期，各地区继续实行抗日战争时期的婚姻条例，这一时期颁布的法律文件有：1946 年《陕甘宁边区婚姻条例》、1948 年《华北人民政府司法部关于婚姻问题的解答》、1949 年《修正山东省婚姻暂行条例》等，在离婚、军人婚姻以及干部婚姻等方面有许多新的规定。因此，本题选 B、C 选项。

二、简答题

1. 参考答案：《中华苏维埃共和国宪法大纲》颁布于 1931 年 11 月 7 日，经第一次全国工农兵代表大会通过后，并于 1934 年 1 月经第二次代表大会进行修正。《中华苏维埃共和国宪法大纲》包括前言和 17 条立法条文，其主要内容是：（1）规定了苏维埃国家的国体和政体，苏维埃国家的性质是"工人和农民的民主专政国家"，苏维埃国家政治制度是工农兵代表大会制度。它保证了工农大众参加国家管理，便于工人阶级及其政党的领导，实行民主集中制和议行合一原则。它是根据革命实践及苏联经验建立的新式民主制度。（2）规定了苏维埃国家公民的权利和义务，涉及政治、经济、文化等各方面。工农兵及一切劳苦民众享有广泛的民主权利，各级政府采取切实、有效的措施，提供力所能及的物质保障条件。（3）规定了苏维埃国家的外交政策。宣布中华民族完全自由独立，不承认帝国主义在中国的特权及不平等条约。与世界无产阶级和被压迫民族站在一起，苏联是巩固的同盟者。对受迫害的世界革命者给予保护。对居住在苏区从事劳动的外国人给予法定的政治权利。

《中华苏维埃共和国宪法大纲》是第一部由劳动人民制定，确保人民民主制度的根本大法，是中国共产党领导人民反帝反封建的工农民主专政的伟大纲领，同资产阶级的约法以及旧中国反动政府制定的宪法有本质的区别。它肯定了革命胜利成果，提出了斗争的方向。它的颁行调动了苏区人民的积极性，为以后制定民主宪法提供了宝贵经验，尽管受到"左"的影响，但仍是划时代的宪法性文件。

2. 参考答案：《华北人民政府施政方针》于1948年8月由华北临时人民代表大会通过，其规定了人民政府的基本任务及有关各项政策，是当时具有宪法性质的代表性文件。其包括如下主要内容。（1）规定华北人民政府的基本任务是：继续进攻敌人，支援前线，争取全国胜利；有计划、有步骤地进行建设和恢复发展生产；继续建设为战争和生产服务的民主政治；培养干部，吸收人才，奠定新中国的基础。（2）规定了实现基本任务的方针政策。在政治方面，健全人民代表大会制度；保障人民民主权利、自由与安全；破除迷信；保护守法的外国人及合法的文化宗教活动。在经济方面，发展农业，颁发土地证确认地权；建立农民生产合作互助组织；促进城乡经济交流；发展工商业，贯彻公私兼顾、劳资两利方针。在文化教育方面，建立正规教育制度，提高大众文化水平；建立广泛的文化统一战线，团结知识分子为建设事业服务。

3. 参考答案：《陕甘宁边区宪法原则》于1946年4月由陕甘宁边区第三届参议会通过，其主要内容包括：（1）确立区、县、乡人民代表会议为管理政权机关，各级权力机关开始由抗日时的参议会过渡为人民代表会议，为新中国基本政治制度奠定了初步基础。（2）规定人民政治上行使的各项自由权利，受政府指导与物质帮助。边区人民不分民族一律平等。（3）规定除司法机关、公安机关依法执行职务外，任何机关、团体不得有逮捕、审讯行为。人民有权以任何方式控告失职的任何公务员。司法独立不受任何干涉。（4）经济上采取公营、合作、私营三种方式，组织一切人力、财力促进经济繁荣，为消灭贫穷而斗争；做到劳动者有职业，企业者有发展机会；普及提高人民文化水平；确立耕者有其田的原则。

三、论述题

参考答案："马锡五审判方式"是陕甘宁边区陇东专区专员兼高等法院陇东分庭庭长马锡五，在巡回审判实践中创造出的一种灵活实用的审判方式，其主要内容是：深入农村，调查研究，实事求是地了解案情；依靠群众，教育群众，尊重群众意见；方便群众诉讼，手续简便，不拘形式。

马锡五用这种方法解决了一批疑难案件，其中，"封捧儿案"是典型案例之一。封捧儿案是闻名全国的戏剧《刘巧儿》故事的原型，马锡五的判决是非分明，既惩罚了违法者，又打击了买卖婚姻，保护了正确的婚姻关系，判决结果受到群众一致拥护，受罚者也认为自己罪有应得，表示服判，封捧儿和张柏更是皆大欢喜。本案最终的圆满解决，充分证明马锡五审判方式的特点和优点：在审明案情、听取意见之后，依法断案。通过就地审判，既便于了解案情，方便断案，又能密切联系群众，进行宣传教育。在裁判过程中，其既批判了旧思想、旧风俗，打击了买卖婚姻，保护了合法的婚姻关系，又宣传了婚姻法，圆满解决了人民群众的纠纷。

"马锡五审判方式"经官方整理总结，广泛推行于各抗日边区。"马锡五审判方式"的出现和推广，培养了大批优秀司法干部，解决了积年疑难案件，减少争讼、促进团结，利于生产、保证抗日，使新民主主义司法制度落到实处。这是把群众路线的工作方法，创造性地运用到审判工作中去的司法民主的崭新形式，也是从一系列司法案件中总结归纳出的经验成果。

四、拓展延伸阅读

（一）著作

1. 张希坡，韩延龙．中国革命法制史．北京：中国社会科学出版社，2007.

2. 张希坡．革命根据地法律文献选集．北京：中国人民大学出版社，2017.

3. 韩伟，马成．陕甘宁边区法制史稿：民法篇．北京：法律出版社，2018.

4. 侯欣一．从司法为民到人民司法：陕甘宁边区大众化司法制度研究．北京：中国政法大学出版社，2007.

5. 汪世荣．新中国司法制度的基石：陕甘宁边区高等法院（1937—1949）．2 版．北京：商务印书馆，2018.

（二）论文

1. 韩伟．司法调解与治理变革：以陕甘宁边区基层司法档案为中心的考察．法学家，2020（03）.

2. 刘全娥．陕甘宁边区离婚诉讼中"考虑期间"的创制、实践及其价值．法律科学，2019（06）.

3. 胡永恒．马锡五审判方式：被"发明"的传统．湖北大学学报（哲学社会科学版），2014（01）.

第十七章　中华人民共和国法制的发展与曲折（1949—1976 年）

第一部分　本章知识点速览

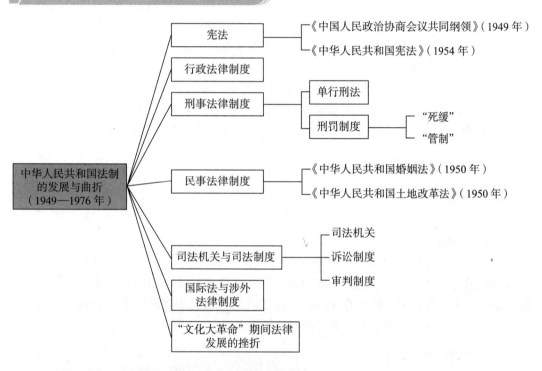

第二部分　本章核心知识要点解析

一、宪法

【难度与热度】

难度：☆　热度：☆☆☆

【内容解析】

本部分可重点掌握宪法（临时宪法）的主要内容和意义。

第一，《中国人民政治协商会议共同纲领》。1949 年 9 月 29 日，中国人民政治协商会议第一届全体会议通过了起临时宪法作用的《中国人民政治协商会议共同纲领》（以下简称《共同纲领》）。《共同纲领》规定了新中国的政权机构、军事制度、经济政策、文化教育政策、民族政策、外交政策的总原则以及人民享有的民主权利。《共同纲领》是中国宪法史上第一个比较完备的新民主主义性质的宪法文件，它的制定对确立新中国成立初期的大政方针、巩固新生的人民民主专政政权起到了重要的法律保障作用。

第二，《中华人民共和国宪法》。1954 年 9 月，第一届全国人民代表大会第一次会议通过了新中国第一部宪法（以下简称"五四宪法"）。"五四宪法"的主要内容是：（1）明确了国家的基本原则和政治制度，规定了我国根本政治制度，确认了我国是工人阶级领导的、以工农联盟为基础的人民民主国家的国体和人民代表大会制度的政体；（2）规定我国是统一的多民族国家，确定了民族自治地方（分为自治区、自治州、自治县三级），明确了民族自治机关可以制定自治条例和单行条例；（3）规定公民享有广泛的政治、经济、文化生活方面的权利；（4）在财产权方面，除特别强调公有财产的神圣性之外，对公民以生活资料为主的财产加以保护；（5）在经济制度方面，规定我国实行全民、集体、个体和资本家所有制，并规定有条件地逐步限制个体所有制和资本家所有制，实行社会主义计划经济。

"五四宪法"从实际出发，采取实事求是的态度，极大地提高了广大人民的宪法意识和国家观念，推动了人民群众以国家主人翁的姿态积极投身于各项建设事业。"五四宪法"推进了人民民主法制建设，为中国各项建设事业的成功奠定了坚实的法律基础。

二、行政法律制度

【难度与热度】

难度：☆　热度：☆

【内容解析】

这一时期的行政法律制度，主要对国家机构设置、行政公务人员管理、行政许可、行政处罚、行政复议、行政监督等方面进行了立法规定。新中国成立初期的行政立法虽然不系统、不完善，但仍然具有开创性，为之后的行政立法建设积累了经验，也规定了行政机关应依法行政，满足了社会实践的初步需求。

三、刑事法律制度

【难度与热度】

难度：☆　热度：☆☆

【内容解析】

新中国成立初期，为适应复杂的政治与经济斗争形势，在刑法典颁布前，国家制定了《中华人民共和国惩治反革命条例》（1951 年）、《中华人民共和国惩治贪污条例》（1952 年）等单行刑法，颁布了一系列与刑事法律相关的法规和指示，例如《关于开展肃清一切暗藏的反革命分子斗争的指示》《关于宽大处理和安置城市残余反革命分子的决定》等。

在刑罚制度方面，新中国成立初期创造性地规定了有关死刑缓期执行（以下简称"死缓"）和"管制"的制度。第一，在镇压反革命运动中创制了"死缓"的方法。1951 年，毛泽东亲自起草了《中央关于对犯有死罪的反革命分子应大部采取判处死刑缓期执行政策的决定》，具体规定了判处"死缓"的人数比例。这个决定下达不久，全国公安会议在北京召开。这次会议确定了"死缓"刑名，并形成《第三次全国公安会议决议》。"死缓"制度后来被推广并适用于其他刑事犯罪。"死缓"制度既坚持了打击严重刑事犯罪的刑罚目的，又给犯罪人改过自新的机会，符合现代刑法的谦抑原则。第二，确立了"管制"的刑罚制度，即对罪行较轻的政治犯和其他刑事犯罪分子，不收监执行刑罚，由公安机关将其放在社会中执行，由群众监督并进行劳动改造。"管制"产生于人民民主政权时期，是解放区为了适应当时的革命环境而采取的一种刑罚执行方式。中华人民共和国成立后，经过对其内容的充实和完善，"管制"正式成为一种刑罚制度。1952年4月颁布的《中华人民共和国惩治贪污条例》规定，自由刑分为无期徒刑、有期徒刑、劳役（拘役）、管制，自此新中国自由刑体系的框架形成。

四、民事法律制度

【难度与热度】

难度：☆　热度：☆

【内容解析】

（一）《中华人民共和国婚姻法》

1950年4月，中央人民政府委员会第七次会议通过《婚姻法》，共8章27条，内容包括：婚姻法原则、结婚、夫妻间的权利和义务、父母子女间的关系、离婚、离婚后子女的抚养和教育、离婚后的财产和生活、附则。《婚姻法》的实施对保护妇女权益、提高妇女地位、提高婚姻质量等都起到了积极的作用。

（二）《中华人民共和国土地改革法》

1950年6月，中央人民政府颁布了《土地改革法》，共6章40条，内容包括：总则、土地的没收和征收、土地的分配、特殊土地问题的处理、土地改革的执行机关和执行方法、附则。《土地改革法》规定没收地主阶级的土地、耕畜、农具等生产资料以及多余的粮食、房屋，并将其分配给无地少地的贫雇农。该法确认了土地改革运动中的土地所有权关系，同时也保护合法的借贷、典当等民间融资关系，维护了社会秩序稳定，促进了工商业的发展。

新中国成立初期，除了民事法律制度，国家又通过民事政策与民事法规调整民事法律关系。

五、司法机关与司法制度

【难度与热度】

难度：☆　热度：☆☆

【内容解析】

（一）司法机关

"五四宪法"公布后，《人民法院组织法》《人民检察院组织法》于1954年9月相继通过。《人民法院组织法》确立了最高人民法院为国家最高审判机关，监督地方各级人民法院和专门人民法院的审判工作；确立了四级人民法院的组织体系，即基层人民法院、中级人民法院、高级人民法院和最高人民法院；基层人民法院中还设立若干人民法庭作为派出机构；设立军事法院、铁路运输法院和水上运输法院三种专门人民法院。《人民检察院组织法》规定，国家设立最高人民检察院、省级人民检察院及其分院、县级人民检察院，同时设立专门人民检察院。

（二）诉讼制度

在刑事诉讼制度方面，一方面，确立了审判权由人民法院行使、检察权由人民检察院行使、侦查权由公安机关行使，同时明确公安机关、人民检察院、人民法院在刑事诉讼中遵循分工负责、互相配合、互相制约的基本原则；另一方面，确立了审判公开、人民陪审、死刑复核等一系列审判原则和制度，同时具体规定了刑事诉讼中适用拘留、逮捕等强制措施的程序和要求。

（三）审判制度

"五四宪法"、1954 年《人民法院组织法》等法律确定了基本的审判制度。在审级方面，人民法院审理案件实行两审终审制，亦称四级二审制。人民法院审理案件，除法律有特别规定外，宣告判决一律公开进行。人民法院审理案件，实行合议制，但是简单的民事案件、轻微的刑事案件和法律另有规定的案件除外。审理上诉和抗诉案件，由审判员组成合议庭进行。人民法院审理第一审案件，实行人民陪审员制度，但是简单的民事案件、轻微的刑事案件和法律另有规定的案件除外。

六、国际法与涉外法律制度

【难度与热度】

难度：☆　热度：☆

【内容解析】

新中国建立初期，中国重视与苏联等社会主义国家建立和发展关系。我国签订的第一个双边条约是 1950 年 2 月同苏联签订的《中苏友好同盟互助条约》。此后，新中国积极与各国建立外交关系，陆续同其他多个国家签订了友好条约。

中国缔结或参加了多个国际公约，最早参加的国际公约是 1949 年 12 月签订并于 1952 年 7 月批准的四个《日内瓦公约》。1971 年，我国恢复了在联合国的合法席位。1972—1974 年，对一些我国原本就是缔约国的国际公约，在相应的国际组织承认中华人民共和国是中国唯一合法代表后，我国又恢复承认了这些国际公约，包括：《联合国宪章》《国际民用航空公约》《国际复兴开发银行协定》《联合国教育、科学及文化组织组织法》等。

七、"文化大革命"期间法律发展的挫折

【难度与热度】

难度：☆　热度：☆

【内容解析】

在 1966—1976 年的"文化大革命"中，人民法院受到严重破坏，组织机构基本瘫痪，审判工作基本停顿，新中国成立后开启的社会主义法制建设进程遭受重大挫折。

第三部分 同步练习

一、选择题

（一）单项选择题

1. 新中国建立初期，我国签订的第一个双边条约是（ ）。

A. 《中苏友好同盟互助条约》 B. 《国际民用航空公约》

C. 《国际复兴开发银行协定》 D. 《国际海关税则》

2. 新中国成立以后，中国最早参加的国际公约是（ ）。

A. 《国际民用航空公约》 B. 《日内瓦公约》

C. 《国际复兴开发银行协定》 D. 《联合国教育、科学及文化组织组织法》

3. 1954年9月《中华人民共和国人民法院组织法》和《中华人民共和国人民检察院组织法》颁布。关于这两部法律，下列的表述不正确的是（ ）。

A. 人民法院的组织体系由三级制改为四级制，即设基层、中级、高级和最高级人民法院

B. 确立了审判公开、人民陪审、死刑复核制度

C. 与人民法院的设置相适应，省级人民检察院设分院

D. 建立律师制度，实行律师资格统一考试制度

4. 关于"五四宪法"，下列说法不正确的是（ ）。

A. 明确了国家的基本原则和政治制度

B. 明确了民族自治机关可以制定自治条例和单行条例

C. 规定了在必要时得设立特别行政区

D. 规定公民享有广泛的政治、经济、文化生活方面的权利

5. 中华人民共和国成立后颁布的第一部法律是（ ）。

A. 《中华人民共和国婚姻法》 B. 《中华人民共和国宪法》

C. 《中华人民共和国土地改革法》 D. 《中国人民政治协商会议共同纲领》

6. 下列不属于1950年《中华人民共和国婚姻法》规定的原则的有（ ）。

A. 男女婚姻自由 B. 一夫多妻

C. 男女权利平等 D. 保护妇女和子女合法权益

7. 下列关于《共同纲领》的说法，不正确的有（ ）。

A. 《共同纲领》是一个新民主主义性质的宪法性文件

B. 《共同纲领》规定了人民享有的民主权利

C. 《共同纲领》对确立新中国成立初期的大政方针起到法律保障作用

D. 《共同纲领》是中华人民共和国成立后通过的第一部宪法性文件

8. 下列国际公约中，哪项不是中国于20世纪70年代加入或恢复承认的公约（ ）。

A. 《联合国宪章》 B. 《联合国教育、科学及文化组织组织法》

C. 《国际民用航空公约》 D. 《联合国海洋法公约》

9. 中华人民共和国成立初期，人民法院采用的审级制度是（　　　）。

A. 三级二审制　　　　B. 三级三审制　　　　C. 四级二审制　　　　D. 四级三审制

10. 下列刑事法制中，哪项不是制定于新中国成立初期的（　　　）。

A.《中华人民共和国刑法》

B.《中华人民共和国惩治反革命条例》

C.《中华人民共和国惩治贪污条例》

D.《关于展开斗争肃清暗藏的反革命分子的指示》

（二）多项选择题

1. 关于以下立法，制定于新中国成立初期的有（　　　）。

A.《中华人民共和国婚姻法》　　　　　　B.《中华人民共和国合同契约法》

C.《中华人民共和国土地改革法》　　　　D.《中华人民共和国公私合营企业法》

2. 新中国成立后，设立的专门人民法院有（　　　）。

A. 军事法院　　　　　　　　　　　　B. 铁路运输法院

C. 水上运输法院　　　　　　　　　　D. 海事法院

3. 正式确立于中华人民共和国成立初期的刑罚制度有（　　　）。

A.“死缓”　　　　B.“管制”　　　　C. 无期徒刑　　　　D. 拘禁

4. 下列关于《中华人民共和国婚姻法》的说法，正确的有（　　　）。

A. 规定了男女婚姻自由、一夫一妻、男女权利平等的婚姻法原则

B. 规定废除封建主义婚姻制度

C. 是中华人民共和国成立后颁布的第一部法律

D. 对保护妇女权益、提高妇女地位起到积极作用

5. 下列说法中，表述正确的有（　　　）。

A.《陕甘宁边区宪法原则》是第一部由劳动人民制定的宪法性文件

B.《中国人民解放军布告》正式提出了“打倒蒋介石，解放全中国”的政治任务

C.《共同纲领》在新中国成立初期发挥着临时宪法的作用

D.“五四宪法”是新中国成立后通过的第一部宪法

（三）不定项选择题

1. 下列关于《土地改革法》的说法，不正确的是（　　　）。

A.《土地改革法》规定废除地主阶级封建剥削的土地所有制

B.《土地改革法》规定实行农民的土地所有制

C.《土地改革法》规定了没收地主所有财产

D.“五四宪法”的通过，奠定了《土地改革法》的基础

2. 下列关于《人民法院组织法》的说法，正确的有（　　　）。

A. 规定了人民法院采取“三级三审制”的审级制度

B. 规定了人民法院审理案件，均实行合议制

C. 规定了人民法院审理第一审案件，实行人民陪审员制度

D. 规定了简单的民事案件、轻微的刑事案件可不实行人民陪审员制度

3. 关于中华人民共和国成立初期的刑罚制度，下列说法正确的有（　　　）。

A.“死缓”制度创制于镇压反革命运动中

B. "死缓"制度符合现代刑法的谦抑原则

C. "管制"制度创制于人民民主政权时期

D. "管制"制度在新中国成立后，正式成为自由刑的一种

二、简答题

1. 简析1954年《中华人民共和国宪法》的主要内容和历史意义。

2. 简述"死缓"和"管制"刑罚制度的形成过程。

三、论述题

请简要论述《中华人民共和国婚姻法》的内容与意义。

参考答案及解析

一、选择题

（一）单项选择题

1. 答案：A

解析：我国签订的第一个双边条约是1950年2月同苏联签订的《中苏友好同盟互助条约》，故A选项正确。

2. 答案：B

解析：新中国成立后，中国最早参加的国际公约是1949年12月签订并于1952年7月批准的四个《日内瓦公约》，故B选项正确。

3. 答案：D

解析：1954年《中华人民共和国人民法院组织法》确立了四级人民法院的组织体系，即基层人民法院、中级人民法院、高级人民法院和最高人民法院。1954年《中华人民共和国人民检察院组织法》规定国家设立最高人民检察院、省级人民检察院及其分院、县级人民检察院，同时设立专门人民检察院。在刑事诉讼方面，国家确立了审判公开、人民陪审、死刑复核等一系列审判原则和制度，故A、B、C选项正确，答案为D选项。

4. 答案：C

解析："五四宪法"的主要内容是：（1）明确了国家的基本原则和政治制度，规定了我国根本政治制度，确认了我国是工人阶级领导的、以工农联盟为基础的人民民主国家的国体和人民代表大会制度的政体；（2）规定我国是统一的多民族国家，确定了民族自治地方（分为自治区、自治州、自治县三级），明确了民族自治机关可以制定自治条例和单行条例；（3）规定公民享有广泛的政治、经济、文化生活方面的权利；（4）在财产权方面，除了特别强调公有财产的神圣性之外，对公民以生活资料为主的财产所有权加以保护；（5）在经济制度方面，规定我国实行全民、集体、个体和资本家所有制，并规定有条件地逐步限制个体所有制和资本家所有制，实行社会主义计划经济。A、B、D选项正确，C选项是1982年宪法的内容，故可选。

5. 答案：A

解析：《中华人民共和国婚姻法》于1950年3月3日政务院第二十二次政务会议通

过，1950 年 4 月 13 日中央人民政府委员会第七次会议通过，是中华人民共和国成立后颁布的第一部法律。1950 年 6 月，中央人民政府委员会第八次会议通过了《中华人民共和国土地改革法》。1954 年 9 月，第一届全国人民代表大会通过了《中华人民共和国宪法》。1949 年 9 月 29 日《中国人民政治协商会议共同纲领》正式通过，在新中国成立之前，不选。故本题选 A 选项。

6. 答案：B

解析：《中华人民共和国婚姻法》于 1950 年 3 月 3 日政务院第二十二次政务会议通过，1950 年 4 月 13 日中央人民政府委员会第七次会议通过，共 8 章 27 条，其主要内容包括：原则、结婚、夫妻间的权利和义务、父母子女间的关系、离婚、离婚后子女的抚养和教育、离婚后的财产和生活、附则。该法第 1 条规定："废除包办强迫、男尊女卑、漠视子女利益的封建主义婚姻制度。实行男女婚姻自由、一夫一妻、男女权利平等、保护妇女和子女合法权益的新民主主义婚姻制度。"《中华人民共和国婚姻法》的实施对保护妇女权益、提高妇女地位起到积极作用。故 B 选项错误。

7. 答案：D

解析：《共同纲领》规定了中华人民共和国的政权机构、军事制度、经济政策、文化教育政策、民族政策、外交政策的总原则以及人民享有的民主权利。《共同纲领》是中国宪法史上第一个比较完备的、新民主主义性质的宪法性文件，它的制定对确立新中国成立初期的大政方针、巩固新生的人民民主专政政权起到了重要的法律保障作用，发挥着临时宪法的作用。A、B、C 选项正确。1949 年 9 月 29 日《共同纲领》正式通过，在新中国成立之前，故 D 选项错误。

8. 答案：D

解析：1972—1974 年，对一些我国原本就是缔约国的国际公约，在相应的国际组织承认中华人民共和国政府代表是中国唯一合法代表后，我国又恢复承认了这些国际公约，包括：《联合国宪章》《国际民用航空公约》《国际复兴开发银行协定》《联合国教育、科学及文化组织组织法》等。

9. 答案：C

解析："五四宪法"公布后，《人民法院组织法》于 1954 年 9 月通过。1954 年《人民法院组织法》确定了四级人民法院的组织体系，在审级方面，人民法院审理案件实行两审终审制，亦称四级二审制。

10. 答案：A

解析：新中国成立初期，为适应复杂的政治与经济斗争形势，在刑法典颁布前，国家制定了《中华人民共和国惩治反革命条例》（1951 年）、《中华人民共和国惩治贪污条例》（1952 年）等单行刑法；颁布了一系列与刑事法律相关的法规和指示，例如《关于展开斗争肃清暗藏的反革命分子的指示》《关于宽大处理和安置城市残余反革命分子的决定》等。中国第一部刑法于 1979 年 7 月由第五届全国人民代表大会第二次会议通过，故 A 选项错误，当选。

(二) 多项选择题

1. 答案：AC

解析：《中华人民共和国婚姻法》制定于 1950 年 4 月，是新中国成立后出台的第一

部具有基本法律性质的法律，故 A 选项正确。《中华人民共和国土地改革法》制定于
1950 年 6 月，故 C 选项正确。

2. 答案：ABC

解析：1954 年《中华人民共和国人民法院组织法》第 26 条规定了军事法院、铁路
运输法院和水上运输法院三种专门人民法院，故 A、B、C 选项正确。1984 年全国人民
代表大会常务委员会《关于在沿海港口城市设立海事法院的决定》和最高人民法院《关
于设立海事法院几个问题的决定》发布后，海事法院才获准成立，故 D 选项不正确。

3. 答案：AB

解析：在刑罚制度方面，新中国成立初期创造性地形成了"死缓"和"管制"的制
度。第一，在镇压反革命运动中，创制了死刑缓期执行的方法。1951 年，毛泽东亲自起
草了《中央关于对犯有死罪的反革命分子应大部采取判处死刑缓期执行政策的决定》，具
体规定了判处"死缓"的比例。这个决定下达不久，全国公安会议在北京召开。这次会
议确定了"死缓"刑名，并形成《第三次全国公安会议决议》。"死缓"制度后来被推广
并适用于其他刑事犯罪。"死缓"制度既坚持了打击严重刑事犯罪的刑罚目的，又给犯罪
人改过自新的机会，符合现代刑法的谦抑原则。第二，确立了"管制"的刑罚制度，即
对罪行较轻的政治犯和其他刑事犯罪分子，不收监执行刑罚，而由公安机关执行，并由
群众监督进行劳动改造。"管制"产生于人民民主政权时期，是解放区为了适应当时的革
命环境而采取的一种刑罚执行方式。中华人民共和国成立后，经过对其内容的充实和完
善，"管制"正式成为一种刑罚制度。1952 年 4 月颁布的《中华人民共和国惩治贪污条
例》规定，自由刑分为无期徒刑、有期徒刑、劳役（拘役）、管制，自此，新中国自由刑
体系的框架形成，故 A、B 两选项正确。

4. 答案：ABCD

解析：《中华人民共和国婚姻法》于 1950 年 3 月 3 日政务院第二十二次政务会议通
过，1950 年 4 月 13 日中央人民政府委员会第七次会议通过，是中华人民共和国成立后颁
布的第一部法律，共 8 章 27 条。其内容包括：原则、结婚、夫妻间的权利和义务、父母
子女间的关系、离婚、离婚后子女的抚养和教育、离婚后的财产和生活、附则。该法第
1 条规定："废除包办强迫、男尊女卑、漠视子女利益的封建主义婚姻制度。实行男女婚
姻自由、一夫一妻、男女权利平等、保护妇女和子女合法权益的新民主主义婚姻制度。"
《中华人民共和国婚姻法》的实施对保护妇女权益、提高妇女地位起到了积极作用。故本
题答案为 A、B、C、D 项。

5. 答案：CD

解析：《中华苏维埃共和国宪法大纲》是第一部由劳动人民制定、确保人民民主制度
的根本大法，是中国共产党领导人民反帝反封建的工农民主专政的伟大纲领，肯定了革
命胜利成果，提出了斗争的方向。故 A 选项错误。1947 年 10 月 10 日，人民解放军发布
《中国人民解放军宣言》（又称为《双十宣言》），提出了"打倒蒋介石，解放全中国"的
政治任务，并宣布实现这一任务的八项基本政策。故 B 选项错误。《共同纲领》规定了中
华人民共和国的政权机构、军事制度、经济政策、文化教育政策、民族政策、外交政策
的总原则以及人民享有的民主权利。《共同纲领》是中国宪法史上第一个比较完备的新民
主主义性质的宪法性文件，它的制定对确立新中国成立初期的大政方针、巩固新生的人

民民主专政政权起到了重要的法律保障作用，发挥着临时宪法的作用。故 C 选项正确。1954 年 9 月，第一届全国人民代表大会第一次会议通过了新中国的第一部宪法。"五四宪法"推进了人民民主法制建设，为中国各项建设事业的成功奠定了坚实的法律基础。故 D 选项正确。

（三）不定项选择题

1. 答案：CD

解析：1950 年 6 月，中央人民政府颁布了《土地改革法》，共 6 章 40 条，内容包括总则、土地的没收和征收、土地的分配、特殊土地问题的处理、土地改革的执行机关和执行方法、附则。该法第 1 条规定："废除地主阶级封建剥削的土地所有制，实行农民的土地所有制，借以解放农村生产力，发展农业生产，为新中国的工业化开辟道路。"《土地改革法》规定没收地主阶级的土地、耕畜、农具等生产资料以及多余的粮食、房屋，并分配给无地少地的贫雇农，故 C 选项不正确。《土地改革法》制定于"五四宪法"之前，D 选项说法不正确。

2. 答案：CD

解析："五四宪法"公布后，《人民法院组织法》于 1954 年 9 月通过。1954 年《人民法院组织法》确定了基本的审判制度。在审级方面，人民法院审理案件实行两审终审制，亦称四级二审制。故 A 选项错误，不选。人民法院审理案件，除法律有特别规定外，宣告判决一律公开进行。人民法院审理案件，实行合议制，但是简单的民事案件、轻微的刑事案件和法律另有规定的案件除外。故 B 选项错误，不选。人民法院审理第一审案件，实行人民陪审员制度，但是简单的民事案件、轻微的刑事案件和法律另有规定的案件除外。故 C、D 选项正确，可选。

3. 答案：ABCD

解析："死缓"制度创制于镇压反革命运动中。1951 年，毛泽东亲自起草了《中央关于对犯有死罪的反革命分子应大部采取判处死刑缓期执行政策的决定》，具体规定了判处"死缓"的比例。这个决定下达不久，全国公安会议在北京召开。这次会议确定了"死缓"刑名，并形成《第三次全国公安会议决议》。"死缓"制度后来推广适用于其他刑事犯罪。"死缓"制度既坚持了打击严重刑事犯罪的刑罚目的，又给犯罪人改过自新的机会，符合现代刑法的谦抑原则。因此，A、B 选项正确。"管制"刑创制于人民民主政权时期，即对犯罪分子不予关押，但限制其一定自由，是在当地政府和群众监督下进行劳动改造的刑罚手段。1952 年 4 月颁布的《中华人民共和国惩治贪污条例》规定，自由刑为无期徒刑、有期徒刑、劳役（拘役）、管制，新中国自由刑体系的框架形成。故 C、D 选项正确。

二、简答题

1. 参考答案：1954 年 9 月，第一届全国人民代表大会第一次会议通过了新中国第一部宪法，又称"五四宪法"。"五四宪法"的主要内容是：（1）明确了国家的基本原则和政治制度，规定了我国根本政治制度，确认了我国是工人阶级领导的、以工农联盟为基础的人民民主国家的国体和人民代表大会制度的政体；（2）规定我国是统一的多民族国家，确定了民族自治地方（分为自治区、自治州、自治县三级），明确了民族自治机关可以制定自治条例和单行条例；（3）规定公民享有广泛的政治、经济、文化生活方面的权利；（4）在财产权方面，除特别强调公有财产的神圣性之外，对公民以生活资料为主的财产所有权加以保护；（5）在经济制度方面，规定我国实行全民、集体、个体和资本家所有制，并规定有条件地逐步限制个体所有制和资本家所有制，实行社会主义计划经济。

"五四宪法"从实际出发，采取实事求是的态度，极大地提高了广大人民的宪法意识和国家观念，人民群众以国家主人翁的姿态积极投身于各项建设事业。"五四宪法"推进了人民民主法制建设，为中国各项建设事业的成功奠定了坚实的法律基础。

2. 参考答案：新中国成立初期，在刑罚制度方面，创造性地形成了"死缓"和"管制"的制度。第一，在镇压反革命运动中创制了死刑缓期执行的方法。1951年，毛泽东亲自起草了《中央关于对犯有死罪的反革命分子应大部采取判处死刑缓期执行政策的决定》，具体规定了判处"死缓"的人数比例。这个决定下达不久，全国公安会议在北京召开。这次会议确定了"死缓"刑名，并形成《第三次全国公安会议决议》。"死缓"制度后来被推广并适用于其他刑事犯罪。"死缓"制度既坚持了打击严重刑事犯罪的刑罚目的，又给犯罪人改过自新的机会，符合现代刑法的谦抑原则。第二，创立了"管制"的刑罚制度，即对罪行较轻的政治犯和其他刑事犯罪分子，不收监执行刑罚，而由公安机关执行，由群众监督进行劳动改造。1952年4月颁布的《中华人民共和国惩治贪污条例》规定，自由刑分为无期徒刑、有期徒刑、劳役（拘役）、管制，自此，新中国自由刑体系的框架形成。

三、论述题

参考答案：《中华人民共和国婚姻法》于1950年3月3日政务院第二十二次政务会议通过，1950年4月13日中央人民政府委员会第七次会议通过，是中华人民共和国成立后颁布的第一部法律，共8章27条。其内容包括：原则、结婚、夫妻间的权利和义务、父母子女间的关系、离婚、离婚后子女的抚养和教育、离婚后的财产和生活、附则。该法第1条规定："废除包办强迫、男尊女卑、漠视子女利益的封建主义婚姻制度。实行男女婚姻自由、一夫一妻、男女权利平等、保护妇女和子女合法权益的新民主主义婚姻制度。"《中华人民共和国婚姻法》的颁布与实施对保护妇女权益、提高妇女地位、提高婚姻质量等都起到了积极作用。

四、拓展延伸阅读

（一）著作
1. 张希坡. 人民代表大会制度创建史. 北京：中共党史出版社，2009.
2. 杨一凡，等. 中华人民共和国法制史. 北京：社会科学文献出版社，2010.
3. 王建军. 新中国成立初期国家治理体系的构建（1949—1956）. 北京：人民日报出版社，2020.

（二）论文
赵晓耕，段瑞群. 1952年司法改革运动与法学界的反思：以北京市旧司法人员清理与改造为视角. 北方法学，2017（02）.

第十八章　中国特色社会主义法律体系的形成（1977—2010 年）

第一部分　本章知识点速览

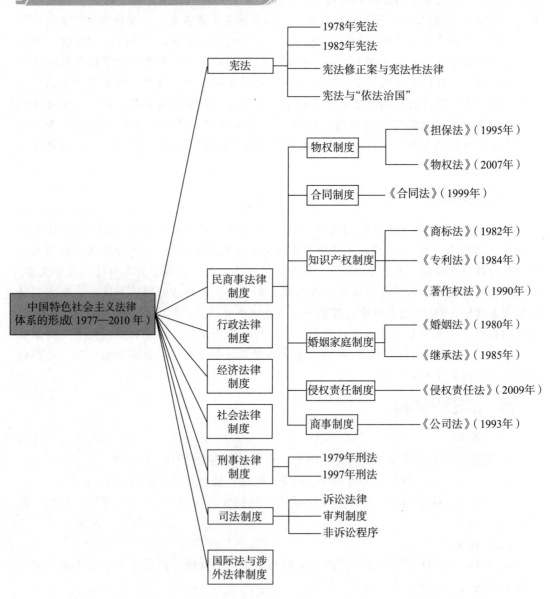

第二部分 本章核心知识要点解析

一、宪法

【难度与热度】

难度：☆ 热度：☆☆

【内容解析】

掌握宪法、宪法修正案的制定背景、内容以及"依法治国"方略的提出。

第一，1978 年《中华人民共和国宪法》（以下简称 1978 年宪法）是新中国成立后制定的第三部宪法。与"七五宪法"相比，1978 年宪法恢复了"五四宪法"中关于公民基本权利和国家机关的某些规定，取消了"七五宪法"中一些不合时宜甚至错误的规定，同时还补充了一些新的条款或表述，反映了时代的要求。但由于指导宪法修改的方针、路线依然没有彻底摆脱"文化大革命"的影响，所以，1978 年宪法仍然有其局限性，于是又不得不在 1979 年和 1980 年对其进行了两次局部修正。1978 年宪法作为一部过渡性的宪法，为 1982 年全面修宪奠定了基础。

第二，关于 1982 年《中华人民共和国宪法》（以下简称 1982 年宪法）。1978 年宪法颁布后不久，中共十一届三中全会召开，会议总结新中国成立以来的历史经验，并根据新情况制定了一系列正确的方针与政策。1982 年 12 月 4 日，第五届全国人大第五次会议正式通过了新中国成立后的第四部宪法。1982 年宪法是我国社会主义宪法发展史上的一座里程碑，在内容和形式上均具有许多优点和进步，主要包括以下四个方面：（1）从宪法层面摒弃了"以阶级斗争为纲"的整体思路，提出"今后国家的根本任务是集中力量进行社会主义现代化建设"，并提出了四个现代化的发展战略和"把我国建设成为高度文明、高度民主的社会主义国家"的长远目标。（2）把建设民主、文明的社会主义政治制度确立为国家的根本任务之一。政治体制改革开始推进，政治民主化进程开始启动，明确了国家一切权力属于人民这一重要原则，完善了人民代表大会制度。重新确立了法律面前人人平等，一切国家机关、政党、社会团体、企事业组织和公民个人都必须遵守宪法和法律等原则。（3）确认了经济体制改革全面铺开，并通过规定根本任务和基本原则，为改革开放提供了法律支撑。（4）创造性地设置了特别行政区制度，进一步完善了民族区域自治制度，维护国家统一和民族团结。

第三，关于宪法修正案与宪法性法律。随着改革开放和社会主义现代化建设的深入发展，一些新情况、新问题不断出现，宪法的某些规定不能适应现实情况，所以全国人大通过宪法修正案的方式完善宪法的内容，保持宪法的长期稳定，维护宪法权威。截至2010 年，全国人大分别在 1988 年、1993 年、1999 年、2004 年通过了 4 个宪法修正案，补充和完善了宪法制定时因时代条件和客观认知的局限而没有写入的内容，以及后来实践中出现的新情况、新问题。除宪法修正案以外，十一届三中全会以后，随着大规模立法工作的展开，我国还制定了一系列宪法性法律，即与宪法内容直接相关、内含了某些宪法规范的、与宪法配套的法律，例如《选举法》《地方组织法》《人民法院组织法》《人民检察院组织法》《港澳基本法》等。以 1982 年宪法为核心，辅之以这些宪法性法律，组成了当下中国的宪法体系，共同构建了我国社会主义宪法秩序的规范基础。

第四，关于宪法与依法治国。中共十五大报告在党的历史上第一次提出了"依法治国，建设社会主义法治国家"的治国方略，1999 年 3 月 15 日，根据中共十五大的精神，第九届全国人大第二次会议通过宪法修正案，把"依法治国，建设社会主义法治国家"写入宪法。1982 年宪法建立了一系列反映、体现和支撑依法治国方略的法律制度体系和法治思想体系。

二、民商事法律制度

【难度与热度】

难度：☆　热度：☆

【内容解析】

为了适应社会主义现代化建设的需要，1986 年 4 月 12 日，第六届全国人大第四次会议通过了《中华人民共和国民法通则》，成为改革开放后中国民事立法的重大开端。随着社会主义市场经济体制的建立和完善，我国相继颁布了一系列重要的民商事法律，为形成完整的民商事法律体系打下了牢固的基础。

第一，物权制度方面。制定了《担保法》（1995 年 6 月 30 日通过，1995 年 10 月 1 日起施行）、《物权法》（2007 年 3 月 16 日通过，2007 年 10 月 1 日起施行）等法律。

第二，合同制度方面。改革开放后，我国先后制定了三部合同法，分别是《经济合同法》（1981 年 12 月 13 日通过，1982 年 7 月 1 日生效，1993 年 9 月 2 日修正）、《涉外经济合同法》（1985 年 3 月 21 日通过）、《技术合同法》（1987 年 6 月 23 日通过）。这三部合同法的规定在当时发挥了重要作用，但也存在很多问题。自 1992 年以建立社会主义市场经济体制为改革目标以来，制定一部统一的、完备的、现代化的合同法就成为一项重要任务。1999 年 3 月 15 日通过的《合同法》，成为调整市场经济与人们社会生活的一部重要法律。

第三，知识产权制度方面。1982 年 8 月 23 日，第五届全国人大常委会通过了《商标法》，随着改革开放的深入和经济形势的发展，我国又于 1993 年 2 月 22 日修改了《商标法》。1984 年 3 月 12 日，第六届全国人大常委会第四次会议通过了《专利法》，并于 1985 年 4 月 1 日起正式实施。为了使《专利法》进一步与国际接轨，我国又于 1992 年 9 月 4 日通过了《专利法修正案》，对《专利法》作了重要修改。1985 年国家版权局成立。1990 年 9 月 7 日，第七届全国人大通过了《著作权法》。国家版权局于 1991 年 5 月 30 日颁布了《著作权法实施条例》。2000—2001 年，为使我国的知识产权法律全面符合世界贸易组织《与贸易有关的知识产权协议》（简称 TRIPS 协议）的要求，为加入世界贸易组织创造条件，我国对《专利法》《商标法》再次进行修改，并对《著作权法》进行第一次修改。

第四，婚姻家庭制度方面。制定了《婚姻法》（1980 年 9 月 10 日通过，1981 年 1 月 1 日起施行，2001 年 4 月 28 日修正）、《继承法》（1985 年 4 月 10 日颁布）、《收养法》（1991 年 12 月 29 日颁布，1998 年 11 月 4 日修正）等法律。

第五，侵权责任法律制度方面。2009 年 12 月 26 日，第十一届全国人大常委会第十二次会议通过了《侵权责任法》，自 2010 年 7 月 1 日起施行。

第六，商事法律制度方面。1993年12月29日，第八届全国人大常委会第五次会议通过了《公司法》，自1994年7月1日起施行。该法在实施过程中，又经历了1999年修正、2004年修正和2005年修订。此外，国家还制定了《海商法》（1992年11月7日通过）、《票据法》（1995年5月10日通过）、《保险法》（1995年6月30日通过）、《证券法》（1998年12月29日通过）、《证券投资基金法》（2003年10月28日通过）、《企业破产法》（2006年8月27日通过）等商事法律。

三、行政法律制度

【难度与热度】

难度：☆　热度：☆

【内容解析】

1989年4月4日，第七届全国人民代表大会第二次会议通过《行政诉讼法》，该法自1990年10月1日起施行。全国人大及其常委会还陆续通过了《国家赔偿法》（1994年5月12日通过，2010年4月29日修正）、《行政处罚法》（1996年3月17日通过，2009年8月27日修正）、《行政监察法》（1997年5月9日通过，2010年6月25日修正）、《行政复议法》（1999年4月29日通过，2009年8月27日修正）、《行政许可法》（2003年8月27日通过）、《公务员法》（2005年4月27日通过）、《治安管理处罚法》（2005年8月28日通过）等法律，我国的行政基本法律逐步完善。

四、经济法律制度

【难度与热度】

难度：☆　热度：☆

【内容解析】

改革开放以来，我国制定了一系列经济法律，为经济和社会平稳发展提供了法律保障。在市场规制方面，我国制定了《产品质量法》（1993年2月22日通过，2000年7月8日修正，2009年修正）、《反不正当竞争法》（1993年9月2日通过）、《消费者权益保护法》（1993年10月31日通过，2009年8月27日修正）、《反垄断法》（2007年8月30日通过）、《食品安全法》（2009年2月28日通过）等法律。在劳动法律方面，我国颁布了《劳动法》（1994年7月5日通过，2009年8月27日修正）和涉及金融、财政、税收、环境保护、经济监管等方面的法律。

五、社会法律制度

【难度与热度】

难度：☆　热度：☆

【内容解析】

在社会保险立法方面，2010年10月28日，第十一届全国人大常委会第十七次会议通过了《社会保险法》。这部法律不仅有利于保民生、保稳定，而且有利于应对人口老龄化趋势、扩大国内消费需求。在社会福利立法方面，2007年8月30日，第十届全国人大常委会第二十九次会议通过的《就业促进法》，开中国社会福利立法之先河。在社会救济立法方面，国务院发布了一系列的法规和政策性文件，并在实践基础上逐步修改和完善。

六、刑事法律制度

【难度与热度】

难度：☆   热度：☆☆

【内容解析】

1979 年 7 月 1 日，第五届全国人大第二次会议通过了《中华人民共和国刑法》（以下简称 1979 年刑法），自 1980 年 1 月 1 日起施行，标志着我国第一部社会主义刑法典的诞生。但是囿于制定时的历史环境，1979 年刑法带有较强的政治色彩。1979 年刑法颁布后，为适应政治、经济和社会情况的变化，全国人大常委会又相继制定了 24 个单行刑事法规，并在 107 个非刑事法律中规定附属刑事规范，对 1979 年刑法作了大量的补充和修改，完善了我国刑法体系，弥补了 1979 年刑法的不足。

1997 年 3 月 14 日，第八届全国人大第五次会议修订了 1979 年刑法，修订后的《中华人民共和国刑法》（以下简称 1997 年刑法）自 1997 年 10 月 1 日起实施。相较于 1979 年刑法，1997 年刑法进行了大幅度的修改，体现了时代特征和社会的发展变化。将罪刑法定原则、法律面前人人平等原则和罪刑相适应原则确定为刑法的基本原则，充分体现了对基本人权的保障。1997 年刑法颁布后，全国人大常委会又根据实际需要，颁布单行刑法，并针对刑法分则有关犯罪制定了刑法修正案和立法解释。

七、司法制度

【难度与热度】

难度：☆   热度：☆

【内容解析】

第一，诉讼法律的制定与实施。我国颁布并实施了《刑事诉讼法》《民事诉讼法》《行政诉讼法》三大诉讼法，这标志着我国的司法制度正在步入民主化、法治化的轨道。我国第一部《刑事诉讼法》于 1979 年 7 月 1 日经第五届全国人大第二次会议通过，1980 年 1 月 1 日开始实施。这部《刑事诉讼法》是在我国法制极不完备的背景下制定的，过于强调国家机关的权力，忽视了对人权的保障。1996 年 3 月 17 日，第八届全国人大第四次会议通过了修改后的《刑事诉讼法》，自 1997 年 1 月 1 日起施行。《刑事诉讼法》的修正，标志着我国刑事诉讼程序步入民主化、科学化的发展轨道。为更好地适用《刑事诉讼法》，最高人民法院、最高人民检察院陆续发布了一系列有关刑事诉讼方面的司法解释。《民事诉讼法》是人民法院审理民事案件所依据的基本程序法，现行的《民事诉讼法》于 1991 年 4 月 9 日经第七届全国人大第四次会议审议通过，并在 2007 年 10 月进行了修改，最高人民法院亦颁布了一系列的有关民事诉讼方面的司法解释。

第二，审判制度。根据案件性质的不同，审判制度可相应区分为刑事审判制度、民事审判制度和行政审判制度。其中，公开审判制度、合议制度、两审终审制度、陪审制度、回避制度和审判委员会制度等是三种审判中共同的审判制度。而刑事、民事、行政审判因案件性质和审理特点的差异又形成了各自不同的制度。

第三，非诉讼程序。改革开放以来，我国的立法活动空前活跃，在非诉讼程序立法方面也取得了很大进展，制定了仲裁制度、调解制度等。

八、国际法与涉外法律制度

【难度与热度】

难度：☆　热度：☆

【内容解析】

随着改革开放的深入发展，中国缔结或参加的国际公约和签订的多边或双边条约、协定、协议也日益增多。同时，中国也制定了大量涉外刑事法律（如 2000 年 12 月 28 日通过的《引渡法》等）、民商事法律和司法协助制度等。

》 第三部分　同步练习

一、选择题

（一）单项选择题

1. 以下哪部宪法首次提出设置特别行政区制度？（　　）

A. 1954 年宪法　　　　　　　　　　B. 1975 年宪法

C. 1978 年宪法　　　　　　　　　　D. 1982 年宪法

2. 截至 2010 年，全国人大一共通过了（　　）个宪法修正案？

A. 2 个　　　　　B. 3 个　　　　　C. 4 个　　　　　D. 5 个

3. 我国第一部社会主义刑法典颁布于（　　）。

A. 1954 年　　　　B. 1975 年　　　　C. 1979 年　　　　D. 1997 年

4. 我国将 12 月 4 日设立为国家宪法日，是因为（　　）。

A. 1954 年宪法的施行日是 12 月 4 日

B. 1975 年宪法的施行日是 12 月 4 日

C. 1978 年宪法的施行日是 12 月 4 日

D. 1982 年宪法的施行日是 12 月 4 日

5. 1982 年宪法是新中国成立后制定的第（　　）部宪法。

A. 2　　　　　　　B. 3　　　　　　　C. 4　　　　　　　D. 5

6. 以下行政法律按通过时间先后排序，正确的是（　　）。

a.《国家赔偿法》b.《行政诉讼法》c.《行政许可法》d.《行政复议法》

A. abdc　　　　　B. badc　　　　　C. abcd　　　　　D. dabc

7. 依法治国方略正式入宪是在（　　）宪法修正案中。

A. 1988 年　　　　B. 1993 年　　　　C. 1999 年　　　　D. 2004 年

8. 我国第一个宪法修正案颁布于（　　）。

A. 1985 年　　　　B. 1988 年　　　　C. 1993 年　　　　D. 1999 年

9. 关于 1979 年刑法，下列说法正确的是（　　）。

A. 是中国第一部社会主义刑法典

B. 确立了罪刑法定原则

C. 充分体现了对基本人权的保障

D. 为适应社会情况变化，以修正案形式对刑法作了补充和修改

10. 改革开放以来，我国制定了一系列经济法律，为经济和社会平稳发展提供了法律保障。以下经济法律中，施行时间最早的法律是（　　　）。

A.《产品质量法》 　　　　　　　 B.《反不正当竞争法》

C.《消费者权益保护法》 　　　　 D.《食品安全法》

（二）多项选择题

1. 1999 年《合同法》出台之前，我国可以适用的合同法有（　　　）。

A.《经济合同法》 　　　　　　　 B.《劳动合同法》

C.《涉外经济合同法》 　　　　　 D.《技术合同法》

2. 下列关于《社会保险法》的说法，正确的是（　　　）。

A. 有利于应对人口老龄化趋势 　　 B. 有利于扩大国内消费需求

C. 有利于保民生、保稳定 　　　　 D. 于 2000 年 10 月 28 日通过

3. 刑事、民事和行政审判所共有的审判制度有（　　　）。

A. 公开审判制度 　　　　　　　　 B. 合议制度

C. 举证责任倒置制度 　　　　　　 D. 审判委员会制度

4. 下列关于 1982 年宪法，说法正确的是（　　　）。

A. 是新中国成立后颁布的第五部宪法

B. 把建设民主文明的社会主义政治制度确立为国家的根本任务之一

C. 提出了四个现代化的发展战略

D. 提出必要时设置特别行政区制度

5. 下列关于 1979 年《刑事诉讼法》的说法，正确的有（　　　）。

A. 是新中国成立后颁行的第一部《刑事诉讼法》

B. 强调对人权的保障

C. 标志着我国的司法制度正在步入民主化、法治化的轨道

D. 过于强调国家机关的权力

（三）不定项选择题

1. 下列关于 1997 年刑法的说法，正确的有（　　　）。

A. 1997 年刑法的大幅修改，体现了时代特征和社会的发展变化

B. 强调对人权的保障

C. 将罪刑法定原则、法律面前人人平等原则和罪刑相适应原则确定为刑法的基本原则

D. 过于强调国家机关的权力

2. 下列关于 1978 年宪法的说法，正确的有（　　　）。

A. 从宪法层面摒弃了"以阶级斗争为纲"的路线

B. 是新中国成立后颁行的第四部宪法

C. 恢复了"五四宪法"中关于公民基本权利的部分规定

D. 是一部过渡性的宪法，为 1982 年宪法奠定基础

3. 下列关于我国司法制度的说法，正确的有（   ）。

A. 新中国成立后颁布的第一部诉讼法是 1979 年《刑事诉讼法》

B. 三大诉讼法的制定与实施，标志着我国的司法制度正在步入民主化、法治化的轨道

C. 改革开放以来，我国在非诉讼程序法方面取得了较大进展，建立了仲裁、调解等制度

D. 现行《行政诉讼法》的颁行早于《民事诉讼法》

二、简答题

1. 简要论述 1982 年宪法的特点。

2. 简要论述 1997 年刑法的特点。

三、论述题

论述中国特色社会主义法律体系的形成时期（1977—2010 年）的民商事立法成就。

参考答案及解析

一、选择题

（一）单项选择题

1. 答案：D

解析：1982 年宪法是中国社会主义宪法发展史上的一座里程碑，创造性地设置了特别行政区制度，进一步完善了民族区域自治制度，维护了国家统一和民族团结。故答案为 D 选项。

2. 答案：C

解析：截至 2010 年，全国人大分别于 1988 年、1993 年、1999 年、2004 年通过了 4 个宪法修正案，补充和完善了制定宪法时因时代条件和客观认知的局限而没有写入的内容，以及后来实践中出现的新情况、新问题。故答案为 C 选项。

3. 答案：C

解析：1979 年 7 月 1 日，第五届全国人大第二次会议通过了《中华人民共和国刑法》，自 1980 年 1 月 1 日起施行。我国第一部社会主义刑法典的诞生，标志着我国的刑事立法进入了一个新的历史时期。故答案为 C 选项。

4. 答案：D

解析：2014 年 11 月 1 日，第十二届全国人民代表大会常务委员会第十一次会议通过《全国人民代表大会常务委员会关于设立国家宪法日的决定》，将 1982 年宪法施行日 12 月 4 日设立为国家宪法日，故答案为 D 项。

5. 答案：C

解析：新中国成立后，一共制定了 1954 年、1975 年、1978 年、1982 年四部宪法，故 1982 年宪法是新中国成立后的第 4 部宪法，故答案选 C 项。

6. 答案：B

解析：《行政诉讼法》于 1989 年 4 月 4 日通过，自 1990 年 10 月 1 日起施行。《国家赔偿法》于 1994 年 5 月 12 日通过，2010 年 4 月 29 日修正。《行政复议法》自 1999 年 4 月 29 日通过，2009 年 8 月 27 日修正。《行政许可法》自 2003 年 8 月 27 日通过。故按时间先后排序为《行政诉讼法》《国家赔偿法》《行政复议法》《行政许可法》，答案为 B 项。

7. 答案：C

解析：1997 年 9 月 12 日，中共十五大报告在党的历史上第一次提出了"依法治国，建设社会主义法治国家"的治国方略，1999 年 3 月 15 日，根据中共十五大的精神，第九届全国人大第二次会议通过宪法修正案，把"依法治国，建设社会主义法治国家"写入宪法，故答案选 C 项。

8. 答案：B

解析：全国人大分别在 1988 年、1993 年、1999 年、2004 年通过了 4 个宪法修正案，补充完善了宪法的内容，保持了宪法的长期稳定，维护了宪法权威。本题答案为 B 选项。

9. 答案：A

解析：1979 年 7 月 1 日，第五届全国人大第二次会议通过了《中华人民共和国刑法》，自 1980 年 1 月 1 日起施行，标志着我国第一部社会主义刑法典的诞生。但是囿于制定时的历史环境，1979 年刑法带有较强的政治色彩。1979 年刑法颁布后，为适应政治、经济和社会情况的变化，全国人大常委会又相继制定了 24 个单行刑事法规，并在 107 个非刑事法律中规定附属刑事规范，对 1979 年刑法作了大量的补充和修改，完善了我国刑法体系，弥补了 1979 年刑法的不足。故 A 选项正确，D 选项不正确。B、C 选项是 1997 年刑法的内容。

10. 答案：A

解析：改革开放以来，我国制定了一系列经济法律，为经济和社会平稳发展提供了法律保障。在市场规制方面，制定了《产品质量法》(1993 年 9 月 1 日施行)、《反不正当竞争法》(1993 年 12 月 1 日施行)、《消费者权益保护法》(1994 年 1 月 1 日施行)、《反垄断法》(2008 年 8 月 1 日施行)、《食品安全法》(2009 年 6 月 1 日施行) 等法律。故本题选 A 选项。

(二) 多项选择题

1. 答案：ACD

解析：在 1999 年《合同法》出台之前，我国曾出现过三部合同法，分别是《经济合同法》(1981 年 12 月 13 日通过，1982 年 7 月 1 日生效，1993 年 9 月 2 日修正)、《涉外经济合同法》(1985 年 3 月 21 日通过)、《技术合同法》(1987 年 6 月 23 日通过)。这三部合同法的规定在当时发挥了重要作用，故 A、C、D 项正确。《劳动合同法》于 2007 年 6 月 29 日通过，故不选 B 项。

2. 答案：ABC

解析：在社会保险立法方面，2010 年 10 月 28 日，第十一届全国人大常委会第十七次会议通过了《社会保险法》，该法不仅有利于保民生、保稳定，而且有利于应对人口老龄化趋势、扩大国内消费需求，故 D 项错误，答案为 A、B、C 项。

3. 答案：ABD

解析：刑事、民事、行政审判中所共有的制度有公开审判制度、合议制度、两审终审制度、陪审制度、回避制度和审判委员会制度等，故答案为 A、B、D 项。而举证责任倒置制度主要出现在行政审判中，由被告行政机关对作出的行政行为负举证责任，行政机关应当提供作出行政行为的证据和所依据的规范性文件，故 C 项不选。

4. 答案：BCD

解析：1982 年 12 月 4 日，第五届全国人大第五次会议正式通过了新中国成立后的第四部宪法。故 A 选项不正确，不选。1982 年宪法是我国社会主义宪法发展史上的一座里程碑，内容和形式上均具有许多优点和进步，主要包括以下四个方面：（1）从宪法层面摒弃了"以阶级斗争为纲"的整体思路，提出"今后国家的根本任务是集中力量进行社会主义现代化建设"，并提出了四个现代化的发展战略和"把我国建设成为高度文明、高度民主的社会主义国家"的长远目标。（2）把建设民主文明的社会主义政治制度确立为国家的根本任务之一。政治体制改革开始推进，政治民主化进程开始启动，明确了国家一切权力属于人民这一重要原则，完善了人民代表大会制度。重新确立了法律面前人人平等，一切国家机关、政党、社会团体、企事业组织和公民个人都必须遵守宪法和法律等原则。（3）确认了经济体制改革全面铺开，并通过规定根本任务和基本原则，为改革开放提供了法律支撑。（4）创造性地设置了特别行政区制度，进一步完善了民族区域自治制度，维护国家统一和民族团结。

5. 答案：AD

解析：我国第一部《刑事诉讼法》于 1979 年 7 月 1 日经第五届全国人大第二次会议通过，1980 年 1 月 1 日开始实施。这部《刑事诉讼法》是在我国法制极不完备的背景下制定的，过于强调国家机关的权力，忽视了对人权的保障。故 A、D 选项正确。

（三）不定项选择题

1. 答案：ABC

解析：1997 年 3 月 14 日，第八届全国人大第五次会议修订了《中华人民共和国刑法》，并自 1997 年 10 月 1 日起实施。相较于 1979 年刑法，1997 年刑法进行了大幅度的修改，体现了时代特征和社会的发展变化。将罪刑法定原则、法律面前人人平等原则和罪刑相适应原则确定为刑法的基本原则，充分体现了对基本人权的保障。因此，本题选择 A、B、C 选项。

2. 答案：CD

解析：1978 年宪法是新中国成立后颁布的第三部宪法。与"七五宪法"相比，1978年宪法恢复了"五四法"中关于公民基本权利和国家机关的某些规定，取消了"七五宪法"中一些不合时宜甚至错误的规定，同时还补充了一些新的条款或表述，反映了时代的要求。但由于指导宪法修改的方针、路线依然没有彻底摆脱"文化大革命"的影响。1978 年宪法作为一部过渡性的宪法，为 1982 年全面修宪奠定了基础。因此本题选 C、D 选项。

3. 答案：ABCD

解析：我国第一部《刑事诉讼法》于 1979 年 7 月 1 日经第五届全国人大第二次会议通过，1980 年 1 月 1 日开始实施。这部《刑事诉讼法》是在我国法制极不完备的背景下制定的，过于强调国家机关的权力，忽视了对人权的保障。1989 年 4 月 4 日，第七届全国人大第二次会议通过《行政诉讼法》，该法自 1990 年 10 月 1 日起施行。现行的《民事诉讼法》于1991年4月9日经第七届全国人大第四次会议审议通过。故A、D选项正确。三大诉讼法的制定与实施，标志着我国的司法制度正在步入民主化、法治化的轨道，故B选项正确。改革开放以来，我国的立法活动空前活跃，在非诉讼程序法方面也取得了很大进展，建立了仲裁、调解等制度，故C选项正确。

二、简答题

1. 参考答案：1978年宪法颁布后不久，中共十一届三中全会召开。会议总结新中国成立以来的历史经验，并根据新情况制定了一系列正确的方针与政策。1982年12月4日，第五届全国人大第五次会议正式通过了新中国成立后的第四部宪法。1982年宪法是我国社会主义宪法发展史上的一座里程碑，在内容和形式上均具有许多优点和进步，主要包括以下四个方面：（1）从宪法层面摒弃了"以阶级斗争为纲"的整体思路，提出"今后国家的根本任务是集中力量进行社会主义现代化建设"，并提出了四个现代化的发展战略和"把我国建设成为高度文明、高度民主的社会主义国家"的长远目标。（2）把建设民主、文明的社会主义政治制度确立为国家的根本任务之一。政治体制改革开始推进，政治民主化进程开始启动，明确了国家一切权力属于人民这一重要原则，完善了人民代表大会制度。重新确立了法律面前人人平等，一切国家机关、政党、社会团体、企事业组织和公民个人都必须遵守宪法和法律等原则。（3）确认了经济体制改革全面铺开，改革开放有序推进，并通过规定根本任务和基本原则，为改革开放提供了法律支撑。（4）创造性地设置了特别行政区制度，进一步完善了民族区域自治制度，维护了国家统一和民族团结。

2. 参考答案：1997年刑法是在我国初步建立市场经济的情况下修订的，包括总则、分则、附则三部分。相较于1979年刑法，1997年刑法进行了大幅度的修改，体现了时代特征和社会的发展变化。1997年刑法将罪刑法定原则、法律面前人人平等原则和罪刑相适应原则确定为刑法的基本原则，充分体现了对基本人权的保障。1997年刑法的内容比1979年刑法更为完善，且增强了可操作性，实现了刑法的统一性和完备性，标志着我国刑事立法进入了一个新的历史发展阶段。

三、论述题

参考答案：为了适应社会主义现代化建设的需要，1986年4月12日，第六届全国人大第四次会议通过了《民法通则》，成为改革开放后中国民事立法的重大开端。随着社会主义市场经济体制的建立和完善，我国相继颁布了一系列重要的民商事法律，为形成完整的民商事法律体系打下了牢固的基础。

第一，物权制度方面。我国制定了《担保法》（1995年6月30日通过，1995年10月1日起施行）、《物权法》（2007年3月16日通过，2007年10月1日起施行）等法律。

第二，合同制度方面。改革开放后，我国先后制定了三部合同法，分别是《经济合同法》（1981年12月13日通过，1982年7月1日生效，1993年9月2日修正）、《涉外经济合同法》（1985年3月21日通过）、《技术合同法》（1987年6月23日通过）。这三部合同法的规定在当时发挥了重要作用，但也存在很多问题。自1992年以建立社会主义市场经济体制为改革目标以来，制定一部统一的、完备的、现代化的合同法就成为一项重要任务。1999 年 3 月 15 日通过的《合同法》，成为调整市场经济与人们社会生活的一部重要法律。

第三，知识产权制度方面。1982 年 8 月 23 日，第五届全国人大常委会通过了《商标法》，随着改革开放的深入和经济形势发展，我国又于 1993 年 2 月 22 日修改了《商标法》。1984 年 3 月 12 日，第六届全国人大常委会第四次会议通过了《专利法》，自 1985 年 4 月 1 日起正式实施。为了使《专利法》进一步与国际接轨，我国又于 1992 年 9 月 4 日通过了《专利法修正案》，对《专利法》作了重要修改。1985 年国家版权局成立。1990 年 9 月 7 日第七届全国人大通过了《著作权法》。国家版权局于 1991 年 5 月 30 日颁布了《著作权法实施条例》。2000—2001 年，为使我国的知识产权法律全面符合世界贸易组织《与贸易有关的知识产权协议》（简称 TRIPS 协议）的要求，为加入世界贸易组织创造条件，我国对《专利法》《商标法》再次进行修改，并对《著作权法》进行第一次修改。

第四，婚姻家庭制度方面。我国制定了《婚姻法》（1980 年 9 月 10 日通过，1981 年 1 月 1 日起施行，2001 年 4 月 28 日修正）、《继承法》（1985 年 4 月 10 日颁布）、《收养法》（1991 年 12 月 29 日颁布，1998 年 11 月 4 日修正）等法律。

第五，侵权责任法律制度方面。2009 年 12 月 26 日，第十一届全国人大常委会第十二次会议通过了《侵权责任法》，自 2010 年 7 月 1 日起施行。

第六，商事法律制度方面。1993 年 12 月 29 日，第八届全国人大常委会第五次会议通过了《公司法》，自 1994 年 7 月 1 日起施行，该法在实施过程中，又于 1999 年修正、2004 年修正和 2005 年历经修订。此外，国家还制定了《海商法》（1992 年 11 月 7 日通过）、《票据法》（1995 年 5 月 10 日通过）、《保险法》（1995 年 6 月 30 日通过）、《证券法》（1998 年 12 月 29 日通过）、《证券投资基金法》（2003 年 10 月 28 日通过）、《企业破产法》（2006 年 8 月 27 日通过）等商事法律。

四、拓展延伸阅读

1.《中国特色社会主义法律体系的形成与发展》编写组．中国特色社会主义法律体系的形成与发展．北京：中国人民大学出版社，2011.

2. 朱景文．中国特色社会主义法律体系：结构、原则与制度阐释．北京：中国人民大学出版社，2018.

3. 谷春德．中国特色社会主义法治理论与实践研究．北京：中国人民大学出版社，2017.

4. 胡夏枫．立法与改革：1978—2018 年法律修改实践研究．北京：中国政法大学出版社，2018.

第十九章　香港、澳门特别行政区法制

第一部分　本章知识点速览

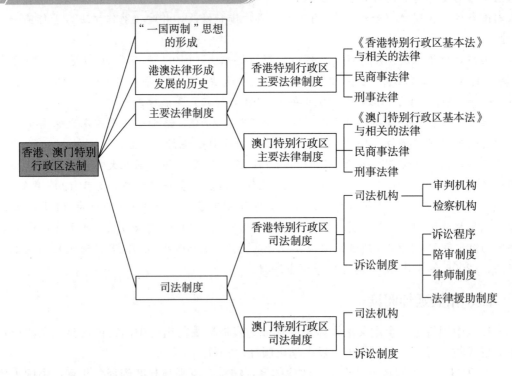

第二部分　本章核心知识要点解析

一、"一国两制"思想的形成

【难度与热度】

难度：☆　热度：☆☆

【内容解析】

"一国两制"是"一个国家、两种制度"的简称，指在一个中国的前提下，国家的主体坚持社会主义制度，香港、澳门和台湾地区则保留原有的资本主义制度在较长时期内不变的方针政策。1982 年宪法第 31 条规定，"国家在必要时得设立特别行政区"。这为"一国两制"制度的建立提供了直接的宪法依据。

中国于 1997 年、1999 年分别对香港、澳门恢复行使主权后，"一国两制"由科学构想变成法治现实。香港、澳门特别行政区依法实行高度自治，享有行政管理权、立法权、独立的司法权和终审权，继续保持原有的资本主义制度和生活方式不变，保持原有法律基本不变。中央政府严格依照基本法有关规定和宪法有关责任条款，对特别行政区行政长官和政府依法施政予以坚定支持。实践证明，"一国两制"是解决历史遗留问题的最佳方案，也是在对港澳恢复行使主权后，维护国家根本利益，保证其长期繁荣稳定的制度选择。

二、港澳法制形成、发展的历史

【难度与热度】

难度：☆☆☆　热度：☆

【内容解析】

（一）香港特别行政区法制形成、发展的历史

1842 年，清政府依据《南京条约》被迫将香港岛割让给英国。1860 年，清政府与英国签下《中英北京条约》，明确规定把九龙半岛界限街以南部分纳入香港。1898 年，英国政府以香港的防卫需要加强为由，迫使清廷签订《展拓香港界址专条》。英国通过上述三个不平等条约，实现了对香港地区（包括香港岛、南九龙和新界在内）的统治。

新中国成立后，在外交方面贯彻"独立自主"原则，不承认一切不平等条约。由于新中国成立不久，百废待兴，加之特殊的国际国内环境，对于香港问题，中国政府暂时采取了维持现状的政策。1963 年 3 月，中国首次公开声明：香港、澳门这类问题，属于历史上遗留下来的帝国主义强加于中国的一系列不平等条约的问题，对于这一类问题，应在条件成熟的时候经过谈判和平解决，在解决以前维持现状。

1972 年，中英互派大使之后，两国关系得到了较快发展，解决香港问题的时机日趋成熟。1982 年 9 月，邓小平在同来访的英国首相撒切尔夫人会见时明确提出，针对历史遗留的香港问题将使用"一个国家、两种制度"的方法来解决。中英两国关于解决香港问题的谈判从此正式开始。1984 年 12 月 19 日，中英在北京签署了《中英联合声明》。1985 年 5 月 27 日，两国政府在北京互换批准书，《中英联合声明》正式生效。中国于1997 年 7 月 1 日对香港恢复行使主权。

（二）澳门特别行政区法制形成、发展的历史

在春秋时期，澳门已属百粤之地。秦统一中国后，澳门地区便正式成为中国版图的一部分。从南宋时期开始，澳门地区归广东省广州府之下的香山县管辖。1557 年（明嘉靖三十六年），葡萄牙人求得在澳门的居住权，但明代中央政府仍在此设有官府，归广东省直接管辖。1582 年（明万历十年），在澳门居留的葡萄牙人自发选举成立自治机构"澳门议事会"，对澳门的葡人社区进行管理，并选举商人代表负责与中国地方官府联络和交涉。该议事会除管理市政卫生、市容等一般事务外，还和葡萄牙王室法官一同掌管葡人社区的治安和司法。1613 年（明万历四十一年），时任海道副使的俞安性针对居澳葡人的多种违法行为制定了《海道禁约》。从性质上讲，《海道禁约》属于中国地方性法规，显示了明代地方政府拥有对澳门完全的立法权、司法权以及行政管理权（包括关税权）。

1822 年，葡萄牙《皇家宪法》单方面宣布澳门为葡国海外领土，但事实上澳门的治权仍在中国政府手中。1842 年，趁清政府被迫与英国签订《南京条约》之机，葡萄牙企

图进一步扩大对澳门的侵占，要求清政府豁免地租银，同时向澳门半岛派驻军队。1845年 11 月 20 日，葡萄牙女王玛丽亚二世擅自将澳门宣布为自由港，并且拒绝向清政府交纳地租银。截至 1879 年，除青州外的整个澳门半岛及氹仔、路环两岛，全被葡方非法侵夺。1887 年中葡签订《中葡里斯本草约》《中葡北京条约》，确认中国允许葡方永驻并管理澳门以及属澳之地。

新中国在成立时宣布废除全部不平等条约，中国政府始终坚持对澳门的主权。1974年，葡萄牙建立共和制，宣布实行"非殖民政策"，并在 1976 年的新宪法中首次承认：澳门作为中国的领土，不是葡萄牙的殖民地，仅仅是由葡萄牙管理的一个特殊地区而已。1979 年，中葡两国发表建交公报，在澳门问题上达成原则性协议。葡萄牙承认：澳门是中国的领土，目前由葡萄牙政府管理，这是一个历史上遗留下来的问题，在适当的时期，中葡两国将通过友好协商来解决。1987 年 4 月 13 日，中葡双方在北京正式签署《中葡联合声明》。1999 年 12 月 20 日，中国正式恢复对澳门行使主权。

三、主要法律制度

【难度与热度】

难度：☆☆☆　热度：☆☆

【内容解析】

（一）香港特别行政区主要法律制度

第一，现行法律制度的特点。随着香港特别行政区的成立，在"一国两制"理论指导下，香港继续保持原有的法律制度，除《中华人民共和国香港特别行政区基本法》（以下简称《香港特区基本法》）附件三中列举的全国性法律之外，中央政府制定的法律并不直接在香港适用。香港特别行政区的法律渊源主要包括《香港特区基本法》附件三中列举的全国性法律、《香港特区基本法》、普通法与衡平法、制定法、传统法律与习惯及国际条约。香港特别行政区一方面吸收或直接适用其原有法律；另一方面也根据本地实际情况制定法律，兼采传统法律和本地习惯。因此，香港特别行政区的法律制度的特点表现为制定法、判例法和习惯法等多种法律形式的融合。

第二，《香港特区基本法》与相关的法律。1990 年 4 月 4 日，全国人民代表大会根据《中华人民共和国宪法》并按照法定程序制定《香港特区基本法》，内容包括香港特别行政区的政治结构与保障人权等。依据《香港特区基本法》，以下全国性法律适用于香港特别行政区：（1）有关国家主权象征的法律与决定；（2）有关国家外交、国防方面的法律与决定；（3）有关《香港特区基本法》解释和司法方面的法律与决定。

第三，民商事法律。香港特别行政区的民商事法律主要包括合约法、侵权法、财产法、行政法、家事法及税法。《香港法例》是香港特别行政区的成文法法例汇编，主要包括：《民事责任（分担）条例》《破产条例》等民商事成文法、《未成年人监护条例》《婚姻条例》《遗嘱条例》等家事成文法。此外，在知识产权、财经事务、金融机构、雇佣劳工、地政房屋、渔农矿务、环境自然、交通运输、船务港口、电讯广播等领域香港特别行政区也有大量成文法。

第四，刑事法律。香港特别行政区并没有一部成文刑事法典，主要的刑事法律制度是由成文法和习惯法共同构成的庞大且复杂的法规体系。香港特别行政区的刑法的调整范围非常广泛，许多在内地被视为一般或轻微的违法行为依据香港有关刑法则属于犯罪行为。

（二）澳门特别行政区主要法律制度

第一，现行法律制度。澳门回归祖国前，澳门的法律制度以葡萄牙法律为基础，在立法与司法等领域均受葡萄牙法律的影响，在司法领域表现得更明显。现行的澳门特别行政区法律制度是由全国性法律、澳门特别行政区原有法律、华南地区及澳门特别行政区当地风俗等共同构成的多元法律文化融合的法律制度。

第二，《中华人民共和国澳门特别行政区基本法》（以下简称《澳门特区基本法》）与相关法律。《澳门特区基本法》对澳门特别行政区政治组织、居民基本权利与义务等内容作了规定。澳门特别行政区的各项制度和政策均以《澳门特区基本法》为依据，任何法律、法令、行政法规和其他规范性文件均不得同《澳门特区基本法》相抵触。适用于澳门特别行政区的相关法律主要包括：一是有关国家主权象征的法律，二是有关国家外交、国防方面的法律，三是有关国家安全、司法方面的法律，四是有关政府组织和人民代表大会制度的法律。

第三，民商事法律。在澳葡政府时期，澳门主要的民事法典是直接适用于澳门地区的 1966 年《葡萄牙民法典》。1976 年葡萄牙国会制定了《澳门组织章程》，规定澳门地区享有立法自治权。随着澳门法律本地化工作的展开，澳门采取了民商分立的立法形式。澳门立法会和总督开始颁布多种商业法律法令作为对葡萄牙商法的补充。澳葡政府在 1989 年开始委托葡萄牙商法学家起草澳门新《公司法》，该法在结构上参照了 1888 年《葡萄牙商法典》和 1986 年《商业公司法典》。在 1999 年年初，基于中国对澳门恢复行使主权的实际需要，澳葡政府加速实施了一系列法律本地化措施，完成了《民法典》、《商法典》和《民事诉讼法典》等重要法典的草拟和中译工作。基于对原有法律传统的继承，《公司法》被并入《商法典》；新《民法典》基本保留了 1966 年《葡萄牙民法典》的内容、基本原则及精神，延续了总则、债、物权、亲属、继承五编编纂体例，共计 2 161 条。为配合法典的实施，澳葡政府于 1999 年年底通过了《澳门物业登记法典》、《澳门商业登记法典》和《澳门民事登记法典》等一系列程序性法律法规。为适应市场经济的发展，澳门在回归祖国后，对上述各法典又进行了数次修订。除一般《商法典》外，组成澳门商法体系的法律法规还包括其他单行商事组织法与商事行为法，如《产品责任法》《票据法》《保险法》《海商法》等，与民商法互补的经济法体系也在澳门快速发展起来。

第四，刑事法律。在澳门的刑法体系中，除了《刑法典》中的刑法规范，还存在由单行刑法和非刑事法律中的刑法规范（附属刑法）组成的特别刑法，特别刑法在司法实践中适用较广。具体而言，单行刑法是《刑法典》的补充，主要涉及惩治非法移民、妨碍公共卫生、非法赌博、管制武器及弹药等方面。附属刑法是非刑事法律中带有刑事责任的法律规范，例如，关于选举及保障基本权利和自由的法律、知识产权法律、交通管理法律及其他经济、文化领域的法律中含有的追究相关违法行为刑事责任的条款。

四、司法制度

【难度与热度】

难度：☆☆　　热度：☆☆☆

【内容解析】

（一）香港特别行政区司法制度

第一，司法机构。在港英时期，香港设有最高法院（内设高等法院和上诉法院）、地方法院、裁判司署以及准司法性质的机构，但香港不享有终审权，不服香港最高法院上诉法庭的判决的，需向英国枢密院司法委员会提起上诉。中国对香港恢复行使主权后，香港特别行政区原有法律基本不变，并且其享有独立司法权和终审权。香港特别行政区内设立终审法院、高等法院、区域法院、裁判署法庭和其他专门法庭。香港特别行政区的司法体制中不专门设立行使检控职能的机构，检控职能由多个行政部门联合行使：律政司隶属于香港特别行政区政府，负责对大多数刑事案件的检控工作。此外，警务处和廉政公署也承担部分检察职能。

第二，诉讼制度。香港法律依据诉讼目的，将诉讼划分为民事诉讼和刑事诉讼。在民事诉讼程序方面，香港不同级别的法院受理民事案件的程序有所不同。一般的民事诉讼程序可以分为入禀答辩、备审、审讯、执行判决和上诉五个阶段。在刑事诉讼程序方面，根据犯罪的类型不同，大体可以分为简易审判程序和公诉审判程序，对罪行极其严重的案件，在审判过程中适用陪审团制度。

（二）澳门特别行政区司法制度

第一，司法机构。在澳葡时期，澳门作为葡萄牙的一个法区，只设有初级法院，没有上诉法院。直至 1976 年，葡萄牙通过《澳门组织章程》，赋予澳门行政、财政和立法自治权，但是在司法方面，对澳门上诉、抗诉案件的审理权及案件的终审权仍属于葡萄牙法院。在回归祖国后，依据《澳门特区基本法》的相关规定及澳门特别行政区自行制定的《司法组织纲要法》《司法官通则》等配套法律法规，澳门特别行政区设立初级法院、中级法院和终审法院三级法院，享有独立的司法权和终审权。澳门特别行政区检察机构的设置采用单一组织架构，即只设置一个检察院，在各级法院设立办事处，委派检察长、助理检察长、检察官三个不同级别的司法检察官就任于对应级别的法院中，代表检察院履行法定职责。

第二，诉讼制度。在澳门特别行政区，《民事诉讼法典》、《刑事诉讼法典》、《行政诉讼法典》和《劳动诉讼法典》四部诉讼法典构成诉讼法律的主要渊源。

》》 第三部分　典型案例与同步练习

第一节　　典型案例

《香港特区国安法》的颁行

【案例史料】

2020 年 6 月 30 日上午，十三届全国人大常委会第二十次会议表决通过了《中华人民共和国香港特别行政区维护国家安全法》（以下简称《香港特区国安法》），由国家主席习近平签署主席令予以公布，自公布之日起施行。这部法律共 6 章、66 条，是一部兼具实体法、程序法和组织法内容的综合性法律。这部法律明确规定了香港特别行政区维护国家安全的职责和机构，危害国家安全的四类犯罪罪行和处罚，案件管辖、法律适用和程序，以及中央人民政府驻香港特别行政区维护国家安全机构等内容，建立起香港特别行政区维护国家安全的法律制度和执行机制。

法律通过后，全国人大常委会按照《全国人民代表大会关于建立健全香港特别行政区维护国家安全的法律制度和执行机制的决定》的要求，依法征询了香港特别行政区基本法委员会和香港特别行政区政府的意见，于 6 月 30 日下午作出决定，将《香港特区国安法》加入《香港特区基本法》附件三全国性法律中，由香港特别行政区在当地公布实施。①

【案例分析】

《香港特区国安法》的通过，是使香港社会恢复稳定、"一国两制"重回正轨的必要而及时的措施，具有重大意义。上述例证体现了：第一，"一国两制"思想。"一国两制"首先要坚持、维护"一个中国"原则，即坚持、维护中国的国家主权和领土完整，在"一国"的基础上实行社会主义制度与资本主义制度共处，授予特别行政区高度的自治权。《香港特区国安法》是新形势下坚持和完善"一国两制"制度体系的重要标志性法律，将切实有效维护国家安全，保障香港长治久安和长期繁荣稳定，确保香港"一国两制"事业行稳致远。第二，香港特别行政区的法律渊源。对香港恢复行使主权后，香港特别行政区的法律渊源主要包括《香港特区基本法》附件三中所列的全国性法律、《香港特区基本法》、普通法与衡平法、制定法、传统法律与习惯及国际条约。《香港特区国安法》列入《香港特区基本法》附件三，作为全国性法律，将成为香港特别行政区的法律渊源。第三，对《香港特区国安法》规定的危害国家安全的犯罪案件，由律政司中专门的国家安全犯罪检控部门负责检控工作；任何人未经律政司司长书面同意，不得就国家安全犯罪案件提出检控。

第二节　　同步练习

一、单选题

（一）单项选择题

1. 以下不属于澳门特别行政区刑法体系组成部分的是（　　　）。

A.《澳门刑法典》　　　　　　　　　B. 单行刑法

C. 附属刑法　　　　　　　　　　　D.《刑法》

2. 2020 年 7 月 1 日《香港特区国安法》颁布不久后，香港居民唐某某在湾仔地区骑摩托车高速行驶，并随身悬挂印有"港独"标语的旗帜。警察几次尝试将其拦下，均以失败告终。最终，唐某某无视警方警告，撞击警戒线附近的警务人员，对其中三人造成

---

① 全国人大常委会通过香港特别行政区维护国家安全法并决定列入香港基本法附件三．（2020 - 06 - 30）［2022 - 02 - 15］. http://www.npc.gov.cn/npc/c30834/202006/1fcbb09024fb4bc8982a-901abe15efb3.shtml.

严重伤害。依据香港特别行政区法律，若要对唐某某提起有关危害国家安全犯罪的诉讼，应由香港特别行政区（　　）行使检控职能。

A. 警务处　　　　　　B. 律政司　　　　　　C. 廉政公署　　　　D. 检察厅

3. 关于澳门特别行政区民商事法律，下列说法不正确的是（　　）。

A. 澳门法律本地化工作展开后，澳门采取了民商合一的立法形式

B. 澳葡政府时期，澳门主要的民事法典是《葡萄牙民法典》

C. 澳门民法典采用总则、债、物权、亲属、继承五编制的编纂体例

D. 澳门民法典基本保留《葡萄牙民法典》的内容

4. 关于港英时期的司法机构，下列说法不正确的是（　　）。

A. 最高法院内设高等法院和上诉法院

B. 最高法院享有终审权

C. 设有劳资审裁庭等准司法性质的机构

D. 裁判司署是基层审判机构

5. （　　）是香港特别行政区的成文法法例汇编。

A.《香港法例》　　　　　　　　　B.《香港法典》

C.《香港条例》　　　　　　　　　D.《香港条例汇编》

6. 根据《澳门特区基本法》，下列表述正确的是（　　）。

A. 澳门特别行政区行政长官在任职期内可以具有外国居留权

B. 澳门特别行政区检察长由行政长官提名，报中央人民政府任命

C. 澳门特别行政区境内的土地和自然资源，全部属于国家所有

D. 澳门特别行政区永久性居民和非永久性居民都享有选举权和被选举权

7. 根据《澳门特区基本法》的规定，澳门特别行政区主要行政长官的当选条件不包括（　　）。

A. 年满 40 周岁　　　　　　　　　B. 在外国无居留权

C. 在澳门通常居住连续满 20 年　　　D. 澳门永久性居民中的中国公民

8. 关于香港特别行政区的司法机构，下列说法不正确的是（　　）。

A. 香港特别行政区设立终审法院、高等法院、区域法院、裁判法院和其他专门法庭

B. 香港特别行政区享有独立司法权和终审权

C. 香港特别行政区设有专门行使检控职能的机构

D. 警务处和廉政公署承担部分检察职能

9. 下列关于"一国两制"的说法，不正确的是（　　）。

A.1978 年宪法的规定为"一国两制"制度的建立提供了法律依据

B. 特别行政区依法实行高度自治，享有行政管理权、立法权、独立的司法权和终审权

C.1997 年，中国对香港恢复行使主权后，"一国两制"首次从科学构想变为现实

D. "一国两制"是维护国家根本利益、保证长期繁荣稳定的制度选择

10. 下列民商事法律中，不在澳门特别行政区直接适用的是（　　）。

A. 澳门民法典　　　　　　　　　B. 澳门民事诉讼法典

C. 澳门商法典　　　　　　　　　D.《民法典》

（二）多项选择题

1. 下述能够成为香港特别行政区法律渊源的有（　　）。

A. 《香港法例》

B. 《香港特区基本法》附件三中的全国性法律

C. 国际条约

D. 传统法律与习惯

2. 《香港特区基本法》附件三规定的适用于香港特别行政区的全国性法律主要有（　　）。

A. 有关国家主权象征的法律与决定

B. 有关国家外交方面的法律与决定

C. 有关国家国防方面的法律与决定

D. 有关地方政府组织的法律与决定

3. 英国通过（　　）实现了对香港地区的统治。

A. 《天津条约》　　　　　　　　　B. 《南京条约》

C. 《中英北京条约》　　　　　　　D. 《展拓香港界址专条》

4. 葡萄牙通过（　　）实现了对澳门地区的统治。

A. 《中葡天津条约》　　　　　　　B. 《中葡里斯本草约》

C. 《中葡汉口条约》　　　　　　　D. 《中葡北京条约》

5. 关于澳葡时期的司法机构，下列说法正确的是（　　）。

A. 澳门作为葡萄牙的一个法区，只设有初级法院

B. 案件终审权属于葡萄牙法院

C. 澳门享有对上诉案件的审理权

D. 澳门不享有抗诉案件的审理权

（三）不定项选择题

1. 下列可列为澳门特别行政区诉讼法律渊源的有（　　）。

A. 《民事诉讼法典》　　　　　　　B. 《刑事诉讼法典》

C. 《行政诉讼法典》　　　　　　　D. 《劳动诉讼法典》

2. 根据《香港特区基本法》的规定，香港特别行政区政府行政长官的当选条件包括（　　）。

A. 年满 40 周岁

B. 在外国无居留权

C. 在香港特别行政区通常居住连续满 15 年

D. 香港特别行政区永久性居民中的中国公民

3. 根据《澳门特区基本法》的规定，澳门特别行政区主要行政官员的当选条件包括（　　）。

A. 年满 40 周岁

B. 在外国无居留权

C. 在澳门通常居住连续满 15 年

D. 澳门永久性居民中的中国公民

二、简答题

1. 简述香港特别行政区现行法律制度的特点。
2. 简述澳门特别行政区司法机构的设置。

三、论述题

论述香港特别行政区司法机构与诉讼制度。

参考答案及解析

一、选择题

（一）单项选择题

1. 答案：D

解析：在澳门的刑法体系中，除了刑法典中的刑法规范，还存在由单行刑法和非刑事法律中的刑法规范（附属刑法）组成的特别刑法，特别刑法在司法实践中适用较广。单行刑法是刑法典的补充，主要涉及惩治非法移民、妨碍公共卫生、非法赌博、管制武器及弹药等方面的规定。附属刑法是非刑事法律中带有刑事责任的法律规范，故 A、B、C 项都是澳门刑法体系的组成部分。《刑法》不在澳门特别行政区适用，故 D 项不选。

2. 答案：B

解析：《香港特区基本法》第 63 条规定："香港特别行政区律政司主管刑事检察工作，不受任何干涉。"香港特别行政区律政司隶属于香港特别行政区政府，负责对大多数刑事案件的检控工作。此外，警务处和廉政公署也承担部分检察职能，其中警务处负责检控刑罚较轻的案件，而廉政公署负责对贪污贿赂案件的调查工作，但是否提起检控则由律政司决定。关于危害国家安全的犯罪案件，由律政司中专门的国家安全犯罪检控部门负责检控工作，故选 B 项。

3. 答案：A

解析：1976 年葡萄牙国会制定《澳门组织章程》，规定澳门地区享有立法自治权。随着澳门法律本土化工作的展开，澳门采取了民商分立的立法形式。澳门立法会和总督开始颁布多种商业法律法令作为对葡萄牙商法的补充，故 A 选项中"民商合一"错误，可选。

4. 答案：B

解析：在港英时期，香港设有最高法院（内设高等法院和上诉法院）、地方法院、裁判司署以及准司法性质的机构，但香港不享有终审权，不服最高法院上诉法庭的判决的，需向英国枢密院司法委员会提起上诉，故 B 选项错误，可选。裁判司署是仿照英国治安法院模式建立的基层审判机构，裁判司署内设裁判司法庭、少年儿童法庭和死因研究法庭，故 D 选项正确。

5. 答案：A

解析：《香港法例》是香港特别行政区的成文法法例汇编，主要包括《民事责任（分担）条例》《破产条例》等民商事成文法和《未成年人监护条例》《婚姻条例》《遗嘱条例》等家事成文法。此外，香港特别行政区在知识产权、财经事务、金融机构、雇佣劳工、地政房屋、渔农矿务、环境自然、交通运输、船务港口、电讯广播等领域也有大量成文法，故 A 选项正确。

6. 答案：B

解析：澳门行政长官在任职期内不得具有外国居留权，不得从事私人赢利活动，故 A 项错误。中央人民政府任免澳门行政长官、政府主要官员和检察长，B 项正确。澳门特别行政区境内的土地和自然资源，除在澳门特别行政区成立前已依法确认的私有土地外，属于国家所有，由澳门政府负责管理、使用、开发、出租或批给个人、法人使用和开发，其收入全部归澳门政府支配，C 项错误。澳门永久性居民依法享有选举权和被选举权，D 项错误。本题选择 B 选项。

7. 答案：B

解析：《澳门特区基本法》第 46 条规定："澳门特别行政区行政长官由年满四十周岁，在澳门通常居住连续满二十年的澳门特别行政区永久性居民中的中国公民担任。""在外国无居留权"不在当选条件中，故本题选 B 选项。

8. 答案：C

解析：中国对香港特别行政区恢复行使主权后，香港特别行政区原有法律基本不变，并且享有独立司法权和终审权。香港特别行政区设立终审法院、高等法院、区域法院、裁判法院和其他专门法庭。故 A、B 选项正确。香港的司法体制中不专门设立行使检控职能的机构，其检控职能由多个行政部门联合行使。故 C 选项不正确。香港律政司隶属于香港特别行政区政府，负责对大多数刑事案件的检控工作。此外，警务处和廉政公署也承担部分检察职能。故 D 选项正确。

9. 答案：A

解析：1982 年宪法第 31 条第一句规定："国家在必要时得设立特别行政区"，为"一国两制"制度的建立提供了直接的宪法依据。故 A 选项说法不正确，当选。

10. 答案：D

解析：在"一国两制"思想指导下，澳门特别行政区继续保持原有的法律制度，除《澳门特区基本法》（附件三）中列举的全国性法律之外，中央政府制定的法律并不直接在澳门适用。故本题选 D 选项。

（二）多项选择题

1. 答案：ABCD

解析：1997 年回归祖国后，香港特别行政区的法律渊源主要包括《香港特区基本法》附件三中的全国性法律、《香港特区基本法》、普通法与衡平法、制定法、传统法律与习惯及国际条约，故全选。

2. 答案：ABC

解析：根据《香港特区基本法》的相关规定，以下法律和全国人大及其常委会的相关决定适用于香港特别行政区：第一，有关国家主权象征的法律与决定，包括《关于中华人民共和国国都、纪年、国歌、国旗的决议》《关于中华人民共和国国庆日的决议》《中华人民共和国政府关于领海的声明》《国籍法》《国旗法》《国徽法》《专属经济区和大陆架法》《领海及毗连区法》《全国人民代表大会关于设立香港特别行政区的决定》等。

第二，有关国家外交、国防方面的法律与决定，包括《外交特权与豁免条例》《领事特权与豁免条例》《香港特别行政区驻军法》等。第三，有关《香港特区基本法》解释和司法方面的法律与决定，包括《全国人民代表大会常务委员会关于〈中华人民共和国香港特别行政区基本法〉第十三条第一款和第十九条的解释》《外国中央银行财产司法强制措施豁免法》等，故 A、B、C 三项正确。

3. 答案：BCD

解析：1842 年，清廷依据《南京条约》被迫将香港岛割让给英国。1860 年，清廷与英国签下《中英北京条约》，明确规定把九龙半岛界限街以南部分纳入香港。1898 年，英国政府以香港的防卫需要加强为由，迫使清廷签订《展拓香港界址专条》。英国通过上述三个不平等条约，实现了对香港地区（包括香港岛、南九龙和新界在内）的统治，故答案为 B、C、D 项。

4. 答案：BD

解析：1845 年 11 月 20 日，葡萄牙女王玛丽亚二世擅自将澳门宣布为自由港，并且拒绝向清廷交纳地租银。截至 1879 年，除青州外的整个澳门半岛及氹仔、路环两岛，全被葡萄牙非法侵夺。1887 年中葡签订《中葡里斯本草约》《中葡北京条约》，确认中国允许葡萄牙永驻并管理澳门以及属澳之地，故 B、D 项正确。

5. 答案：ABD

解析：在澳葡时期，澳门作为葡萄牙的一个法区，只设有初级法院，没有上诉法院。直至 1976 年，葡萄牙通过《澳门组织章程》，赋予澳门行政、财政和立法自治权，但是在司法方面，对上诉、抗诉案件的审理权及案件的终审权仍属于葡萄牙法院，澳门不享有对上诉案件的审理权，故 C 选项错误，不选，正确答案为 A、B、D 项。

（三）不定项选择题

1. 答案：ABCD

解析：澳门特别行政区《民事诉讼法典》、《刑事诉讼法典》、《行政诉讼法典》和《劳动诉讼法典》四部诉讼法典构成诉讼法律的主要渊源。因此，正确答案为 A、B、C、D 项。

2. 答案：ABCD

解析：《香港特区基本法》规定，香港特别行政区政府的主要官员由在香港通常居住连续满 15 年并在外国无居留权的香港特别行政区永久性居民中的中国公民担任。故本题选 ABCD。

3. 答案：CD

解析：A 选项是澳门特别行政区行政长官的当选条件之一，不选。《澳门特区基本法》第 63 条第 1 款规定："澳门特别行政区政府的主要官员由在澳门通常居住连续满十五年的澳门特别行政区永久性居民中的中国公民担任。"所以本题选 C、D 选项。

二、简答题

1. 参考答案：香港特别行政区法律制度表现为制定法、判例法和习惯法等多种法律形式的融合。随着香港特别行政区的成立，在"一国两制"理论指导下，香港特别行政区继续保持原有的法律制度，除《香港特区基本法》附件三中列举的全国性法律之外，中央政府制定的法律并不直接在香港适用。香港特别行政区的法律渊源主要包括《香港特区基本法》附件三中的全国性法律、《香港特区基本法》、普通法与衡平法、制定法、传统法律与习惯及国际条约。香港特别行政区一方面吸收或直接适用其原有法律，另一方面也根据本地实际情况制定法律，兼采传统法律和本地习惯。

2. 参考答案：回归祖国后，依据《澳门特区基本法》相关规定及澳门特别行政区自行制定的《司法组织纲要法》《司法官通则》等配套法律法规，澳门特别行政区设立初级法院、中级法院和终审法院，享有独立的司法权和终审权。澳门特别行政区检察机构设置采用单一组织架构，即只设置一个检察院，在各级法院设立办事处，并委派检察长、助理检察长、检察官三个不同级别的司法检察官就任于对应级别的法院中，代表检察院履行法定职责。

三、论述题

参考答案：第一，司法机构。在港英时期，香港设有最高法院（内设高等法院和上诉法院）、地方法院、裁判司署以及准司法性质的机构，但不享有终审权，不服最高法院上诉法庭的判决的，需向英国枢密院司法委员会提起上诉。回归祖国后，香港特别行政区原有法律基本不变，并且其享有独立司法权和终审权。香港特别行政区内设立终审法院、高等法院、区域法院、裁判署法庭和其他专门法庭。香港特别行政区的司法体制中不专门设立行使检控职能的机构，其检控职能由多个行政部门联合行使：律政司隶属于香港特别行政区政府，负责对大多数刑事案件的检控工作。此外，警务处和廉政公署也承担部分检察职能。

第二，诉讼制度。香港特别行政区依据诉讼目的，将诉讼划分为民事诉讼和刑事诉讼。在民事诉讼程序方面，香港特别行政区不同级别的法院受理民事案件的程序有所不同。一般的民事诉讼程序可以分为入禀答辩、备审、审讯、执行判决和上诉五个阶段。在刑事诉讼程序方面，根据犯罪的类型不同，大体可以分为简易审判程序和公诉审判程序，对刑事诉讼中罪行极其严重的案件，在审判过程中适用陪审团制度，即法律问题由法官决定，定罪由陪审团决定。

四、拓展延伸阅读

参见"马克思主义理论研究和建设工程重点教材"《中国法制史》相关章节。

图书在版编目（CIP）数据

中国法律史核心知识点精解/赵晓耕主编. --北京：
中国人民大学出版社，2023.11
法学核心课程系列辅助教材
ISBN 978-7-300-32255-1

Ⅰ.①中… Ⅱ.①赵… Ⅲ.①法制史-中国-高等学
校-教学参考资料 Ⅳ.①D929

中国国家版本馆 CIP 数据核字（2023）第 194652 号

法学核心课程系列辅助教材
中国法律史核心知识点精解
主编　赵晓耕
Zhongguo Falüshi Hexin Zhishidian Jingjie

出版发行	中国人民大学出版社			
社　　址	北京中关村大街 31 号		**邮政编码**	100080
电　　话	010 - 62511242（总编室）		010 - 62511770（质管部）	
	010 - 82501766（邮购部）		010 - 62514148（门市部）	
	010 - 62515195（发行公司）		010 - 62515275（盗版举报）	
网　　址	http://www.crup.com.cn			
经　　销	新华书店			
印　　刷	天津中印联印务有限公司			
开　　本	787 mm×1092 mm　1/16		**版　　次**	2023 年 11 月第 1 版
印　　张	20.75 插页 1		**印　　次**	2023 年 11 月第 1 次印刷
字　　数	480 000		**定　　价**	58.00 元

《　　　　　》※任课教师调查问卷

　　为了能更好地为您提供优秀的教材及良好的服务，也为了进一步提高我社法学教材出版的质量，希望您能协助我们完成本次小问卷，完成后您可以在我社网站中选择与您教学相关的 1 本教材作为今后的备选教材，我们会及时为您邮寄送达！如果您不方便邮寄，也可以申请加入我社的**法学教师 QQ 群：436438859（申请时请注明法学教师）**，然后下载本问卷填写，并发往我们指定的邮箱（cruplaw@163.com）。

　　邮寄地址：北京市海淀区中关村大街 31 号中国人民大学出版社 806 室收

　　邮　　编：100080

　　再次感谢您在百忙中抽出时间为我们填写这份调查问卷，您的举手之劳，将使我们获益匪浅！

基本信息及联系方式：※

　　姓名：＿＿＿＿＿＿　性别：＿＿＿＿＿＿　课程：＿＿＿＿＿＿＿＿＿＿

　　任教学校：＿＿＿＿＿＿＿＿＿＿　院系（所）：＿＿＿＿＿＿＿＿＿＿

　　邮寄地址：＿＿＿＿＿＿＿＿＿＿　邮编：＿＿＿＿＿＿＿＿＿＿

　　电话（办公）：＿＿＿＿＿＿　手机：＿＿＿＿＿＿　电子邮件：＿＿＿＿＿＿＿＿＿＿

调查问卷：※

1. 您认为图书的哪类特性对您选用教材最有影响力？（　　）（可多选，按重要性排序）

　　A. 各级规划教材、获奖教材　　　　B. 知名作者教材

　　C. 完善的配套资源　　　　　　　　D. 自编教材

　　E. 行政命令

2. 在教材配套资源中，您最需要哪些？（　　）（可多选，按重要性排序）

　　A. 电子教案　　　　　　　　　　　B. 教学案例

　　C. 教学视频　　　　　　　　　　　D. 配套习题、模拟试卷

3. 您对于本书的评价如何？（　　）

　　A. 该书目前仍符合教学要求，表现不错将继续采用

　　B. 该书的配套资源需要改进，才会继续使用

　　C. 该书需要在内容或实例更新再版后才能满足我的教学，才会继续使用

　　D. 该书与同类教材差距很大，不准备继续采用了

4. 从您的教学出发，谈谈对本书的改进建议：＿＿＿＿＿＿＿＿＿＿＿＿＿＿

＿＿＿＿＿＿＿＿＿＿＿＿＿＿＿＿＿＿＿＿＿＿＿＿＿＿＿＿＿＿＿＿＿＿

＿＿＿＿＿＿＿＿＿＿＿＿＿＿＿＿＿＿＿＿＿＿＿＿＿＿＿＿＿＿＿＿＿＿

选题征集：如果您有好的选题或出版需求，欢迎您联系我们：

联系人：黄　强　**联系电话：**010-62515955

索取样书：书名：＿＿＿＿＿＿＿＿＿＿＿＿＿＿＿＿＿＿＿＿＿＿＿＿

　　　　　　书号：＿＿＿＿＿＿＿＿＿＿＿＿＿＿＿＿＿＿＿＿＿＿＿＿

备注：※ 为必填项。